System und Subversion

System und Subversion

—

Friedrich Schleiermacher und Henrik Steffens

Herausgegeben von
Sarah Schmidt und Leon Miodoński

Unter Mitarbeit von
Joanna Giel

DE GRUYTER

ISBN 978-3-11-044089-8
e-ISBN (PDF) 978-3-11-043453-8
e-ISBN (EPUB) 978-3-11-043313-5

Library of Congress Cataloging-in-Publication Data
A CIP catalog record for this book has been applied for at the Library of Congress.

Bibliografische Information der Deutschen Nationalbibliothek
Die Deutsche Nationalbibliothek verzeichnet diese Publikation in der Deutschen National-
bibliografie; detaillierte bibliografische Daten sind im Internet über http://dnb.dnb.de abrufbar.

© 2018 Walter de Gruyter GmbH, Berlin/Boston
Einbandabbildung: Manuskript Schleiermachers © Schleiermacher-Nachlass der BBAW,
SN 396, Bl. 100; Henrich Steffens, Lithografie von Friedrich Jentzen nach einer Zeichnung von
Franz Krüger, Wellcome Library, London CC-BY 4.0
Druck und Bindung: CPI books GmbH, Leck
♾ Gedruckt auf säurefreiem Papier
Printed in Germany

www.degruyter.com

Inhalt

Sarah Schmidt
Einleitung —— 1

1. Biographische Bausteine

Joanna Giel
„Dennoch imponierte die Stadt" – Steffens langsame Annäherung an Breslau —— 15

Simon Gerber
Brodersens Himmelfahrt – ein satirisches Gedicht auf die Herrnhuter —— 27

Sarah Schmidt
„Es ist doch sehr fatal, dass wir so weit auseinander sind" – Stationen einer Freundschaft zwischen Steffens und Schleiermacher aus Briefen und Dokumenten —— 33

2. Systemgedanken

Leon Miodoński
Henrik Steffens und sein Modell des ganzheitlichen Denkens —— 67

Andreas Arndt
System bei Steffens und Schleiermacher —— 83

Sarah Schmidt
Naturbegriff und Naturerkenntnis bei Steffens und Schleiermacher —— 93

Jan Rohls
Die Idee der Universität bei Schleiermacher und Steffens —— 119

3. Ethik und Physik – Zwei Seiten eines Systems

Ursula Klein
Steffens Mineralogie —— 145

Holden Kelm
Zur Konzeption des „Kunsttriebs" bei Schleiermacher und Steffens im Hinblick auf eine systematische Verbindung von Ästhetik und Naturphilosophie —— 155

Walter Jaeschke
Schleiermachers Geschichtsverständnis im Kontext klassisch-philosophischer Debatten —— 175

Leszek Kleszcz
Schleiermacher und die Entstehung der philosophischen Hermeneutik —— 191

4. Theologie und Kirchenpolitik

Bogdan Ferdek
Christologie in der Sicht Schleiermachers —— 207

Simon Gerber
Steffens, Schleiermacher und das Altluthertum —— 215

Gunter Scholtz
Religion und Säkularisierung bei Schleiermacher und Steffens —— 233

5. Anhang

Anhang 1
Chronologische Liste der Korrespondenz zwischen Henrich Steffens und Friedrich Schleiermacher
   Zusammengestellt von Holden Kelm —— 255

Anhang 2
Martin Brodersen Ankunft im Himmel. Seinem Freunde Fr v T. gewidmet u zu treuen Händen empfohlen vom Verfasser
Transkribiert und kommentiert von Simon Gerber —— **261**

Zu den Autorinnen und Autoren —— 271

Sarah Schmidt
Einleitung

Den deutschen Philosophen und Theologen Friedrich Schleiermacher (1768–1834) und den norwegisch-dänischen Naturphilosophen, Mineralogen und Theologen Henrich Steffens (1773–1845) verbindet eine enge wissenschaftliche wie persönliche Beziehung. Als Professor der Theologie und Professor für Naturphilosophie, Physiologie und Mineralogie kurz nacheinander 1804 nach Halle berufen, erkannten sich Friedrich Schleiermacher und Heinrich Steffens in einem konservativen und feindlichen Kollegen-Klima als ihresgleichen. Für Schleiermacher war es eine erste Anstellung an der Universität, Steffens hatte bereits in Kiel (1796–98) und Kopenhagen (im Wintersemester 1802/03 und 1803/04) gelehrt und dort auch einiges Aufsehen erregt. Beide Denker treffen mit einem genuin romantischen Ideengut aufeinander, das sie um die Jahrhundertwende entwickelt haben: Steffens auf seiner vom dänischen Staat finanzierten Bildungsreise nach Deutschland (1798–1801), Schleiermacher während seiner Zeit als Prediger an der Charité und seiner zweijährigen symphilosophischen Wohngemeinschaft mit Friedrich Schlegel in Berlin (1797–99).

Bereits vor seiner einschlägigen Reise nach Deutschland – wo er u. a. Fichte, Tieck, Goethe, Novalis, Wilhelm und Friedrich Schlegel, aber auch Schleiermacher kennen lernte – hatte Steffens im Frühjahr 1798 Schellings *Ideen zu einer Philosophie der Natur* (1797) gelesen und fand in diesem Natur und Geist gleichermaßen umspannenden, ganzheitlich-dynamischen Ansatz eine große Entsprechung mit seinem eigenen Anliegen.[1] Nach einer ersten Begegnung auf Schellings Antrittsvorlesung 1798 in Jena suchte Steffens den persönlichen Kontakt,[2] auf den eine intensive Zusammenarbeit und eine lebenslange Freundschaft folgten.[3] Schelling schätzte den Kollegen nicht zuletzt wegen seiner profunden

---

1 Vgl. Henrich Steffens, *Was ich erlebte*, Bd. 3, Breslau: Max 1841 (Bd. 1–10: 1840–1844), 337 ff. (fotomechanischer Nachdruck: Stuttgart Bad Cannstatt: Fromman–Holzboog 1995).

2 „Er riß mich ganz hin, und ich eilte den Tag darauf, ihn zu besuchen." (Henrich Steffens, *Was ich erlebte*, Bd. 4, 1841 (Anm. 1), 76).

3 Zum Verhältnis zwischen Steffens und Schelling vgl. Fritz Paul, *Henrich Steffens. Naturphilosophie und Universalromantik*, München: Wilhelm Fink 1973, 94–100. 107–110; Jan-Erik Ebbestad Hansen, „Böhme – Schelling – Steffens. Eine deutsche Filiationslinie", in: Otto Lorenz u. Bernd Henningsen (Hg.), *Henrik Steffens – Vermittler zwischen Natur und Geist*, Berlin: Berlin Verlag 1999, 27–42 sowie Dietrich von Engelhardt, „Henrik Steffens im Spektrum der Naturwissenschaft und Naturphilosophie in der Epoche der Romantik", in: ebd., 89–112.

naturwissenschaftlichen Kenntnisse, Steffens fand in Schellings Naturphilosophie eine spekulative Anleitung.

Eine erste eigenständige Veröffentlichung romantisch-naturphilosophischer Gedanken findet sich in Steffens *Beyträge[n] zur inneren Naturgeschichte der Erde* von 1801, die er während seiner Studienzeit an der Bergakademie in Freiberg ausarbeitete. Die Kopenhagener Vorlesungen 1802/03 und 1803/04, die allgemein als gefeierter, von Steffens aus Deutschland „importierter" Auftakt der Romantik in Dänemark gelten,[4] nehmen zentrale Ideen der *Beyträge* auf.

In dieselbe Zeit fallen Schleiermachers frühe Berliner Schriften, wie seine Beiträge zu den Athenäumsfragmenten (1798), die Reden *Über die Religion* (1799), der *Versuch einer Theorie des geselligen Betragens* (1799) oder die *Monologen* (1800), die wie Steffens *Beyträge* und Kopenhagener Vorlesungen eine frühromantische Signatur tragen.

Grundlegend für den gefühlten Gleichklang beider Köpfe und die sie verbindende frühromantische Grundposition ist der Ausgang von Spinozas *Ethik*, aus der der Gedanke der Universalität als wechselseitige Bildung von Individualität und Ganzheit erwächst. Steffens lernte, ebenso wie Schleiermacher und die meisten seiner Zeitgenossen, Spinoza vermittelt über Heinrich Jacobis *Briefe über die Lehre des Spinoza* (1785[1], 1789[2]) kennen, die, wie Steffens in seinen philosophischen Memoiren festhält, zu einer „Epoche in meinem Leben"[5] werden. Schleiermachers Auseinandersetzung mit Spinoza ist bereits für den Beginn der 1790er Jahre während seiner Zeit als Schulamtskandidat belegt und findet einen ersten Niederschlag in der *Kurzen Darstellung des Spinozistischen Systems* (wohl 1793/94), ein deutliches Echo dann in den *Monologen* und den Reden *Über Religion* und prägt Schleiermachers gesamten philosophischen Ansatz.[6]

---

4 Ungeachtet der großen Bedeutung, die diesen Vorträgen zukommt, weist Bernd Henningsen kritisch auf die bereits vor Steffens' Vorlesungen bestehende romantische Strömung hin, vgl. Bernd Henningsen, „Henrik Steffens: Ein norwegisch-dänisch-deutscher Gelehrter, ein europäischer Intellektueller, ein politischer Professor", in: Henrich Steffens, *Einführung in die Naturphilosophie (1802/03)*, hg. von Bernd Henningsen u. Helge Høibraaten, Freiburg: Alber 2013, 159–199, hier 70–178.
5 Henrich Steffens, *Was ich erlebte*, Bd. 3, 1841 (Anm. 1), 261.
6 Zu Spinoza und Schleiermacher vgl. nach wie vor die ältere Studie von Theodor Camerer, *Spinoza und Schleiermacher. Die kritische Lösung des von Spinoza hinterlassenen Problems*, Stuttgart u. Berlin: Cotta 1903 sowie in jüngerer Zeit Andreas Arndt, „Schleiermachers Spinoza", in: Kontexte – Spinoza und die Geschichte der Philosophie, hg. von Henryk Pisarek u. Manfred Walther, Wrocław: Uniwersytetu Wrocławskiego 2001, 203–217, Sarah Schmidt, *Die Konstruktion des Endlichen. Schleiermachers Philosophie der Wechselwirkung*, Berlin u. New York: de Gruyter 2005, 26–39 sowie die Monographie von Christof Ellsiepen, *Anschauung des Universums und*

Als Ganzheitsdenken unter den Bedingungen einer unendlichen Progression generiert die Forderung nach Universalität gleichermaßen System und Antisystem, System und dessen Subversion und bestimmt in dieser grundsätzlichen Spannung die Frage nach einer obersten Wissenschaft, nach dem Verhältnis der Wissenschaften zueinander ebenso wie die Suche nach einer angemessenen wissenschaftlichen Methodik.

Den erhaltenen Selbst- und Fremdurteilen zufolge verbanden Steffens und Schleiermacher nicht nur eine enge Freundschaft und gemeinsame philosophische Grundüberzeugungen, sondern sie verstanden sich auch als das jeweilige wissenschaftliche Pendant ihrer Lehr- und Forschungsarbeit: Schleiermacher als Theologe und Ethiker, Steffens als Naturphilosoph und Naturwissenschaftler. So berichtet beispielsweise Varnhagen van Ense in seinen Lebenserinnerungen: „sie [die Vorlesungen von H. Steffens, S.Sch.] zeigten aber ihren höchsten Wert erst dann, wenn man sie mit den Schleiermacher'schen gleichsam in ein Ganzes verflocht; diese Besonnenheit und jene Begeisterung schienen sich wechselseitig zu vervollständigen, und beide Männer in den Hauptsachen einverstanden und zusammenstimmend, sahen sich gern in diese Gemeinschaft gestellt, welche für die näheren und vertrauteren ihrer Jünger in aller Kraft wirklich bestand, so daß die Theologen auch Steffens hörten und die Naturbeflissenen sich Schleiermacher'n anschlossen."[7]

Bevor Schleiermacher nach Halle berufen wurde, erhielt er zunächst Anfang des Jahres 1804 einen Ruf nach Würzburg, wo ihn die Kollegenschaft mit Schelling erwartet hätte, der dort bereits seine zweite Professorenstelle angetreten hatte. Schleiermachers enge Zusammenarbeit mit Steffens in Halle vor Augen, würde man meinen, dass Schleiermacher die Kollegenschaft mit Schelling in Würzburg begrüßt hätte. Das Gegenteil war der Fall. Schleiermacher, dem Schelling aus dem Kreis der Romantiker gut bekannt war, sah die Berufung als „fatal"[8] an, obgleich nicht die wissenschaftliche Position, sondern die Persönlichkeit Schellings, der „unangenehme Nachbar"[9], den Anlass gab. Die Beziehung zu Schelling – zumindest bis zur Freiheitsschrift (1809) – blieb durch eine sys-

---

Scientia Intuitiva: Die spinozistischen Grundlagen von Schleiermachers früher Religionsphilosophie, Berlin u. New York: de Gruyter 2006.
7 Varnhagen van Ense, *Denkwürdigkeiten*, Bd. 1, Frankfurt a. M.: Deutscher Klassiker Verlag 1987, 355f. Schleiermacher zog vor allem ein gebildetes Publikum an, einen Zugang zu den einfachen Leuten gelang ihm nicht immer.
8 Vgl. den Brief 1659, Z. 24 ff., KGA V/7.
9 Vgl. einen Brief Schleiermachers an Georg Andreas Reimer vom 1.2.1804, Brief 1648, Z. 41 ff., KGA V/7.

tematische Nähe, in der die Differenzen von beiden Seiten deutlich markiert wurden, gekennzeichnet.[10]

Steffens und Schleiermacher verband jedoch nicht nur das Gefühl, einander wie zwei Hälften eines Systems zu entsprechen, sondern sie stimmten in vielem überein, hatten ähnliche Talente, teilten Vorlieben und arbeiteten oft parallel zu gleichen Fragestellungen. Sie waren beide – jeder auf seine Art – rhetorische Talente. Steffens war ein „Menschenfischer"[11], der Massen begeistern und in einen Rausch versetzen konnte, wie z. B. in seiner legendären, zum bewaffneten Kampf gegen Napoleon aufrufenden Breslauer Rede vor Studierenden 1813.[12] Schleiermacher entwickelte seine eloquente und gleichzeitig lebendig geführte freie Rede auf der Kanzel wie auf dem Katheder mit nur wenig schriftlichen Gedankenstützen. „Ich habe unlängst einer seiner Predigten beygewohnt," schreibt Heinrich Heine am 16.3.1822 über Friedrich Schleiermacher, „wo er mit der Kraft eines Luthers sprach, und wo es nicht an verblümten Ausfällen gegen die Liturgie fehlte. Ich muss gestehen, keine sonderlich gottseligen Gefühle werden durch seine Predigten in mir erregt; aber ich finde mich im bessern Sinne dadurch erbaut, erkräftigt, und wie durch Stachelworte aufgegeißelt vom weichen Flaumenbette des schlaffen Indifferentismus."[13]

Ihrer romantischen Grundüberzeugung entsprechend messen Schleiermacher wie Steffens den Künsten und als deren erkenntnistheoretischem Substrat der Poesie eine zentrale Bedeutung zu, und beide betätigen sich schriftstellerisch. Während Schleiermacher in den *Vertrauten Briefen über Friedrich Schlegels Lucinde* (1801) oder der *Weihnachtsfeier* (1806) seine ethischen und religiösen Überzeugungen literarisch diskutiert,[14] spiegelt das schriftstellerische Werk

---

10 Zur philosophischen Nähe und Differenz zwischen Schleiermacher und Schelling vgl. auch Arndt, „Kommentar", in: Friedrich Schleiermacher, *Schriften*, hg. von Andreas Arndt, Frankfurt a. M.: Deutscher Klassiker Verlag 1996, 1172–1177.
11 Bernd Henningsen, „Nachwort", in: Henrich Steffens: *Was ich erlebte*, hg. von Bernd Henningsen, Berlin: Golkonda Verlag 2015², 242.
12 Vgl. Bergner, *Henrich Steffens* 2016 (Anm. 17), 114–125.
13 Heinrich Heine, Brief vom 16.3.1822, in: Briefe aus Berlin, Historisch-kritische Gesamtausgabe der Werke, hg. von Mannfred Windfuhr, Bd. 6, hg. von Jost Hermand, Hamburg 1973, 30. Vgl. auch die Lebenserinnerungen des Schleiermacher-Schülers Karl Gutzkow, *Unter dem schwarzen Bären. Erlebtes 1811–1848*, Berlin: Verlag der Nation 1971, 241: „Mir ist es geradezu ein Wunder, wie es so treue Seelen hat geben können [...] die Schleiermachers Vorlesungen vollständig haben nachschreiben und herausgeben können. Eine Strömung Wasser, die aus einem Brunnen fließt, vermag ich aufzufangen, aber eine aufspritzende Fontäne, die sich wieder niederlässt in Millionen Tropfen, wer sollte die aufzufangen nicht verzweifeln [...]."
14 Zu Schleiermachers literarischen Werken vgl. Herman Patsch, *Alle Menschen sind Künstler. Friedrich Schleiermachers poetische Versuche*, Berlin u. New York: de Gruyter 1986 und Manuel

Steffens, der für eine Wiederbelebung der Gattung Märchen eintrat und umfangreiche Märchen- und Novellensammlungen hinterließ, seine naturphilosophischen Überzeugungen. Natur erscheint als eine sich dem Menschen mitteilende Kraft, deren Sprache er verlernt und sich erneut anzueignen hat.[15]

Steffens wie Schleiermacher exponierten sich im Vorfeld der Berliner Universitätsgründung mit konzeptionellen Entwürfen und reformerischen Gedanken: Steffens in Form einer im Wintersemester 1808/09 gehaltenen Vorlesung in Halle, Schleiermacher in seiner 1808 bei Reimer erschienen Abhandlung *Gelegentliche Gedanken über Universitäten im deutschen Sinn*. Während es Schleiermacher gelang, die Universität in den Gründungsjahren konzeptionell und administrativ mitzubestimmen[16] und sich als Professor sowohl an der Berliner Universität wie auch an der Preußischen Akademie der Wissenschaften zu etablieren, glückte Steffens der Start in Berlin erst Jahrzehnte später. Er erhielt 1811 zunächst einen Ruf an die als Fusion der aufgelösten Frankfurter Viadrina und der Breslauer Leopoldina ebenfalls neu konzipierte Breslauer Universität, an der er zusammen mit seinem Kollegen und Schwager Karl Georg von Raumer die Mineralogie aufbaute und sein mineralogisches Monumentalwerk, das vierbändige *Vollständige[s] Handbuch der Oryktognosie* (1811–24), fertigstellte.

Hatte sich Schleiermacher in seinen Ethik-Vorlesungen in Halle auf Steffens' naturphilosophische Grundlegung gestützt, die ihren romantischen Universalismus zum Ausdruck brachte, so entwarf er mit den noch vor der offiziellen Universitätsgründung begonnenen Dialektik-Vorlesungen in Berlin – zunächst

---

Bauer, *Schlegel und Schleiermacher: frühromantische Kunstkritik und Hermeneutik*, Paderborn u. a.: Schöningh 2001.

15 Steffens zahlreiche Novellensammlungen aber auch seine Autobiographie, die zur Hauptquelle seiner Biographen wurde, besaßen zu Lebzeiten durchaus Ansehen und viele Leser. Neben der gattungstheoretischen Betrachtung der etwas älteren Untersuchung von Fritz Henrik Karsen, *Steffens Romane. Ein Beitrag zur Geschichte des historischen Romans*, Leipzig 1908 und dem Aufsatz von Günther Oesterle, „Henrik Steffens: *Was ich erlebte*. Spätromantische Autobiographie als Legitimierung eines romantischen Habitus", in: *Romantik im Norden*, hg. von Annegret Heitmann u. Hanne Roswell Laursen, Würzburg: Königshausen & Neumann 2010, 191–206, richtet sich der Fokus der jüngst erschienenen Monographien von Joanna Smereka (*Henrik Steffens: ein Breslauer Wissenschaftler, Denker und Schriftsteller aus dem hohen Norden*, Leipzig: Leipziger-Universitätsverlag 2014) und Stefan Höppner (*Natur/Poesie: Romantische Grenzgänger zwischen Literatur und Naturwissenschaft: Johann Wilhelm Ritter – Gotthilf Heinrich Schubert – Henrik Steffens – Lorenz Oken*, Würzburg: Königshausen & Neumann 2017) auf die Verbindung von Naturphilosophie und Poesie in Steffens' Novellen.
16 Schleiermacher war im engen Beraterkreis Wilhelm von Humboldts, der 1808 Leiter der Sektion für den Kultus und den öffentlichen Unterricht im Innenministerium wurde, und Friedrich Schleiermacher zum Mitglied und stellvertretenden Leiter der Einrichtungskommission der Universität machte.

mangels einer anderen, auf die er verweisen konnte, denn Fichte war der erklärte Gegner – seine eigene philosophische Grundlagendisziplin. Angelegt als Methodenlehre der Gesprächsführung legte die *Dialektik* jedoch den Fokus auf die Frage, wie sich die Prozesshaftigkeit des Denkens hin zu einem Wissen orientieren lässt. In Verbindung mit den ab 1808/09 gehaltenen Hermeneutik-Vorlesungen erhält sie eine sprachphilosophische Ausrichtung und markiert einen Meilenstein im ‚linguistic turn' der Philosophie zu Beginn des 19. Jahrhunderts.

Aber auch Steffens betrat einige Jahre später mit seinen theologischen Schriften ein wissenschaftliches Feld, das in der Hallenser Gemeinschaft dem Freund vorbehalten war und in denen die Unterschiede zwischen beiden Denkern deutlich werden. Steffens' und Schleiermachers kirchenpolitische Differenzen hinsichtlich der Frage der Kirchenunion (Schleiermacher war ein Befürworter der Union, Steffens wurde zu einem bekennenden Altlutheraner), aber auch Differenzen in der theologischen Systematik, die nicht in einem offenen Streit, aber in kleinen, wohlgesetzten Stichen ausgetragen wurden, gehören zu den Gründen einer zunehmenden Entfremdung, die sich zwischen den beiden ehemaligen Mitstreitern einstellte. Dem theologischen und kirchenpolitischen Missklang ging, ihrem reformerischen Gleichklang in Zeiten napoleonischer Besatzung zum Trotz, bereits eine politische Spaltung im Kontext des sogenannten „Turnstreites" und der Demagogenverfolgung in den späten 1810er Jahren voraus. Mit seinen Schriften *Die gegenwärtige Zeit und wie sie geworden mit besonderer Rücksicht auf Deutschland* (1817), *Turnziel* (1818), *Über Kotzebues Ermordung* (1819) oder *Caricaturen des Heiligsten* (1819/21) nahm Steffens von einem restauratorischen Standpunkt aus explizit gegen die Turnbewegung und national-freiheitliche Forderungen der Burschenschaften Stellung,[17] Schleiermacher blieb ihnen weiterhin verpflichtet.[18]

Vor dem Hintergrund des frühen emphatischen Bekenntnisses der wissenschaftlichen Entsprechung, aber auch ihrer politisch wie systematisch bedeutsamen Distanznahme erstaunt es, dass das Verhältnis beider Denker bis dato in

---

[17] Eine Auseinandersetzung mit Steffens' als politischer Denker findet sich bei Werner Aberlein, *Henrik Steffens' politische Schriften. Zum politischen Denken in Deutschland in den Jahren um die Befreiungskriege*, Tübingen: Niemeyer 1977, ausführlich insbesondere vor dem Hintergrund des Turnstreites bei Marit Bergner, *Henrich Steffens. Ein politischer Professor in Umbruchszeiten 1806–1819*, Frankfurt a. M.: Peter Lang 2016.

[18] Zu Schleiermachers politischer Gesinnung und Aktivität vgl. die Monographie von Matthias Wolfes, *Öffentlichkeit und Bürgergesellschaft. Friedrich Schleiermachers politische Wirksamkeit*, Berlin/New York: de Gruyter 2004.

der Forschung kaum bedacht wird.[19] Immerhin urteilt Wilhelm Dilthey, der wie wenige Einsicht in Leben und Werk Schleiermachers hatte, dass Schleiermacher nie „einem ihm näher verwandten Geiste begegnet, als Steffens war"[20]. Dass dieses Verhältnis bisher wenig Untersuchung erfährt, obgleich es immer wieder Erwähnung findet, liegt nicht zuletzt daran, dass Henrich Steffens selbst als ein vergessener Denker bezeichnet werden kann. Zog Steffens als Mensch Zeit seines Lebens immer viele Menschen in seinen Bann und war ein wichtiger mündlicher Ideenmultiplikator, wurde er in der zweiten Hälfte des 19. Jahrhunderts noch als wichtigster Schüler Schellings in Lexika und Handbüchern bedacht,[21] so verblasst seine Bedeutung als zentrale Figur frühromantischer Naturphilosophie mit Beginn des 20. Jahrhunderts mehr und mehr. Viele seiner Werke erlebten bis heute keine zweite Auflage, und die Steffens-Rezeption in Deutschland, Skandinavien und in Polen ist nach wie vor überschaubar,[22] auch wenn das Interesse an Steffens

---

19 Zum Verhältnis von Schleiermacher und Steffens vgl. Johannes Michael Dittmer, *Schleiermachers Wissenschaftslehre als Entwurf einer prozessualen Metaphysik in semiotischer Perspektive. Triadizität im Werden*, Berlin/New York 2001, 209–233, Sarah Schmidt, „Analogie versus Wechselwirkung – Zur ‚Symphilosophie' zwischen Schleiermacher und Steffens", in: *Friedrich Schleiermacher in Halle*, hg. von Andreas Arndt, Berlin/Boston: de Gruyter 2013, 91–114, dies.: „Ethique et Physique chez F.D.E. Schleiermacher", in: *Archives de philosophie. Schleiermacher philosophe* (2014), 301–320.
20 Wilhelm Dilthey, *Leben Schleiermachers*, 1. Bd., zweite Auflage vermehrt um Stücke der Fortsetzung aus dem Nachlasse des Verfassers herausgegeben von Hermann Mulert, Berlin und Leipzig: de Gruyter 1922, 747.
21 Zu dieser Schülerschaft gegenüber dem zwei Jahre jüngeren Schelling bekennt sich Steffens in einem frühen Brief an seinen „Lehrer" vom 1.9.1800: „Ich bin ihr Schüler, durchaus ihr Schüler, alles was ich leisten werde, gehört ihnen ursprünglich zu – Es ist keine vorübergehende Empfindung, es ist feste Übersetzung, dass es so ist, und ich schaetze mich desshalb nicht geringer. Ich weiss, dass ich etwas ausrichten werde an meinem Fach – Die innige Überzeugung, die ich habe, giebt mir die Gewisheit, dass ich überzeugen werde. Dann – wenn ein wahrhaft grosses Product da ist, dass ich mein nennen möchte, wenn es anerkannt ist, werde ich öffentlich auftreten – mit der Waerme der Begeisterung mein Lehrer nennen, und den errungenen Lorbeerkranz ihnen reichen!" (F.W.J. Schelling, HKA III, 2/1, 225).
22 Eine Bibliographie zur Steffens-Literatur bis zu den 70er Jahren, die auch die skandinavische Sekundärliteratur erfasst, findet sich bei Aage Jørgensen, *Henrich Steffens – en mosaik*, Kopenhagen: Akademisk Forlag 1977, 147–159, einen ausführlichen Bericht zum Forschungsstand bis zum Ende der 70er Jahre gibt Fritz Paul in seiner Monographie *Henrich Steffens, Naturphilosophie und Universalromantik*, München 1973, 20–34. Ein Forschungsbericht zur Rezeption von Steffens Poesie findet sich in der 2017 erschienenen Monographie von Stefan Höppner, *Natur/Poesie* 2017 (Anm. 15), 554–579.
 Neben der bereits erwähnten Literatur zu Steffens' literarischem Schaffen (Anm. 15) und seiner politischen Bedeutung (Anm. 17) sei innerhalb der Theologie der Beitrag von Notgar Slenczka erwähnt: „Von der falschen Theologie und dem wahren Glauben. Religionsphilosophie und Zeitdiagnose bei Henrich Steffens im freundschaftlichen Widerspruch gegen Schleierma-

in den letzten zehn Jahren wieder steigt und neben zwei Übersetzungen der Kopenhagener Vorlesungen auch einige Monographien zu verzeichnen sind.[23]

Ein Grund mag in Steffens politischer Kehrtwende von der Reform zur Restauration liegen, einer Kehrtwendung, die er jedoch mit vielen Romantikern und nicht zuletzt mit Friedrich Schlegel und Friedrich Wilhelm Joseph Schelling teilt und prominent von Heine, Georg Lukács und für Steffens insbesondere von Brandes scharf kritisiert wurde.[24] Ein anderer Grund für diese Nicht-Beachtung könnte in der Vereinnahmung der Figur und der Schriften Henrich Steffens' in den Publikationen während der Zeit des Nationalsozialismus liegen, die Steffens patriotische Gesinnung während der Napoleonischen Besetzung Preußens ebenso wie seine rassenorientierte Anthropologie zum Vorläufer nationalsozialistischer Ideologie stempelten.[25]

Auch der Umstand, dass das Verständnis Steffens' naturphilosophischer Schriften eigentlich ein wissenschaftshistorisches Detailwissen erfordert, will man die hinter Analogien und Andeutungen verborgenen naturwissenschaftli-

---

cher", in: *Universität – Theologie – Kirche. Deutungsangebote zum Verhältnis von Kultur und Religion im Gespräch mit Schleiermacher*, hg. von Notgar Slenczka u. Wilhelm Gräb, Leipzig: Evangelische Verlags-Anstalt 2011, 203–226. Unter den Beiträgen mit philosophischem Fokus verweisen wir neben der biographisch orientierten philosophischen Habilitation von Fritz Paul (*Henrich Steffens* 1973, s. o.), die vor der Hallenser Zeit endet, auf die biographisch detailreichen Aufsätze von Dietrich von Engelhardt, Sibille Mischer, *Der verschlungene Zug der Seele. Natur, Organismus und Entwicklung bei Schelling, Steffens und Oken*, Würzburg: Königshausen & Neumann 1997, Michaela Haberkorn, „Naturhistoriker und Zeitenseher" Geologie und Poesie um 1800 – Der Kreis um Abraham Gottlob Werner (Goethe, A.v. Humboldt, Novalis, Steffens, G.H. Schubert), Frankfurt a. M.: Peter Lang 2004 sowie auf Tobias Leibolds umfangreiche Studie zur Anthropologie im frühen 19. Jahrhundert, in der neben Schubert auch Steffens ein zentraler Platz zukommt (*Enzyklopädische Anthropologien: Formierungen des Wissens vom Menschen im frühen 19. Jahrhundert bei G.H. Schubert, H. Steffens und G.E. Schulze*, Würzburg: Königshausen & Neumann 2009). Darüber hinaus ist ein Sammelband in deutscher Sprache bisher zu Steffens erschienen: Otto Lorenz und Bernd Henningsen (Hg.), *Henrik Steffens* 1999 (Anm. 3).
23 Vgl. Smereka, *Henrik Steffens* 2014 (Anm. 15), Bergner, *Henrich Steffens* 2016 (Anm. 17) und Höppner, *Natur/Poesie* 2017 (Anm. 15).
24 Vgl. Heinrich Heine, *Die romantische Schule*, Hamburg: Hoffmann & Campe 1836; George Lukács, *Fortschritt und Reaktion in der deutschen Literatur*, Berlin: Aufbau-Verlag 1947. Zu Brandes Urteil vgl. Paul, *Henrik Steffens* 1973 (Anm. 23), 24.
25 Vgl. Martin Meißner, *Henrik Steffens als Religionsphilosoph*, Phil. Diss. Breslau 1936; Elisabeth Achterberg, *Heinrich Steffens und die Idee des Volkes*, Würzburg: Triltsch 1938 (zugl. Phil. Diss. Berlin); Viktor Waschnitius, *Henrich Steffens. Ein Beitrag zur nordischen und deutschen Geistesgeschichte*, Bd. 1: *Erbe und Anfänge*, Neumünster: Wachholtz 1939, sowie den Roman von Paul Burg, Volk in Flammen. Die Geschichte des Patrioten Henrich Steffens, Leipzig: Verlag von E.A. Seemann 1933.

chen Debatten und Thesen identifizieren, spielt vielleicht eine Rolle. Und schließlich lässt sich auch noch anführen, dass Steffens legendäre Kopenhagener Vorlesungen, in ihrem frühromantischen Wurf durchaus mit Schleiermachers *Monologen* oder *Reden* vergleichbar, für den deutschen Leser erst in den letzten Jahren in einer Übersetzung vorliegen.[26]

Aber all diese Hinweise erklären weder in historischer noch in systematischer Hinsicht das dünne Interesse an Steffens, denn er bleibt ohne Zweifel eine zentrale Figur der romantischen Naturphilosophie, ein etablierter Hochschullehrer, eine Kompetenz der Mineralogie, ein wichtiger politischer Akteur und interkultureller Multiplikator, wie auch immer man seine politische, kirchenpolitische oder wissenschaftliche Einstellung wertet.

* * *

Der vorliegende Band möchte dazu beitragen, dieses zweifache Forschungsdesiderat zu Steffens und zur Beziehung zwischen Steffens und Schleiermacher in Angriff zu nehmen. Er diskutiert das systematische und persönliche Verhältnis beider Denker, setzt einzelne Schlaglichter sowohl auf Steffens wie auch auf Schleiermacher und markiert dabei immer wieder auch Stellen, an denen das Verhältnis von Schleiermacher und Steffens weiter auszuloten wäre.

Den einzelnen systematischen Auseinandersetzungen gehen drei Beiträgen voran, die Bausteine zur wissenschaftlichen Biographie beider Denker liefern. Joanna Giel wendet sich dem ambivalenten Verhältnis Steffens' zur Stadt Breslau zu, an die er 1811 einen Ruf erhielt und zeichnet neben Steffens' persönlicher Stellungnahme und seinem Engagement in Stadt und Universität zugleich auch eine Momentaufnahme der im Aufschwung begriffenen wichtigsten Stadt Schlesiens. Als gebürtiger Breslauer, erzogen im Herrnhuter Pädagogium in Niesky, ist auch Schleiermacher eng mit Schlesien verbunden. Ab 1785 wechselt er von Niesky in das Herrnhuter Seminar in Barby. Für diese frühen Jahre in Schleier-

---

[26] Weniger entscheidend – wie Marit Bergner vermutet (Bergner, *Henrich Steffens*, 2016, Anm. 17, 16) – mag der Umstand sein, dass H. Steffens Norweger/Däne war, hat er doch den weit größten Teil seiner Schriften auf Deutsch geschrieben und war im deutschen Universitätssystem fest etabliert. Vielleicht spielt auch der Umstand eine Rolle, dass Steffens vor allem durch seine Rede und seine Präsenz wirkte, weniger durch seine Schriften, wie Trond Berg Eriksen vermutet in: „Philosophiebegriff und Wissensvermittlung in Steffens Kopenhagener Vorlesungen", in: O. Lorenz u. B. Henningsen (Hg.) *Henrik Steffens*, 1999 (Anm. 3), 11–16, hier 24: „Es mag sein, dass die mündliche und persönliche Gegenwart von Steffens weit mehr enzymatisch gewesen ist, als es in den Schriften seiner Mitwelt dokumentiert wurde. Henrik Steffens erscheint oft wie ein Sokratiker des deutschen Idealismus. [...] Seine dänischen Kritiker unterstellten ihm, er verderbe die Jugend. Das, was in Dänemark allerdings als Schimpf gedacht war, hätte Sokrates als höchstes Kompliment verstanden."

machers Leben gibt es allerdings wenig Dokumente. Ein humorvolles Dokument aus dieser Zeit ist die 2016 von der Berlin-Brandenburgischen Akademie der Wissenschaften erworbene anonyme Abschrift eines Spottgedichtes auf einen Herrnhuter Prediger, in dem Schleiermacher indirekt als Protagonist auftaucht. Simon Gerber kontextualisiert diese Spur aus Schleiermachers früher Herrnhuter Zeit und liefert für den Anhang dieses Bandes eine kommentierte Transkription des Manuskriptes. Eine Zusammenführung beider Biographien unternimmt der Beitrag von Sarah Schmidt, die das Verhältnis beider Denker ausgehend von ihrer – zum Teil noch nicht veröffentlichten – Korrespondenz beleuchtet, in der die große emotionale Nähe, die wechselseitigen Erwartungen, der wissenschaftliche Austausch, aber auch die zunehmende Entfremdung beider Denker zum Ausdruck kommen. Im Anhang dieses Bandes findet sich zur Orientierung weitergehender Forschung eine von Holden Kelm zusammengestellte Liste der zwischen Henrich Steffens und Friedrich Schleiermacher gewechselten Briefe.

Das zweite Kapitel stellt den Systemgedanken ins Zentrum, der sich nicht nur im philosophischen Ansatz beider Philosophen, sondern in Hinblick auf seine gesellschaftliche Realität ganz konkret auch in den konzeptionellen Reformschriften zur Universität manifestiert. Während Leon Miodoński Steffens' Naturphilosophie in ihrer ganzen Bandbreite innerhalb ihres ideengeschichtlichen Entwicklungszusammenhanges verortet, um vor dem Hintergrund eines epochalen Paradigmenwechsels ihre Besonderheit herauszustellen, kontrastiert Andreas Arndt die Systementwürfe beider Denker miteinander. In dieser Gegenüberstellung unterstreicht Arndt die gemeinsame Ausgangsbasis in der Spinozistischen Philosophie, fragt nach der Funktion des empirischen Wissens in beiden Systementwürfen und sieht ihren wesentlichen Unterschied in der bei Schleiermacher vorangetriebenen Auseinandersetzung mit den Bedingungen der Möglichkeit eines begrifflichen Erkennens. Eine in beiden Realwissenschaften gleichermaßen zentrale Systemstelle, die sich aus diesem Grund für einen Vergleich besonders eignet, markiert der Begriff der Natur, dessen Anlage und Modifikation Sarah Schmidt in Steffens' naturphilosophischen Grundlagenwerken sowie in Schleiermachers Dialektik-Vorlesungen untersucht. Mit den beiden Universitätsschriften der Reformbefürworter Steffens und Schleiermacher diskutiert Jan Rohls schließlich zwei ähnliche und zugleich in wichtigen Punkten voneinander abweichende Konzepte einer wissenschafts- und gesellschaftspolitischen Umsetzung ihres System- und Bildungsgedankens.

In ihrer Hallenser Lehr- und Forschungsgemeinschaft sahen sich Schleiermacher und Steffens als Vertreter je einer Seite der zwei wechselseitig aufeinander verweisenden „Realwissenschaften", und das dritte Kapitel erkundet Einzelaspekte und Wechselwirkung dieser die Geisteswissenschaften umfassenden „Ethik" und der die Naturwissenschaften bezeichnenden „Physik". In Ursula

Kleins Beitrag steht mit dem mehrbändigen Handbuch zur Mineralogie der Empiriker Steffens im Fokus. Klein markiert wissenschaftshistorisch Anschlusspunkte innerhalb der Mineralogie, insbesondere zu der von Abraham Gottlob Werner geprägten Freiberger Bergakademie und befragt das sich von einem empirischen Standpunkt aus präsentierende Verhältnis von Naturwissenschaft und Naturphilosophie. Holden Kelm geht es in seinem Beitrag um das Ausloten einer Verbindungslinie zwischen Ethik und Physik, wenn er vor dem Hintergrund der zeitgenössischen Fachdiskussion nach konzeptionellen Entsprechungen und Unterschieden im genetischen Modell des „Kunsttriebes" in Schleiermachers Ästhetik und Steffens' naturphilosophischen Schriften fragt. Als ein Echo naturwissenschaftlicher Modelle der Genese könnte das physiologische, an Naturbildungsprozessen orientierte Geschichtsverständnis verstanden werden, dem Walter Jaeschke in Schleiermachers Vorlesungen zur Staatslehre nachgeht. Leszek Kleszcz untersucht Schleiermachers Vorlesungen zur Hermeneutik als das Philosophisch-Werden des hermeneutischen Anliegens und unterstreicht insbesondere den kommunikativen Charakter von Schleiermachers Philosophie als zukunftsweisendes Moment.

Das vierte Kapitel wendet sich den theologischen, kirchenpolitischen und religionsphilosophischen Positionen Schleiermachers und Steffens' zu und wird mit einem Beitrag von Bogdan Ferdek zur Rezeption von Schleiermachers Christologie aus ökumenischer Perspektive eingeführt. Simon Gerber unternimmt eine Bestandsaufnahme der theologischen und kirchenpolitischen Differenzen zwischen Schleiermacher und Steffens einschließlich des 1831 an Schleiermacher gehenden Auftrages, in Breslau zwischen den Lagern der Unionisten und der Altlutheraner zu vermitteln. Dass die systematische Differenz von Schleiermacher und Steffens auch nach Schleiermachers Tod immer noch fruchtbar war, zeigt der Beitrag von Gunter Scholtz. Er setzt sich mit Säkularisierungsprozessen und -konzepten im Spannungsfeld von Religion, Staat, Wissenschaft und Natur auseinander und entwickelt den religionsphilosophischen Dialog zwischen Steffens und Schleiermacher insbesondere vor dem Hintergrund der 1839 verfassten Religionsphilosophie von Steffens.

* * *

Der überwiegende Teil der Beiträge dieses Bandes geht auf Vorträge zurück, die im Rahmen der Tagung *System und Subversion – Friedrich Schleiermacher und Henrik Steffens* in Breslau im Sommer 2014 gehalten wurden. Die Tagung wurde in Kooperation des Instituts für Philosophie der Universität Wrocław (Leon Miodoński) und dem Lehrstuhl von Andreas Arndt für Philosophie an der Theologischen Fakultät der Humboldt Universität organisiert (Sarah Schmidt) und konnte mit finanzieller Unterstützung der Universität Breslau, der Humboldt-Universität (im

Rahmen des vom DAAD geförderten Programm „Ostpartnerschaften") sowie der Schleiermacher-Gesellschaft durchgeführt werden. Die Schleiermacher-Gesellschaft unterstützte darüber hinaus den Druck dieses Bandes, wofür die beiden Herausgeber an dieser Stelle einen großen Dank aussprechen möchten. Für die Übersetzungen aus dem Polnischen sei Joanna Giel ganz herzlich gedankt, für Ratschläge und Hinweise Johann Gartlinger und Sarhan Dhouib.

1. Biographische Bausteine

Joanna Giel
„Dennoch imponierte die Stadt" – Steffens langsame Annäherung an Breslau

Bevor Henrik Steffens nach Breslau kam, lebte und wirkte er an verschiedenen Orten. Der häufige Ortswechsel war für ihn nichts Außergewöhnliches, denn schon während seiner Kinderjahre wechselten seine Eltern häufig ihren Wohnsitz. Die Ausbildung erhielt Steffens an der Universität in Kopenhagen – er studierte Naturgeschichte, wählte die Mineralogie zu seinem Hauptfach und habilitierte sich als Privatdozent an der Universität Kiel. Hier verfasste er auch seine erste deutsche Schrift *Ueber die Mineralogie und das mineralogische Studium* (1779). Gleichzeitig entstand in ihm ein großes ästhetisch-literarisches und philosophisches Interesse. Er orientierte sich an Kant, Fichte und insbesondere an Spinoza, dessen Lehre von der Einheitlichkeit des Weltwesens einen großen Einfluss auf Steffens ausübte. Schelling, dessen *Ideen zu einer Philosophie der Natur* (1797) sowie seine Abhandlung *Von der Weltseele* (1798) für Steffens' Denken zu einer Initialzündung werden, bleibt Zeit seines Lebens ein zentraler philosophischer Orientierungspunkt.[1]

Die Breslauer Periode beginnt mit Steffens' Berufung auf einen Lehrstuhl an der neu gegründeten preußischen Universität 1811. Die Berufung nach Breslau war für Steffens mit gemischten Gefühlen verbunden. In seiner Autobiographie *Was ich erlebte* schildert er seine Ankunft in Breslau mit folgenden Worten:

> Abgesehen von den Verhältnissen, unter welchen ich den Ruf nach Breslau erhielt und annahm, erschien mir die Aussicht, in Schlesien zu leben, keineswegs erfreulich. Ich hatte gegen diese Provinz ein Vorurtheil [...]. Mir kamen die Schlesier wie ein halb slavisches Volk vor. Eben so war die Art, wie die Katholiken dort hervortraten, nicht einladend für mich.[2]

In seiner ablehnenden Haltung macht Steffens auf zwei Punkte aufmerksam, die Breslau als einen besonderen Fall unter den deutschen Städten kennzeichnen. Einerseits gab es ein starkes katholisches, jesuitisches Erbe in Breslau, andererseits waren große Teile der Einwohnerschaft slavischer Herkunft. Beide Umstände bestimmten die Tatsache, dass sich Steffens vor allem anfangs in Breslau etwas fremd fühlte.

---

1 Vgl. *Allgemeine Deutsche Biographie*, Leipzig: Duncker & Humblot 1893, Bd. 35, 553.
2 Henrik Steffens, *Was ich erlebte. Aus der Erinnerung niedergeschrieben*, Breslau: Josef Max 1843, Bd. 7, 1.

Beklagt sich Steffens in seiner Autobiographie über das katholische Erbe in Breslau, so ist aber gerade dieser Faktor entscheidend für die Einmaligkeit der schlesischen Hauptstadt ebenso wie für die Universität. Die konfessionelle Lage des damaligen Breslau war durch die Koexistenz zweier Religionen und zweier christlicher Konfessionen gekennzeichnet. Im Zeitraum von 1817 bis 1849 konnte man sogar eine katholische Zuwanderung aus anderen Gegenden Schlesiens, aus Böhmen oder aus Polen beobachten, so dass die Zahl der katholischen Bevölkerung Breslaus in dieser Zeit von 26 auf 39 Prozent der Gesamtbevölkerung stieg, wobei der protestantische Anteil von 72 auf 59 Prozent sank. Aus diesen Zahlen geht hervor, dass die Breslauer Bevölkerung überwiegend protestantisch war, auch wenn der katholische Anteil der Bevölkerung ein dynamisches Wachstum erlebte. In Breslau entwickelte sich ein vielfältiges religiöses Leben, sie war eine Stadt der theologischen Kontroversen, zu deren Sprachrohr die Breslauer Bildungsanstalten wurden. Die Universität Breslau besaß zwei getrennte theologische Fakultäten. Die größere, aus dem alten Jesuitenkolleg erwachsene, katholische Fakultät der Universität Breslau konkurrierte mit der protestantischen Fakultät, die mit der Neugründung 1811 aus der geschlossenen Universität in Frankfurt an der Oder sozusagen „importiert" wurde. Somit war Breslau auf dem besten Weg, den Charakter einer kosmopolitischen, multikonfessionellen Metropole anzunehmen.[3]

Die Arbeits- und Studiermöglichkeiten in Breslau zu Beginn des 19. Jahrhunderts lockten zahlreiche Polen aus dem nahe gelegenen Oberschlesien, dem Herzogtum Posen, aber auch aus weiter entfernten Gegenden des geteilten Landes an. Denn die rasche Industrialisierung Breslaus war für Wirtschaftsemigranten aus dem Süden und aus dem Osten extrem attraktiv.[4] Im Jahr 1817 waren etwa 16 Prozent der Studenten an der Breslauer Universität Polen. Auch wenn sich die genaue Zahl der polnischen Bevölkerung in Breslau schwer ermitteln lässt, so ist ihr stetes Wachstum wahrscheinlich. Ein Anzeichen dafür findet sich in den heute im Universitätsarchiv aufbewahrten Immatrikulationslisten der ersten Jahre nach der Neugründung der Universität, in denen sich ein deutlicher Anstieg polnischer Studenten abzeichnet. Das alles entschied über eine sehr vielschichtige Beschaffenheit der Stadt Breslau, die mit den Wunschvorstellungen Steffens – dem national gesinnten Anhänger Preußens, der am liebsten nach Berlin gegangen wäre – wenig kompatibel war.

---

3 Vgl. Norman Davies, Roger Moorhouse, *Die Blume Europas. Breslau, Wrocław, Vratislavia. Die Geschichte einer mitteleuropäischen Stadt*, aus dem Englischen von Thomas Bertram, München: Droemer Knaur Verlag 2002, 289.
4 Vgl. ebd., 306.

Die ersten Jahre des Aufenthaltes von Steffens in Breslau waren durch sein politisches Engagement gekennzeichnet. Die politische Atmosphäre zu Beginn des Jahres 1813 war in Deutschland gespannt und diese Spannung war auch in Breslau spürbar. Der preußische König Friedrich Wilhelm III. war von Napoleon gezwungen worden, ihm militärische Hilfe zu leisten, während das Volk auf ein Zeichen wartete, zu den Waffen gegen Napoleon zu greifen. Die katastrophale Lage des durch die Napoleonische Armee besetzten Preußens lag Steffens sehr am Herzen und er gab dem Ausdruck in seinen Vorträgen, die er in den ersten Monaten seines Wirkens an der Universität Breslau hielt und die eine Menge von Zuhörern fanden. So beschreibt Petersen Steffens' Publikum während eines Vortrags vom 3. Januar 1813: „[...] in und um Steffens' Wohnung [hatte sich, J.G.] eine zahllose Menge Menschen angesammelt. Nicht allein der Hörsaal war mehr als besetzt: Fenster, Gänge, Treppen, ja die Straße, auch bedeutend weitab vom Hause, waren alle gedrängt voll Leute jedes Standes."[5] Steffens Wohnung befand sich in der heutigen Kuźnicza Straße neben dem Hauptgebäude der Universität. Dass Steffens zu denjenigen gehörte, die prononciert zum Krieg aufriefen, wurde besonders deutlich in seinem Vortrag am 10. Februar 1813, einem Tag an dem der König Breslau besuchte. Mit dem Besuch des Königs wurde Breslau zum Zentrum politischer Entscheidungen und Steffens beschwor die Stadt in seinem Vortrag als „den alles ergreifenden, begeisternden Mittelpunkt, wo eine neue Epoche der Geschichte anfängt"[6]. Diese Rede-Szene wurde 1892 von dem Maler Arthur Kampf in einem Gemälde festgehalten und zu einem Initiationsmoment studentischer Kriegsbegeisterung stilisiert (siehe Abb. 1). Steffens Rede in Breslau mobilisierte die Studentenschaft zum bewaffneten Widerstand gegen die Besetzung durch Frankreich.[7] Der Breslauer Reise des Königs folgte am 27. Februar 1813 ein Bündnis mit Russland gegen Frankreich und der in Breslau gefeierte Widerstandgeist breitete sich bald über das ganze Reich aus. Professor Steffens begnügte sich jedoch nicht nur im Reden, er erklärte sich bereit, an dem bevorstehenden Kampf persönlich teilzunehmen und wurde sogar als „der erste Freiwillige von 1813"[8] bezeichnet. Die Jahre 1813 und 1814 sind durch Steffens Teilnahme am Krieg gekennzeichnet. Aus dem Militärdienst wurde er im Mai 1814 entlassen und kam – geschmückt mit dem Eisernen Kreuz – nach Breslau zurück.

---

5 Richard Petersen, *Henrik Steffens, Ein Lebensbild*, aus dem Dänischen von Alexander Michelsen, Gotha: F.A.Perthes 1884, 249.
6 Zit. nach Norman Davies, Roger Moorhouse, *Die Blume Europas*, (Anm. 3), 269.
7 Ausführlich zu Steffens Rolle im Kontext der Breslauer Kriegsmobilisierung vgl. Marit Bergner, *Turnstreit*, Frankfurt a. M.: Lang 2016, 114–126.
8 Karl von Holtei, *Briefe an Tieck*, zit. nach Norman Davies, Roger Moorhouse, *Die Blume Europas* (Anm. 3), 250.

Abb. 1: „Professor Steffens begeistert seine Zuhörer für den Freiheitskrieg (Breslau 1813)", Postkarte von 1913 nach Gemälde (1892) von Arthur Kampf (1864–1950)

Steffens war – wie in der Allgemeinen Deutschen Biographie zu lesen ist – „seiner Geburt nach Norweger, [aber] seiner Bildung und ganzen Lebensentwicklung nach aus eigener Wahl der deutschen Nation angehörend"[9]. Bestätigungen für diese deutsch-nationale Einstellung finden sich zahlreich in seiner Autobiographie. Seine Situation kurz vor der Umsiedlung nach Breslau beschreibt Steffens retrospektiv folgendermaßen: „Fast seit 14 Jahren lebte ich [...] innerlich in, mit und für Deutschland, nämlich von 1798 bis 1811."[10] Die Aussicht, in einer von Berlin weit entfernten Provinz Deutschlands zu leben, schreckte ihn zurück:

> Und nun sollte ich mich auf immer aus dieser Gegend losreißen, sollte die Hoffnung, Göthe ein Mal wiederzusehen, ganz aufgeben, sollte in einer östlichen Provinz von einem französisch slavischen Staat und Oesterreich umschlossen leben, in einer Provinz, die in ihrer Abgeschlossenheit, mir, der Sprache ungeachtet, kaum ein wahres lebendiges Glied des deutschen Reichs zu sein schien.[11]

---

9 *Allgemeine Deutsche Biographie* (Anm. 1), 555.
10 Henrik Steffens, *Was ich erlebte* (Anm. 2), Bd. 7, 4.
11 Ebd., 5.

Schlesien, das zu seiner Vorstellung von Preußen gar nicht zu passen schien, war für ihn ein exotisches Land für dessen kulturelle Vielfalt er zunächst keinerlei Sensoren hatte. Ähnliche Vorbehalte äußert Steffens in seiner Autobiographie auch gegenüber der in Breslau neu gegründeten Universität, deren Gebäude das ehemalige Jesuiten-Collegium war. Die Tatsache, dass die Universität Breslau aus der Verschmelzung der in Frankfurt an der Oder aufgehobenen Viadrina und der Breslauer Akademie Leopoldina entstand, betrachtete Steffens sehr skeptisch und mit einer gehörigen Portion antikatholischer Aversion, wovon folgende Worte zeugen: „Was ließ sich aus einer Verbindung einer erstarrten, völlig beschränkten, einseitig papistisch gesinnten katholischen Bildungsanstalt mit der herabgesunkenen Frankfurter Universität wohl erwarten?"[12] Die Leopoldina war tatsächlich eine Anstalt ohne höheres wissenschaftliches Ziel, die dazu berufen war, Priester auszubilden und den katholischen Adel der Provinz zu erziehen. Die Zusammenführung der katholischen und evangelischen Fakultät in einer organisatorischen Struktur war ein *novum*, das von dem Mut der Reformatoren zeugte.[13] Von Anfang an war die Universität Breslau als eine Lehranstalt konzipiert, die nicht nur Kenntnisse vermitteln und Beamte ausbilden, sondern auch einen Boden für die Kooperation von Gelehrten schaffen sollte, die Lehrenden sollten forschen, zugleich jedoch auch ihre Schüler in die Methoden dieser Forschung einführen. Steffens – ebenso wie Schleiermacher – beteiligte sich aktiv an der damaligen Diskussion über die Idee der Universitäten. In seiner im Jahre 1809 verfassten Schrift *Über die Idee der Universitäten*[14] äußert er sich ausführlich über das Verhältnis zwischen Staat und Universität und nimmt so Teil an der Debatte um die Freiheit bzw. Souveränität der Universitäten, die im Rahmen der Bildungsreform Aufwind bekam. Für ihn war die Wissenschaft die höchste Form des staatlichen Selbstbewusstseins und der geistige Inhalt des äußeren Organismus des Staates. Schleiermacher zeigte in diesem Punkt eine weniger konservative Haltung: Für ihn fällt die Wissenschaft mit den Grenzen der Nation zusammen, aber nicht mit denen des Staates.[15] Schleiermacher kam den Ideen Humboldts am nächsten, und diese Nähe fand nicht zuletzt darin einen Ausdruck, dass Schleiermacher im Sommer 1810 zum Mitglied der Einrichtungskommission der Universität wurde. Schleiermacher konnte so für die Verwirklichung seiner Gedan-

---

12 Ebd., 5.
13 Vgl. Leon Miodoński, „O rozwoju filozofii na Śląsku i we Wrocławiu – zarys podstawowych perspektyw badawczych", in: *Filozofia we Wrocławiu*, hg. von Leon Miodoński, Wrocław: Arboretum 2013, 35.
14 Vgl. Eduard Spranger (Hg.), *Fichte, Schleiermacher, Steffens über das Wesen der Universität*, Leipzig: Dürr'sche Buchhandlung 1910, 205–280.
15 Vgl. Eduard Spranger, „Einleitung", in: ebd., XXII.

ken, die er in der im Jahre 1808 verfassten Schrift *Gelegentliche Gedanken über Universitäten im deutschen Sinn*[16] vertreten hatte, auch praktisch wirken. Es war Steffens' Wunsch, nach Berlin berufen zu werden, was – trotz der großen Bemühungen, die sein Freund Schleiermacher und sein Kollege Reil für ihn unternahmen – erst im Jahre 1832 erfolgte. Bis zu dieser Zeit musste er sich mit seiner Stelle in Breslau begnügen.

Wie Steffens' Biograph Richard Petersen berichtet, zählte Breslau zu Beginn des 19. Jahrhunderts 70.000 Einwohner[17] – es war also keine Metropole wie Wien, London oder Paris und auch Berlin war mit 162.971 Einwohnern gut doppelt so groß. Petersen beschreibt die Stadt mit folgenden Worten:

> Umgeben von halb abgetragenen Wällen, erstreckte es sich längst beider Ufer der Oder. Die Stadt machte den Eindruck des Gedrängten; die Straßen waren eng und finster, mit Häusern von fünf, sechs bis sieben Stockwerken. Kirchen gab es viele, auch Klöster, da die Bevölkerung zum großen Teil katholisch war; außerdem große Kasernen. Auf den Märkten sah man lange Reihen von Buden, bei welchen ein lebhafter Handel stattfand, besonders mit Eisen- und Holzwaren, Mühlsteinen, vor allem der in dieser Provinz so viel fabrizierten Leinwand.[18]

Dass im Breslauer Wollhandel ein Wohlstand herrschte, lesen wir bei Norman Davies und Roger Moorhouse. Die Historiker geben an, dass der Jahresumsatz auf dem Breslauer Markt im Jahr 1810 20.000 Zentner erreichte. Im Jahr 1823 dagegen betrug der Umsatz 43.000 Zentner und im Jahr 1836 stieg er auf 88.000 Zentner, worin sich ein stetiger Aufschwung abzeichnet.[19]

Gemessen an der wirtschaftlichen Kraft war Breslau also alles andere als eine marginale Provinz Preußens. Im Gegenteil: Sie war zu einer Stadt geworden, die auf der europäischen Landkarte eine wichtige Stelle als das führende Zentrum im deutschen Sprachraum des Ostens im frühen 19. Jahrhundert innehatte. Wie Norman Davies und Roger Moorhouse ausführen, wurde Breslau am Ende des 18. Jahrhunderts zu einer der größten Städte des Königreichs und erlangte den offiziellen Status einer „Residenzstadt". Breslau war damals „die Hauptstadt der dynamischsten Provinz Preußens, die 45 Prozent der Exportgüter des Landes produzierte und 44 Prozent Importe verbrauchte".[20] Da ein reger Handel immer auch mit einem regen Kontakt der Menschen einhergeht, die aufgrund der ökonomischen Verhältnisse miteinander in Berührung kommen, war diese wirt-

---

16 Vgl. ebd., 105–204.
17 Vgl. Petersen, *Henrik Steffens* (Anm. 5), 242.
18 Ebd., 242.
19 Vgl. Davies, Moorhouse, *Die Blume Europas* (Anm. 3), 279–280.
20 Ebd, 277.

schaftliche Blüte auch nicht ohne Einfluss auf die kulturelle Sphäre der Stadt. In dem für viele Wirtschaftswege zentral gelegenen Breslau durchkreuzten sich verschiedene Religionen, Konfessionen, Nationen, Sprachen und kulturelle Traditionen. Unter den prägenden kulturellen Institutionen in Breslau sind, neben der im Jahre 1811 gegründeten Universität, insbesondere die Schlesische Zentralbibliothek und die Schlesische Gesellschaft für vaterländische Kultur zu erwähnen.[21] Sie schufen einen festen Grund für die Entfaltung des geistigen Lebens in Breslau.

Die Breslauer Professoren und Gelehrten trafen sich in unterschiedlichen Kreisen, lasen Klassiker gemeinsam und tauschten sich über ihre Forschungen aus. Diesem Ziel diente auch die oben erwähnte Schlesische Gesellschaft für vaterländische Kultur, die dazu berufen wurde, die Wissenschaft in Schlesien zu organisieren und zu popularisieren. Wie Joanna Smereka berichtet, bestand diese Gesellschaft aus elf Sektionen: der naturwissenschaftlichen, botanischen, entomologischen, medizinischen, ökonomischen, pädagogischen, historischen Sektion sowie einer für Kunst und Altertum und der technischen und der musikalischen.[22] Auch Steffens öffnete sein Haus für wöchentliche Treffen der Gelehrten und Studierenden und schuf damit den Boden für einen intellektuellen Austausch. Sein Haus wurde zu einem „Salon", wo nicht selten auch politische Fragen diskutiert wurden.

Die damals führende Zeitschrift in Breslau waren die *Schlesischen Provinzialblätter*, die ab dem Jahre 1785 herausgegeben wurden und die ein breites Lesepublikum fanden. Lokal orientiert kam den privaten Ereignissen, den Begräbnissen, Hochzeiten und Geburtstagen ein großer Raum zu und thematisch gesehen schienen die *Schlesischen Provinzialblätter* keine Begrenzung zu kennen,[23] was Steffens allerdings nicht positiv beurteilte. In dieser Monatsschrift sei man, so beklagt er in seiner Autobiographie, mit „den engsten provinziellen Verhältnissen beschäftigt, die alle Aufmerksamkeit zu fesseln schienen, in einer Zeit, in welcher die großen tragischen Schicksale Deutschlands jeden Gedanken und alle That in Anspruch nehmen mußten"[24].

---

21 Vgl. Klaus Garber, *Das alte Breslau. Kulturgeschichte einer geistigen Metropole*, Köln-Weimar-Wien: Böhlau Verlag 2014, 407–423. Die Akten der Schlesischen Gesellschaft für vaterländische Kultur, aus denen sich die Aktivitäten im Einzelnen studieren lassen, finden sich im Universitätsarchiv der Universität Breslau.
22 Vgl. J. Smereka, *Henrik Steffens. Ein Breslauer Wissenschaftler, Denker und Schriftsteller aus dem hohen Norden*, Leipzig: Leipziger Universitätsverlag 2014, 60.
23 Vgl. Klaus Garber, *Das alte Breslau* (Anm. 22), 390.
24 Henrik Steffens, *Was ich erlebte* (Anm. 2), Bd. 7, 3.

Trotz der vielen Vorbehalte, die Steffens anfangs gegen Breslau hatte, begann die schlesische Hauptstadt schließlich doch etwas Anziehendes auf ihn auszuüben: „Dennoch imponierte die Stadt. Die hohen Häuser, die engen düstern Straßen, die Waarenlager, die auf einen großen, obgleich jetzt ruhenden Betrieb deuteten, erregten die Aufmerksamkeit; Kirchen und alte Gebäude legten Zeugnisse von einer bedeutenden Vergangenheit ab."[25] Auch die Einwohner der schlesischen Hauptstadt, die ihm anfangs unfreundlich erschienen, erwiesen sich – vor allem in den Universitätskreisen – als „ein gemüthliches und herzliches Volk"[26].

Steffens, der in Breslau eine Heimat für einundzwanzig Jahre finden wird, verbringt hier wissenschaftlich fruchtbare Jahre seines Lebens. Hier schreibt er ein umfangreiches Werk *Vollständiges Handbuch der Oryktognosie* (4 Bände, 1811–1824), seine *Anthropologie* (2 Bände, 1822) und zeitpolitische Schriften wie *Die gegenwärtige Zeit und wie sie geworden* (2 Bände, 1817) oder *Karikaturen des Heiligsten* (1819–1921). In Breslau bekleidet er eine wichtige Stelle an der Universität und wird sich in die Geschichte dieser Universität als ein engagierter Universitätslehrer, aber auch als Administrator einschreiben: einmal ist Steffens Dekan der philosophischen Fakultät (1818–1819), gleich zweimal Rektor der Universität (1821–1822, 1829–1830).

Für den Naturforscher und Mineralogen war Schlesien natürlich geologisch hochinteressant. In Breslau verfasste Steffens zwei Abhandlungen, die seine Bindung an Schlesien als Naturforscher veranschaulichen. Das sind die beiden Schriften *Was kann für Schlesiens Naturgeschichte durch die Einwohner geschehen?*[27] und *Einige Höhenmessungen im Riesengebirge* (1821). Beide Schriften sind als Früchte von Steffens' Aufenthalten im Riesengebirge entstanden, in dem der Gelehrte jedes Jahr ein paar Wochen verbrachte und seine geologischen Studien vorantrieb. Erwähnenswert in diesem Kontext ist die Breslauer Mineraliensammlung, die unter Steffens Schwager Friedrich von Raumer entwickelt und durch die von ihm im Riesengebirge gefundenen Mineralien bereichert wurde. Als Raumer 1819 nach Halle versetzt wurde, übernahm Steffens die Leitung des Mineralien-Kabinetts, dem er nicht zuletzt die auf seiner Reise nach Norwegen im Jahre 1824 gesammelten Mineralien hinzufügte und das er für seine Vorlesungen über Mineralogie, mineralogische Geographie und Geologie nutzte.

Die ersten Jahre des Aufenthaltes von Steffens in Breslau fielen in eine Zeit, in der in Deutschland die sogenannte Turnerbewegung ausbrach, initiiert vom

---

25 Ebd., 8.
26 Ebd., 9.
27 Abgedruckt in der Correspondenz 1820, Bd. 1, S. 87.

Lehrer Friedrich Ludwig Jahn aus Berlin. Die von ihm entwickelte Bewegung war eng mit der frühen Nationalbewegung verknüpft und setzte sich zum Ziel, die Jugend patriotisch zu erziehen, das heißt, sie auf den Kampf gegen die napoleonische Besetzung und für die Einheit Deutschlands und Preußens vorzubereiten. Dass diese Bewegung eine weit verbreitete Anerkennung fand, bezeugt die Tatsache, dass fast jede damalige Universität und fast jede damalige Stadt ihren Turnplatz bekam, um ein neues willensstärkeres Geschlecht – ganz im Sinne von Fichtes *Reden an die deutsche Nation* – heranzubilden. Allerdings blieb diese Turnerbewegung nicht ohne Gegnerschaft und die öffentlich ausgetragene Auseinandersetzung gipfelte in dem sogenannten Turnstreit. Franz Passow, Philologe an der Universität Breslau, gab die Schrift *Turnziel* heraus, in der er das Ziel des Turnens zu erläutern und die Kritik an der Turnerbewegung zu entkräften suchte. Als eine Antwort auf diese Zeitschrift erschien im Jahre 1818 die polemisch geführte Schrift *Die Undeutschheit des neuen Deutschthums* des Prorektors und Professors am Elisabeth-Gymnasium in Breslau, Karl Adolf Menzel. Als Universitätslehrer und engagierter Staatsbeamter, der sich für Fragen des Staates rege interessierte, beteiligte sich auch Steffens aktiv an der öffentlichen Debatte um die Turnerbewegung, gehörte allerdings zum politisch konservativen oppositionellen Lager, das nicht alle politischen Ansichten der Turnerbewegung teilte. In seiner Schrift *Karikaturen des Heiligsten* charakterisierte er die Turnerbewegung als eine Begeisterung, die kein bestimmtes Ziel hat und als solche irreführend und gefährlich sei.[28] Als Anhänger der preußischen Monarchie konnte er darüber hinaus mit der von den Turnern verfochtenen Idee der Verschmelzung der Einzelstaaten zu einem großen, konstitutionellen Nationalstaat wenig anfangen. Seine Kritik an dem mittlerweile zum Halbgott avancierten Jahn und dem neuen deutschen Ideal, der „Turnsache", erregte Aufsehen und auch Missfallen, auch unter vielen seiner Freunde und Bekannte, die sich gegen ihn wendeten.[29] Sogar Schleiermacher, der Turnerfreund war, warf Steffens vor: „Du weißt nicht, was du getan hast."[30] Steffens' Engagement gegen die Turnerbewegung verschaffte ihm viele Gegner und so wurde einer der beliebtesten Männer des Landes bald zu einem unpopulären. Eine Unpopularität, die sich mit seiner späten theologischen Positionierung, seiner Verbindung mit den Altlutheranern, nur noch verstärkte. Steffens' Ansehen bei seinen alten Freunden sank und er selbst war in Breslau ein einsamer Mann geworden, so jedenfalls resümiert es Steffens in seiner Autobiographie: „Ich

---

28 Vgl. Ingeborg Möller, *Henrik Steffens*, Stuttgart: Verlag Freies Geistesleben 1965, 168.
29 Eine ausführliche Darstellung der politischen Konstellationen der Breslauer „Turnfehde" findet sich bei Bergner, *Steffens* 2016 (Anm. 8), 143–334.
30 Zit. nach ebd., 170.

stand ganz allein, von Allen verlassen, nicht hier allein, in ganz Deutschland hatte keine Stimme sich für mich erhoben; selbst Freunde zogen sich zurück; ansehnliche Bürger, hochgestellte Beamte waren durch den Fanatismus in Schrecken gesetzt."[31]

Ermunterung kam jedoch von Seiten der Studenten, die an Steffens' Redlichkeit nicht einen Augenblick zweifelten. Steffens selbst fand eine große Freude im künstlerischen Leben der Stadt, in Musik, Literatur und Theater. So erinnert er sich in seiner Autobiographie an die Konzerte, die in familiären Kreisen gespielt wurden und in deren Mittelpunkt vor allem Werke von Händel und Bach standen. Für die Verbreitung der religiösen Musik in Breslau schreibt Steffens vor allem seinem Freund von Winterfeld eine große Rolle zu. Dieser hatte auf einer Italienreise auch viele unbekannte Musikalien gesammelt und kopiert, die später in die Sammlung der Bibliothek der Universität Breslau aufgenommen wurden. Große Verdienste auf musikalischem Gebiet verdankte Breslau auch einem Mann namens Mosewius, der der Musikdirektor an der Universität war. Wie Steffens berichtet, gedieh die Singakademie unter seiner Leitung hervorragend. Der Sinn für höhere Musik erwachte in der Stadt und gewann Frauen wie Männer. „Jede Aufführung war ein Fest, sowohl für die Zuhörer als auch für die thätigen Mitglieder."[32]

Auch zum Theater zeigte Steffens große Neigung, es sei „ein wichtiges Moment geistiger Bildung", das Dichter, Schauspieler und Publikum miteinander verband.[33] Seine Bekanntschaft mit Karl von Holtei, dem Breslauer Dramatiker und dem Direktor verschiedener Bühnen, den er trotz mancher Kritik als „Mann von entschiedenem Talent"[34] schätzte, findet eine ausführliche Schilderung in seiner Autobiographie. Gleichwohl konnte das Breslauer Theater mit dem Niveau der Singakademie nicht mithalten: „Ich besuchte während meines Lebens in Breslau das Theater höchst selten", schreibt Steffens, „und fast jedesmal schämte ich mich meiner Anwesenheit, und tröstete mich nicht selten mit dem Gedanken, daß doch keiner mich erblickte, der nicht mit mir da war"[35].

Die etwas distanzierte und kritische Einstellung von Steffens zu Breslau behauptete sich bis in die letzten Jahre seines Aufenthaltes in der schlesischen Hauptstadt. Aus der Autobiographie des Philosophen ergibt sich das Bild eines Kritikers an den städtischen Einrichtungen, der mit dem Umstand, in Breslau zu leben, keineswegs zufrieden war. Die Versetzung nach Breslau bedeutete für

---

31 Steffens, *Was ich erlebte* (Anm. 2), Bd. 9, 38.
32 Steffens, *Was ich erlebte. Aus der Erinnerung niedergeschrieben*, Breslau 1844, Bd. 9, 318.
33 Vgl. ebd., 323.
34 Ebd., 332.
35 Ebd., 327.

Steffens die Versetzung in eine Provinz, die er als rückschrittlich ansah. In der Lektüre seiner Autobiographie ist die große Sehnsucht nach den westlichen Teilen Preußens – nach Jena, Weimar, Leipzig und Berlin – die ihm als Zentren der deutschen Literatur und Wissenschaft erschienen, auf Schritt und Tritt zu spüren. Obwohl Steffens einundzwanzig Jahre in Breslau verbrachte, die Umgebung durchwanderte und mineralogisch erforschte, konnte er sich an diesen Landstrich nicht gewöhnen. Auch wenn er Bekanntschaft mit den – aus heutiger Sicht – wichtigen Persönlichkeiten der schlesischen kulturellen Kulturlandschaft schloss, wie z. B. mit dem Grafen Yorck von Wartenburg (Steffens hatte die Aufsicht über den Unterricht des Sohnes des Grafen und über dessen Vorbereitung zum Studium) oder dem Dichter Karl von Holtei, sah er sich als ein Gast in Breslau. Den Abschied im Jahre 1932 hat er mit großer Freude begrüßt.

Simon Gerber
Brodersens Himmelfahrt – ein satirisches Gedicht auf die Herrnhuter

Die wohl bekannteste Selbstcharakterisierung Friedrich Schleiermachers ist die, er sei ein Herrnhuter, nur von einer höheren Ordnung. Als er dies seinem Freund und Verleger Georg Reimer schrieb, lag seine Trennung von der Brüdergemeine schon ein gutes Jahrzehnt zurück; anlässlich eines Besuches in der oberschlesischen Kolonie Gnadenfrei (auf dem Gebiet von Ober-Peilau, poln. Piława Górna), wo die große Schwester Charlotte, die der Gemeine treu geblieben war, als Lehrerin arbeitete, bekannte er, wie viel seine Frömmigkeit und seine Anschauung dessen, was Religion bedeutet, der herrnhutischen Prägung verdanke.[1]

Diese Prägung erhielt Schleiermacher an den Anstalten von Niesky und Barby. In Niesky in der Lausitz, etwa 20 km nordwestlich von Görlitz und 40 km nördlich von Herrnhut, befand sich seit 1760 das Pädagogium der Herrnhuter Brüdergemeine, so etwas wie das Gymnasium und Internat der Gemeine. Hier ging Schleiermacher von 1783 bis 1785 zur Schule, bevor er an die Hochschule der Herrnhuter wechselte, das Seminarium in Barby an der Elbe (zwischen Dessau und Magdeburg). Der bis dahin folgsame Eleve bekam in Barby religiöse Zweifel und wurde mit dem Bildungsangebot unzufrieden; er tat sich heimlich mit Gleichgesinnten zu einem Club zusammen, der verbotene Literatur, nicht zuletzt die neue kritische Philosophie, studierte. Zu Ostern 1787 verließ Schleiermacher Barby und die Brüdergemeine und schrieb sich an der Universität Halle ein.[2]

Im Jahr 1789 tauschten das Pädagogium und das Seminar ihre Standorte.[3] Um 1800 kam offenbar der alte Däne Martin Brodersen öfter von Herrnhut nach Niesky zu Besuch; er hatte viele Jahre als Siedler und Missionar in Tranquebar (Tharangambadi) in Südindien gelebt. Bald nach Brodersens Tod 1803 wird in

---

1 Friedrich Schleiermacher, Brief 1220 (30.4.1802) an Georg Reimer, KGA V/5, Berlin / New York: de Gruyter 1999, 392f.
2 Zu Schleiermachers Zeit als Zögling der Herrnhuter vgl. Briefe Nr. 6–65, KGA V/1, Berlin-West / New York: de Gruyter 1985, 3–75; E. Rudolf Meyer, *Schleiermachers und C.G. von Brinkmanns Gang durch die Brüdergemeine*, Leipzig: Jansa 1905, 80–244; Kurt Nowak, *Schleiermacher*, Göttingen: Vandenhoeck & Ruprecht 2001, 24–32; Dorette Seibert, *Glaube, Erfahrung und Gemeinschaft*, Forschungen zur systematischen und ökumenischen Theologie 102, Göttingen: Vandenhoeck & Ruprecht 2003, 42–64.
3 Vgl. [Hermann Plitt,] *Das theologische Seminarium der evangelischen Brüder-Unität in seinem Anfang und Fortgang*, Gnadau: Menz 1854, 66; [Ernst Julius Gammert,] *Geschichte des Pädagogiums der evangelischen Brüder-Unität*, Niesky: Selbstverlag 1859, 21f.

Niesky unter den Schülern des Seminars ein kleines Theaterstück in Versen mit Broderson als Hauptperson entstanden sein, ein satirisches Gedicht auf das Herrnhutertum. Eine Reinschrift dieses Gedichts hat jüngst das Archiv der Berlin-Brandenburgischen Akademie der Wissenschaften erworben; sie liegt dort jetzt unter der Signatur Schleiermacher-Nachlass 526/2.

Einige Jahrzehnte später ist das Gedicht gedruckt worden, und zwar als Anhang in der Schrift *Die Herrnhuter; in ihrem Leben und Wirken nach der Wahrheit dargestellt*. Deren Verfasser nennt sich nicht auf dem Titelblatt, allerdings als Unterzeichneter des Vorwortes, es ist Martin Cunow.[4] So liegt es nahe, dass Martin Cunow auch das Gedicht geschrieben hat.

Martin Cunow wurde am 2. August 1786 in Gnadau bei Barby geboren. Sein Vater Christian Friedrich Cunow (1751–1829) war Lehrer in Niesky und ab 1780 Prediger der Brüdergemeinde in Norden (Ostfriesland), Amsterdam, Gnadau, Gnadenfrei und (seit 1803) in Königsberg;[5] als der preußische Hof vor Napoleon nach Ostpreußen ausgewichen war, erteilte Christian Friedrich Cunow 1807–09 im Auftrag des Königs der Prinzessin Charlotte Religionsunterricht.[6] – Aus Schleiermachers Biographie (nämlich als einer der Lehrer am Seminar in Barby) ist ein anderer Cunow bekannt, Johann Gottfried Cunow (1758–1824). Er war Christian Friedrich Cunows Bruder und Martin Cunows Onkel, seines Zeichens Mathematiker, Naturwissenschaftler und Latinist; nach seiner Zeit als Lehrer in Niesky und Barby wurde er 1798 Schlossprediger in Barby und 1808 Bischof der Brüdergemeine.[7] Den von Martin Cunow nicht sehr schmeichelhaft beschriebenen kleinen Schlossprediger, der sich wie ein Papst gebärdet habe, wird man unschwer als seinen Onkel Johann Gottfried identifizieren können, Schleiermachers Lehrer.[8]

---

4 [Martin Cunow,] *Die Herrnhuter; in ihrem Leben und Wirken nach der Wahrheit dargestellt von einem ehemaligen Mitgliede. Eine zeitgemäße Mittheilung*, Weimar: Hoffmann 1839, VIII (Unterzeichnung des Vorworts). 63–72 (das Gedicht).
5 Sein Lebenslauf steht in: *Nachrichten aus der Brüder-Gemeine* 1830, Heft 5, 782–803.
6 Horst Weigelt, „Die Diasporaarbeit der Herrnhuter Brüdergemeine und die Wirksamkeit der Deutschen Christentumsgesellschaft im 19. Jahrhundert", in: *Geschichte des Pietismus, Bd. 3*, hg.v. Ulrich Gäbler, Göttingen: Vandenhoeck und Ruprecht 2000, 113–149, hier 115
7 Zu Johann Gottfried Cunow vgl. seinen Lebenslauf (*Nachrichten aus der Brüder-Gemeine* 1824, Heft 6, 883–904), außerdem Meyer 1905, 177f. (Anm. 2), der u.a. Johann Gottfried Cunows körperliche Kleinheit erwähnt.
8 [Cunow] 1839, 20. 29 (Anm. 4). Dort wird noch ein weiterer Bruder des Schlosspredigers erwähnt; dabei wird es sich um Gebhard Cunow handeln, der 1796 nach Pennsylvanien auswanderte und in der dortigen herrnhutischen Bethlehem-Gemeine eine Rolle spielte. – Eine anonyme Entgegnung auf Martin Cunow bestätigt das, vgl. *Die Herrnhuter vertheidiget gegen die Angriffe des Herrn Martin Cunow in seiner Schrift: Die Herrnhuter in ihrem Leben und Wirken &c. von einem*

Martin Cunow besuchte das Seminar der Brüdergemeine, verließ dann die theologische Laufbahn und die Gemeine, war eine Zeitlang Lehrer in Tilsit und lebte schließlich als freier Schriftsteller und Privatgelehrter in Berlin, Dresden, Breslau und Görlitz. Am 9. Dezember 1847 ist Martin Cunow in Görlitz gestorben.[9]

Martin Cunows kritische Schrift über die Herrnhuter vergleicht die Gesellschaft in mancher Hinsicht mit der seit 1814 wiedererstandenen *Societas Jesu*: Sie greife in alle Weltteile aus, bemühe sich, einflussreiche Leute als Gönner und Förderer zu gewinnen, und präge ihr Wesen durch ihre Erziehungsanstalten der kommenden Generation auf.[10] Die eigentümliche Frömmigkeit der Herrnhuter führe eher zu weichlicher Sentimentalität und Duckmäusertum als zu Tatkraft.[11] Immerhin sei das Studium auf dem Seminarium vielseitiger als das auf ein Fach beschränkte Universitätsstudium.[12] Typisch herrnhutische Untugenden seien pharisäisches Betragen gegen Außenstehende und „Abgefallene", Scheinheiligkeit und heimliches gegenseitiges Verlästern.[13]

Herrnhuter, Bautzen: Reichel 1839, 13. 15 f.: „Und der kleine verwachsene Schloßprediger, über den er sich so unfreundlich äußert, war des Verfassers eigener Onkel, Herr Gottfried Cunow, der es wol durch einige ernste Verweise bei ihm mag verdorben haben. Später erzählte man sich, daß er sich die zudringliche lästige Tischgesellschaft des Neffen öfters mit Geld abgekauft habe, indem er ihm Geld gab, um sich ein anderweitiges Vergnügen zu machen, und lustig war es, daß beide Theile dabei zu profitiren glaubten; denn dem Neffen lag nichts am Onkel, sondern nur an der Mahlzeit, und der Onkel glaubte mit einem Gulden oder Thaler wohlfeilen Kaufs von einer beschwerlichen Tischgesellschaft abzukommen. Es war allerdings ein etwas strenger Mann, der aber in der Zeit seiner vollen Kraft, – wegen seiner körperlichen Schwächlichkeit alterte er früh, – als Schullehrer durch seine ausgezeichnete Latinität und Mathematik wie Professor Kästner, mit dem er auch im Aeußern viel Aehnlichkeit hatte, so wie durch eine ganz eigne Gabe, womit er einen klassischen Eifer unter den bessern seiner Schüler zu wecken wußte, unsre aufrichtige Achtung verdiente; wenigstens sollte ein Neffe, der ihm doch Manches zu danken hatte, wenn er noch einiges Zartgefühl hat, nicht so von ihm sprechen, als es pag. 22 geschieht. [...] Der pag. 29 genannte ‚amerikanische Bruder des kleinen Schloßpredigers' war des Verfassers jüngerer Onkel, und äußerte auf dem Synodus 1818 sehr auffallende, unserer ganzen Einrichtung zuwiderlaufende, ächt amerikanisch liberale Gesinnung, wurde aber dennoch ganz in seiner vorigen Function gelassen, und ging nach Amerika zurück. Nachher hatte er sich aber dort durch entgegengesetzte Handelweise so unpopulär gemacht, daß man ihn nach dem Synodus von 1825 dort nicht wieder angenommen haben würde, und wurde hier auf einem ehrenvollen Posten angestellt."

9 [Cunow] 1839, Vf. (Anm. 4); Karl Gabriel Nowack, *Schlesisches Schriftsteller-Lexikon oder biobibliographisches Verzeichniß der im zweiten Viertel des 19. Jahrhunderts lebenden schlesischen Schriftsteller*, Heft 4, Breslau: Korn 1840, 12; *Neuer Nekrolog der Deutschen* 25 (1847), Teil 2, Weimar: Voigt 1849, 976 (Nr. 1814).
10 [Cunow] 1839, VII. 17 f. (Anm. 4).
11 [Cunow] 1839, 2. 5–9. 15 f. 60 (Anm. 4).
12 [Cunow] 1839, 21 f. (Anm. 4).
13 [Cunow] 1839, 33 f. 43. 46 (Anm. 4).

Noch im selben Jahr, 1839, erschien eine kurze Entgegnung auf Martin Cunows Schrift; deren Verfasser gibt sich als Herrnhuter zu erkennen, ohne aber seinen Namen zu nennen. Er ordnet Martin Cunow in die lange Reihe derer ein, die es der Gemeine übel nahmen, „wegen Unsittlichkeit oder wegen Contravention festgestellten Regeln" ausgestoßen worden zu sein, und bescheinigt ihm mancherlei Unwahrhaftigkeiten und gehässige Verdächtigungen.[14]

Ob das kleine Versdrama als Leserkreis zunächst einen mit Schleiermachers philosophischem Club vergleichbaren Zirkel von Malkontenten des Seminars hatte, wissen wir nicht. Das Stück kritisiert jedenfalls weniger Weichlichkeit oder Schwärmerei als vor allem die Selbstgerechtigkeit, und hier scheint es (anders als in der 1839 veröffentlichen Druckschrift) zunächst nicht einmal unbedingt um die Herrnhuter insgesamt gegangen zu sein als um den alten Missionar Martin Brodersen. Es ist das alte Thema aus dem Neuen Testament, zugleich eines der Hauptmotive der Reformation: Als Gerechtfertigter geht nicht der in den Himmel ein, der stolz auf seine eigenen Verdienste pocht, sondern der Sünder, der sich mit der Gerechtigkeit Christi beschenken lässt – man denke etwa an Jesu Gleichnis vom Pharisäer und Zöllner (Lukas 18,9–14), an die paulinische Entgegensetzung von eigener und göttlicher Gerechtigkeit (Römer 10,1–13; Philipper 3,2–11) oder an Martin Luthers noch im Pietismus außerordentlich einflussreiche Vorrede zum Römerbrief.[15] Brodersen nimmt die Rolle des selbstbewussten Pharisäers ein, der sich seiner Vorzüge brüstet und sich ärgert, dass ihm am Himmelstor die vorgezogen werden, auf die er meinte hinabblicken zu können. Erst am Ende sieht er seinen Fehler ein und darf nun auch das Himmelstor passieren. Zugleich ist Brodersen aber auch als eine mit all ihrer Skurrilität plastische, originelle und auch sympathische Figur gezeichnet. Selbst Martin Cunows Kritiker schreibt:

> „Wer den alten singulären eigengerechten Brodersen persönlich gekannt hat, für den hat der Scherz in der ersten [Zugabe, nämlich dem Gedicht „Brodersen's Ankunft im Himmel", S.G.] manches Belustigende und Treffende; was aber das Publikum damit machen soll, weiß ich nicht."[16]

Hintergrund der Geschichte ist der letztlich gescheiterte Versuch der Herrnhuter, in Ostindien eine eigene Mission aufzubauen. 1760 kam auf Bitte und Empfehlung des Grafen Adam Gottlob von Moltke, Präsidenten der dänischen Handelskompanien für Westindien und Asien und Hofmarschalls in Kopenhagen, eine Gruppe

---

14 *Die Herrnhuter* 1839 (Anm. 8), hier zitiert 4.
15 Martin Luther, *Kritische Gesamtausgabe (Weimarer Ausgabe), Die Deutsche Bibel 7*, Weimar: Böhlau 1931, 3–27.
16 *Die Herrnhuter* 1839, 23 (Anm. 8).

von Herrnhutern in die dänische Handelsniederlassung Tranquebar mit dem Auftrag, auf die von Dänemark beanspruchten Nikobaren weiterzureisen und dort als Siedler und Missionare zu wirken. Alle bisherigen Versuche, diese nordwestlich von Sumatra gelegene Inselgruppe europäisch zu besiedeln, waren gescheitert, nicht zuletzt an der Malaria. – Die Herrnhuter blieben zunächst in Tranquebar; nordwestlich der Siedlung richteten sie den „Brüdergarten" ein, eine sich selbst versorgende Niederlassung mit Landwirtschaft. Durch Frömmigkeit und handwerkliches Geschick erwarben sie sich alsbald ein nicht geringes Ansehen, wurden freilich von den hallisch-pietistischen Missionaren, die seit 1706 in Tranquebar wirkten, als unwillkommene Konkurrenz im eigenen Weinberg bekämpft. Erst 1768 konnten sich einige der Herrnhuter als Handelsleute und Missionare auf den Nikobaren ansiedeln; angesichts von deren Abgelegenheit vom Weltverkehr und angesichts des ungesunden Klimas wurde die Siedlung aber bereits 1785 wieder aufgegeben. 1801 wurde dann auch der Brüdergarten verkauft, der nach der Aufgabe der Mission auf den Nikobaren seine Funktion als Stützpunkt und Basis dieser Mission verloren hatte.[17]

Martin Brodersen, am 20.10.1717 in Dänemark geboren, war von Beruf Schuhmacher und Gerber. Zu Weihnachten 1758 sehen wir ihn bei der Kinderweihnachtsfeier der Herrnhuter Kolonie in Zeist bei Utrecht beteiligt: Im Gedenken an das in vielen Sprachen gesungene Lob des Christkindes sang Brodersen ein Lied auf Englisch vor.[18] Im folgenden Jahr gehörte er mit 13 anderen Brüdern zur ersten Gruppe von Herrnhutern, die nach Ostindien aufbrachen. Am 28.9.1759 wurde die Gruppe in Zeist vom Grafen Zinzendorf persönlich verabschiedet; am 7.11. schiffte man sich in Kopenhagen ein und traf am 2.7.1760 in Tranquebar ein. Brodersen blieb 20 Jahre im Brüdergarten von Tranquebar. Johann Jakob Bossart, Aufseher über das Barbyer Naturalienkabinett, erwähnt, dass Brodersen sich in Tranquebar mit der Sammlung von Naturalien beschäftigte und dass er, Bossart,

---

17 Vgl. Johannes Ferdinand Fenger, *Geschichte der Trankebarschen Mission nach den Quellen bearbeitet*, Grimma: Gerbhardt 1845, 224–230 (aus hallischer Sicht); Hermann Römer, *Geschichte der Brüdermission auf den Nikobaren und des „Brüdergartens" in Trankebar*, Hefte zur Missionskunde 18, Herrnhut: Missionsbuchhandlung 1921; Christian Degn, „Heidenmission im dänischen Gesamtstaat", in: *Aufklärung und Pietismus im dänischen Gesamtstaat*, hg.v. Hartmut Lehmann / Dieter Lohmeier, Kieler Studien zur deutschen Literaturgeschichte 16, Neumünster: Wachholtz 1983, 121–135, hier 123–126; Martin Krieger, „Vom ‚Brüdergarten' zu den Nikobaren", in: *Aufgeklärter Geist und evangelische Mission in Indien*, hg.v. Michael Mann, Heidelberg: Draupadi 2008, 63–83; Thomas Ruhland, „‚Ein paar Jahr muß Tranquebar und Coromandel wol Serieus das Object seyn' – Südasien als pietistisches Konkurrenzfeld", in: *Pietismus und Neuzeit* 39 (2013), 86–116.
18 Otto Uttendorfer, „Zinzendorfs Pflege des Missionssinns der Heimatgemeinde im Jahre 1758", in: *Zeitschrift für Brüdergeschichte* 6 (1912), 129–165, hier 149.

ihn gebeten habe, ihm für das Naturalienkabinett Schneckenhäuser aus Indien zukommen zu lassen.[19] Brodersen kehrte am 26.8.1780 nach Europa zurück.[20] Er starb 1803.[21]

Bei der Handschrift handelt es sich um ein Widmungsexemplar an einen Fr v T; vielleicht ist ein Mitglied der den Herrnhutern nahestehenden schlesischen Familie von Tschirschky gemeint, Friedrich Ludwig (1769–1829), dessen Bruder Friedrich Julius (1777–1853), beider Vetter Friedrich Leonhard (1768–1810) oder auch dessen Sohn Friedrich Ludwig Heinrich Karl (1792–1857). Der Druck muss eine andere Vorlage haben als diese Handschrift, denn er bietet auch einzelne Verse, die in der Handschrift (wohl versehentlich) ausgefallen sind.

Der Druckfassung fügte Martin Cunow die Bemerkung bei:

„Brodersen, ein Däne und als quiescirender Missionair in Herrnhut schon längst gestorben. Auch diese Dichtung ist nicht mehr neu, aber treffend charakterisirend. Die Fehler in der Sprache des Helden sind den deutschsprechenden Dänen eigenthümlich."

Viele der Anspielungen werden wir nicht mehr aufklären können; wer ist z.B. der Harmonika spielende Doktor?

Im Anhang wird das Stück als kommentierte Transkription aus der Handschrift abgedruckt.

---

19 Johann Jakob Bossart, *Kurze Anweisung Naturalien zu samlen,* Barby 1774, Vorrede (ohne Seitenzahl). Vgl. Johann Hieronymus Chemnitz, *Neues systematisches Conchylien-Cabinet,* Bd. 4, Nürnberg: Raspe 1780, 213: „Einige vortrefliche Exemplare dieser gefalteten Straubschnecke, habe ich vor kurzen vom Mißionarius der Mährischen Brüdergemeinde zu Tranquebar Hrn. Brodersen mit der Nachricht erhalten, sie kämen von den Nikobarischen Eylanden."
20 Römer 1921, 9f. 74f. (Anm. 17).
21 Das teilte mit der Antiquar Otto W. Plocher aus Kirchhain mit, wusste aber nicht mehr genau, woher er das Datum hatte, ob etwa aus dem handschriftlichen Mitgliederverzeichnis der Brüdergemeine oder der Zeitschrift für Brüdergeschichte.

Sarah Schmidt

„Es ist doch sehr fatal, dass wir so weit auseinander sind" – Stationen einer Freundschaft zwischen Steffens und Schleiermacher aus Briefen und Dokumenten

1 Spurenlese: zur Materiallage

Im Schleiermacher-Nachlass der Berlin-Brandenburgischen Akademie der Wissenschaften befindet sich ein Briefmanuskript, das die Handschriften von Schleiermacher und Steffens trägt, aber es handelt sich nicht um einen gemeinsam verfassten Brief. Vielmehr ist es eines von vielen Beispielen für Schleiermachers pragmatischen Umgang mit der knappen Ressource Papier, denn er gewöhnte sich in späteren Jahren seines Lebens an, den freien, noch unbeschriebenen Platz bereits verwendeten Papiers – so auch Stellen einzelner Briefe – für eigene Notizen zu nutzen. Der Brief von Steffens stammt vom 30.9.1823[1] und ist der vorletzte bisher bekannte Brief an Friedrich Schleiermacher. Die Notizen, die Schleiermacher in den noch freien Platz hineinnotierte, sind Gedankenstützen und Literaturhinweise zu seiner Vorlesung zur Dogmatik, wahrscheinlich für das Wintersemester 1823/24. Die Praxis, erhaltene Briefe zum Brouillon umzufunktionieren, traf nicht nur Steffens; hier erscheint sie einem jedoch beinahe sinnbildlich für die abgekühlte Freundschaft zu Beginn der 1820er Jahre, deren Verlauf ich im Folgenden genauer untersuchen möchte.

Auf welche Dokumente stützt sich der vorgenommene Versuch, die Freundschaft, die sich für Schleiermacher zumindest von den Anfängen seiner wissenschaftlichen Karriere bis zu ihrem Ende erstreckt, hier nachzuzeichnen? Eine wichtige Quelle unter den erhaltenen Dokumenten ist ihre Korrespondenz. Der Briefwechsel zwischen Schleiermacher und Steffens währt über zwanzig Jahre, beginnt nach ihrer gemeinsamen und intensivsten Zeit der Freundschaft in Halle, hat unterschiedlich intensive Phasen, und läuft in den 1820er Jahren langsam

---

[1] Das Manuskript ist unediert und findet sich im Archiv der Berlin-Brandenburgischen Akademie der Wissenschaften, Schleiermacher-Nachlass, SN 396, Bl. 100 (im Folgenden werden Manuskripte aus dem Schleiermacher-Nachlass nur noch mit ihrer Signatur angegeben).

aus.[2] Er ist, und dies gilt für die gesamte Korrespondenz von Steffens, leider nur einseitig erhalten. Gleichwohl lassen sich, wenn nicht lückenlos, so doch viele Briefe Schleiermachers an Steffens erschließen. Geht der Verlust der frühen Briefe möglicherweise auf das Konto der unruhigen und durch materielle Verluste begleiteten Jahre 1807 bis 1810, so bleibt der gesamte Verlust der späteren Korrespondenz erstaunlich. Fritz Paul vertritt angesichts dieses Befundes die These, dass Steffens Briefe nach seinem Tode vernichtet wurden, gibt dafür selbst jedoch keine Belege an.[3] Schleiermachers Stimme in diesem Verhältnis lässt sich als eine Art Echo in den Steffens'schen Briefen lesen, aber auch in Schleiermachers Briefen an Dritte, wie an seine Schwester Charlotte, an Henriette Herz, Carl Gustav von Brinckmann oder an gemeinsame Freunde wie den Verleger Georg Andreas Reimer, den Hallenser Theologen Ludwig Blanc, an den nach Breslau übergesiedelten Joachim Christian Gaß oder an Karl Georg von Raumer. In diesen Briefen an Dritte, geschrieben von Schleiermacher wie von Steffens, lässt sich darüber hinaus jene größer werdende Irritation zwischen beiden mit Kommentaren füllen. Ein weiteres wichtiges Dokument, das Aufschluss über das Verhältnis von Steffens und Schleiermacher liefert, ist die zehnbändige Autobiographie von Henrik Steffens *Was ich erlebte*, auch wenn diese narrative Darstellung nicht mit einer

---

[2] Der Briefwechsel zwischen Schleiermacher und Steffens wurde in der Briefausgabe der Briefe Steffens von Wolfgang Feigs (*Deskriptive Edition auf Allograph-, Wort und Satzniveau, demonstriert an handschriftlichen überlieferten deutschsprachigen Briefen von H. Steffens*, Teil 2, Bern/Frankfurt a. M.: Peter Lang 1982) bis auf die in älteren Briefausgaben bereits gedruckten Briefe nicht berücksichtigt. Die erhaltene Hälfte der Korrespondenz – Steffens Briefe an Schleiermacher – befindet sich im Schleiermacher-Nachlass im Archiv der BBAW. Die Manuskripte werden sukzessive in der Abteilung Briefe der Kritischen Gesamtausgabe Schleiermachers veröffentlicht, gegenwärtig bis 1810 vorliegend: Friedrich Schleiermacher, *Briefe 1809–1910*. Historisch-Kritische Gesamtausgabe, Abt. V: *Briefwechsel und biographische Dokumente*, Bd. 11 (KGA V/11), hg. von Simon Gerber u. Sarah Schmidt. Berlin/Boston: de Gruyter 2016. Abdruck fanden Steffens Briefe an Schleiermacher auch in: Friedrich Schleiermacher, *Aus Schleiermachers Leben. In Briefen*. 4. Bd., vorbereitet von Ludwig Jonas, hg. von Wilhelm Dilthey, Berlin 1863 (Photomechanischer Nachdruck Berlin, 1974) sowie ders., *Schleiermacher als Mensch. Sein Werden. Familien- und Freundesbriefe 1804–1834*, hg. von Heinrich Meisner, Stuttgart: Perthes 1923. Elf Briefe Steffens' an Schleiermacher warten allerdings noch auf ihren Erstdruck. Eine Übersicht des bisher bekannten Briefwechsels zwischen Schleiermacher und Steffens erstellte Holden Kelm für diese Publikation. Sie findet sich im Anhang. Ungedruckte Manuskripte wurden aus dieser Korrespondenz sowie aus der Korrespondenz Schleiermachers mit anderen Personen für die vorliegende Darstellung mit ausgewertet.
[3] Fritz Paul, *Henrich Steffens. Naturphilosophie und Universalromantik*, München: Fink 1973, 19. Wolfgang Feigs zählt für einige Steffens-Manuskripte Kriegsverluste auf, sodass auch Kriegsverluste hinsichtlich der Briefe nicht ausgeschlossen sind, vgl. Feigs, *Briefe von H. Steffens* 1982 (Anm. 2), Vf.

historischen Berichterstattung verwechselt werden darf.⁴ In dieser Schrift finden sich einige der schönsten Charakterisierungen, die es über den Menschen Friedrich Schleiermachers gibt. Zu den Dokumenten, aus denen sich Selbst- und Fremdurteile über das Verhältnis beider Denker ablesen lassen, gehören schließlich auch Lebenszeugnisse der Schüler, wie beispielsweise Varnhagen von Enses *Denkwürdigkeiten des eigenen Lebens*,⁵ oder Twestens Erinnerungen⁶, sowie einzelne Bemerkungen in den Vorlesungen und Werken von Steffens und Schleiermacher inklusive der zu Schleiermachers Tod gehaltenen Gedenkrede. Wertvolle Anhaltspunkte für die späten gemeinsamen Jahre in Berlin bieten darüber hinaus Schleiermachers Tageskalender, in denen u. a. Reisen und Treffen mit Kollegen und Freunden festgehalten sind und auch ein regelmäßiger Umgang mit Steffens verzeichnet ist.⁷

2 Hallenser Gleichklang

Über die erste persönliche Begegnung mit Schleiermacher während seiner frühen Deutschlandreise, auf der Steffens neben der Zentralfigur Schellings das ganze *Who's Who* der frühromantischen Szene kennen lernte, finden sich meines Wissens keine Beschreibungen. Steffens traf im Frühjahr 1798 in Jena ein, hatte dort jedoch zunächst wenig Kontakte. Zu seinem Umgang gehörte der Übersetzer Johann Dietrich Gries, dem er auch später noch brieflich verbunden blieb, und auch der Verleger Frommann. Eingeführt von Schelling, wurde Steffens ab Herbst 1798 auch häufiger Gast bei August Wilhelm Schlegel. Für Schleiermacher ist Steffens ab da vor allem als potentieller naturphilosophischer Beiträger für das *Athenäum* ein Begriff; nicht nur August Wilhelm auch Friedrich Schlegel stand mit ihm in

---

4 Dass sich die in der Autobiographie aufgeführten Ereignisse und Daten nicht immer mit der Faktenlage anderer historischer Dokumente decken, wurde mehrfach bemerkt, so z. B. Fritz Paul, *Henrich Steffens* 1973 (Anm. 3), 122, aber auch Marit Bergner mit Verweis auf den dänischen Historiker Louis Bobé, vgl. Marit Bergner, *Henrich Steffens. Ein politischer Professor in Umbruchszeiten 1806–1819*, Frankfurt a. M. u. a.: Peter Lang 2016, 42.
5 Vgl. August Varnhagen van Ense, *Denkwürdigkeiten*, Bd. 1, Frankfurt a. M.: Deutscher Klassiker Verlag 1987, 355 f.
6 August Twesten, *Detlev August Twesten nach Tagebüchern und Briefen*, hg. von Carl Friedrich Georg Henrici, Berlin: Hertz 1889, 202 f.
7 Die Tageskalender Schleiermachers liegen im Archiv der Berlin-Brandenburgischen Akademie der Wissenschaften (SN 437–454) und werden sukzessive elektronisch veröffentlicht, vgl. Friedrich Schleiermacher, *Tageskalender 1808–1834*, hg. von Wolfgang Virmond, Elisabeth Blumrich u. Christiane Hackel unter Mitarbeit von Holden Kelm: http://schleiermacher-in-berlin.bbaw.de/tageskalender/index.xql.

Kontakt.[8] Im Frühsommer 1799 lernt Steffens neben Friedrich Schlegel „den guten Schleyermacher"[9] kennen, zunächst jedoch ohne eine weitere Annäherung.[10]

Nach seiner Rückkehr aus Deutschland landete Steffens mit seiner Vorlesungsreihe 1802–1803 in Kopenhagen zwar einen großen Erfolg, die erhoffte feste Anstellung brachte sie ihm jedoch nicht, und so nahm er 1804 den Ruf an die Universität Halle dankbar an, zumal die Familie seiner jungen Frau im in der Nähe gelegenen Giebichenstein ansässig war. Ihre kurz hintereinander stattfindenden Berufungen an die Universität in Halle führt beide in einem zum Teil konservativen universitären Umfeld – „alte halbverfaulte Kantianer"[11], wie Steffens in einem Brief an Schelling klagt – als Kollegen zusammen. Im Gegensatz zu dem fünf Jahre jüngeren Steffens hatte Schleiermacher noch nie an einer Universität gelehrt; er kehrte an den Ort seines Studiums zurück, wo er u. a. bei Johann August Eberhard und Friedrich August Wolf studiert hatte. Eine Annäherung an Steffens, der mit seinem enthusiastischen Wesen die Menschen gewöhnlich im Sturm für sich einnahm, erfolgt für Schleiermacher in langsamen Schritten und mit anfänglicher Skepsis, wie aus Briefen an seine Schwester Charlotte Schleiermacher und seine Freundin Henriette Herz hervorgeht. „Mein Einfluss auf die Studierenden ist entschieden, und der herrlichste Mensch, der tiefe, treffliche Schleyermacher mein Freund und Collega",[12] resümiert Henrich Steffens begeistert seinem Gönner Ernst von Schimmelmann am 28. 3.1806.

---

8 Steffens Name fällt des Öfteren im Sommer 1800 in Briefen von August Wilhelm Schlegel an Schleiermacher, vgl. KGA V/4 (*Briefwechsel 1800*, hg.v. Andreas Arndt u. Wolfgang Virmond, Berlin/New York: de Gruyter 1994), Brief 908, Z 54 und Brief 947, Z 254 sowie Brief 285, Z 38; Friedrich Schlegel informiert Schleiermacher über ein Treffen mit Steffens und dessen Hochzeit (am 4.9.1803 in Giebichenstein), vgl. KGA V/7 (*Briefwechsel 1803–1804*, hg.v. Andreas Arndt u. Wolfgang Virmond, Berlin/New York: de Gruyter 2005), Brief 1564, Z 115–19.
9 Brief H. Steffens' an A.W. Schlegel vom 26.7.1799, in: August Wilhelm Schlegel, *Briefe von und an August Wilhelm Schlegel*, gesammelt und erläutert durch Josef Körner, Bd. 1, Zürich u.a.: Amalthea 1930, 95.
10 Gestützt auf den Briefwechsel mit Schelling bemerkt Stefan Höppner, dass Steffens' Verhältnis zum Kreis der Autoren des Athenäums spannungsreich war, anders als es Steffens später in seiner Autobiographie schildert, vgl. Stefan Höppner, *Natur/Poesie. Romantische Grenzgänger zwischen Literatur- und Naturwissenschaft. Johann Wilhelm Ritter, Gotthilf Heinrich Schubert, Henrik Steffens, Lorenz Oken*, Würzburg: Königshausen & Neumann 2017, 545 f.
11 Friedrich Wilhelm Joseph Schelling, *Briefe und Dokumente, Bd. I (1775–1809)*, hg. von Horst Fuhrmans, Bonn: Bouvier 1962, 401.
12 Wolfgang Feigs, *Briefe von H. Steffens* 1982 (Anm. 2), 106.

Der entscheidende Schritt in der Entwicklung ihrer Freundschaft – so urteilt zumindest der Schleiermacher-Biograph Dilthey[13] – vollzog sich mit einem langen Spaziergang, auf dem Schleiermacher Steffens sein Herz öffnete, über seine problematische Liebe zur verheirateten Eleonore Grunow berichtete und der schließlich in ein alles umfassendes Gespräch mündete, dem Steffens rückblickend sogar religiösen Charakter verlieh.[14] Schleiermacher und Steffens verbrachten die Nacht ins Gespräch vertieft in der Schenke im Dorf Ostrow, und Schleiermacher – der nicht nur Universitätslehrer, sondern auch als Universitätsprediger berufen war – sollte am kommenden Morgen eine Gedächtnisrede auf die verstorbene Königin Mutter halten. Man hatte schon nach Schleiermacher geschickt, und als Steffens recht müde, rasch umgezogen in der Kirche erschien, feixten die Kollegen:

> „Ei," riefen sie, „da Sie hier erscheinen, können wir nun endlich doch auch hoffen, den Herrn Schleiermacher zu sehen." Seine Fußreise kurz vor der Rede lief als ein Gerücht in der ganzen Stadt herum, selbst daß wir die Nacht in einer Schenke zugebracht hatten, wußte man. Früh Morgens hatte man nach seiner Wohnung geschickt, und als er kaum eine Stunde vor dem Anfange der gottesdienstlichen Feierlichkeit, als die Glocken aller Kirchen läuteten, noch nicht zurückgekommen war, schien man zu erwarten, ja einige wohl sogar zu hoffen, daß er gar nicht kommen würde. Ich schwieg, und ließ die Herren reden.[15]

Schleiermacher, der während des Fußmarsches zurück nach Halle in Gedanken seine Predigt vorbereitet hatte, bestieg pünktlich die Kanzel und begeisterte Steffens zufolge alle – einschließlich der missgünstigen Kollegen – mit seiner klar strukturierten, frei vorgetragenen Predigt.

Die immer fester werdende Gemeinschaft zwischen Schleiermacher und Steffens war jedoch nicht nur freundschaftlicher Art. Sie verstanden sich auch wissenschaftlich als eine Einheit, in der, ausgehend von ähnlichen philosophische Grundüberzeugungen, Schleiermacher der Part des Ethikers und Theologen, Steffens der des Naturphilosophen und Naturwissenschaftlers zukam. Steffens bot in seinen Vorlesungen die philosophische Grundlegung, auf der beide aufbauten, und vertrat zugleich genau jene Seite der „Realwissenschaften", die in den Einleitungen von Schleiermachers Ethikvorlesungen zwar als notwendiger Teil des Universalsystems der Wissenschaften markiert wurden, jedoch keine

---

13 Wilhelm Dilthey, *Leben Schleiermachers*, Bd. 1, *Gesammelte Schriften*, Bd. 13.2, auf Grund des Textes der 1. Aufl. von 1870 und der Zusätze aus dem Nachlass hg.v. Martin Redeker, Göttingen: Vandenhoeck und Ruprecht 1970, 126–129.
14 Henrich Steffens, *Was ich erlebte. Aus der Erinnerung niedergeschrieben*, Bd. 1–10, Breslau: Max 1840–44, hier Bd. 5 (1842), 146 f.
15 Henrich Steffens, *Was ich erlebte* 1842 (Anm. 14), Bd. 5, 148 f.

Ausführung erfuhren. Auch wenn Schleiermacher, der zeitlebens Erkenntnisse aus der Chemie, Mineralogie und Botanik mit großer Aufmerksamkeit verfolgte, keinerlei naturphilosophische Ambitionen entwickelte und die Seite der Naturwissenschaften in seinem System nie ausführte, so enthalten die Ethik-Vorlesungen seit ihren frühen Hallenser Entwürfen doch ein Programm der progressiven Vermittlung beider Wissenschaften. Als „Beschreibung der Gesetze des menschlichen Handelns",[16] die das „Leben der Vernunft"[17] behandeln, steht die Ethik mit der Physik (in ihr erscheint alles als Produkt)[18] in unendlicher Wechselwirkung. Sich wechselseitig auf ihre Forschung beziehend, sich wechselseitig aneinander abarbeitend würden beide Wissenschaften – so Schleiermachers Idee der progressiven Universalwissenschaften – am Ende alles Wissens zusammenfallen: „Also in der Vollendung ist Ethik Physik und Physik Ethik."[19]

Diese Wechselwirkung der zwei „Realwissenschaften" wurde auf personaler Ebene als ‚Lehrduo' Schleiermacher–Steffens vollzogen und als systematisches Ensemble auch von den Studierenden und Hörern als solches angenommen. „Seine ethischen Vorträge und meine philosophischen", schreibt Steffens bereits nach Schleiermachers Tod rückblickend auf die Hallenser Zeit in seinen Memoiren, „schienen den Zuhörern aufs innigste verbunden, sie ergänzten sich. Aber auch wir tauschten, was wir wußten, wechselseitig ein, und wenn Schleiermacher meine physikalischen Vorträge hörte, so schloß er mir die griechische Philosophie auf, und durch ihn lernte ich Plato kennen."[20] Auch Schleiermacher betont in Briefen an seine Schwester und an seine enge Freundin Henriette Herz die „Harmonie", die unter ihnen herrschte:

> Es ist auch zwischen Steffens und mir eine wunderbare Harmonie, die mir große Freude macht und mir gleichsam eine neue Bürgschaft giebt für mich selbst. Wenn er im Gespräch

---

16 Friedrich Schleiermacher, *Brouillon zur Ethik (1805/06)*, auf der Grundlage der Ausgabe von Otto Braun, hg. u. eingeleitet von Hans-Joachim Birkner, Hamburg: Meiner 1981, 4. Die Ethik muss „also alles wahrhaft menschliche Handeln umfassen und verzeichnen" (Friedrich Schleiermacher, *Ethik (1812/13) mit späteren Fassungen der Einleitung, Güterlehre und Pflichtenlehre*, auf der Grundlage der Ausgabe von Otto Braun, hg. von Hans-Joachim Birkner, Hamburg: Meiner 1990², 6, § 12).
17 Ebd., 7, § 16.
18 Vgl. Schleiermacher *Brouillon zur Ethik* 1981 (Anm. 16), 3, Std. 1.
19 Schleiermacher *Ethik (1812/13)* 1990 (Anm. 16), § 29 Lemma 11. Zum Verhältnis von Ethik und Physik bei Schleiermacher vgl. Sarah Schmidt, „Ethique et Physique chez F.D.E. Schleiermacher", in: *Archives de philosophie. Schleiermacher philosophe* (2014), 301–320.
20 Vgl. Steffens, *Was ich erlebte* 1842 (Anm. 14), Bd. 5, 144. Dass Schleiermacher in Steffens' Vorlesung(en) saß, belegt ein Brief an den Verleger und Freund Georg Andreas Reimer von Anfang September 1806, vgl. Schleiermacher KGA V/9 (*Briefwechsel 1806–1807*, hg.v. Andreas Arndt u. Simon Gerber, Berlin/New York: de Gruyter 2011), Brief 2257, Z 7f.

sittliche Ideen äußert so sind es immer die meinigen, und was ich von der Natur verstehe, und von mir gebe fällt immer in sein System. Auch unsre Zuhörer bemerken es wie wir uns von ganz verschiedenen Seiten ausgehend, also daß es nichts anders sein kann, als die reine innere Harmonie, immer im Mittelpunkt vereinigen und einander in die Hände arbeiten.[21]

Bezeichnend für diese gemeinsamen Jahre an der damals führenden preußischen Universität war auch das offene, wenig hierarchische Verhältnis mit den Studierenden. Steffens und Schleiermacher und einige gleichgesinnte Kollegen wie der Mediziner Reil luden zu Teerunden nach Hause ein,[22] wo gemeinsam diskutiert wurde und schon vor der Gründung der Berliner Reformuniversität nicht nur das Lernen, sondern das eigenständige Denken und Forschen der Studierenden Programm war.

Ein wissenschaftliches Echo findet diese empfundene systematische Entsprechung auch in Steffens *Grundzüge[n] der philosophischen Naturwissenschaft* (1806),[23] die er in den gemeinsamen Jahren entwickelte, und noch einige Jahre später, in seiner ersten Berliner Dialektik-Vorlesung 1811, hat Schleiermacher Steffens *Grundzüge* als diejenige philosophische Grundlegung vor Augen, „mit der er am meisten einverstanden sey"[24]. Mit den *Grundzüge[n]* nimmt Steffens einen universalwissenschaftlichen Bogenschlag vor, der in aphoristischer Form naturgeschichtlich-naturwissenschaftliche Kenntnisse der Zeit, von der Chemie, Mineralogie und Geologie über die Anthropologie bis hin zur Astrologie, über Analogien miteinander in Verbindung setzt. Dieser ebenso eindrucksvollen wie schwer zugänglichen Präsentation eines ineinander verschränkten Mikro- und Makrokosmos geht jedoch eine komprimierte Darstellung seiner Naturphilosophie voran, die das allem grundlegende Verhältnis von Endlichem und Unendlichen weder ausgehend vom Objekt (der Mannigfaltigkeit des Seins) noch vom Subjekt des Erkennens (der Einheit des Denkens), sondern in der Identität beider

---

21 An Henriette Herz vom 27.3.1805, KGA V/8 (*Briefwechsel 1804–1806*, hg.v. Andreas Arndt u. Simon Gerber, Berlin/New York: de Gruyter 2008), Brief Nr. 1941, Z 171 f. Weitere Briefe, in denen er sich sehr positiv über Steffens äußert vgl. z. B. Brief 2026, Z 140–144, KGA V/8 oder Brief 1941, Z 43–50, KGA V/8.
22 Vgl. Steffens, *Was ich erlebte* 1842 (Anm. 14), Bd. 5, 152.
23 Ein kurzer Verweis auf Schleiermacher findet sich in Henrich Steffens, *Grundzüge der philosophischen Naturwissenschaft*, Berlin: Reimer 1806, XXII.
24 Nach Twestens Bericht erwähnt Schleiermacher in den Ethik-Vorlesungen die Einleitung der *Grundzüge* „als diejenige Darstellung des höchsten Wissens [...], mit der er am meisten einverstanden sey" (August Twesten, „Vorrede", in: Friedrich Schleiermacher, *Grundzüge der philosophischen Ethik*, Berlin: Reimer 1841, XCVII). In seiner Dialektik-Vorlesung von 1811 weist Schleiermacher nachweislich auf Steffens' Verwendung des Begriffs „Wissenschaft der Ideen", vgl. Friedrich Schleiermacher, *Vorlesungen über die Dialektik*, Teilbd. 1, hg.v. Andreas Arndt. Berlin/New York: de Gruyter 2001 (KGA II/10.1), 8.

entfaltet.²⁵ Hier findet Schleiermacher eine grundlegende philosophische Übereinstimmung.

Während Steffens Schleiermachers persönlichen Kontakt zum Verleger Frommann unterstützt – Schleiermacher korrespondierte bereits mit Frommann aufgrund der mit Friedrich Schlegel gemeinsam geplanten und schließlich gescheiterten Platon-Übersetzung²⁶ –, war Schleiermacher der Verbindungsmann für Steffens zum Berliner Verleger und Schleiermacherfreund Georg Andreas Reimer. Wie aus der Korrespondenz zwischen Reimer und Schleiermacher hervorgeht, gab Schleiermacher zwischen 1804 und 1806 (quantitativ und nicht qualitativ) den Stand der Arbeit an den *Grundzügen* durch, die sich jedoch immer weiter verzögerten, wobei der Unmut Reimers über die nicht eingehaltenen Versprechen von Steffens sichtbar stieg.²⁷

Die gemeinsame Lehrzeit endet mit dem Vorrücken der napoleonischen Truppen, dem Verlust der Schlacht bei Halle am 17. Oktober 1806 und der Besetzung der Stadt durch die Franzosen, die auch die Schließung der Universität zur Folge hat. Zunächst als Kriegsschaulustige die Schlacht von Steffens' Wohnung aus beobachtend, geraten Schleiermacher, seine Halbschwester Anne und das Ehepaar Steffens mit ihrem ersten Kind beim Versuch, die Wohnung in der exponierten Lage zu verlassen, alsbald in die Kriegswirren der Hallenser Straßen und retten sich in Schleiermachers Wohnung. Eine ausführliche ebenso eindringliche wie plastische Schilderung dieser existentiellen Momente findet sich in

---

25 Vgl. Henrich Steffens, *Grundzüge* (Anm. 23) 1806, 1: „Nennen wir das Erkennende ein Subjektives, das Erkannte ein Objektives, so ist das wahre Erkennen, oder das An-sich des Erkennens, weder das eine noch das andere, also weder ein erkennendes Subjekt, noch ein erkanntes Objekt, sondern die absolute Einheit beider." Vgl. ebd., 1f: „Das Objektive sei und hier das Mannigfaltige des Seyns, das Subjektive die Einheit des Denkens so wird das wahre Erkennen nur da seyn, wo Denken und Seyn identisch ist."

26 Zu einer kurzen Darstellung dieses Verhältnis zwischen Frommann und Schleiermacher vgl. auch KGA V/5 (*Briefwechsel 1801–1802*, hg.v. Andreas Arndt u. Wolfgang Virmond, 1999), XLVI–XLVIII.

27 Vgl. den Briefwechsel zwischen Schleiermacher und Reimer KGA V/8 u. KGA V/9: Briefe 1848, 1898, 2023, 2033, 2045 und 2126. In einem Brief vom 19.7.1806 an Schleiermacher zieht Reimer etwas bitter Bilanz: „Ganz anders aber war es mit Steffens, der mir, wer weiß wie viel Termine für die Beendigung seines Buches gesetzt hatte; und sagte er mir nicht bei meiner Anwesenheit in Halle, am Tage ehe ich abreiste, er habe den letzten Aphorism geschrieben, und werde nun die Vorrede noch desselben Tages in die Druckerei geben. Bei so gewaltiger Unsicherheit sehe ich gar keinen Haltpunkt; oder kann wer Bürgschaft leisten für die Erfüllung des letztgegebenen Versprechens, nachdem alle frühern vergeblich waren. So gut aber wie die Zeit ein Maaßstab ist für solcher Art Verträge, so gut ist es auch nie unzeitig verdrüßlich zu werden; und ich konnte mich dessen über Steffens wahrhaftig nicht erwehren, so herzlich gut ich ihm auch bin, und so wenig ihm dies von meiner Achtung entzieht." (Brief 2222, Z 24–35, KGA V/9).

Steffens' Autobiographie,[28] aber auch in einem Brief Schleiermachers an seinen Freund Reimer vom 4.11.1806:

> Bei dem Gefecht selbst wären wir fast in Gefahr gerathen. Steffens kam den Morgen uns abrufen wenn wir ein Gefecht mit ansehn wollten in seine Wohnung zu kommen. Wir sahen auch dort den Angriff auf die Brükke sehr gut. Als ich aber merkte, daß die preußischen Kanonen demontirt wurden und die Position verloren gehn würde beredete ich Steffens zu mir zu kommen weil sein Haus (Du erinnerst Dich vielleicht daß er jezt am Paradeplaz unweit der Bibliothek wohnt) zu sehr exponirt wäre. Wir sputeten uns auch möglichst allein ich hatte mit Hanne noch nicht unsere Straße erreicht als schon hinter uns in der Stadt geschossen wurde, und Steffens wäre mit dem Kinde auf dem Arm beinahe in das Gedränge der retirirenden Preußen und vordringenden Franzosen gerathen.[29]

Aber auch in Schleiermachers ruhiger gelegenem Haus sind sie vor Zugriffen nicht sicher und werden ausgeraubt.[30] Schleiermacher und seine Schwester und die Familie Steffens leben und wirtschaften fortan auf kleinem Raum mit wenig Geld vom Oktober 1806 bis zum Frühjahr 1807: Nanny Schleiermacher und Steffens' junge Frau Hanne mit dem Kind schlafen in einer Kammer, Henrich Steffens und Schleiermacher in der anderen. Der Staat stellt die Gehaltszahlungen ein, Ersparnisse sind kaum vorhanden. Diesen widrigen Umständen zum Trotz scheint gerade diese Zeit des beengten gemeinsamen Wohnens, zumindest in den rückblickenden Briefen Henrich Steffens', eine Art Insel der Produktivität gewesen zu sein und erinnert auch durch die räumlichen Nähe an die Wohngemeinschaft Schleiermachers mit Friedrich Schlegel (1797–99) in Berlin.

Steffens wird einige Zeit später an Schleiermacher schreiben, dass er in seinem Leben nie so intensiv gearbeitet habe, wie in dieser strengen und für ihn doch so glücklichen Zeit. Und in vielen Briefen an Schleiermacher nach Schleiermachers Abschied aus Halle wird er noch jahrelang die Freundschaft und ihre wissenschaftliche Gemeinschaft als alles Ziel seiner Bestrebungen beschwören, wie am 22. Juni 1807: „Wenn ich nur genau wüsste, wie Du, liebster Freund Dich befindest? Was du treibst? Wie Deine Arbeiten, Deine Aussichten beschaffen sind? Und ob wir bald wieder hoffen dürfen vereinigt zu wirken, wie vormals?"[31]

---

28 Vgl. Heinrich Steffens, *Was ich erlebte* 1842 (Anm. 14), Bd. 5, 191–198.
29 Brief 2203, Z 15–26, KGA V/9.
30 Henrich Steffens, *Was ich erlebte* 1842 (Anm. 14), Bd. 5, 196f.
31 Brief 2449, Z 21–24, KGA V/9.

3 Berlin, ja oder nein? Gedanken zur Universitätsreform und Berufungshoffnungen

Nach dem Tilsiter Frieden im Juli 1807 war Halle Teil des neu gegründeten Königreich Westphalens unter der Herrschaft von Napoleons Bruder Jérôme Bonaparte. Anders als Steffens, der mit Frau und Kind zunächst noch in Halle bzw. im nahe gelegenen Giebichenstein bei der Familie seiner Frau verweilte, die weiteren politischen Entwicklungen abwartete und eine Anstellung in Kopenhagen erwog,[32] entschloss sich Schleiermacher schon Ende 1807, nach Berlin zu gehen. Schleiermacher hoffte auf eine Anstellung an der in Aussicht gestellten, neu zu gründenden Berliner Universität und sah zugleich Chancen, Lohn und Brot im Predigeramt zu verdienen.

In der Tat war Schleiermacher schnell in die ersten Planungen und Überlegungen zur Universität involviert. Als Wilhelm von Humboldt 1808 Leiter der Sektion für den Kultus und den öffentlichen Unterricht im Innenministerium wurde, nahm er Friedrich Schleiermacher zusammen mit Wilhelm Uhden, Georg Heinrich Ludwig Nicolovius und Johann Wilhelm Süvern in sein enges Beraterteam, dessen Arbeit auch schon Anfang 1809 vor ihrer offiziellen Gründung als Einrichtungskommission[33] im Juni 1810 mit ersten Sondierungsgespräche begann. Die Einrichtungskommission mit Schleiermacher als stellvertretendem Vorsitzenden wandelte ab dem 18.6.1810 in vielen schnell aufeinanderfolgenden Sitzungen die Sondierungen in Berufungen um und schrieb Organisationsabläufe der neuen Universität fest. Schleiermacher führte aufgrund einer langen Abwesenheit Uhdens die Geschäfte, prägte mit seinen Entwürfen insbesondere die Struktur der Theologischen Fakultät und wurde im März 1810 darüber hinaus noch interimistisch anstelle des verhinderten Friedrich August Wolf Direktor der Wissenschaftlichen Deputation bei der Sektion des öffentlichen Unterrichts. Die Deputation reformierte das Schulsystem, schrieb die ersten Lehrpläne Deutschlands für Gymnasien,[34] entwarf eine Abiturordnung[35] sowie Prüfungsregeln für

---

32 Vgl. Henrich Steffens, *Was ich erlebte* 1842 (Anm. 14), Bd. 5, 226 f.: „Indem ich nun aber mit Schleiermacher alle Verhältnisse genau erwog, sah ich ein, daß ich die Aussicht zur Thätigkeit in meinem Vaterlande, die vor mir lag, nicht unbedingt abweisen durfte."
33 Der Einrichtungskommission, in der Schleiermacher offizielles Mitglied war, kam die Funktion eines Universitätsgründungssenates zu, vgl. Matthias Wolfes, *Öffentlichkeit und Bürgergesellschaft: Friedrich Schleiermachers politische Wirksamkeit*, Berlin, New York: de Gruyter 2004, 77.
34 Ein Abdruck dieses Plans wurde jüngst veröffentlicht in der kritischen Gesamtausgabe Schleiermachers, vgl. Friedrich Schleiermacher, *Vorlesungen über die Pädagogik und amtliche*

Schulamtskandidaten,³⁶ und Schleiermacher führte nicht selten den Vorsitz bei Prüfungen. Da er seit Sommer 1809 auch als Prediger an der Dreifaltigkeitskirche in Lohn und Brot stand und dort die Kirchengeschäfte leitete, war die Arbeitsbelastung insbesondere im Jahr 1810 enorm.

Für Schleiermacher brach jedoch nach Halle auch privat ein neues Kapitel in seinem Leben an. Im Frühjahr 1808 reiste er mit seiner Schwester nach Rügen, um den Freundeskreis zu pflegen, in den ihn sein vor einem Jahr jung verstorbener Freund Ehrenfried von Willich einst eingeführt hatte. Auf dieser Reise frischte Schleiermacher nicht nur alte Freundschaften auf, fuhr kreuz und quer über die Insel und predigte an etlichen Orten,³⁷ er verlobte sich auch mit der erst 20jährigen Witwe seines Freundes, Henriette von Willich, und war somit auch zukünftiger Stiefvater von zwei kleinen Kindern, einem Mädchen und einem Jungen, der erst nach dem Tod seines Vaters zur Welt gekommen war. Kaum zurück von Rügen brach Schleiermacher jedoch schon wieder auf, und zwar in geheimer politischer Mission, die einen Informationsaustausch zwischen den Berliner antinapoleonischen Gruppierungen und der Königsberger Exilregierung zum Zweck hatte.³⁸ Kurze Zeit nach dieser Königsberger Reise, deren personelle Begegnungen sich den codierten Briefen an Reimer, aber auch den Briefen an seine Schwester Anne (nicht jedoch an die Braut) entnehmen lassen, trifft sich Schleiermacher mit Steffens in Dessau. Auf einem gemeinsamen Spaziergang im Wörlitzer Park berichtet Schleiermacher Steffens von seiner Verlobung:

> Einen ganzen Tag brachten wir, wiewohl im Regen doch sehr vergnügt in Wörlitz zu. Auf dem Wege erzählte ich Steffens von Jettchen; Du kennst ihn und kannst Dir seine innige Freude denken. Er fand das auch das schönste was mir je hätte werden können, und meinte auch grade auf solche Art hätte es kommen müssen. Wir durchstreiften den Garten nach allen

---

Voten zum öffentlichen Unterricht, hg.v. Jens Beljan, Christiane Ehrhardt, Dorothea Meier u.a., Berlin/Boston: de Gruyter 2017 (KGA II/12), Votum Nr. 32.
35 Vgl. den Abdruck dieser Prüfungsordnung in KGA II/12, Votum Nr. 40.
36 Vgl. den Abdruck von zwei Entwürfen zur Prüfungsordnung in KGA II/12, Votum Nr. 10 und 11. Zur Geschichte und detaillierten Aufgabenbeschreibung der Wissenschaftlichen Deputation sowie zur personellen Besetzung der Deputation vgl. Ingrid Lohmann: *Lehrplan und Allgemeinbildung in Preußen. Fallstudien zur Lehrplantheorie Friedrich Schleiermachers.* Frankfurt a.M. u.a.: Peter Lang 1984; digitalisierte und red. überarb. Fassung 2014 erschienen unter: http://www.epb.uni-hamburg.de/erzwiss/lohmann/Publik/Lohmann_Lehrplan_Preussen.pdf (letzter Abruf April 2017). Zur Arbeit der Wissenschaftlichen Deputation und Schleiermachers Anteil inklusive der Erarbeitung des Lehrplanes vgl. die „Historische Einführung", in: KGA II/12.
37 Schleiermachers Reisebewegungen auf der Insel Rügen lässt sich in seinen einzelnen Stationen gut in Schleiermachers Tageskalender 1808 (Anm. 7) ablesen.
38 Vgl. Wolfes, *Öffentlichkeit und Bürgergesellschaft* 2004 (Anm. 33), 222–230.

Seiten und ohnerachtet des Regens that uns doch nichts so leid als daß wir nicht alle die wir liebten zusammen hatten auf dem herrlichen Fleck.³⁹

Sehr wahrscheinlich war dieses Treffen aber nicht nur persönlicher, sondern ebenso politischer Natur. Als Multiplikator antinapoleonischer Gedanken sollte Steffens in die politischen Ergebnisse der Königsberger Reise eingeweiht werden.⁴⁰ Erinnerungswürdig ist dieses konspirative Treffen auch insofern, als sich Schleiermacher und Steffens Jahre später im Zuge des Breslauer Turnstreites politisch voneinander entfernten.

Weniger glücklich und erfolgreich gestalteten sich die Dinge für Steffens in diesen Jahren. Seine Reise nach Kopenhagen und die Idee einer Anstellung in Dänemark endete mit einem Zerwürfnis mit dem Kronprinzen, denn Steffens wollte sich auf eine Anstellung ohne Lehrerlaubnis nicht einlassen. Der Kronprinz jedoch befand, dass der rhetorisch hochbegabte Steffens, wie schon während seiner legendären Kopenhagener Vorlesungen 1802/03, zu denen die Menschen in Massen geströmt waren, seine Untertanen ‚irre' mache, und wollte ihn nur forschend beschäftigen.⁴¹ Steffens' Frau wohnte mit den Kindern (die zweite Tochter Anna Cäcilia wurde im Oktober 1808 geboren) bei Familie, Freunden, Bekannten und Gönnern in Norddeutschland, es war eine regelrechte Odyssee von Ort zu Ort, die Schulden häuften sich. Nach dem Scheitern seiner Bemühungen in Kopenhagen hoffte Steffens auf eine Anstellung an einer deutschen Universität, nahm aus finanziellen Gründen schließlich eine Wiedereinstellung in Halle an und hatte Aussicht auf eine Anstellung in München, die Schelling einfädeln wollte,⁴²

---

39 Brief 2883 (an Henriette Herz, 20.10.1808), Z 12–19, KGA V/10 (*Briefe 1808*, hg.v. Simon Gerber u. Sarah Schmidt, 2015).
40 Vgl. dazu Steffens Schilderungen seiner „Aufgaben" im frühen antinapoleonischen Kampf in *Was ich erlebte* 1842 (Anm. 14), Bd. 6, 178 f., die unter anderem die Bekanntmachung mit unterschiedlichen Waffengattungen der Franzosen umfasste. In zwei Briefen an Schleiermacher spricht Steffens von einer gemeinsamen „Armensache", die man – das französische „armes" für das deutsche Wort Waffen im Kopf – auch als Codierung für genau jene Aufgaben ansehen kann, vgl. Brief 3069, Z 23–30, KGA V/11 und Brief 3141, Z 15–19, KGA V/11. Eine Codierung in Steffens Briefen an Schleiermacher in dieser Zeit vermutet auch Marit Bergner, ohne jedoch auf die „Armensache" aufmerksam zu machen, vgl. Marit Bergner, *Steffens* 2016 (Anm. 4), 81 f.
41 Die Annahme seines ersten Rufes an eine der angesehensten Universitäten Preußens wurde vom dänischen Königshaus schon nicht unbedingt positiv aufgenommen und steht für eine konfliktbeladene Beziehung, die sich erst gegen Ende seiner wissenschaftlichen Laufbahn entspannte. Ein Brief an den dänischen Kronprinzen, der die Berufung in Halle zum Gegenstand hat, findet sich bei Fritz Paul, Henrich *Steffens* 1973 (Anm. 3), 198 abgedruckt; vgl. dazu auch die zitierten Briefwechsel des Kronprinzen bei Höpner, *Natur/Poesie* 2017 (Anm. 10), 550.
42 Vgl. z.B. Brief Steffens an Schelling vom 7.9.1807, Friedrich Wilhelm Joseph Schelling, *Briefe und Dokumente*, Bd. 1: 1775–1809, hg.v. Horst Fuhrmans, Bonn: Bouvier 1962, 386 f.

hoffte jedoch noch viel mehr auf Berlin. Schließlich starben die zwei jüngsten Kinder im Abstand von wenigen Wochen – eine private Tragödie, die Schleiermacher wohl sehr berührte, er schrieb gleich zurück,[43] aber nicht mehr wirklich begleiten konnte. Vielleicht war er auch für eine stetige Anteilnahme zu sehr im Fahrwasser seiner eigenen administrativen Tätigkeiten gefangen. Auch Steffens geht in demselben Brief, in dem er den Tod seines jüngsten Sohnes mitteilt, gleich zu geschäftlichen Angelegenheiten über.

Steffens war hoch interessiert an dem Projekt einer Reformuniversität in Berlin und engagierte sich wie Schleiermacher zunächst konzeptionell. Im Vorfeld der Universitätsgründung forderte der Kabinettschef Friedrich Wilhelms III., Beyme, 1807 von einigen Professoren ein schriftliches Gutachten über Form und Struktur der zukünftigen Universität in Berlin an. Schleiermacher und Steffens gehörten – anders als Nolte[44] – nicht zu den angefragten Kollegen.[45] Dies hielt sie, die sie von den Anfragen an ihre Hallenser und Berliner Kollegen wussten, jedoch nicht davon ab, ihre Ideen in den „Ring" zu werfen und ihr großes Interesse an einer konzeptionellen Zusammenarbeit zu signalisieren.[46] Schleiermacher brachte seine Überlegungen in Form der Abhandlung *Gelegentliche Gedanken über Universitäten in deutschem Sinn* im Frühjahr 1808 bei Reimer heraus.[47] Steffens hielt 1808 Vorlesungen zur Konzeption der Universität, in die er auch Erfahrungen aus seiner Freiberger Studienzeit bei Werner mit einbrachte, eine neues Bildungskonzept und eine Reformpädagogik vertretend.[48] Auch Steffens

---

43 Vgl. Brief 3482, KGA V/11 (Steffens an Schleiermacher vom 5.8.1810) und Brief *3493, KGA V/11 (Schleiermacher an Steffens, Mitte August).
44 Schleiermacher hielt Johann Wilhelm Heinrich Nolte für nicht besonders fähig, die Planungsüberlegungen zur Universität voranzutreiben. In einem Schreiben von 1808, offenbar im Anschluss an ein Gespräch über die Universitätsgründung, drängt Schleiermacher noch einmal auf eilige Umsetzung der Universitätsplanung in Form einer offiziellen Ankündigung und ausstehenden Berufungen mit deutlichen Worten: „Sie sind der Agent in dieser interessanten Angelegenheit, und es sollte mir leid thun, wenn hinten nach vielleicht sehr unverschuldet Ihnen von Mangen der Vorwurf gemacht würde, daß Sie zwar eine Menge vortrefflicher Rathschläge für Details gegeben hätten die auch späterhin noch Zeit gewesen wäre zu besprechen, dagegen aber versäumt die so sehr entfernten Stifter und Oberen zur rechten Zeit auf dasjenige aufmerksam zu machen was im Augenblikk geschehen mußte."(Brief 2602, Z 99–106, KGA V/10).
45 Vgl. „Historische Einführung", in: KGA I/6, XV.
46 Zu den Universitätsschriften vgl. den Beitrag von Jan Rohls in diesem Band.
47 KGA I/6 (*Universitätsschriften, Herakleitos, Kurze Darstellung des theologischen Studiums*, hg. v. Dirk Schmid, Berlin/New York: de Gruyter 1998), 15–100, zur Datierung vgl. ebd., XVIII.
48 Vgl. Michaela Haberkorn, *Naturhistoriker und Zeitenseher. Geologie und Poesie um 1800: der Kreis um Abraham Gottlob Werner (Goethe, A. v. Humboldt, Novalis, Steffens, G.H. Schubert)*, Frankfurt a. M. u. a.: Peter Lang 2004, 241.

veröffentlichte 1809 seine Vorlesungen bei Reimer.[49] Schleiermacher erhält neben einigen kritischen Reaktionen[50] auch sehr positive Rückmeldungen,[51] aber auch die Freunde tauschen sich wechselseitig aus: „Dein Aufsatz über die Universitäten ist noch nicht hier. Ich sehne mich sehr danach",[52] schreibt Steffens an Schleiermacher im Frühjahr 1808. Und im Frühling 1809 konstatiert Steffens seine Überlegungen betreffend: „Ich bin mit der Ausarbeitung ziemlich zufrieden, und es sollte mir lieb sein, wenn sie dir gefallen."[53]

Die gute Vernetzung Schleiermachers mit der Berliner Szene vor Augen, setzte Steffens bei der Realisierung seines Berufungstraums große Hoffnungen in seinen Freund Schleiermacher, dessen Vorschlagsrecht insbesondere für die Theologie galt, wesentlich weniger indessen für die Philologien und die Philosophie, geschweige denn die Naturwissenschaften. Schleiermacher brachte Steffens als Kandidaten jedoch immer wieder ins Spiel und ging sogar so weit, im Falle einer Berufung auf einen Teil seines eigenen Gehaltes verzichten zu wollen, wie aus einem Brief an Nicolovius hervorgeht.[54] Auch der Mediziner Reil, der mit Steffens und Schleiermacher vormals in Halle lehrte und seinen dringlichen Wunsch auf die Anstellung von Steffens bei W. v. Humboldt vortrug, trat als Steffens Fürsprecher auf. Humboldt reagierte zunächst äußerst positiv,[55] der erhoffte Ruf nach Berlin blieb am Ende jedoch aus. Die Gründe für das Scheitern der Berufung sind vielfältig. Lenz bringt in seiner Geschichte der Universität Berlin vor allem das

---

49 Henrich Steffens, *Ueber die Idee der Universitäten*, Berlin: Reimer 1809.
50 „Einige Freunde hier haben geurtheilt", so erläutert Schleiermacher in einem Brief an Brinckmann vom 1.3.1808 „die ganze Schrift überzeuge so sehr davon daß Berlin nicht der Ort für eine Universität sei daß der Anhang den Eindrukk nicht wieder verlöschen könne. Das wäre freilich sehr gegen meine Absicht, und sollte dieser Eindrukk allgemein sein so würde es mir leid thun nicht noch ein Paar Bogen an den Anhang gewendet zu haben. Meine Hauptabsicht indeß war nur den Gegensaz zwischen den deutschen Universitäten und den französischen Spezialschulen recht anschaulich und den Werth unserer einheimischen Form anschaulich übereinleuchtend zu machen ohne eben gegen die andere direct zu polemisiren. Laß mich doch nun wenn du Zeit findest die kleine Broschüre zu lesen recht aufrichtig wissen wie sie dich afficirt hat, und besonders auch ob du die ganze Schleiermachersche Schwerfälligkeit darin findest oder weniger davon." (Brief 2650, Z 25–37, KGA V/10).
51 Vgl. z.B. den Brief des gemeinsamen Schleiermacher und Steffens Freundes Blanc an Schleiermacher vom 25.3.1808, Brief 2692, Z 38–48, KGA V/10. Auch Metger urteilt in einem Brief vom 26.6.1808 über die Schrift: „Ihre Construction des Wesens und der innern Nothwendigkeit einer Universität hat mir überaus gefallen." (Brief 2755, Z 56f., KGA V/10).
52 Brief 2682, Z 101, KGA V/11.
53 Brief 3205, Z 25f., KGA V/11.
54 Vgl. Brief 3502, KGA V/11. Steffens war über diese Verzichtserklärung informiert, er erwähnt sie selbst in seiner Autobiographie, vgl. Henrich Steffens, *Was ich erlebte* 1842 (Anm. 14), Bd. 6, 150 ff.
55 Vgl. Steffens Brief an Schleiermacher vom 16.2.1809, Brief 3396, Z 8–38, KGA V/11.

schlechte Verhältnis von Steffens' Schwiegervater Johannes Reichhardt zum preußischen Hof in Erinnerung, da Reichardt seine Dienste dem französisch regierten Königreich Westphalen angetragen hatte.[56] Eine derartige diplomatische Spannung vermutet auch das Ehepaar Steffens selbst, denn sie sehen einer Reise Reichardts nach Berlin und seinem Vorsatz, sich für Steffens am Hof zu verwenden, mit großer Sorge entgegen und bitten Schleiermacher inständig, den selbstbewussten Kapellmeister von diesem Vorhaben abzubringen.[57]

Ein anderer Grund mag jedoch auch in der naturphilosophischen Ausrichtung Steffens' liegen, die den Widerstand der weitgehend empirisch-experimentell ausgerichteten naturwissenschaftlichen Kollegen hervorrief. Neben Fichtes Widerspruch, der Steffens zu Ohren gekommen sein will,[58] vermutet dieser selbst, dass seine naturphilosophische Prägung ihm bei der Berufung im Weg stand: „Denn ich suche was anderes in den Thatsachen als die andern, und da sie es nicht finden, müssen sie wohl glauben, dass es willkürlich hineingelegt ist."[59] In einem Brief vom 25.6.1810 an Schleiermacher poltert Steffens gegen diesen vermeintlichen Widerstand im Kollegenlager: „Du hast mit einer solchen Clique, die mit Retorten, Kolben, beissend Säuren als ‚Chemiker und Giftmischer' – ausserdem mit Batterien allerlei Art und mathematische Beschwörungsformeln bewafnet sind, Gottlob nicht zu kämpfen."[60] Die große Enttäuschung darüber, dass Schleiermacher in Berlin fest im Sattel saß, er jedoch keine Aussicht auf eine Berufung mehr hatte, ist in Steffens' ebenso wie in den Briefen seiner Frau Johanna dieser Zeit nicht zu übersehen und markiert eine erste Distanz zwischen ihnen. Schleiermachers Vorschlag, erst einmal nach Berlin zu kommen und dann weiterzusehen, lehnte er jedoch ab.[61] Steffens' Rückkehr an die nunmehr Westphälische Universität Halle war schließlich alles andere als belebend. Intrigen und Missgunst unter den Kollegen waren an der Tagesordnung, es gab wenig interessierte Studierende.[62]

---

56 Vgl. Max Lenz, *Geschichte der Königlichen Friedrich-Wilhelms-Universität zu Berlin*, Bd. 1, Halle: Waisenhaus-Buchhandlung 1910, 202.
57 Vgl. Henrich und Johanna Steffens, Brief 3405, Z 15–34. 39–48, KGA V/11.
58 Vgl. Steffens' Brief an Schelling vom 14.11.1807, Wolfgang Feigs, *Briefe von H. Steffens* 1982 (Anm. 2), 128 sowie Marit Bergner, *Steffens* 2016 (Anm. 4), 85 f.
59 Steffens an Schleiermacher am 6.4.1810, Brief 3419, Z 11–13, KGA V/11.
60 Steffens an Schleiermacher vom 25.6.1810, Brief 3454, Z 123–126, KGA V/11.
61 Vgl. den Brief Steffens' an Schleiermacher vor dem 10.4.1808, Brief 2682, Z 39–50, KGA V/10.
62 Vgl. dazu die Schilderung des Predigers Blanc aus Halle vom 5.1.1811, der Schleiermachers und Steffens' gemeinsamer Freund war, Ludwig Gottfried Blanc, *Briefe von Ludwig Gottfried Blanc an Friedrich Schleiermacher*, Berlin: Literaturarchiv-Gesellschaft 1909 (= Mitteilungen aus dem Litteraturarchiv in Berlin, NF 2), 30–33.

4 Steffens' erste Breslauer Jahre – nationaler Aufbruch

Mit seiner Berufung nach Breslau konnte sich Steffens gerade noch rechtzeitig dem Zugriff der Franzosen entziehen, der kurz nach Steffens' Abreise einige seiner Freunde traf.[63] Obgleich Steffens die Berufung sofort annahm, denn „[i]ch rette mich lieber auf ein Brett, als dass ich in der Hofnung auf ein Schiff, ertrinken sollte",[64] ging er nicht glücklich und mit vielen Vorurteilen in die schlesische Stadt. Kurz vor dem Umzug, wohl im Juli 1811, kommt Steffens noch einmal nach Berlin, empfindet das Zusammentreffen als „Wiedertaufe der Freundschaft"[65] und lernt bei dieser Gelegenheit auch Schleiermachers Frau Henriette kennen.[66] Einige Größen des Breslauer Geisteslebens, wie der Schleiermacherfreund Joachim Christian Gaß, der 1810 als Mitglied der Kirchen- und Schuldeputation von Berlin nach Breslau umgezogen war und bald auch mit den Steffens freundschaftlichen Umgang pflegte, setzten viele Hoffnungen in den Naturphilosophen.[67] Aus dem Briefwechsel mit Gaß erfahren wir über die Jahre einige wichtige Einschätzungen zu Steffens und seinem Engagement in Breslau. Zu Steffens professionellem Umfeld gehörten auch die mit Schleiermacher gut bekannten Brüder Friedrich und Karl von Raumer, die beide in den ersten Jahren nach der Neugründung an die Breslauer Universität berufen wurden. Karl Georg von Raumer, ein Steffensschüler

---

[63] Vgl. Henrich Steffens, *Was ich erlebte* 1842 (Anm. 14), Bd. 6, 320–323 und den Brief Steffens' an Schleiermacher Mitte Dezember 1811, SN 396, Bl. 65.
[64] Brief Steffens vom 1.6.1811 an Schleiermacher, Archiv der BBAW, Schleiermacher-Nachlass: SN 396, Bl. 59. Das Annahmeschreiben befindet sich im Geheimem Staatsarchiv in Berlin GStA PK I HA Rep. 76 Va Sekt. 4 Tit. IV Nr. 1 Bd. 1, Bl. 56v. Steffens hatte die Hoffnungen auf eine Stelle in Berlin auch Anfang des Jahres 1811 noch nicht begraben, vgl. den Brief von Johanna Steffens an Schleiermacher vom März 1811, SN 395, Bl. 42f.
[65] Brief Steffens' an Schleiermacher vom 9.8.1811, Friedrich Schleiermacher, *Aus Schleiermachers Leben. In Briefen*, Bd. 1–4, (Bd. 1–2 in 2. Auflage; Bd. 3–4 vorbereitet von Ludwig Jonas, hg. von Wilhelm Dilthey), Berlin: Reimer 1860–1863, Bd. 4 (1863), 183.
[66] Kurz zuvor, am 8.1.1811 schrieb er noch an Schleiermacher: „Wie gern möchte ich dich als Vater kennen, wie schmerzlich ist es mir Dich und Deine Frau nicht zu sehen, die lezte nicht einmahl zu kennen." (SN 396, Bl. 57). Die Trennung oder Entfernung von dem Freund erlebt er als „partielle[n] Tod" (ebd., Bl. 57v).
[67] Joachim Christian Gaß an Schleiermacher vom 8.12.1811: „Von unsres Steffens Wirksamkeit unter uns wirst Du schon wissen. Er bringt eine heilsame Bewegung in die Köpfe vieler Menschen. Nur Schade, daß er wenig vorfindet, woran seine Ideen sich knüpfen lassen, weshalb Mißverständnisse unvermeidlich sind; etwas Gutes kommt aber doch aus der Gährung jedenfalls." (Friedrich Schleiermacher, *Briefwechsel mit Joachim Christian Gaß*, hg.v. Wilhelm Gass, Berlin: Reimer 1852, 101).

aus Halle und ein wichtiger Mitstreiter im Aufbau der Breslauer Mineralogie, war darüber hinaus auch mit Steffens verschwägert – er war mit einer jüngeren Schwester von Steffens' Frau Johanna verheiratet. Zu Steffens' Bekannten zählte schließlich auch bald Schleiermachers Schwester Charlotte, die wie der Bruder Carl noch in Schlesien wohnte und Schleiermacher über ein erstes freudiges Kennenlernen 1812 anlässlich eines Konzertes schreibt.[68] Eine feste persönliche Verankerung in der Stadt, in der er immerhin 20 Jahre wohnte, gelang Steffens nur bedingt; in vielen Briefen beklagt er über Jahre immer wieder seine Einsamkeit.

Die Universität Breslau war die zweite der drei in rascher Folge neu gegründeten preußischen Reformuniversitäten. Anders als die Berliner Universität kam sie am 3.8.1811 jedoch als Zusammenführung zweier bereits bestehender und denkbar verschiedener Vorgängerinstitutionen – der alten katholischen Breslauer *Leopoldina* und der zuvor aufgelösten protestantischen Universität *Viadrina* in Frankfurt (Oder) – zustande. Reformerische Gedanken neu berufener Professoren rieben sich an den ererbten Strukturen und einem zu großen Teilen übernommenen Universitätspersonal. In seinen ersten Briefen an Schleiermacher aus Breslau wettert Steffens gegen überkommene alte Denkstrukturen („die Frankfurter sind hier die ärgsten – Träge, unbehülflich, eigensinnig, unzufrieden, ohne allen wissenschaftlichen Geist"[69]), administrativen Schlendrian, vor allem aber fehlte ihm ein Mitstreiter wie Schleiermacher, der sicherlich auch zwischen dem patriotischen Wahlpreußen und dem eigenen Menschenschlag in Schlesien hätte gut vermitteln können.[70]

Schleiermacher reiste 1812 zwar nach Schlesien, musst jedoch, kurz bevor Steffens eintraf, wieder abreisen. „Es ist doch sehr fatal," schreibt Steffens am 1.3.1812 an Schleiermacher,

> dass wir so weit auseinander sind, und dass eine Wüste zwischen uns liegt, so, dass es nicht einmahl ein Ort unterwegs giebt, wo man sich treffen könnte, und dass du wenige Tage ehe ich hier war Schlesien verlassen musste[st], ist, je mehr ich hier darüber denke, nun vollends

---

[68] „Die lieblichen Frauen – sangen mir einiges von Novalis – Raumer spielte dazu –! Daß man viel von Dir sprach darf ich Dir nicht erst sagen – von Eurem Wesen in Halle – von Nany daß ich alle 4 sehr liebgewonnen aber Steffens mir besonders merkwürdig ist – Gott! möchten doch Alle die das System welches er im lesen darstelt sonderbar ja schädlich finden – ihn unter Bekanten sprechen hören – sie würden finden – daß er das einzig wahre, wenn nicht ergrifen dann wir gegen ihm alle nur nach – doch nur des beßeren Strebens werth achtet – – ich habe ihn bey mancher Freundin vertheidigt – die freilich alles nur von hören hat – und kein Collegia anhört – die Wunstern kent ihn nun auch und schäzt ihn." (Charlotte Schleiermacher an ihren Bruder Friedrich vom 12.4.1812, SN 375/26, Bl. 36).
[69] Vgl. den Brief Steffens' an Schleiermacher vom 10.12.1811, SN 396, Bl. 63.
[70] Zu Steffens Beziehung zur Stadt Breslau vgl. den Beitrag von Joanna Giel in diesem Band.

um rasend zu werden – Ach! es wäre doch gut wenn wir zusammen wären. Ich bin hier entsezlich einsam – Ja wenn ich wirkliche Zuhörer – Jene im grössern Styl hätte, aus der trefflichern Zeit. Aber dessen darf ich mich noch nicht rühmen – Eifer zwar, bei einigen, ein recht schöner Eifer, aber dass ist auch alles – Es wird ja wohl kommen. Wie es mit der Universität gehen wird, muss die Zeit zeigen. Wenn nur die medicinische Facultät besser wäre. Aber die ist gar zu elend – und das wird, so lange ich hier bin, mir eine gewaltige Hemmung –[71]

Zu den Startschwierigkeiten in Breslau kam auch die fehlende naturwissenschaftliche Ausstattung der Universität, sodass Steffens, der sich selbst nicht nur als Naturphilosoph, sondern trotz aller Polemik gegen rein empirisch ausgerichtete Kollegen auch als Naturwissenschaftler verstand,[72] keinen oder nur bedingt naturwissenschaftlichen Unterricht abhalten konnte. Wie in vielen administrativen Fragen wendet sich Steffens nach wie vor an Schleiermacher, dem mit den Mächtigen in Berlin so eng verkehrenden Freund, mit der Bitte um Unterstützung.[73]

Im Jahr 1813 nimmt die antinapoleonische Stimmung zu, ein Krieg gegen Frankreich wird wahrscheinlich, und Steffens hält noch vor dem König eine vielbeachtete flammende Rede vor Studierenden, in deren Folge sich eine große Zahl der Breslauer Studierenden freiwillig zu den Waffen meldet. Eine ausführliche kritische Rekonstruktion der tatsächlichen Rolle, die Steffens als Impulsgeber zur Mobilisierung zukam, findet sich bei Margit Bergner.[74] Das Aufsehen, das diese Rede auch in akademischen Kreisen fand und das durch Steffens' Entschluss, mit in den Krieg zu ziehen, noch befeuert wurde, war nicht nur positiver Natur. Immerhin verlor die Universität auf einen Schlag einen Großteil ihrer Studierenden,[75] und einige sahen die Aufgabe eines Universitätslehrers auch nicht in der Agitation, wie Wilhelm von Röder an Schleiermacher berichtet.[76]

---

71 SN 396, Bl. 66 f.
72 Zum Mineralogen Steffens vgl. den Beitrag von Ursula Klein in diesem Band.
73 So z.B. bereits bei der Unterstützung zur schnelleren Auszahlung des Reisegeldes, vgl. den Brief vom 25.8.1811, SN 396, Bl. 111, und er bittet Schleiermacher, ihm bei der Einrichtung eines für physikalische Vorlesungen geeigneten Vorlesungssaales zu helfen, vgl. den Brief Steffens' an Schleiermacher vom 10.12.1811, SN 396, Bl. 63v, sowie den Brief vom 2.3.1812, SN 396, Bl. 68.
74 Vgl. Marit Bergner, *Steffens* 2016 (Anm. 4), 105–126.
75 „Wir hatten schon 360 Studirende, das war recht gut. Jetzt haben wir nur Mißvergnügte, Krüppel und einige Ausländer, vielleicht noch 70." (Joachim Christian Gaß an Schleiermacher vom 11.3. bis Sonntag, 14.3.1813, Friedrich Schleiermacher, *Briefwechsel mit Gaß 1852* (Anm. 67), 111).
76 „Steffens hat einen großen Theil der hiesigen Studenten ermahnt sich beym Gardejägerbataillon als Freywillige zu engagiren und dadurch einen um so rühmlicheren Impuls gegeben, da er dabey erklärte ihr Looß theilen zu wollen. Dennoch hätte ich gewünscht er hätte den Schritt auf

Während Steffens 1813 und 1814 im Feld ist – er wurde nicht, wie viele seiner Studierenden, in vorderster Front als Kanonenfutter, sondern u. a. zum Redenhalten eingesetzt –, schreibt Steffens' Frau Johanna in kurzer Folge an Schleiermacher, gibt ihm Nachricht von Steffens, aber auch vom „herrlichen Marwitz",[77] einem ehemaligen Studenten von Steffens und Schleiermacher, der schließlich verwundet wird und 1814 stirbt. Was Johanna Steffens nicht weiß, ist, dass Schleiermachers Anteilnahme am Schicksal des jungen Marwitz zumindest ambivalent war. Denn seit 1812 hatte Marwitz mit Schleiermachers junger Frau Henriette eine Affäre, die er selbst als eine späte göttliche Rechnung für seine frühere Beziehung zu Eleonore Grunow interpretierte.[78] Johanna Steffens scheint bei Schleiermacher in diesen schweren Monaten jedenfalls Halt zu finden, der zwar nicht so häufig wie sie, dennoch beständig schreibt. Da die Lage in Berlin für eine ganze Weile kritisch ist, schickt Schleiermacher seine Frau, die Kinder und seine Schwester Anne (Nanny) nach Schlesien, wo erstere auch Johanna Steffens kennen lernen sollten.[79] Das erhoffte Treffen, das auch ein Wiedersehen zwischen Nanny Schleiermacher und Johanna Steffens gewesen wäre, kam zu diesem Zeitpunkt jedoch nicht zustande,[80] erst im Herbst 1815 werden sie sich bei einer Reise von Nanny Schleiermacher nach Schlesien wiedersehen.[81]

---

eine einfachere Weise und ohne vieles Wortgepränge gethan, wodurch er nicht ganz ohne Grund unter seinen näheren Bekannten in den Verdacht der Affectation gerathen ist, ein Verdacht der sich dadurch vermehrt daß er seinen ersten Entschluß als Gemeiner mitzugehn bereits aufgegeben, und nunmehr Anführer der Studenten seyn will. Noch hat er keine Antwort vom König doch soll sein Schritt gut aufgenommen seyn." (Wilhelm von Röder an Schleiermacher vom 13.2.1813, SN 362, Bl. 4vf.)
77 Vgl. Johanna Steffens' Brief an Schleiermacher vom 4.5.1814, SN 395, Bl. 71.
78 Die Affäre lässt sich neben den Briefen der Eheleute Schleiermacher aus dieser Zeit, die sich durch eine erstaunliche Offenheit auszeichnen, auch in den Briefen zwischen Marwitz und seiner Vertrauten Rahel Levin sowie zwischen letzterer und Henriette Schleiermacher verfolgen, vgl. *Nachrichten aus dem Kösel-Verlag. Auf frischen kleinen abstrakten Wegen: Unbekanntes und Unveröffentlichtes aus Rahels Freundeskreis* München 1967, 6–15.
79 Vgl. Brief von Johanna Steffens vom 16.5.1813, SN 395, Bl. 53.
80 Vgl. den Brief von Johanna Steffens an Schleiermacher vom 6.9.1813, SN 395, Bl. 48v.
81 Vgl. den Brief Joanna Steffens' vom 10.10.1815 an Schleiermacher, SN 395, Bl. 73f., Nanny weilte im Oktober und November 1815 in Schlesien.

5 Breslauer Turnfehde und Restauration: Verstimmungen

Nach seiner Teilnahme am Frankreichfeldzug 1813/14 kam für Steffens eine gewisse Ruhe in seine akademischen Verhältnisse. Seine noch aus dem Feldzug mitgenommene Hoffnung auf eine Anstellung an einer neu zu gründenden Rheinuniversität in Koblenz, von der er Schleiermacher in einem ersten Brief nach seiner Rückkunft zuversichtlich berichtet, zerschlägt sich.[82] In Breslau wird er sogar zweimal Rektor der Universität (1821/22 und 1829/30). Anders als in Halle, wo Schleiermacher und Steffens einen engen privaten Kontakt mit ihren Studenten pflegten, klagt Steffens in einem Brief vom August 1815, es habe in Breslau noch „kein engerer Kreis vorzüglicherer junger Männer sich um mich [ge]bildet"[83]. Leider hat Steffens kein gutes Händchen für Geld, und immer wieder gerät er, wie schon in den Hallenser Jahren, in eine schwierige finanzielle Lage.[84]

1817 reist Steffens nach Berlin, wo er in Schleiermachers Haus auch Caroline Fischer kennen lernt, eine dem Magnetismus und allerlei alternativen Heilmethoden zugeneigte Frau, die sich mit Schleiermachers Frau Henriette angefreundet hatte und mehr und mehr Einfluss auf sie gewann. Schleiermacher klagt später über die Einflussnahme der „Fischerin", die in der für Schleiermacher überhaupt nicht willkommenen Heirat der jungen Gertrud Schleiermacher mit dem 20 Jahre älteren Bruder der Frau Fischer gipfeln wird.[85] 1817 ist Schleiermacher jedoch noch angetan von der heilenden Praxis, und auch Steffens scheint auf die Kompetenz dieser Frau zu zählen.[86]

---

[82] Dem Brief vom 18.6.1814 ist auch ein gewisser Stolz zu entnehmen, sich durch die Teilnahme am Krieg einflussreiche Freunde gemacht zu haben und wie Schleiermacher nun auch selbst über gute Kontakte zu verfügen: „In Breslau bleibe ich nicht. Ich habe unter anderen in Paris bei Stein, den ich da gesprochen, durch Eichhorn, der sich sehr wohl befindet, einen Plan zur Errichtung einer großen Universität am Rhein, ich schlug Coblenz vor, eingereicht. Stein war sehr dafür und meinte daß es durchgehen wollte." (Friedrich Schleiermacher, *Aus Schleiermachers Leben*, Bd. 4, 1863, (Anm. 65), 199).

[83] Brief H. Steffens an Schleiermacher vom 7.8.1815, SN 396, Bl. 71.

[84] Vgl. dazu z.B. den Brief Ludwig Blancs an Schleiermacher vom 4.4.1815, Friedrich Schleiermacher, *Aus Schleiermachers Leben*, Bd. 4, 1863 (Anm. 65), 207 und vom 23.4.1816, Ludwig Gottfried Blanc, *Briefe an Friedrich Schleiermacher* 1909 (Anm. 62), 62f.

[85] Vgl. dazu den Brief F. Schleiermachers an J. C. Gaß. vom 30.5.1829, Friedrich Schleiermacher: *Schleiermachers Briefwechsel mit Gaß* 1852 (Anm.67), 214.

[86] „Vielleicht wird Deine herrliche Henriette, die ich recht herzlich und innig für die Bekanntschaft mit der Fischer danke, sich entschliessen mir Einiges über diese zu schreiben." (Brief Steffens' an Schleiermacher vom 18.5.1917, SN 396, 76v).

Waren Schleiermacher und Steffens bei ihrem Treffen im Wörlitzer Park 1808 noch auf einer politischen Wellenlänge, sahen beide in der Befreiung von französischer Besatzung und in den Befreiungskriegen eine wichtige politische Aufgabe – Schleiermacher trat als nationaler Prediger, Steffens mit seiner legendären Breslauer Rede hervor – so entzweiten sich ihre Meinungen mehr und mehr hinsichtlich der politischen Aufgaben und Ziele nach dem Sieg Preußens. Anders als Schleiermacher wandelte sich Steffens von einem Anhänger der Reformprozesse Schritt für Schritt zu einem Sympathisanten der Restauration.[87] Zwei Jahre nach dem vom „Turnvater" Friedrich Ludwig Jahn mit initiierten Wartburgfest und der Auflehnung der Burschenschaftler gegen die restaurative Einschränkung bürgerlicher Freiheiten positionierte sich Steffens mit seiner Schrift *Die gegenwärtige Zeit und wie sie geworden mit besonderer Rücksicht auf Deutschland* (1817) gegen die Turnerschaft und die Idee eines vom Deutschtum gespeisten neu zu errichtenden deutschen Nationalstaates. In der sogenannten „Breslauer Turnfede" von 1818/19 nahm Steffens eine prominente Rolle ein, seine politischen Stellungnahmen erschienen in rascher Folge, deren Inhalte Schleiermacher über gemeinsame Freunde oft noch bevor er sie selbst gelesen hat zu Ohren kamen.[88] Die Ermordung des Schriftstellers August von Kotzebue (1761–1819) durch den Burschenschaftler Karl Ludwig Sand (1797–1820), die Karlsbader Beschlüsse im August 1819, Zensur und Demagogenverfolgungen, Turnverbot und Auflösung der Burschenschaften markieren in den folgenden Jahren Stationen im Prozess einer fortschreitenden politischen Restauration, in dem sich die beiden Freunde nicht mehr synchron positionierten. Schleiermacher – der den Turnvater Jahn als Schulamtskandidaten in einer missglückten Lehrprobe vormals hat durchfallen lassen[89] und ebenso wie Steffens keine großen persönlichen Sympathien für ihn

---

[87] Vgl. dazu Bernd Henningsen, „Henrik Steffens: Ein norwegisch-dänisch-deutscher Gelehrter, ein europäischer Intellektueller, ein politischer Professor", in: Henrich Steffens, *Einführung in die Naturphilosophie (1802/03)*, hg.v. Bernd Henningsen u. Helge Høibraaten, Freiburg: Alber 2013, 159–199, hier 182–188.

[88] Zu Steffens politischen Schriften zählen: *Turnziel. Sendschreiben an den Herrn Professor Keyßler und die Turnfreunde*, Breslau: Max 1818; *Die gute Sache. Eine Aufforderung zu sagen, was sie sei, an alle, die es zu wissen meinen, veranlaßt durch des Verfassers letzte Begegnisse in Berlin.* Leipzig: Brockhaus 1819; *Caricaturen des Heiligsten* (Bd. 1), Leipzig: Brockhaus 1819; *Über Kotzebues Ermordung*, Breslau: Max 1819; *Über Deutschlands protestantische Universitäten. Antwortschreiben an den Herrn Präsidenten v. Lüttwitz*, Breslau: Max 1920 und *Caricaturen des Heiligsten* (Bd. 2), Leipzig: Brockhaus 1821.

[89] Vgl. KGA II/12, Anhang zu Votum Nr. 8. Jahn hatte 1802 und 1803 bei Ernst Moritz Arndt in Greifswald studiert, wurde dort auch mit Arndts auf die deutsche Nation ausgerichteten Gedankengut vertraut. Er fand nach dem gescheiterten Examen 1810 eine Anstellung als Hilfslehrer an einem Jugendinternat, der Plamannschen Anstalt in Berlin.

hegte – war ein Anhänger der Turnbewegung und setzte sich für den Fortgang des Reformprozesses ein.

Auf freundschaftlicher Ebene wird jedoch 1817 noch ein enges Band geknüpft, denn Schleiermacher bittet Steffens, Pate bei seiner Tochter Hildegard zu werden. Steffens, der Schleiermacher bei einer Berlinreise im Frühjahr 1817 sah und von dem Berlinaufenthalt offenbar auch einen unangenehmen Eindruck von Jahns pseudoreligiösen Patriotismus erhielt,[90] nimmt den Antrag an und berichtet in einem Brief vom 15.10.1817 ausführlich und heiter über seine Deutschlandreise, auf der er viele Freunde und ehemaligen Kollegen wiedertraf. Als Mineraloge eine regelrechte Berühmtheit, sei er ständig zu den Gesteinssammlungen gezerrt worden, die nach seinem Handbuch geordnet gewesen seien. Sein vorausgehender Badeaufenthalt in Karlsbad sei ihm auch so gut bekommen, dass er den von Magenschmerzen gequälten Schleiermacher wie ein guter Quälgeist fortan in jedem Brief ermahnen möchte, sich dort kurieren zu lassen.[91] Auch an Nanny Schleiermachers Verlobung und Hochzeit mit dem Schriftsteller und Historiker Ernst Moritz Arndt, nimmt das Ehepaar Steffens emotional großen Anteil: „Auf der Reise schwebte mir die Neuigkeit beständig vor," schreibt Steffens am 18.5. 1817 an Schleiermacher, „und es war, als wäre mir selbst ein grosses, unerwartetes Glück begegnet, denn ich muss Dir es gestehen, ich habe die Nanny unbeschreiblich lieb."[92]

Für das Jahr 1818 – das Jahr nach dem Erscheinen der ersten polemisch in den Turnstreit eingreifenden Schrift Steffens' – sind nach jetzigem Wissensstand keine Briefe zwischen Steffens und Schleiermacher zu verzeichnen. Aus Schleiermachers Briefwechsel mit Gaß und Arndt wird deutlich, wie unangenehm Schleiermacher Steffens' Schriften berührten, er hatte wenig Lust, sie zu lesen, und schob eine persönliche Stellungnahme auch über das persönliche Treffen hinaus lange auf.

In einem Brief vom 19.2.1818 an seinen deutschnational eingestellten Schwager Ernst Moritz Arndt gibt Schleiermacher an, dass er „die Steffenschen Bücher" einschließlich der Abhandlung *Turnziel* noch nicht gelesen habe. In dieser ganzen „unselige[n] Geschichte", in der „treffliche und wohlgesinnte Männer, wie Steffens einer ist" zum Werkzeug werden, täten ihm die ungeschickten und missverständlichen Äußerungen seines Freundes Leid, er werde

---

90 Vgl. Marit Bergner, *Steffens* 2016 (Anm. 4), 319–321.
91 Vgl. den Brief Steffens' an Schleiermacher vom 15.10.1817, SN 396, 78–85.
92 F. Schleiermacher, *Aus Schleiermachers Leben*, Bd. 4, 1863 (Anm. 65), 215f.

Steffens demnächst darüber schreiben.[93] An seinen engen Freund Joachim Christian Gaß schreibt Schleiermacher Ende des Monats wesentlich expliziter:

> so muß ich Dich doch fragen, was für Teufeleien Ihr denn da in Breslau anstellt, und wie Du Dich dazu verhältst. Noch bin ich nicht dazu gekommen, Steffens ‚Carricaturen' zu lesen, und eigentlich graut mir auch zu sehr davor. Es ist mir schon in Blättern so manches schwache und haltungslose vor den Augen vorbeigezogen, so daß ich mich schwerlich darin an etwas recht erfreuen werde. Bis jezt thut es mir nur Leid, daß er das Buch geschrieben hat; auch hatte ich vorher eine Ahndung davon, daß es nicht gut ablaufen werde. Hier hat er sich leider bei den meisten wohlgesinnten Menschen unendlich Schaden gethan, und ich muß ganz darauf Verzicht leisten ihn zu vertheidigen, und muß mich nur darauf beschränken den Leuten zu sagen, es sei weder so arg noch überhaupt so, wie sie sich einbildeten. Aber er hat so unerhörte Unvorsichtigkeiten begangen, daß man nicht dagegen aufkommt.[94]

Ende des Jahres 1818 wird Steffens zum Staatskanzler Hardenberg nach Berlin zitiert, denn seine schriftlichen Äußerungen geben Anlass zu der Vorstellung, dass er über subversive Umtriebe in Berlin mehr weiß, als dem Staat bekannt ist.[95] In seinen autobiographischen Erinnerungen berichtet Steffens, der diesen Vorwurf scharf zurückwies, dass sich viele Freunde – bis auf Friedrich Schleiermacher – entrüstet von ihm zurückzogen.[96] „Steffens ist jetzt hier." schreibt Schleiermacher am 9.1.1819 an den gemeinsamen Freund Ludwig Blanc.

> Der arme Freund hat sich durch einige Unbesonnenheiten in seinen Caricaturen und seinem Turnziel fast unseren ganzen Kreis so aufsäßig gemacht, daß die Menschen ihn über alle Gebühr verkennen. Ich scheine der einzige zu sein, der sich in seinem Wesem so ganz finden kann, daß kein Irrewerden mehr möglich ist, und darum habe ich ihm auch treulich beigestanden.[97]

---

93 Vgl. den Brief an Ernst Moritz Arndt vom 19.12.1818, Friedrich Schleiermacher, *Aus Schleiermachers Leben*, Bd. 2, 1860 (Anm. 65), 353.
94 Schleiermacher an Gaß vom 28.12.1818, Friedrich Schleiermacher, *Briefwechsel mit Gaß* 1852 (Anm. 67), 157f. Einen Antwortbrief mit einer minutiösen Schilderung der Lage erhält Schleiermacher von Gaß postwendend in einem Brief vom 1.1.–2.1.1819, Friedrich Schleiermacher, *Briefwechsel mit Gaß 1852* (Anm. 67), 161–166.
95 Der Verleger Reimer, für den derartige Bemerkungen gefährlich werden konnten, schildert diese Situation verärgert in einem Brief an Ernst Moritz Arndt vom 13.1.1819, vgl. Marit Bergner, *Steffens* 2016 (Anm. 4), 327.
96 Vgl. Henrich Steffens, *Was ich erlebte* 1842 (Anm. 14), Bd. X. Reimer schreibt im besagten Brief an Arndt vom 13.1.1819: „Was mir leid thut, ist, daß Schleiermacher so fest an ihm hält." (Anm. 95).
97 Brief Schleiermachers an Ludwig Blanc vom 9.1.1819, Friedrich Schleiermacher, *Aus Schleiermachers Leben*, 1863, Bd. 4 (Anm. 65), 243.

Mitte Januar kehrt Steffens wieder nach Breslau zurück und trägt einen Brief von Schleiermacher an Gaß in der Tasche, in dem Schleiermacher, der die *Carricaturen* immer noch nicht gelesen hat, Steffens verteidigt, davon überzeugt, dass Steffens sich in einer eigentümlichen Argumentation gegen die Turner ganz ungeschickt im falschen Lager wiederfände.[98] In der Tat ist Steffens' Schulterschluss mit den reaktionären, bürgerliche Freiheiten einschränken wollenden Turngegnern vor dem Hintergrund seiner früheren reformerischen Ideen seltsam, und es ist ein eigentümliches Gemisch an Argumenten, die Steffens gegen das Turnen anführt: Eine durchaus sympathische Warnung vor dem nationalen Fanatismus der Turner und Burschenschaftler vermischt sich mit einem Plädoyer für Pressefreiheit, einer eigenen Vorstellung von Nationalität und einer dem Adel zugewandten Ablehnung des Egalitätsgedankens.[99] Nach seiner Rückkehr verspricht Steffens, die Vorwürfe noch einmal zu prüfen und bringt rasant schnell eine zweite Schrift heraus: *Die gute Sache. Eine Aufforderung zu sagen, was sie sei, an alle, die es zu wissen meinen, veranlaßt durch des Verfassers letzte Begegnisse in Berlin*, die im Frühjahr 1819 erscheint und in der er sich wiederum gegen Jahns Nationalerziehungskonzept ausspricht, zugleich jedoch die Vorwürfe der Freunde, sie mit der Schrift *Turnziel* denunziert zu haben, versucht zu entkräften.

Ein knappes halbes Jahr nach dieser persönlichen Begegnung fordert Steffens Schleiermacher in einem kurzen Brief zu einer Stellungnahme auf.[100] Schleiermachers erklärender, „harter"[101] Brief an Steffens ist nun sicherlich einer derjenigen Briefe, dessen Verlust man unter den Schleiermacherbriefen am meisten

---

98 „Was Steffens betrifft, so hat er einen schweren Stand gehabt; unsere ganze Welt ist ihm aufsäßig, und Reimer hat ihm sogar, was ich nun sehr ungerecht finde, eine Art von Absagebrief geschrieben, wol mehr von dem jungen Volk verleitet als aus eigener Bewegung. Ich bin der Einzige, der ihm recht beigestanden hat, ohne sein Unrecht zu verkennen, wovon gar vieles, von dem wenigstens, was ihm hier am meisten zur Last gelegt wird, auf die Flüchtigkeit des Schreibens muß gerechnet werden. Er wird Dir wol allerlei erzählen. Die ‚Carricaturen' habe ich leider immer noch nicht lesen können, und darum hat an meiner Vertheidigung leider auch immer etwas gefehlt. Denn ich bin überzeugt, es muß doch seine ganze tiefe Gesinnung auch darin sein." (Gaß an Schleiermacher vom 10.1.1819, Friedrich Schleiermacher, Briefwechsel mit Gaß 1852 (Anm. 67), 167).
99 Eine ausführliche Rekonstruktion der politischen Positionierung Steffens findet sich in der Dissertation von Marit Bergner, die u. a. darauf hinweist, dass Steffens' Begriff der Nation – nicht ganz unabhängig von seiner eigenen grenzüberschreitenden Biographie – nicht ethnisch oder volkstümlich bestimmt war, sondern eine Wahlgemeinschaft von Gleichgesinnten entwarf, vgl. z. B. Bergner, *Steffens* 2016 (Anm. 4), 76.
100 Vgl. Steffens' Brief an Schleiermacher vom 8.5.1819, Friedrich Schleiermacher, *Aus Schleiermachers Leben*, Bd. 4, 1863 (Anm. 65), 248.
101 Vgl. Steffens' Brief an Schleiermacher vom 27.6.–28.6.1819, Friedrich Schleiermacher, *Aus Schleiermachers Leben*, Bd. 4, 1863 (Anm. 65), 249.

bedauern kann. Offenbar war Schleiermacher aber bemüht, die Freundschaft trotz aller Differenzen zu bewahren. Das entspräche der Tendenz in Briefen an Dritte, in denen Schleiermacher Steffens zwar inhaltlich nicht verteidigte, sich jedoch nicht als Freund von ihm distanzierte. Steffens antwortet mit einer etliche Seiten umfassenden Replik, die bisher unveröffentlicht ist und einen hochemotionalen Rundumschlag vornimmt, in dem auch viele gemeinsame Freunde mit metaphorischer Sprachgewalt erschlagen werden. Schleiermacher selbst wird mangelnde Unterstützung vorgeworfen: „Ich verlange nicht, daß Du in's Wasser springen sollst, jedesmal wenn ich schwimme, aber wenn ich in Begriff bin zu ertrinken erwarte ich es von Deiner Freundschaft."[102] Sachlich ist es nicht einfach, diesem über weite Strecken sehr pathetischen Brief konkrete Argumente zu entnehmen, denn Steffens bleibt bei aller Emotionalität sehr allgemein.[103] Ein Antwortschreiben Schleiermachers auf diesen Brief ist bisher nicht erschlossen, und es ist gut nachvollziehbar, wie schwer es Schleiermacher gefallen sein mag, auf diese Prosa zu reagieren.

Steffens politische Schriften konzentrieren sich auf das Ende der 1810er Jahre, seine politische Haltung wird sich in den folgenden Jahren jedoch noch weiter festigen, sodass es sich nicht bloß um eine Ungeschicklichkeit handeln mag, wie Schleiermacher anfangs gerne glauben wollte. Zeugnisse dieser restaurativen politischen Gesinnung finden sich nicht zuletzt in seiner literarischen Produktion. In dem 1837 erschienenen Novellenzyklus *Die Revolution* nimmt Steffens direkten Bezug auf das sogenannten *Junge Deutschland* als diejenige Autorengeneration, die sich im Anschluss an die französische Julirevolution zu Wort meldet. Im Narrativ einer fiktiven misslungenen Revolution attackiert Steffens in den Novellen die politischen, aber auch die poetologischen Ambitionen dieser jungen Schriftstellergeneration und erhält von Karl Gutzkow, aber auch von Heinrich Heine dafür eine prompte Abstrafung.[104]

In seiner Zeit als Rektor der Berliner Universität (1834/35) wird Steffens die Habilitation des eigentlich von ihm protegierten Schriftstellers Theodor Mundt

---

102 Ebd., 256.
103 Die fehlende Klarheit in Steffens' Argumentation und seine sprachliche Bombastik beklagt auch Gaß in einem Brief an Schleiermacher vom 5.2.1819, vgl. Friedrich Schleiermacher, *Briefwechsel mit Gaß* 1852 (Anm. 67), 169 f. Besonders erbost ist Gaß jedoch darüber, dass Steffens seine politische Haltung auch vom Katheder verkündet und versucht, die Studenten mit hineinzuziehen (vgl. ebd.).
104 Vgl. dazu Höppner, *Natur/Poesie* 2017 (Anm. 10), 556 f. Höppner zeigt dabei, wie sich Steffens' Argumentation gegen das Junge Deutschland eigentlich auch gegen eine vormals von ihm vertretene frühromantische Poetologie wendet, wie z. B. die Forderung nach einer (Selbst)Reflexivität poetischer Texte, vgl. ebd., 699–703.

(1808–1861) verhindern, da dieser einen öffentlichen Vortrag über das „neue Deutschland" und die Emanzipation der Frauen zu halten gedachte.[105] Mundt zum Schutz sei diese Intervention gewesen, so zumindest lautet es in *Was ich erlebte*, habe aber Steffens' Ruf, „ein Feind der Turner", ein „beschränkter Frömmler" und „ein die Freiheit hassender Obscurant" zu sein, noch einmal verfestigt.[106]

Anfang der 1820er Jahre ist die Freundschaft mit Schleiermacher nicht aufgekündigt, eine große Irritation bleibt aber bestehen und wird bald durch eine neue Bewährungsprobe zunehmen.

6 Kirchenpolitischer Streit und theologische Differenzen: Funkstille

Während Schleiermacher schon mit Beginn seiner Lehrtätigkeit an der Berliner Universität zu den wichtigsten theologischen Größen im deutschsprachigen Raum zählte, versucht sich Steffens zu Beginn der 1820er Jahre, mit eigenen theologischen Positionen zu profilieren und trat dabei in eine theologische und kirchenpolitische Opposition zu Schleiermacher.[107] Die Schrift *Von der falschen Theologie und dem wahren Glauben* (1823) wird von Steffens' Verleger zu Werbezwecken groß als Angriff auf die von Schleiermacher 1821/22 erschienene Dogmatik (*Der christliche Glaube*) angekündigt, wofür sich Steffens am 7.5.1823 in einem seiner letzten bekannten Briefe an Schleiermacher entschuldigt.

> Lieber Schleiermacher! Ich übersende Dir getrost diese Schrift, obgleich sie Deine theologische Ansicht bestreitet. Ohne Zweifel hast Du schon lange gewußt, daß meine Ansicht des Christenthums von Deiner abwich. Indessen wollte ich durchaus nicht, daß die Schrift mit dem Gepräge eines Angriffs auf Dich erschiene. Der alberne Buchhändler hat in einer Anzeige, die mir erst gedruckt zu Gesicht kam, durch eine unerlaubte Anspielung Käufer anlocken wollen. Was Du gegen mich thun wirst, billige ich zum Voraus. In wenig Menschen setze ich ein unumschränkteres Zutrauen, und wie Du über mich urtheilen magst, meine Liebe und Achtung gegen Dich bleibt unveränderlich. Dein treuer Steffens.[108]

---

105 Vgl. Henrich Steffens, *Was ich erlebte* 1844 (Anm. 14), Bd. 10, 313.
106 Ebd., 317.
107 Zur kirchenpolitischen Differenz in Sachen Kirchenunion und zum altlutheraner Bekenntnis Henrich Steffens' vgl. den Beitrag von Simon Gerber, zur religionsphilosophischen Differenz den Beitrag von Gunter Scholtz in diesem Band.
108 Brief vom 7.5.1823 von Steffens an Schleiermacher, Friedrich Schleiermacher, *Aus Schleiermacher's Leben*, Bd. 4, 1863 (Anm. 65), 308.

Ein Exemplar der Abhandlung lag diesem Brief bei. Ein paar Tage zuvor schrieb Steffens an Jakob Peter Mynster über seine Schrift: „Es ist ein Kampf gegen einen theuren Freund, von welchem ich auch durch andere Streitigkeiten [gemeint ist der Turnstreit, S. Sch.] getrennt wurde, ohne dass er ja aufhören soll mein Freund zu seyn – Gegen Schleiermacher – Ich fand diesen Kampf sehr nothwendig."[109] Nur kurze Zeit später rät Gaß im Juni in einem Brief an Schleiermacher, dem Angriff in dieser Schrift nicht mehr Gewicht zuzusprechen, als ihm zukam.[110] Schleiermacher liest *Von der falschen Theologie* im Herbst des Jahres und ließ Steffens offen seine Meinung zukommen.[111] Folgt man Steffens' Erinnerungen, die eine Reise nach Berlin im Winter 1824/25 festhalten,[112] ist ein Treffen mit Schleiermacher wahrscheinlich. Ob die Diskussion über theologische Differenzen bei dieser Gelegenheit fortgesetzt wurde, ist mir aus dem gegenwärtig transkribierten Briefwechseln Schleiermachers und Steffens' mit dritten Personen nicht bekannt. Eine Replik auf Steffens könnte man in Schleiermachers Sendschreiben an Cölln und Schulz von 1831[113] sehen, das Steffens seinerseits offenbar als Angriff auf sich deutete.[114] Zu einer öffentlich ausgetragenen Debatte, wie sie sich Steffens sicherlich gewünscht hätte, denn Licht fällt auch auf den, der eine bekannte Größe kritisiert, erwuchs die Auseinandersetzung nicht. Gleichwohl ist die theologische Gegnerschaft zu Schleiermacher auch ein Jahrzehnt später für Steffens noch wesentlich und bestimmt seine theologische Identität, wie ein Brief an Ferdinand Beneke kurz nach Schleiermachers Tod deutlich macht.[115]

---

109 Brief vom 1.5.1823, Wolfgang Feigs, *Briefe von H. Steffens* 1982 (Anm. 2), 264.
110 Vgl. den Brief von Gaß an Schleiermacher vom 30.6.1823: „Die Schrift von Steffens wirst Du indeß, wie ich höre, von ihm selbst erhalten haben, und ich denke mir, daß Du auf den Angriff, den sie gegen Dich enthält, im Einzelnen nichts thun wirst, wodurch sie eine Bedeutung erhielte, die sie nicht hat. [...] Was Steffens dagegen vorbringt, ist zwar das Verworrenste, aber auch das Härteste, weil offenbar aus einer Animosität entstanden, mißverständlich jedoch und die Sache so wenig als Deine eigentliche Meinung treffend, wie Alles was mir darüber bis jetzt vorgekommen [...]." (Friedrich Schleiermacher, *Briefwechsel mit Gaß* 1852 (Anm. 67), 199 f.).
111 Vgl. den Brief vom 20.12.1823 an Gaß, Friedrich Schleiermacher, *Aus Schleiermachers Leben*, Bd. 4, 1863 (Anm. 65), 318.
112 Henrich Steffens, *Was ich erlebte* 1842 (Anm. 14), Bd. 9, 274 f.
113 Vgl. Friedrich Schleiermacher „An die Herren D.D.D. von Cölln und D. Schulz", in: *Theologische Studien und Kritiken*, Jg. 1831, H. 1, 3–39 (KGA I/10, 395–426).
114 Vgl. einen Brief Schleiermacher an Ludwig Jonas vom 13.2.1831, vgl. Fritz Jonas, *Zur Erinnerung an unsern Vater Ludwig Jonas. Für die Familie gedruckt Weihnachten 1880*, Berlin: Hermann, 49.
115 An der Freundschaft zu Schleiermacher und seiner Hochachtung für die Person festhaltend und sogar eine Stiftung zu Schleiermachers Andenken initiierend, spricht er von den „Irrtümern" der Schleiermacherschen Position, vgl. den Brief vom 16.7.1834 an F. Beneke, Wolfgang Feigs, *Briefe von H. Steffens* 1982 (Anm. 2), 378. Steffens nennt Schleiermacher nicht namentlich, aber

Eine kirchenpolitische Differenz zwischen beiden Theologen entstand darüber hinaus im Kontext der Bestrebungen zur Kirchenunion, die vom König befürwortet wurde und mit einem Entwurf einer gemeinsamen Liturgie besiegelt werden sollte. ‚Seperatisten', die sich gegen diesen Einigungsprozess stellten, drohten Strafmaßnahmen und Verfolgung. Der reformierte Schleiermacher hatte die Kirchenunion aus pragmatischen Gründen schon seit 1799 befürwortet, war jedoch mit einer die Differenzen einebnenden und vom Regenten verordneten einheitlichen Liturgie nicht einverstanden und stimmte erst zu, als der König wieder Gestaltungsräume in der Liturgie zugestand. Steffens hingegen hatte sich in den Jahren nach seiner Rückkehr aus dem Feld dem Luthertum zugewandt und stand mit seinem Bekenntnis zum ‚Separatisten' Johann Gottfried Scheibel – einem Professorenkollegen in Breslau – oppositionell zur kirchenpolitischen Ansage des preußischen Monarchen. In Steffens Schrift *Wie ich wieder Lutheraner wurde und was mir das Luthertum ist* (1831) markiert Steffens seine Position auch schriftlich. Als sich der Konflikt zuspitzte – Steffens hatte sich allerdings schon von Scheibel distanziert und um seine Versetzung nach Berlin gesucht – sollte Schleiermacher im Mai 1831 schlichtend nach Breslau reisen. Schleiermacher legte dem Königshaus einen Schlichtungsvorschlag vor, der die Renitenten schrittweise in die unierte Staatskirche integrieren sollte, zu einer Reise nach Schlesien kam es zu diesem Zeitpunkt jedoch nicht.

7 Die letzten gemeinsamen Berliner Jahre (1832–1834)

Nach Jahren des brieflichen Schweigens kommen Schleiermacher und Steffens noch zwei Jahre als Kollegen an der Berliner Universität zusammen. Es ist unter anderem Steffens' guten Verhältnis zum preußischen Kronprinzen, dem späteren Friedrich Wilhelm IV., zu verdanken, dass er 1831 endlich den langersehnten Ruf nach Berlin erhält.[116] Aber Berlin hatte sich verändert, als der große Wunsch Steffens' in Erfüllung ging, und in seiner Autobiographie konstatiert Steffens rückblickend, dass das geistige Klima ihm feindlich gegenüber gestanden habe.[117]

Feigs argumentiert überzeugend, dass es sich bei dem toten Freund um Friedrich Schleiermacher handeln muss.

116 Vgl. dazu Steffens' Einschätzung in: Henrich Steffens, *Was ich erlebte* 1842 (Anm. 14), Bd. 10, 233 f. Der Kronprinz war entgegen seinem Vater Friedrich Wilhelm III. mit der Diskriminierung und Verfolgung der strenggläubigen Altlutheraner nicht einverstanden.
117 Vgl. Henrich Steffens, *Was ich erlebte* 1842 (Anm. 14), Bd. 10, 235.

Steffens las in Berlin anders als in Halle und in Breslau nicht mehr über experimentelle Physik, sondern nur noch über Anthropologie, Religionsphilosophie, Psychologie und Naturphilosophie. Seine naturwissenschaftlichen Kollegen, die nur peu à peu seine naturwissenschaftliche Kompetenz anerkannten, konnten mit einer spekulativen Behandlung der Natur nichts anfangen. Auch die Philosophie sei seine ausgesprochene Gegnerin gewesen, lediglich die „verdienstvollsten theologischen Professoren" in Berlin hätten ihn unterstützt,[118] eine Vereinzelung der Disziplinen mache sich breit, es fehle ein universalistischer Geist.[119] Schleiermacher wird in diesem Kontext namentlich nicht erwähnt, und wenn man davon ausgeht, dass er Steffens wohlgesonnen war, dann ist zumindest erstaunlich, dass ihn Steffens nicht zu den Philosophen zählte. Immerhin hielt Schleiermacher seit Gründung der Berliner Universität sehr gut besuchte philosophische Vorlesungen,[120] war Mitglied in der philosophischen Klasse der Akademie der Wissenschaften und plante in den letzten Jahren seines Lebens die Drucklegung seiner grundlegenden philosophischen Vorlesung, die mit einigen Abstrichen immer noch seinem frühromantischen universalistischen Anfängen verpflichtet waren.

Steffens war mittlerweile der einzige Professor in Deutschland, der noch über Naturphilosophie las,[121] auch das Interesse unter den Studierenden war gering, so dass er seine Vorlesungen zur Naturphilosophie aufgrund geringer Hörerzahlen schließlich einstellen musste.[122] Sein rhetorisches Talent hatte Steffens allerdings auch in Berlin nicht eingebüßt, immer noch zog er, wie Karl Rosenkranz berichtet,

---

[118] Ebd., 309.
[119] Ebd., 292f.
[120] Vgl. dazu die Einträge zu Schleiermachers philosophischen Vorlesungen in: *Die Vorlesungen der Berliner Universität 1810–1834 nach dem deutschen und lateinischen Lektionskatalogen sowie den Ministerialakten*, hg. von Wolfgang Virmond, Berlin: Akademie 2011.
[121] Vgl. Fritz Paul, *Henrich Steffens* 1973 (Anm. 3), 110.
[122] Vgl. Henrich Steffens, *Was ich erlebte* 1842 (Anm. 14), Bd. 10, 296ff. Steffens folgte nicht auf den vakant gewordenen Lehrstuhl Georg Wilhelm Friedrich Hegels, dieser wurde zunächst durch den Hegel-Schüler Georg Andreas Gabler (1786–1853) und ab 1841 von Schelling besetzt. Mit Hegel verband Steffens zu Hegels Lebzeiten eine wechselseitige Abneigung, vgl. Henrich Steffens, *Was ich erlebte* 1842 (Anm. 14), Bd. 10, 292. Schellings Berufung, die kurz nach seinem Regierungsantritt Friedrich Wilhelm IV. erfolgte, war ein Berufungsakt gegen die „Drachensaat des Hegelschen Pantheismus", wie der König polemisierte (vgl. Max Lenz, *Geschichte der Königlichen Friedrich-Wilhelms-Universität*, Bd. II, Halle: Buchhandlung des Waisenhauses 1918, 125). Schellings Antrittsvorlesung zur „Philosophie der Offenbarung" im Wintersemester 1841/41, die er selbst als einen fundamentalen Wandel in der Philosophie ankündigte und der viele mit hohen Erwartungen entgegensahen, wurde für die meisten Hörer jedoch eine große Enttäuschung.

mit seinem enthusiastischen Vortrag eine Menge Menschen in seinen Bann.[123] Rosenkranz war 1824/25 ebenfalls ein Schüler Friedrich Schleiermachers gewesen, er habe ihn, wie er später schreibt „infiziert"[124], an Schleiermacher orientierte er sich begeistert und arbeitete sich aber später, Hegel zugewandt, kritisch an ihm ab.[125] Steffens, den er als Naturphilosophen würdigte,[126] und Schleiermacher, den er als Theologen und Ethiker reflektierte, in einem systematischen Atemzug zu nennen, kam diesem späten Schüler jedoch nicht mehr in den Sinn.[127] An die frühen gemeinsamen Hallenser Lehrjahre, in denen auch die Studenten und freien Hörer vom Gefühl einer Lehrunion getragen waren, war in den späten Berliner Jahren nicht mehr zu denken.

Auch wenn sich das wissenschaftliche Treiben und die Wirkungskreise beider Professoren nicht mehr eng aneinanderschlossen, freundschaftlich verbunden blieben sie einander dennoch. Aus Schleiermachers Tageskalender seiner letzten Lebensjahre geht hervor, dass er Steffens regelmäßig in Berlin sah, dass sie ab und zu Geburtstage zusammen feierten und wechselseitig abends beieinander zu Besuch waren. Im Spätsommer und Herbst 1833[128] unternimmt Schleiermacher nochmal eine große Reise nach Skandinavien, auf der er unter anderem auch seinem Interesse an der Mineralogie noch einmal nachgehen kann. Aus Schleiermachers Reisetagebuch geht hervor, dass er diese Reise zumindest streckenweise mit einem Steffens verbringt.[129] Allerdings kann es sich nicht um Henrich

---

123 Der Bericht von Rosenkranz findet sich bei Volker Gerhardt, Reinhard Mehring, Jana Rindert (Hg.), *Berliner Geist: eine Geschichte der Berliner Universitätsphilosophie bis 1946. Mit einem Ausblick auf die Gegenwart der Humboldt-Universität*, Berlin: Akademie 1999, 80.
124 Vgl. Karl Rosenkranz an Carl Grüneisen vom 6.7.1839, in: Karl Rosenkranz, *Briefe 1827–1850*, Berlin u. New York: de Gruyter, 1994, 193.
125 Vgl. dazu das Vorwort der Schrift *Kritik der Schleiermacherschen Glaubenslehre*, Königsberg: Unzer 1936, in dem sich Rosenkranz ausführlich über sein Schüler-Verhältnis zu Schleiermacher äußert.
126 Vgl. den Vortrag von Karl Rosenkranz „Ueber die Entwicklung der philosophischen Naturwissenschaft von Kant bis Hegel. Vorgelesen in der phys.-ökonom. Gesell. Zu Königsberg am 2. Mai 1834" (Karl Rosenkranz, *Studien*, Teil 2, Leipzig: Köhler 1844, 1–41).
127 Rosenkranz nennt sie in einem Atemzug in einem Brief 1849 lediglich als Grabnachbarn nach einem Besuch auf dem Dreifaltigkeitsfriedhof: „Ich könnte einen Folianten über Sie schreiben." (Karl Rosenkranz an Alexander Jung vom 20.8.1849, in: Karl Rosenkranz, *Briefe 1827– 1850*, Berlin u. New York: de Gruyter, 1994, 456).
128 Die Abfahrt aus Berlin „ohne Mantel" ist am 6.8.1833, die Rückkehr am 11.10.1833, vgl. Schleiermachers Tageskalender für das Jahr 1833 (Anm. 7).
129 So heißt es z.B. in einem Eintrag am 9.9.1833: „Schöne Fahrt durch Wald über den Eggeberg [Ekeberg] mit der Aussicht auf die Stadt und die höchst bebaute und liebliche Gegend. Bei Herrn Schmied im Hotel du Nord. Steffens erscheint etwas spät. Der Graf macht unterdeß Geldgeschäfte". Am 14.9.1833 notiert Schleiermacher: „Durch Mißverständniß verspätete Abfahrt mit

Steffens handeln, denn dieser weilte, wie aus seiner Korrespondenz hervorgeht, zu dieser Zeit in Berlin und unternahm erst einige Jahre nach Schleiermachers Tod 1840 eine lange Skandinavienreise mit seiner Familie. Dass es sich um einen Verwandten, vielleicht einen Bruder von Steffens handelt, ist zumindest plausibel. Henrich Steffens selbst hatte Schleiermacher im Vorfeld der Reise viele Kontakte und Anlaufstellen auf dieser Reise vermittelt, die Schleiermacher sehr herzlich aufnahmen.[130]

Ein letztes Treffen mit Steffens ist für den 22.1.1834 abends notiert, offenbar eine Gästerunde bei dem Ehepaar Schleiermacher. Am 12.2.1834 stirbt Schleiermacher. In diesem Jahr ist Henrich Steffens sogar Rektor der Berliner Universität (1834/35) und er hält eine der vielen Reden, die im Rahmen von Schleiermachers Begräbnis- und Trauerfeiern zu hören waren.[131]

Ein Jahr nach Schleiermachers Tod wurde Steffens 1835 als ordentliches Mitglied der Königlichen Akademie der Wissenschaften in Berlin aufgenommen und genoss die letzten Jahre seines wissenschaftlichen Wirkens sowohl in Preußen als auch in Dänemark endlich die gewünschte Anerkennung. Als er 1845 mehr als zehn Jahre nach Schleiermacher stirbt, ist sein Begräbnis kein Auflauf der Massen wie bei Schleiermacher, aber auch sein Leichenzug wird von hunderten von Studierenden begleitet.[132] Beide liegen unweit voneinander auf dem Dreifaltigkeitsfriedhof in Berlin begraben.

Eine schöne Beschreibung der Persönlichkeit Schleiermachers, weniger pathetisch als die Würdigung zu seinem Tode, findet sich, wie eingangs erwähnt, in

---

Steffens durch Mariedahl [...]. Wir konnten den geraden Weg nicht fortsezen weil er durch den Sturm mit Bäumen versezt war, [...] halsbrechender Weg mit vortrefflichem Kutscher nach Rogestad Einstöckiges aber doch großes Wohnhaus des Grafen Wedel Jarlsberg. Auf dem Wege die Aussichten über den Fiord unter anmuthigem Schleier, auf der entgegengesezten Seite aber lagen die Wolken einfarbig und verstatteten wenig Aussicht. [...] Den lezten Theil der Reise kannten wir schon. Mittag aßen wir allein mit Steffens oben [...]" (F. Schleiermacher: *Tageskalender 1808 – 1834*, Anm. 7)

130 So z.B. kündigt er August von Hartmannsdorff in Stockholm Schleiermachers Reise und Ankunft an und macht ihn zu einem Überbringer eines Briefes an Hartmannsdorff, vgl. Brief von Henrich Steffens an August von Hartmannsdorff vom 29.6.1833, Wolfgang Feigs, *Briefe von H. Steffens* 1982 (Anm. 2), 361 und vom 4.8.1833, ebd., 367. Und Schleiermacher berichtet an seine Frau Henriette von Kopenhagen aus die Begegnungen mit Steffens Bekannten und Freunden, vgl. *Schleiermacher als Mensch. Familien und Freundesbriefe 1804–1834*, hg. von Heinrich Meisner, Gotha: Perthes 1921/1922, 373, Brief vom 14.9.1833.
131 Vgl. *Drei Reden am Tage der Bestattung des weiland Professors der Theologie und Predigers Herrn Dr. Schleiermacher am 15. Februar 1834*, gehalten von Fr. Strauß, F.A. Pischon, H. Steffens, Berlin: Reimer 1834.
132 Vgl. Bernd Henningsen, „Nachwort", in: Henrich Steffens, *Was ich erlebte*, Bd. 1, hg. von Bernd Henningsen, Berlin: Golkonda 2015², 244.

Steffens Autobiographie, die, insofern sie in den 1840er Jahren geschrieben wurde, auch am Ende von Steffens Leben immer noch ihre Gültigkeit besaß:

> Eine leise Ironie spielte in seinen Zügen, eine innige Theilnahme bewegte ihn innerlich, und eine fast kindliche Güte drang durch die sichtbare Ruhe hindurch. Die herrschende Besonnenheit hatte seine Sinne auf eine bewundernswürdige Weise verstärkt. Während er im lebhaftesten Gespräch begriffen war, entging ihm Nichts. Er sah alles, was um ihn her vorging, er hörte alles, selbst das leise Gespräch Anderer. [...] Wir schlossen uns ganz und unbedingt an einander, und ich habe es nie auf eine entschiedenere Weise erfahren, daß eine unbedingte Hingebung die Selbständigkeit fördert, nicht unterdrückt.[133]

---

[133] Henrich Steffens, *Was ich erlebte* 1842 (Anm. 14), Bd. 5, 142.

2. Systemgedanken

Leon Miodoński
Henrik Steffens und sein Modell des ganzheitlichen Denkens

Im Folgenden möchte ich eine kurze Analyse des Denkansatzes des Naturphilosophen Henrik Steffens vorschlagen, die ihn nicht nur im Entwicklungszusammenhang seiner gesamten Denkkonstellation zeigt, sondern darüber hinaus auch im Kontext der zeitgenössischen Debatten. Inwieweit geht er über das Paradigma hinaus, das der nachkantische Idealismus, insbesondere die Romantik, gezeichnet haben?

1 Aufbruch zur dynamischen Naturphilosophie

Ende des 18. Jahrhunderts und Anfang des 19. Jahrhunderts war der permanente Modernisierungsprozess des menschlichen Wissens derart fortgeschritten, dass sich neue Wissenschaftsdisziplinen herausbildeten, die das „traditionelle", auf ein mechanistisch-geometrisches Modell der neuzeitlichen Philosophie begründete Weltverstehen modifizierten. Für das europäische Denken stellt diese Periode ein wichtiges Umbruchsmoment dar, und zwar auch insofern sie einen gewissen zwischenparadigmatischen Zustand ausdrückt: Die Theorien der alten Ordnung zeichneten sich durch eine Unangepasstheit an die sich schnell verändernde Wirklichkeit aus und die neuen unvollendeten, spontanen Versuche des Weltverstehens vor dem Hintergrund neuer theoretischer Prämissen durch theorieinterne Unzulänglichkeiten.[1] Wir treffen auf viele, oft widersprüchliche, mutige und lebhafte Konzepte, die für stichprobenartig durchgeführte Versuche und einen intuitiv-spekulativen Zugang zum Wissen den Namen Wissenschaft beanspruchten und mit dieser Mischung aus Empirie und Spekulation einen eigentümlichen Stil des Denkens begründeten. Beispiele für diesen eigentümlichen Denkstil finden sich nicht zuletzt in der Diskussion um die Phänomene des Magnetismus, der Elektrizität oder des Galvanismus.[2] Im zeitlichen Kontext dieser

---

[1] Karen Gloy, *Das Verständnis der Natur*, Bd. 2, *Die Geschichte des ganzheitlichen Denkens*, München: Beck 1996, insbes. dritter Teil, „Spekulativer emotionaler, ästhetischer Organismus: Naturphilosophie im Idealismus und in der Romantik", 71–153.
[2] Francesco Moiso, „Magnetismus, Elektrizität, Galvanismus", in: Friedrich Wilhelm Joseph Schelling, *Ergänzungsband zu Werke Band 5–9. Wissenschaftshistorischer Bericht zu Schellings Naturphilosophischen Schriften 1797–1800*, Stuttgart: Frommann-Holzboog 1994, 165–365.

besonderen Denkkonstellation befand sich der deutsche nachkantische Idealismus. Interessiert an der wirklichen Welt und an den wirklichen naturwissenschaftlichen Prozessen mied er das spekulative Denken und die metaphysischen Modelle nicht.[3]

Das neue, sich entwickelnde Weltverstehen unterlag einer vieldimensionalen Räumlichkeit sowohl im geographischen als auch im historisch-kulturellen Sinne. Seit Kant und Herder konnte man die Geschichte nicht mehr als *historia sacra* erfassen. Immer selbstverständlicher wurde dagegen die reale Geschichtlichkeit der naturwissenschaftlichen und kulturellen Prozesse, die den einen großen Entwicklungsprozess ausmachten. Diese Temporalisierung – wie es Herbert Schnädelbach bezeichnet – veränderte grundsätzlich das statische Modell der deutschen Wissenschaft, das noch bis zum Ende des 18. Jahrhunderts galt, und zwar als „stationäres System feststehender Wahrheiten"[4]. Die Wissenschaft wurde eine sich dynamisch verändernde Ganzheit, ein offenes System.

Begleitet wurden diese Veränderungen von einem bestimmten Druck der politischen Ereignisse im Kontext der französischen Revolution und der Napoleonischen Kriege, die eine Reihe von Spannungen und umfangreiche Umwälzungen in der politischen, sozialen und ökonomischen Sphäre zur Folge hatten. Die Welt nach 1800 war nicht mehr dieselbe Welt wie im 18. Jahrhundert und der scheinbaren Restauration der alten Ordnung nach dem Wiener Kongress folgte keine Restauration der alten Philosophie.

Prägend für die Philosophie in den Zeiten jenes Paradigmenwechsels war auch ein neues Verständnis des Menschen als Subjekt und Individuum, das über das aufklärerische Konzept der reinen Vernunft hinausging, sich nicht auf das Subjekt-Objekt-Problem, sondern auf die Frage der Vieldimensionalität der inneren Struktur des Subjektes, auf die Sphäre seiner geistlichen und ästhetischen Erlebnisse, auf die Zerrissenheit zwischen dem Realen und Bewussten und dem nicht Greifbaren und Unbewussten konzentrierte. Die Idee einer individuellen, subjektiven und psychologischen Bedingtheit des Einzelnen war von bahnbrechender Bedeutung und führte Anfang des 19. Jahrhunderts zur Einsicht, dass man den Reichtum des inneren Lebens und die Kreativität des Menschen nicht

---

3 Vgl. Horst Albert, György Mihály Vajda (Hg.), *Die Wende von der Aufklärung zur Romantik 1760 – 1820. Epoche im Überblick*, Amsterdam u. Philadelphia: Benjamins 2001. Vgl. auch ältere Literatur wie Hans Grassl, *Aufbruch zur Romantik. Bayerns Beitrag zur deutschen Geistesgeschichte 1765 – 1785*, München: Beck 1968; Monika Neugebauer-Wölk (Hg.), *Aufklärung und Esoterik*, Hamburg: Meiner 1999.
4 Herbert Schnädelbach, *Philosophie in Deutschland 1831 – 1933*, 5. Aufl., Frankfurt a.M.: Suhrkamp 1994, 114.

ohne die Sphäre des Unbewussten verstehen könne.[5] Eine Einsicht, die sich nicht zuletzt auch auf dem Boden des so genannten Mesmerismus der romantischen Naturphilosophie entwickelte.[6]

Eine Auseinandersetzung mit dem deutschen nachkantischen Idealismus erfordert also, wie es scheint, einen interdisziplinären Weitwinkel, denn erst so wird man der Spezifik dieses Umbruchs gerecht, der sich auf philosophisch-naturwissenschaftliche, historisch-kulturelle und sozial-politische Erfahrungen erstreckt und die den qualitativen Schwung des philosophischen Denkens dieser Zeit ausmacht. Dieser interdisziplinäre Zugang entsprach auch dem Selbstverständnis der Zeit; deutlicher als je zuvor war den Philosophen der Gedanke zur Selbstverständlichkeit geworden, dass die Wahrnehmung der sie umgebenden Wirklichkeit eine vielseitige Analyse erfordert. Denn die lebhafte, sich dynamisch verändernde ontologisch-epistemologische Struktur der geistigen und naturwissenschaftlichen Prozesse, die ihrem Wesen nach eine Ganzheit darstellen, manifestieren sich in heterogenen Erscheinungen. „In der lebendigen Natur geschieht nichts, was nicht in einer Verbindung mit dem Ganzen stehe"[7], brachte Goethe diese Einsicht auf den Punkt. Die Idee der Ganzheit gehört also zu diesen intellektuellen Konstrukten, deren Wirkungskraft – als methodologische Direktive und als Weise des Weltverstehens – den Charakter des deutschen Idealismus wesentlich gestaltete.[8]

In diesem Sinne bildet der deutsche Idealismus ein eigenes Paradigma aus, das sich an das Absolute wendet und in seiner romantischen Fassung die These der Nicht-Erkennbarkeit des Absoluten durch das Begriffsdenken lanciert. In dieser Auffassung wurde die Kunst zum Medium, das paradoxerweise die „Darstellung" dessen, was nicht darstellbar ist, scheinbar realisiert. Ihre besondere

---

5 Vgl. Gotthilf Heinrich Schubert, *Die Symbolik des Traumes*, Bamberg: Leseinstitut von C. F. Kunz 1814; Gotthilf Heinrich Schubert, *Ansichten von der Nachtseite der Natur*, Dresden: Arnoldsche Buchhandlung 1808.
6 Vgl. Jürgen Barkhoff, *Magnetische Fiktionen. Literarisierung des Mesmerismus in der Romantik*, Stuttgart u. Weimar: Metzler 1995. Vgl. auch: Friedrich Hufeland, *Ueber Sympathie*, Weimar: Landes-Industrie-Comptoir 1811; Carl August v. Eschenmayer, *Versuch die scheinbare Magie des thierischen Magnetismus aus physiologischen und psychischen Gesetzen zu erklären*, Stuttgart u. Tübingen: Cotta'schen Buchhandlung 1816; Friedrich Wilhelm Joseph Schelling, *Clara. Über den Zusammenhang der Natur mit der Geisterwelt [1816/1817]*, hrsg. v. Konrad Dietzfelbinger, Dießen am Ammersee: Dingfelder Verlag 1987.
7 Johann Wolfgang v. Goethe, *Der Versuch als Vermittler von Objekt und Subjekt*, in: Ders., *Werke*, hrsg. im Auftrage der Großherzogin Sophie von Sachsen, Weimar 1887–1919 [WA], WA II 11, 31.
8 Vgl. Leon Miodoński, „Hegel und das ganzheitliches Denken", in: *Glauben und Wissen*, Tl. 2, [Hegel Jahrbuch 2004], hrsg. v. Andreas Arndt, Karol Bal, Henning Ottmann, Berlin: Akademie Verlag 2004, 76–79.

Berufung wäre also die Entdeckung des metaphysischen Elementes sowohl in der Natur, der Welt als auch in dem Menschen selbst. Wohl kein anderer als Novalis drückte diese romantische Überzeugung über die allumfassende Ganzheit poetischer aus: „Ich fühle in Allem immer mehr die erhabnen Glieder ein[es] wunderbaren Ganzen – in das ich hineinwachsen, das zur Hülle meines Ichs werden soll."[9]

Die Kunst und die Poesie im Besonderen wurde so zum komplementären Element der Philosophie und das Genie zum neuen Typus des Weisen – die Synthese der philosophisch-naturwissenschaftlichen, ästhetischen und existenziellen Erkenntnis zum Ideal und zur Norm der Wahrnehmung von Welt. Diese Position erfordert – wie es Goethe unterstrich – eine Einsicht „vor und nach der Physik",[10] eine Einsicht, die über eine empirische Erkenntnis hinausgeht, ohne diese abzulehnen, also einen ideal-real-symbolisch-identischen Zugang.

Als besonders einflussreich erweist sich die naturphilosophische Diskussion des ausgehenden 18. Jahrhunderts und die in ihr zentral platzierte Frage nach dem Wesen des Lebens. Wie entstehen organische Körper? Was ist ein Organismus?[11] Welche organischen Kräfte und Erscheinungen verbergen sich hinter dem Vorhang der Natur?[12] Auf drei grundsätzliche Impulse aus den Naturwissenschaften, die sich auf ein ganzheitliches Weltverstehen bezogen, sei hier kurz verwiesen:

Ein wichtiger Impuls ging von Albrecht von Haller und seiner Überzeugung aus, dass naturwissenschaftliche Prozesse einen begrenzten Charakter haben und sich nicht auf mechanische Bewegungen reduzieren lassen. Haller steht für einen physiologischen Zugang, für welchen das ganzheitliche und dynamische Zu-

---

9 Novalis an Friedrich Schlegel, 8. Juli 1796, in: Novalis, *Schriften. Die Werke Friedrich von Hardenbergs*, 6 Bde., *Historisch-kritische Ausgabe*, Bd. 4, *Tagebücher, Briefwechsel, Zeitgenössische Zeugnisse*, hrsg. v. Richard Samuel in Zusammenarbeit mit Hans-Joachim Mähl u. Gerhard Schulz, Stuttgart: Kohlhammer 1975, Nr. 77, 186–188.
10 Johann Wolfgang v. Goethe, *Reflexionen und Maximen*, in: Ders.: WA, II, 11, 161.
„Urphänomen: Ideal = real = symbolisch = identisch
Ideal, als das letzte Erkennbare;
real, als erkannt;
symbolisch, weil es alle Fälle begreift;
identisch, mit allen Fällen."
Vgl. auch Wolfgang Förster, *Klassische deutsche Philosophie. Grundlinien ihrer Entwicklung*, Frankfurt a. M.., Berlin u. a.: Peter Lang 2008, Kap. 7: „Zur philosophischen Positionen J.W. Goethes", 207–226.
11 Sibille Mischer, *Der verschlungene Zug der Seele. Natur Organismus und Entwicklung bei Schelling, Steffens Oken*, Würzburg: Königshausen & Neumann 1997, 108.
12 Ilse Jahn, *Grundzüge der Biologiegeschichte*, 1. Aufl., Jena: Gustav Fischer Verlag 1990, 307; vgl. insbes. Kap. 7: „Disziplinbildung in der Biologie (18. -19. Jh.)", 220–307.

sammenwirken der einzelnen Bestandteile in der organischen Struktur – die physiologische Identität der Tier- und Pflanzenwelt – ein charakteristisches Element war.[13]

Ein weiterer Impuls kam aus den Naturwissenschaften, die das Newtonsche Weltmodell weiterentwickelten, in dem zwei nicht reduzierbare Kräfte – Irritabilität und Sensibilität – eingeführt werden. Von dieser Annahme, dass die dialektisch variable Beziehung dieser Kräfte den Charakter aller naturwissenschaftlichen Prozesse bestimme, ging sowohl Buffon[14] als auch Johann Friedrich Blumenbach aus. Letzterer entwarf in seiner berühmten Arbeit *Ueber den Bildungstrieb* (1789) den Umriss einer allgemeinen Theorie biologischer Entwicklung, in der – analog zum Begriff der Schwere und der Attraktion in der Gravitationstheorie – der Bildungstrieb im Zentrum stand.[15]

Ein dritter wichtiger Impuls besteht in der auf einer Irritabilitäts- und Sensibilitätslehre basierenden Systemauffassung, wie sie zum Beispiel von Kielmeyer vertreten wurde. Für Kielmeyer waren die wechselseitige Abhängigkeiten und Wirkung der einzelnen Organismen von- und aufeinander sowie die gesamte Natur nur dann richtig verstanden und beschrieben, wenn sie ganzheitlich als System von Wirkungen betrachtet werden.[16] Kielmeyer, darauf sei an dieser Stelle besonders hingewiesen, hatte die für das damalige Denken entscheidende philosophisch-naturwissenschaftliche Kategorie der Entwicklung platziert. Sie verleiht dem Prozess der Natur die Ordnung eines sich stufenweise Erhebens von der unbelebten Natur über die weniger und höher entwickelten Organismen bis hin zu ihren geistigen Erscheinungen. In dieser umfassenden Struktur des organisierten Seins (Organismus) wirkt die Kraft, die die Entwicklung jedes organisierten Individuums bewegt, unabhängig von der Stufe seiner Entwicklung.[17]

---

13 Vgl. Albrecht v. Haller, *Grundriß der Physiologie für Vorlesungen*, mit den Verbesserungen von Wrisberg, Sömmerring und Meckel, 2. verm. u. verb. Aufl. umgearb. v. Heinrich Maria v. Loveling, Tl. 1, *Die Grundstoffe des menschlichen Körpers, seine Lebens- und natürliche Verrichtungen*, Erlangen: Walthersche Kunst- und Buchhandlung 1800, 5.
14 [Georg Louis Leclerc de] Buffon, *Sämtliche Werke nebst den Supplementen*, Bd. 1, übers. v. B. Rave, Düsseldorf: Verlag der Stahl'schen Druckerei 1837, 664.
15 Johann Friedrich Blumenbach, *Über den Bildungstrieb*, Göttingen: Johann Christian Dieterich 1791, 36.
16 Carl Friedrich Kielmeyer, *Ueber die Verhältnisse der organischen Kräfte unter einander in der Reihe der verschiedenen Organisationen, die Gesetze und Folgen dieser Verhältnisse*, Faks. der Ausg. Stuttgart, 1793, mit einer Einf. v. Kai Torsten Kanz, Magdeburg an der Lahn: Basilisken-Presse 1993, 5.
17 Ibidem, 43–44.

In dieser besonderen Denkkonstellation um die Wende zum 19. Jahrhundert gibt es einzelne geographische Räume, in denen sich die Ideen besonders stark konzentrieren, wie z. B. der Raum Weimar-Jena. Er war um 1800

> ein solcher Kulturraum, wo sich Wissenschaften und schöne Künste auf eine Art und Weise regelrecht ‚ereignishaft' bündelten. Durch personale, ideelle und institutionelle Netzwerke bildete sich hier ein formelles und informales Kommunikationsnetz heraus, das die Konstituierung und Genese bürgerlicher Kultur wie in einem Brennpunkt aufscheinen lässt und das diesen Prozess weit über die kleine Region hinaus nachhaltig beeinflussen sollte.[18]

Aber trotz aller theoretischen Unterschiede einzelner Netzwerke und lokaler Kulturräume bestimmt das ganzheitliche Weltverständnis – als Entwurfsrahmen, Ausgangsperspektive und besondere Begriffskonstruktion – eine ganze Generation deutscher Denker. Es ist das Paradigma der „Gedankengemeinschaft" des deutschen nachkantischen Idealismus, einer von der Suche nach dem Absoluten und seiner Erfassbarkeit geprägten Philosophie.

2 Von der Naturwissenschaft zur Philosophie

Für das ganzheitliche Denken des Naturforschers und Philosophen Henrik Steffens sind vor allem drei Abhandlungen relevant: (1) *Beiträge zu einer inneren Naturgeschichte der Erde* (1801), in denen er grundlegende Positionen absteckte, die auch für seine späteren Abhandlungen wichtig waren. Darüber hinaus sind in diesem frühen Werk bereits viele Themen, Thesen und Begriffe angelegt, die Steffens für seine Naturphilosophie übernimmt bzw. präzisiert und weiterentwickelt. (2) *Grundzüge der philosophischen Naturwissenschaft* (1806), die Steffens Renommee begründeten, einer der führenden Köpfe der romantischen Naturphilosophie zu sein. (3) *Abhandlung Ueber die Bedeutung der Farbe in der Natur* (1810), in der er auf die Farbenlehre Goethes einging, um die Metaphysik der Farbe weiter zu entfalten und ein paar grundsätzliche Aussagen über die innere Verbindung der Natur zu treffen.

Der bestimmende geistige Bezugspunkt seiner intellektuellen Entwicklung als Naturphilosoph für Henrik Steffens war zweifellos das Werk und die Persönlichkeit von Schelling, dessen System innerhalb des deutschen Idealismus den Brückenschlag vom Fichteschen Transzendentalismus zu einer deutlich von der

---

18 Hans-Werner Hahn, Dieter Hein, „Bürgerliche Werte um 1800. Zur Einführung", in: *Bürgerliche Werte um 1800. Entwurf – Vermittlung – Rezeption*, hrsg. v. Hans-Werner Hahn, Dieter Hein, Köln, Weimar u. Wien: Böhlau 2005, 12–13.

Naturforschung des ausgehenden 18. Jahrhunderts (Blumenbach, Kielmeyer) beeinflussten romantischen Naturphilosophie vollzog. Die Problemstellung dieser Aufbruchszeit führte jeden, das wurde oben skizziert, zu vergleichbaren Deutungsmodellen.

Steffens eigenständiger Beitrag besteht wohl zunächst darin, die eigentümliche Schellingsche Naturphilosophie auf seine Naturforschung, insbesondere die Mineralogie angewendet zu haben. Er war sich dessen bewusst, dass er dabei weit über das eigentliche Gebiet der Mineralogie hinausgriff. Mehr und mehr neigte er sich der dynamischen Naturphilosophie und der romantischen Schule zu, und mit der Rezension der naturphilosophischen Schriften Schellings in der *Zeitschrift für spekulative Physik* war ein deutliches Zeichen seiner Zugehörigkeit zum Jenaer Romantikerkreis gesetzt.[19] Steffens selbst nannte rückblickend Schelling eine Persönlichkeit, die wie in einem Brennspiegel zusammenfalle:

> Der Gegenstand seiner Rede war derjenige, der damals seine ganze Seele erfüllte. Er sprach von der Idee einer Naturphilosophie, von der Notwendigkeit, die Natur aus ihrer Einheit zu fassen, vom dem Licht, welches sich über alle Gegenstände werfen würde, wenn man sie aus dem Standpunkt der Einheit der Vernunft betrachten wagte. Ich war der erste Naturforscher von Fach, der sich unbedingt und mit Begeisterung an ihn anschloss.[20]

Das Bild, in das der junge Steffens seine philosophische Bekehrung fasste, mündete in ein immer komplexer konzipiertes ganzheitliches Denken und seine Idee der Natur wurde zur „Idee eines Welt-Organismus". Bereits in seinen *Beiträgen zu einer inneren Naturgeschichte der Erde* sind die Auseinandersetzung mit der zeitgenössischen Naturforschung und viele bedeutende Grundzüge seines künftigen Denkens enthalten. Für Steffens steht fest:

> Wer, der nur das Leben in einem stillen Wasser an einem warmen Frühlingstage, nur die Bevölkerung einer lebendigen Hecke, an einem heißen Sommertage sah, der die Natur mit wahrer Andacht liebt, wird nicht gestehen, dass ihm nichts übrig bleibt, als ein staunender Blick in diesen unendlichen, heiligen, mysteriösen Abgrund von Gestalten.[21]

---

19 Henrik Steffens, „Beschluss der Rezension der neuesten naturphilosophischen Schriften des Herausgebers", in: *Zeitschrift für spekulative Physik*, hrsg. v. Friedrich Wilhelm Joseph Schelling, Bd. 1, Jena u. Leipzig: Bei Christian Ernst Gabler 1800, 1–48, 88–121.
20 Henrik Steffens, *Was ich erlebte. Aus der Erinnerung niedergeschrieben*, Bd. 4, Breslau: Josef Max und Komp. 1841, 76.
21 Henrik Steffens, *Beiträge zu einer inneren Naturgeschichte der Erde*, Erster Theil, Freyberg: Crazische Buchhandlung 1801, 306.

Freilich gründete er seine naturwissenschaftlichen Erkenntnisbemühungen auf einer Synthese von Naturforschung und Naturphilosophie in einer wechselhaften Verknüpfung praktischer und theoretischer Forschung als „objektive Produktivität". Im Grunde genommen ist das aber eine reine Spekulation.

Vom heutigen Standpunkt aus ist es eine Selbstverständlichkeit, dass die Welt immer wieder neu definiert und erforscht werden muss, um einen Fortschritt in den Wissenschaften zu ermöglichen und wir verfolgen diese Entwicklungen der neuesten Entdeckungen in der Astronomie und Physik in den Zeitungen. Damals, in diesen „wilden" Jahren der Wissenschaft, war die Vielfalt und Differenz der verschiedenen Strukturentwürfe der Realität problematisch. Seit Newton, Buffon und Kant wusste man zwar, das sich die Natur im weiteren Sinne in ihrer mathematische Gesetzmäßigkeit und Regelmäßigkeit als eine Ganzheit verstehen lässt. Was war jedoch das „Bindemittel", welches eine Heterogenität der Erscheinung in die Homogenität einer qualitativ neuen Ganzheit umgestalten und sichern könnte? Das war ein Rätsel, welches die spekulative Naturphilosophie sich aufgab zu lösen. Kant machte dabei auf eine unüberwindliche Schwierigkeit aufmerksam:

> Gebet mir Materie, ich will eine Welt daraus bauen! das ist, gebet mir Materie, ich will euch zeigen, wie eine Welt daraus entstehen soll. Denn wenn Materie vorhanden ist, welche mit einer wesentlichen Attractionskraft begabt ist, so ist es nicht schwer diejenigen Ursachen zu bestimmen, die zu der Einrichtung des Weltsystems, im Großen betrachtet, haben beitragen können. [...] Kann man aber wohl von den geringsten Pflanzen oder Insect sich solcher Vortheile rühmen? Ist man im Stande zu sagen: Gebet mir Materie, ich will euch zeigen, wie eine Raupe erzeugt werden könne?[22]

In den *Beiträgen zu einer inneren Naturgeschichte der Erde* entwirft Steffens nun das Programm einer allgemeinen Theorie der Natur, mit dem das allgemein bestimmende Ziel seiner Forschungen als Synthese von bloßer Erscheinung und organisierender Theorie umrissen wird.

> Obgleich also eine Theorie mein Zweck ist, so finde ich es doch bei der gegenwärtigen Lage der Physik notwendig, die unordentlich zusammengehäuften Materialien, so viel es in meiner Gewalt steht, zu ordnen, die Erscheinung unter Gesetze zu bringen, und so unsere Naturerkenntnis zu einer aufzustellenden Theorie vorzubereiten.[23]

---

22 Immanuel Kant, *Allgemeine Naturgeschichte und Theorie des Himmels oder Versuch von der Verfassung und dem mechanischen Ursprunge des ganzen Weltgebäudes, nach Newtonischen Grundsätzen abgehandelt*, in: Ders., *Werke*, Akademie-Textausgabe, Bd. 1, Berlin: de Gruyter 1968, 230.
23 Ibidem, 98.

Die Möglichkeit einer solchen Naturphilosophie, die Lösung ihrer Probleme im Sinne einer Anerkennung des Geistes als einer „sich selbst organisierenden Natur"[24], das ist die gemeinsame Voraussetzung der ganzen Schellingschen Schule. Zugleich aber vertrat Steffens als gebildeter Mineraloge und faktenorientierter Forscher gegenüber der reinen Spekulation konsequent die Orientierung auf den Gegenstand und auf empirische Verfahren, was seine weiteren Publikationen bestätigen und im Besonderen seine Wirkung an der Universität Breslau bestimmen. All dies wird durch den Inhalt des Buches bestätigt, das sich dabei nicht allein auf die theoretisch-methodologischen Gesichtspunkte der Naturphilosophie beschränkt, sondern viel mehr auf den gesamten Stand des Wissens um 1800 – vor allem auf dem Gebiet der modernen Pflanzenchemie, dem der Elektrizität und des Galvanismus – Bezug nimmt. Steffens selbst sah in den *Grundlinien* eine Art Scharnierstelle für sein eigenes Denken:

> Was ich in dieser Schrift zu entwickeln suchte, bildet das Grundthema meines ganzen Lebens [...]. Es verband sich mit diesen die Gewalt der Einheit des Daseins in allen seinen Richtungen.[25]

In den *Grundzügen der philosophischen Naturwissenschaft* von 1806 dagegen zeigen sich wesentliche Modifikationen seiner ganzheitlichen Weltanschauung. Vor dem Hintergrund der spekulativen Begriffsstruktur der Identitätsphilosophie Schellings kommt Steffens zu einer qualitätsneuen Auffassung der Natur, die sich in strikt polarisierten und begrifflichen Beziehungen, wie etwa Form – Wesen, Erkennende – Erkannte, Subjektive – Objektive u.s.w., einschließen lässt. „Die wahre Natur ist im einzelnen wie im Ganzen absolut organisiert."[26] Damit tritt das ganzheitliche und am Absoluten orientierte Denken ins Zentrum der Abhandlung als Prinzip und Ende eines jeden wahren Philosophierens.

Von der spekulativen Formel einer „absoluten Identität des Realen und Idealen"[27] ausgehend begründet Steffens sein Verständnis der Erkenntnisform des Absoluten, die für ihn eine trinitäre Struktur aufweist: „Die Form des Erkennens des Absoluten ist die der Trinität des Endlichen, Unendlichen und Ewigen, so, dass das Unendliche endlich, das Endliche unendlich im Ewigen, das Ewige

---

24 Friedrich Wilhelm Joseph Schelling, *Abhandlungen zur Erläuterung des Idealismus der Wissenschaftslehre*, in: Ders., *Ausgewählte Schriften*, 6 Bde., hrsg. von Manfred Frank, 2. Aufl., Bd. 1, Frankfurt a. M..: Suhrkamp 1995, 178.
25 Henrik Steffens, *Was ich erlebte*, Bd. 4 (Anm. 20), 286.
26 Henrik Steffens, *Grundzüge der philosophischen Naturwissenschaft. Zum Behuf seiner Vorlesungen*, Berlin: Reimer 1806, 27.
27 Vgl. Friedrich Wilhelm Joseph Schelling, *Stuttgarter Privatvorlesungen*, in: Ders., *Ausgewählte Schriften*, Bd. 4 (Anm. 24), 36.

selbst als die Identität beider gesetzt wird."[28] Diese Dialektik resultiert aus dem konsequent wiederholten Schema der ganzheitlichen Beziehung des Einzelnen und des Ganzen und der Relativität der „Form des Einzelnen" und der „Absolutheit des Wesens", in denen sich die Identität objektiviert.

Aus der Relativität der Gegensätze leitet Steffens dann ein Konzept der Quadruplizität[29] ab, das sich auch in den Formen der Natur abbildet, wie den vier Weltrichtungen, den vier Jahreszeiten oder den vier Elementen (Feuer, Erde, Wasser, Luft). In diesen Formen objektivieren sich der feste innere Rhythmus und das Wesen der Natur. Erkennt man diese metaphysische Grundstruktur, die sich auf das Wesen der Natur bezieht, an, so folgt aus ihnen die Quadruplizität auch als „ein Hauptbestreben aller Naturforschung".[30] Steffens charakterisiert seine Theorie der Quadruplizität wie folgt:

> Durch die Quadruplizität wird die Relativität der Gegensätze, und durch diese die Identität des Werdens und des Seyns im Ganzen und auf einem jeden Punkte erkannt. Ein jedes Endliches enthält die ganze Quadruplizität in sich, nur mit dem Hervortreten der einen Seite, durch welche die bestimmte Potenz bezeichnet wird; das Endliche selbst aber ist die Identität der vierfachen Richtungen, der Zirkel des scheinbaren Quadrats. So wie nun ein jedes Endliche, in Rücksicht auf sich, die Ewigkeit seines Seyns, (als einer geschlossenen Organisation) auf diese Weise beurkundet, so offenbart es, in relativem Gegensatze gegen alles übrige Endliche, die ins Unendliche gehende, in scheinbarer vierfacher Richtung sich zeigende relative Differenz, und wird, wie es in sich eine geschlossene Organisation ist, zugleich ein ewiges, relativ differentes Organ der absoluten Organisation.[31]

Die von ihm vorgeschlagene Philosophie der Natur stellt „absolute Identität" im Medium „der Form und des Wesens, der Sittlichkeit und der Harmonie, der Natur und Geschichte"[32] ebenso vollständig dar, wie die „unmittelbare Anschauung" im Medium des „Mysteriums des Lebens", des höchsten Identitätsgefühls.[33]

Verglichen mit den *Beiträgen* hat sich Steffens Einstellung mit den *Grundlinien* in zweierlei Hinsicht radikal verändert: Zum einen tritt die Naturkunde in gewisser Weise in den Hintergrund, zum anderen werden Spekulation und Sub-

---

28 Henrik Steffens, *Grundzüge* 1806 (Anm. 26), 35.
29 Vgl. zu diesem Thema: Johannes Michael Dittmer, *Schleiermachers Wissenschaftslehre als Entwurf einer prozessualen Metaphysik in semiotischer Perspektive. Triadizität im Werden*, Berlin u. New York: de Gruyter 2001, 229–233; Sarah Schmidt, „Analogie versus Wechselwirkung. Zur ‚Symphilosophie' zwischen Schleiermacher und Steffens", in: *Friedrich Schleiermacher in Halle 1804–1807*, hrsg. v. Andreas Arndt, Berlin u. New York: de Gruyter 2013, 107–114.
30 H. Steffens, *Grundzüge* 1806 (Anm. 26), 37.
31 Ibidem, 38.
32 Ibidem, 204.
33 Ibidem, 204.

jektivität geradezu zu Leitmotiven. Die Hinwendung zur reinen Spekulation ist natürlich von den naturforschenden Romantikern, wie etwa Novalis, Baader, Eschenmeyer, Ritter und der Naturmystik Jakob Böhmes wesentlich mitbeeinflusst und stimuliert worden.[34] Steffens selbst bezeichnet diesen vielschichtigen Vorgang an verschiedenen Stellen als die Suche nach einem wahren Naturverständnis, als gänzliche Neuorientierung im völligen Kontrast zu einer strikt rationalen Weltannäherung.[35]

Was aber besonders bemerkenswert ist, ist die Tatsache, dass die *Grundzüge der philosophischen Naturwissenschaft* ganz in der Sprache Schellings geschrieben worden sind. Nicht ohne Bedeutung ist auch die spezifische Form dieses Textes, die in kurzen, aphoristischen Abschnitten besteht, die in der Regel inhaltlich nicht miteinander verbunden sind. Trotz des anregenden Titels hat der Leser große Schwierigkeiten, die „Grundzüge" der Erzählung zu erfassen, weil sie nicht dem naturwissenschaftlichen Prozesse folgt, sondern auf der Struktur der spekulativen Begriffe basiert. Über diese Schwierigkeiten hat vor über hundert Jahren der junge Philosoph Reinhard Bruck geschrieben, der sich mit Steffens' Gedanken befasste:

> ihren Inhalt [dieser Schrift, L. M.] lückenlos wiederzugeben, dürfte nicht leicht sein, da sie teilweise nur wahllos nebeneinandergestellte Einzelheiten enthält, für die das Gewand von Aphorismen durchaus passend erscheint. Andererseits muss eine solche Art der Darstellung das Verständnis erschweren.[36]

Die hier angeführte Feststellung bestätigt den Zweifel vieler Interpreten. Dennoch muss betont werden, dass sich Steffens vollkommen dessen bewusst war, dass die ungewöhnliche Begriffsstruktur und höhere Spekulation dazu beitragen müssen, „dass eine Schrift, wie diese, nicht gemeinverständlich sein kann"[37].

Der Steffens-Zeitgenosse Friedrich Nicolai war nicht so delikat in seinen Urteilen wie Reinhard Bruck. Obwohl er sich nicht direkt auf Steffens bezog, brandmarkte er offen und rücksichtslos die Hauptverfechter des Idealismus (in seinem Urteil waren dies Fichte, Schelling, Niethammer und Eschenmeyer) und ihre Anhänger und bezeichnete diese ganze Formation wortkräftig als „Aber-

---

34 Lothar Pikulik, *Frühromantik. Epoche – Werke – Wirkung*, 2. Aufl., München: Beck 2000, 258, 243.
35 Siehe z.B.: Henrik Steffens, *Was ich erlebte. Aus der Erinnerung niedergeschrieben*, Bd. 3, Breslau: Josef Max und Komp. 1841, 22–23.
36 Reinhard Bruck, *Henrich Steffens. Ein Beitrag zur Philosophie der Romantik*, [Diss. Erlangen], Borna Leipzig: Buchdruckerei Robert Noske 1906, 19.
37 Henrich Steffens, *Grundzüge der philosophischen Naturwissenschaft*, Berlin: Realschulbuchhandlung 1806, VII.

glauben in der Philosophie"[38]. So waren die Begründung der Schellingschen Schule und die in ihr dominante spekulative Methode freilich immer auch mit der heftigen Kritik ihrer Gegner verbunden, die die Grenze, die die aufgebrachten Seiten trennte, deutlich markierte.[39]

Die metaphysische Grundstruktur der *Grundzüge* spiegelte sich auch in der kurzen Abhandlung *Ueber die Bedeutung der Farbe in der Natur* wider – einem Nachwort zur Theorie der Farben-Kugel von Philipp Otto Runge, in dem Steffens seine Idee einer spekulativen Naturlehre bestätigte und weiter entfaltete.

Seine Gegner waren – ähnlich wie für die Romantiker – niemals die experimentellen Naturforscher, sondern die mechanisch objektivierenden Naturwissenschaftler. Ihr Naturverständnis – das unterstrich Steffens immer wieder – beherrschte und reduzierte die Natur auf einen „bloßen Mechanismus", auf etwas „an sich Totes", um sie dadurch der technischen Verfügbarkeit zu unterwerfen, so

> dass Newtons Erklärung der Entstehung der Farben, durch die blinde Annahme und feste Anhänglichkeit an dieselbe, als an ein reines, untrügliches Naturrecht, einen schädlichen Einfluss auf die Wissenschaft geäußert hat. Goethen verdanken wir bekanntlich die Ansicht, die uns einen lebendigen Gegensatz in die Farben erkennen ließ.[40]

Diese deutliche Parteinahme für die Goethe'sche Farbenlehre bedeutet zugleich eine Ablehnung des physikalischen Konzeptes Newton'scher Prägung. Das idealistische Farbenkonzept muss also als eine Alternative zur Einseitigkeit der mechanistischen Auffassung verstanden werden, welche – so Steffens – das allgemeine Prinzip der Polarisierung nicht berücksichtigt. Die Farben, ähnlich wie die Musik, erfordern eine dauernde Spannung und Widersprüchlichkeit, sodass sie erst „im frischen Kampf sich inniger verbinden, Krieg und Frieden sich ewig vermählen, ein jeder die übrigen ergreift, das Schwerste, seiner Natur gemäß, leicht nimmt, das Heiligste spielend verschenkt und tändelnd wieder erwirbt"[41].

---

38 Friedrich Nicolai, *Ueber Aberglauben in Philosophie*, in: Ders., *Philosophische Abhandlungen, größtentheils vorgelesen in der Königlichen Akademie der Wissenschaften zu Berlin*, Bd. 2, Berlin u. Stettin, 1808.
39 Vgl. zu diesem Thema: Norbert Christian Wolf, *Der späte Nicolai als Literaturpapst. Zu den Hintergründen der fortschreitenden Verrohung in der literarischen Öffentlichkeit um 1800*, in: *Friedrich Nicolai im Kontext der kritischen Kultur der Aufklärung*, hrsg. v. Stefanie Stockhorst, Göttingen: V & R unipres 2013, 51–74.
40 H. Steffens, „Ueber die Bedeutung der Farbe in der Natur", in: Philipp Otto Runge, *Farben-Kugel oder Construction des Verhältnisses aller Mischungen der Farben zu einander, und ihrer vollständigen Affinität, mit angehängtem Versuch einer Ableitung der Harmonie in den Zusammenstellungen der Farben*, Hamburg: Perthes 1810, 33.
41 Ibidem, 32.

Es entsteht der Eindruck, dass es Steffens eigentlich um das geht, was Goethe in der berühmten Formel ausgedrückt hat: „Die Farben sind Thaten des Lichts, Thaten und Leiden."[42] In den Farben drückt sich also im Grunde genommen nichts anderes aus als das Bewusstwerden des reinen Seins und in ihnen spielt „der zarteste Geist der Natur"[43].

3 Schlussbemerkungen

Aus heutiger Perspektive scheint Steffens ein weitgehend vergessener aber auch unterschätzter Denker zu sein. Es empfiehlt sich, an ihn zu erinnern, denn er war eine außergewöhnliche Persönlichkeit – als Mensch, Schriftsteller, Naturforscher und Philosoph. In seinem intellektuellen Werdegang manifestiert sich der für seine Epoche charakteristische universalistische Weltzugang. Sehr überzeugend hat darüber Wilhelm Dilthey[44] geschrieben, als er das Denksystem von Schleiermacher analysierte. Er machte nämlich auf die Tatsache aufmerksam, welche fundamentale Bedeutung eine ganzheitliche Weltvorstellung – die Anschauung des Universums als „ein gegliedertes harmonisches Ganze" – für Schleiermacher hatte, die aus dem „Monismus seiner Zeitgenossen"[45] resultierte, und zwar insbesondere der Weltvorstellung von Schelling. Auf der anderen Seite – das betont Dilthey ganz besonders – war die enge Zusammenarbeit und Freundschaft von Schleiermacher und Steffens in der Gegenüberstellung der Ethik und Physik ein produktiver Impuls für die Entwicklung des ganzheitlichen Weltverstehens. Eine „vollkommene Übereinstimmung" läge vor, so Dilthey, die bei Steffens zu einer Erweiterung des rein naturwissenschaftlichen Standpunktes um eine ethische Perspektive und bei Schleiermacher dazu führte, in seiner Ethik Anschluss an naturwissenschaftliche Fragen zu suchen. Auf diese Art und Weise haben wir in den philosophisch-naturwissenschaftlichen Schriften von Steffens ein solide ausgearbeitetes Modell des ganzheitlichen Denkens, das mit Schleiermachers Auffassungen korrespondierte: „Die Natur ist ein Ganzes und nur aus der Anschauung dieses Ganzen können ihre Teile verstanden werden; sie enthält die Data, aus denen durch sichere Schlüsse ihre Entwicklungsgeschichte abgeleitet

---

42 Johann Wolfgang v. Goethe, *Zur Farbenlehre. Didaktischer Theil*, in: Ders.: WA, II, 1, IX.
43 Ibidem, 31.
44 Wilhelm Dilthey, *Leben Schleiermachers*, Bd. 2., *Schleiermachers System als Philosophie und Theologie*, in: Ders., *Gesammelte Schriften*, Bd. 14, hrsg. v. Martin Redeker, Berlin: de Gruyter 1966, 451–453.
45 Ibidem, 451.

werden kann; ‚durch die ganze Organisation sucht die Natur nichts als die individuelle Bildung'"⁴⁶

Eine ähnlich komplementäre geistige Beziehung, wenn auch weniger innig als zu Schleiermacher, verband Henrik Steffens auch mit Friedrich Schlegel. In seiner Autobiographie berichtet Steffens über eine Diskussion mit Schlegel und vermerkt, dass Schlegel „ganz in der Geschichte" lebte und „die Natur ihm völlig fremd war"⁴⁷. Und trotzdem haben sie eine gemeinsame Sprache gefunden. „Denn es ist höchst merkwürdig", konstatiert Steffens, „wie man in den abgeleiteten Resultaten, von den entgegengesetzten Principien ausgeht, zusammentreffen kann"⁴⁸. Der Naturforscher und der Historiker finden einen Raum gemeinsamer Erfahrung. Das, was sie verband, war das Streben nach dem Verständnis des Ganzen.

Die beiden intellektuellen Freundschaften – Steffens–Schleiermacher und Steffens–Schlegel illustrieren eine grundsätzliche Sache: Es kann kein Zweifel daran bestehen, dass der Quellgrund des ganzheitlichen Denkens bei Steffens durch den philosophischen Ideenkreis der Epoche bestimmt ist. Inhaltlich geht es ihm darum, die Idee einer Naturphilosophie und ihrer inneren dialektischen Ordnungsmäßigkeit als eine Einheit im Sinne eines vielseitigen Entwicklungs- und Denkprozesses zu erklären, durch die letztlich das Ganze, d.h. die totale Universalität wirksam wäre. Mit der Synthese von absolut aufgefasstem Sein und erkenntnisfähigem Subjekt als lebendigem Ganzen, das alle Dinge und Gesetze motiviert, gewinnt die Philosophie ein Moment der Bewegung, eine wechselseitige Prozessualität.

Dabei finden wir im Falle des literarischen Schaffens von Henrik Steffens einen vielschichtigen Zugang zur Natur: einen spekulativen, auf das Wesen der Natur ausgerichteten, einen empirisch an Einzelphänomenen interessierten forschenden Zugang, aber auch einen ästhetischen, der sich in seinen Erzählungen als Faszination für die herrliche Naturheimat ausspricht. Diese für die Epoche charakteristische Verbindung Ästhetik der Natur, Wissenschaft und ästhetisches Erlebnis bildet das Wesen des romantischen Bewusstseins – eine ganzheitliche und allseitige Erfassung der Welt als Erscheinungsformen.

Darüber hinaus wurde von Steffens die Idee eines Ganzen konzipiert, die nicht nur die Naturwissenschaft und die Erkenntnistheorie sondern auch viele weitere wissenschaftliche Felder einbeziehen sollte. Der disziplinäre Perspektivenwechsel, das Ideal einer harmonischen Auffassung des Geistes, der Natur, der

---

46 Ibidem, 452.
47 Henirk Steffens, *Was ich erlebte*, Bd. 4 (Anm. 20), 304.
48 Ibidem, 304.

Geschichte und des Staates aber auch der Religion als Elemente eines weit umfassenden Systems bestimmte Steffens wachsende wissenschaftliche Erfahrung auf der Suche nach Universalität.

Andreas Arndt
System bei Steffens und Schleiermacher

1

Als Friedrich Schleiermacher im Herbst 1804 seine Hallenser Professur antrat – als Professor der Theologie und der Philosophie – schien sich noch einmal ein Symphilosophieren einzustellen wie in seiner längst vergangenen Zeit als Charité-Prediger in Berlin um 1800. Wie damals Friedrich Schlegel, so war es nun Henrich Steffens, mit dem sich eine tiefgehende Freundschaft und ein Arbeitszusammenhang auf der Basis einer gefühlten Übereinstimmung der Positionen in kürzester Zeit herstellte. Fragt man indes danach, welche Grundlagen die Übereinstimmung tatsächlich hatte und wie weit sie reichte, fällt die Antwort schwer. Sarah Schmidt hat jüngst einen gemeinsamen romantischen Spinozismus ausgemacht, hinter dem jedoch ganz unterschiedliche systematische Konzeptionen stünden.[1]

Nun bekennt Steffens selbst, dass es gerade Schleiermachers Spinozismus war, der ihn anzog, gemeint ist wohl, dass Schleiermacher aufgrund seiner *Reden über die Religion* der Ruf eines Spinozisten anhing. Steffens zog dieser Spinozismus deshalb an, „weil er nicht in der Form einer Naturnothwendigkeit, vielmehr als die lebendige Quelle der unbedingten Freiheit erschien".[2] Diese Charakteristik ist bemerkenswert, sofern sie Friedrich Heinrich Jacobis Urteil über Spinozas Fatalismus geradezu dementiert und zugleich den Grund des Jacobischen Einwandes gegen Spinoza – das Interesse an der unbedingten Freiheit – Spinoza selbst zuschreibt. Spinozismus ist nicht Fatalismus, wie Jacobi meinte, sondern eine Quelle des Freiheitsbewusstseins. Tatsächlich hatte Steffens mit Jacobis *Ueber die Lehre des Spinoza in Briefen an den Herrn Moses Mendelssohn*[3] sein philosophisches Bildungserlebnis:

> Diese Schrift hat nun Epoche in meinem Leben gemacht. Sie war die erste, die alle schlummernden spekulativen Gedanken in mir konzentrierte und zum Ausdruck brachte.

---

[1] Vgl. zuletzt Sarah Schmidt, „Analogie versus Wechselwirkung – Zur ‚Symphilosophie' zwischen Schleiermacher und Steffens", in: *Friedrich Schleiermacher in Halle 1804–1807*, hg.v. Andreas Arndt, Berlin und Boston: de Gruyter 2013, 91–114.
[2] Henrich Steffens, *Was ich erlebte*, Bd. 5, Breslau:Josef Max und Komp. 1842, 143.
[3] ¹1785, ²1789; Friedrich Heinrich Jacobi, *Werke. Gesamtausgabe*, hg.v. Klaus Hammacher und Walter Jaeschke, Bd. 1, 1, Hamburg: Meiner und Stuttgart-Bad Cannstadt:Fromman-Holzboog 1998.

[…] Es war mir eine neue Welt aufgeschlossen, und dennoch glaubte ich, eine alte, mir längst bekannte zu begrüßen.⁴

Jacobi führte Steffens direkt zu einem Studium Spinozas, dessen *Tractatus de intellectus emendatione* und dessen *Ethik* er las; im Vergleich mit Kants *Kritik der reinen Vernunft* erschien ihm Spinozas Philosophie als eine „aus allen Quellen des Daseins hervorstrebende[] Speculation",⁵ die mit dem Leben verbunden sei. Er trat ihm, so bekennt Steffens, nicht als Determinist entgegen, „sondern als derjenige, der mit der größten geistigen Kühnheit den Mittelpunkt der Freiheit suchte."⁶

An dieser Stelle sei ein Seitenblick auf Schleiermacher gestattet. Die theoretischen Konstellationen ihrer philosophischen Anfänge scheinen in wesentlichen Punkten zu konvergieren. Auch Schleiermacher entwickelte sein System in Auseinandersetzung mit Kant und Spinoza, wobei er sich auf Jacobis Spinozabuch bezog.⁷ Und auch Schleiermacher sah Spinoza nicht als Deterministen und Fatalisten, da er bereits in seiner frühen Auseinandersetzung mit Kant, noch vor der Bekanntschaft mit Spinoza, zu der Überzeugung gekommen war, dass Freiheit und Determinismus nur einen abstrakten Gegensatz darstellten, der zu überwinden sei.⁸ Das gründliche Studium Kants, vor allem der praktischen Philosophie, unterscheidet Steffens und Schleiermacher, ebenso, dass Steffens sich bereits 1799 an Schelling orientierte, zu dem Schleiermacher eine idiosynkratische Abneigung pflegte. Wichtig für ihr intellektuelles Verhältnis ist jedoch, dass ihre Gemeinsamkeit nicht darin wurzelt, dass ihre philosophischen Konzeptionen eine Schnittmenge mit Schellings Identitätssystem aufweisen (was zweifellos der Fall ist), sondern beide in den Anfängen ihrer spekulativen Entwürfe auf Jacobis Auseinandersetzung mit Spinoza und der Transzendentalphilosophie Kants rekurrieren. Auf diesem Fundament konnte Schleiermachers philosophische Entwicklung mit den Anfängen der Frühromantik konvergieren und die Symphilosophie mit Friedrich Schlegel begründet werden; auf diesem Fundament konnte

---

4 Henrich Steffens, *Was ich erlebte*, Bd. 3, Breslau: Josef Max und Komp. 1841, 261.
5 Ebd., 281.
6 Ebd., 282.
7 Vgl. Andreas Arndt, *Friedrich Schleiermacher als Philosoph*, Berlin und Boston: de Gruyter 2013, 76 ff.; ders., „Kommentar", in: Friedrich Schleiermacher, *Schriften*, hg.v. Andreas Arndt, Frankfurt/M: Deutscher Klassiker Verlag 1996, 1032 ff.; Christoph Ellsiepen, *Anschauung des Universums und Scientia Intuitiva. Die spinozistischen Grundlagen von Schleiermachers früher Religionstheorie*, Berlin und New York: de Gruyter 2006.
8 Vgl. Andreas Arndt, „Freiheit und Determinismus beim jungen Schleiermacher", in: *Freiheit und Determinismus*, hg.v. Andreas Arndt und Jure Zovko, Hannover: Wehrhahn 2012 (Studia Philosophica Iaderensiua 2), 111–125.

sich auch instantan eine Gemeinsamkeit mit Henrich Steffens herstellen, als Schleiermacher seine Hallenser Professur antrat.

Es bleibt die Frage, wie weit dieses Fundament wirklich trägt. Bei dem Versuch, eine Antwort zu geben, werde ich mich im Folgenden auf Henrich Steffens konzentrieren und auf Schleiermacher nur vergleichende Seitenblicke werfen. Aufschlussreich für mein Vorhaben sind vor allem seine Kopenhagener Vorlesungen 1802/03, deren *Einleitung* kürzlich in einer Übersetzung publiziert wurde;[9] sie macht deutlich, dass Steffens, sich von Schleiermachers Positionen, trotz einer grundsätzlichen Nähe, hinsichtlich der systematischen Konsequenzen immer wieder unterscheidet. Ich rekonstruiere zunächst die Systematik der *Einleitung*, die sich ja gewissermaßen im Vorhof der Philosophie bewegt und allererst nach der Möglichkeit einer Philosophie fragt, um mich dann in einem zweiten Schritt kurz der philosophischen Konzeption Steffens' zuzuwenden, wie sie in seiner 1806 veröffentlichten Schrift *Grundzüge der philosophischen Naturwissenschaft*[10] hervortritt, ein Kompendium, an dessen Ausarbeitung Schleiermacher lebhaft Anteil nahm und auf das er sich in seiner ersten Vorlesung zur Dialektik 1811 ausdrücklich berief.[11]

2

Was Steffens an Spinoza faszinierte, dass nämlich die Philosophie aus dem Leben hervorgeht (eine Auffassung, die ja gerade Jacobi als Forderung in den Mittelpunkt gestellt hatte[12]), bildet für ihn die Grundlage des Systems: die Philosophie müsse „ein lebendes System" sein[13] – wenn es denn überhaupt eine Philosophie geben könne. Doch davon später. Ausgangspunkt ist daher auch eine Ansicht des Lebens, das auf zwei Grundtriebe zurückgeführt wird, den egoistischen Trieb ei-

---

9 Henrich Steffens, *Einleitung in philosophische Vorlesungen*, übers. und mit einer Vorbemerkung versehen von Heiko Uecker, Frankfurt/M u. a. 2012; der Übersetzer hat den deutschen Text einer Orthographie unterworfen, die sich an Steffens' Schreibweisen zu dieser Zeit orientiert, was, obwohl es wenig sinnvoll ist und auch inkonsequent gehandhabt wird, in den Zitaten übernommen wird.
10 Berlin 1806.
11 Vgl. August Twesten, „Vorrede", in: Friedrich Schleiermacher, *Grundzüge der philosophischen Ethik*, hg.v. A. Twesten, Berlin: Reimer 1841, XCVII.
12 Vgl. Marco Ivaldo, „Wissen und Leben. Vergewisserungen Fichtes im Anschluß an Jacobi", in: *Friedrich Heinrich Jacobi. Ein Wendepunkt der geistigen Bildung der Zeit*, hg.v. Walter Jaeschke und Birgit Sandkaulen, Hamburg: Meiner 2004, 53–71.
13 Steffens, *Einleitung* (Anm. 9), 3.

nerseits, „der darauf zielt, das Daseyn des Individuums zu sichern",[14] und den „Einheitstrieb des Universums" andererseits,[15] der darauf geht, eine All-Einheit zu konstituieren. Offenkundig widersprechen sich beide Triebe, und zwar nicht nur in ihrer Beziehung aufeinander, sondern auch jeder für sich betrachtet.

> Nähme der egoistische Trieb überhand, dann würde das Universum in lauter getrennte Individualitäten zerfallen – und da sie selbst doch nur *in* dem allgemeinen Conflict mit dem ganzen Universum existiren, würden sie selbst verschwinden und alles würde vergehen. Der individualisierende Trieb steht also in offenkundigem Gegensatz zu sich selbst; er hebt sich auf, indem er sich zu erhalten versucht.[16]

Nicht anders der Einheitstrieb. Indem er das Individuelle vereinigen will, tendiert er dazu, es aufzuheben, aber „er *ist* nur insoweit, als das Individuelle ist und ist nichts anderes als der Einheits-Ausdruck aller Individualität. Er widerspricht sich also selbst und hebt sich auf, indem er sich zu bewahren trachtet."[17] Das Leben als solches besteht nun, wie Steffens unterstreicht, „in der That in einem ewigen Kampf dieser entgegengesetzten Principien".

An dieser Stelle schaltet Steffens eine ethische Betrachtung ein, die auch deshalb bemerkenswert ist, weil er in Halle nur auf Schleiermacher als Ethiker verweist; die Ausführungen in der *Einleitung* können aber deutlich machen, dass Steffens in dieser Hinsicht tatsächlich mit Schleiermachers Grundauffassung übereinkam.[18] Das Verhältnis beider Triebe lässt sich auch, nach dem Vorgang v. a. der schottischen Moralphilosophie, als das von Egoismus und Sympathie reformulieren. Offenkundig bezieht Steffens sich hier auf Adam Smith, und zwar auf seine *Theory of Moral Sentiments* (^{1}1759), in der dieses Verhältnis diskutiert wird. Grundbedingung der Lösung des Konflikts ist für Smith die Sicherung der Überlebensbedürfnisse aller gesellschaftlichen Individuen, welche eine Hauptquelle des Egoismus ausschaltet; die Sympathie ist dann Quelle eines moralisches Bewusstseins – und der Arbeit, von der wiederum die Sicherung der Überlebensbedürfnisse Aller abhängt. Hier, in diesem basalen Bereich der Vergesellschaftung, waltet dann, gleichsam als Garantiemacht der Moralität, eine auch aus Smith's *Wealth of Nations* bekannte Instanz: „Von einer unsichtbaren Hand werden sie [die Produzenten] dahin geführt, beinahe die gleiche Verteilung der zum Leben notwendigen Güter zu verwirklichen, die zustandegekommen wäre, wenn die Erde zu gleichen Teilen unter alle ihre Bewohner verteilt worden wä-

---

[14] Ebd., 5.
[15] Ebd., 8.
[16] Ebd., 6.
[17] Ebd. 8; auch das folgende Zitat.
[18] Vgl. Steffens, *Grundzüge* (Anm. 10), XXII.

re".¹⁹ Steffens beruft sich zentral hierauf, wenn er darlegt, dass „das Heiligste" – die Moralität – nicht der Willkür des Einzelnen überlassen werden dürfe:

> Deswegen reicht der unwillkührliche Einheitstrieb der Natur in das freye Leben des Menschen hinein und fordert durch wechselseitigen *Zwang*, die Willkührlichkeit selbst auf, ihre Gesetzen [sic!] zu befolgen. Dieser Zwang, der durch den Conflict des Egoismus' der Individuen entsteht, hemmt als eine höhere, unsichtbare Hand die willkührliche Wahl des egoistischen Triebes und der Moralität.²⁰

Neben Smith steht vielleicht auch Kants Naturabsicht Pate, die dazu verhilft, egoistische Individuen, ja sogar Teufel zu vergesellschaften, und die der unsichtbaren Hand durchaus verwandt ist.²¹ Schleiermacher hat sich zur unsichtbaren Hand bei Smith zwar nicht geäußert, aber er hat das Prinzip der Sympathie ebenfalls als unzureichend angesehen, eine Moral zu begründen, die vielmehr objektiv verankert sein müsse.²² In diesem Punkt treffen sich Steffens und Schleiermacher durchaus.

Individuations- und Einheitstrieb bestimmen aber nicht nur das gesellschaftliche Leben der Menschen, sondern auch ihr höheres geistiges, nämlich ihr wissenschaftliches Leben. Hinter aller empirischen Forschung – der Naturforschung ebenso wie der Historiographie – stehe, auch wenn sie auf Individuelles, d. h. Endliches gehen, letztlich eine Ahnung des Unendlichen, des Zusammenhangs, der Einheit. Aber *in* der empirischen Wissenschaft selbst verfehlen sie, so Steffens, notwendig diese Einheit: „Die Wissenschaften suchen das Unendliche durch eine stückweise Anhäufung des Endlichen. Die Historiker suchen es durch ein Aggregat von Facten, deren Verbindung, wenn sie da ist, doch nur wieder ein Endliches hervorbringt."²³ Ahnung und Poesie und schließlich auch Religion führen über die Beschränktheit des Endlichen hinaus, jedoch ist das so Geahnte, Gedichtete bzw. Geglaubte noch nicht das, was erfordert ist, um einen festen Punkt zu gewinnen, von dem aus das Individuelle und das Universelle zu einem harmonischen Ganzen sich fügt:

> Wir schwimmen auf einem schwebenden Tropfen, der andauernd verschwindet und beständig wiederkehrt – *unruhig* zwischen Erinnerung und Ahnung. Wo ist der *feste Punct*, den

---

19 Adam Smith, *Theorie der ethischen Gefühle*, Hamburg: Meiner 1977, 316.
20 Steffens, *Einleitung* (Anm. 9), 9 f.
21 Vgl. Heinz Dieter Kittsteiner, *Naturabsicht und unsichtbare Hand. Zur Kritik des geschichtsphilosophischen Denkens*, Frankfurt/M u. a.: Ullstein 1980.
22 Vgl. Arndt, *Schleiermacher als Philosoph* (Anm. 7), 106 f.
23 Steffens, *Einleitung* (Anm. 9), 21.

wir alle suchen und den niemand besitzt? Sollten wir ihn niemals finden, warum sind wir verdammt, ihn zu suchen? Wer löst das ewige Rätsel des Daseyns?[24]

Physik – also Naturwissenschaft – und Geschichte (für Schleiermacher: Ethik) bringen uns, so Steffens, diesem „tiefen Widerspruch des Lebens näher [...], ohne ihn aufzulösen" und verweisen „auf eine andere Wissenschaft", die Philosophie, „die, indem sie das Hauptproblem zu lösen versucht, zugleich das der andern Wissenschaften lösen muss."[25] Ob diese Wissenschaft aber möglich sei, sei die Frage.

Auch hier ist ein Blick auf Schleiermacher angebracht. Die von Steffens gesuchte Wissenschaft ähnelt auf den ersten Blick dem, was Schleiermacher in seinen *Grundlinien einer Kritik der bisherigen Sittenlehre* (1803) als „Wissenschaft von den Gründen und dem Zusammenhang aller Wissenschaften"[26] über der Ethik (und Physik) konzipiert hatte. Auch Schleiermacher ist der Ansicht, dass es diese Wissenschaft noch nicht gebe, allerdings deshalb, weil es noch keine allgemein als verbindlich anerkannte Philosophie dieses Typs gebe. Steffens dagegen stellt die Möglichkeit einer solchen Philosophie überhaupt in Frage: sie werde gesucht, aber ob sie auch gefunden werden könne, stehe dahin. Während Schleiermacher die oberste Wissenschaft in Anlehnung an Friedrich Schlegels Theorem des Wechselerweises begründen will, sucht Steffens nach einem „Grundsatz",[27] den Schleiermacher gerade nicht in Anspruch nehmen möchte. Dies betrifft dann auch das Verhältnis zu den einzelnen Wissenschaften: die gesuchte Wissenschaft dürfe, so heißt es, „selbst nicht wiederum, wie jene einzelnen Wissenschaften, auf einem obersten Grundsaz beruhen; sondern nur als ein Ganzes, in welchem jedes der Anfang sein kann, und alles einzelne gegenseitig einander bestimmend nur auf dem Ganzen beruht, ist sie zu denken, und so daß sie nur angenommen oder verworfen, nicht aber begründet und bewiesen werden kann."[28] In der Konsequenz bedeutet dies für Schleiermacher, dass Naturphilosophie (Physik) und Ethik sich auch wechselseitig begründen können, ohne eine gesonderte oberste Wissenschaft hervorbringen zu müssen.[29]

Um an die gesuchte Philosophie heranzuführen – eben deshalb sind die Vorlesungen ihrem Titel nach nur als *Einleitung in philosophische Vorlesungen* konzipiert –, geht Steffens den Weg, sich ihr *ex negativo* zu nähern. Er will zeigen,

---

24 Ebd., 24.
25 Ebd., 25.
26 KGA I/4, 48.
27 Steffens, *Einleitung* (Anm. 9), 127.
28 KGA I/4, 48.
29 Vgl. Andreas Arndt, „Schleiermachers Grundlegung der Philosophie in den Hallenser Vorlesungen", in: *Friedrich Schleiermacher in Halle* (Anm. 1), 55–65.

dass die „theoretisierende Empirie", wie er es nennt, sich selbst widerlegt und damit eine das Endliche überschreitende Perspektive zwingend sei.³⁰ Diesen Beweis tritt er im Durchgang durch die Theorie der anorganischen und organischen Natur sowie die Theorie der Geschichte an. Gezeigt werden soll, dass ohne eine Konzeption von Totalität die Empirie Zusammenhänge nur willkürlich konstruieren könne. Es komme darauf an, die empirischen Differenzen in der Identität des Ganzen zu begreifen und umgekehrt die Identität in den Differenzen:

> Die *Idee*, die allein die Differenzen in der Identität und die Identität in den Differenzen zu begreifen vermag, enthält den Schlüssel zu jeder Naturtheorie und ist niemals auf empirischem Grund entstanden. Die absolute Identität aller Differenzen ist, wie die Freyheit in der intelligiblen Welt, das ewig Vorausgesetzte, das niemals verstanden wird, wenn es nicht ursprünglich angesehen wird.³¹

Und weiter: „Können wir die Sonne erkennen, die alles erleuchtet? Können wir die ewige Grundmauer erkennen, durch die alles fest und sicher und evident ist, *ohne welche* alles wackelt, unbegreiflich entsteht, verschwindet, ohne verstanden zu werden?"³²

Ganz offenkundig geht Steffens mit diesen Formulierungen auf den Generaleinwand Jacobis gegen die Kantische (und Fichtesche) Transzendentalphilosophie zurück. In seinem Spinoza-Buch hatte Jacobi gezeigt, dass die Reflexion in der Sphäre des Bedingten oder Endlichen sich nur in einem unendlichen Regress zu bewegen vermag; wir können innerhalb der Sphäre der Endlichkeit – für Steffens gleichbedeutend mit der Sphäre der Empirie – nur „Aehnlichkeiten (Übereinstimmungen, bedingt nothwendige Wahrheiten) demonstrieren, fortschreitend in identischen Sätzen. Jeder Erweis setzt etwas schon Erwiesenes zum voraus, dessen Prinzipium *Offenbarung* ist."³³ Genau dies will Steffens dadurch zeigen, dass die empirischen Wissenschaften der Natur und Geschichte in sich selbst inkonsistent sind, indem sie Zusammenhänge *aus sich selbst heraus* nicht erklären können. Die Kette des Bedingten hängt, wie bei Jacobi, in der Luft, solange ein fester Grund nicht vorhanden ist, der sich dem Bedingtsein und der Endlichkeit entzieht. Identität und Freiheit sind für Jacobi nur durch einen Sprung, ein unmittelbares Wissen im Modus des Glaubens zu gewinnen, und auch hierin folgt Steffens ihm. Das ewig Vorausgesetzte, woran das Endliche oder Bedingte seinen Halt findet, kann nicht in der Weise der Empirie gewusst werden. Es gründet im Ewigen, welches in seiner vollen Klarheit zu fassen dem menschlichen

---

30 Steffens, *Einleitung* (Anm. 9), 28.
31 Ebd., 88.
32 Ebd., 89.
33 Jacobi, *Werke* 1, 1 (Anm. 3), 124.

Geist nicht möglich sei.[34] „Das Wesen des Ewigen", so Steffens, bestehe in der „Idee, in der das Endliche und das Unendliche zu *Einem, Ewigen* verschmelzen, wie in einem heiligen Abgrund, in dem sich alles Endliche verlirt und gerade dadurch ewig besteht."[35] Steffens vollzieht Jacobis Sprung in die Unmittelbarkeit, aber er interpretiert diese Unmittelbarkeit spinozistisch als Inhärenz des Endlichen und Unendlichen – als der heilige Abgrund –, worin dann Jacobis in *seinem* Sprung antispinozistisch gesicherte Freiheit ihren Grund gerade in einem spinozistischen System der All-Einheit findet.

Blicken wir hier noch einmal auf Schleiermacher. Wie bekannt, hegte er zeitlebens größte Verehrung gegenüber Jacobi und suchte, trotz aller Differenzen, seine Nähe. Auch er ist schließlich der Auffassung, dass nur der Rückgang auf einen unmittelbaren, d. h. relatlos identischen und insofern nicht begreiflichen Grund, den transzendentalen Grund, das Wissen und die Freiheit zu sichern vermag. In der Hallenser Ethik, die in die Zeit seiner Zusammenarbeit mit Steffens fällt, hat er dies einer ursprünglichen Anschauung überantwortet und bewegt sich damit in größter Nähe zu Steffens. Erst später, in seinen Vorlesungen über die Dialektik, hat er das Innewerden dieses Grundes in die Struktur des (unmittelbaren) Selbstbewusstseins eingetragen und damit die Möglichkeit der Beziehung des Endlichen auf das Unendliche näher zu bestimmen versucht. In Halle war er aber in dieser Hinsicht nicht weiter als Steffens mit seinen Andeutungen auf das Göttliche in uns, die Ahnung und die Poesie.

3

Nachdem wir gleichsam den Vorhof der Philosophie durchquert haben, möchte ich nun, wenn auch nur kurz, einen Blick ins Innere der Philosophie selbst werfen. Die These, dass das Wesen des Ewigen in der Idee bestehe, greift Steffens in seiner Darstellung der Philosophie in den *Grundzügen der philosophischen Naturwissenschaft* auf, in denen es nicht mehr um eine Einleitung in die Philosophie und die Frage nach ihrer Möglichkeit, sondern um ihre Durchführung als Naturphilosophie geht, die freilich prinzipieller Überlegungen zur Grundlegung der Philosophie überhaupt nicht entbehren kann. Dort heißt es: „Das, wodurch eine relative Differenz des Wesens und der Form in Rücksicht auf das Ganze gesetzt wird, nennen wir die bestimmte *Potenz* [...] Das, wodurch die Potenz als dem ewigen

---

34 Vgl. Steffens, *Einleitung* (Anm. 9), 125.
35 Ebd., 124. – Der Herausgeber sieht in Steffens Sprung in die Unmittelbarkeit eine Antizipation Kierkegaards (XVII); der Jacobische Kontext entgeht ihm offenbar.

Wesen gleich gesetzt wird, nennen wir *Idee*. Die Philosophie ist die Wissenschaft der Ideen."[36] Schleiermacher greift dies in den Notizen zu seiner ersten Dialektik-Vorlesung 1811 auf und übersetzt es für sich als „Zurükführung aller Verknüpfungen aus Gegensäzen zur Indifferenz".[37] Eben dies sagt Steffens am Beginn der Einleitung zu seiner Schrift: „Wissenschaft ist Vernichtung eines Gegensatzes, Wiedervereinigung des ursprünglich Vereinigten."[38]

Die absolute Einheit, die auf diesem Wege in der „Wissenschaft der Ideen" angeschaut werden soll, wird Steffens zufolge nicht gesucht und auch nicht postuliert, „sie ist vielmehr das ewig daseiende, nicht-gesuchte, nicht-gefundene, sondern absolut geschenkte Organ aller lebendigen Untersuchung, alles wahrhaften Erkennens, welches das Ganze des Erkennens und einen jeden Punkt desselben gleich klar bezeichnet."[39] Anders gesagt: Idee ist weder ein Postulat noch ein regulatives Prinzip, sondern konstitutives Prinzip des Seins und zugleich methodisches Prinzip seines Erkennens. Insofern begründet sie auch die Identität des Denkens und Seins, die Steffens „Anschauung" nennt: „Das Erkennen der Identität des ewigen Denken und ewigen Seyns ist die Selbstanschauung der Vernunft schlechthin – intellektuelle Anschauung."[40] In diesen und anderen Formulierungen – auch Schleiermacher nivelliert Kants Unterscheidung konstitutiver und regulativer Prinzipien, macht die Einheit von Denken und Sein zur Voraussetzung des Wissensprozesses etc. – lassen sich unschwer Grundpositionen Schleiermachers wiederfinden, wie er sie bis in seine erste, vielfach mit Schellings Identitätsphilosophie konvergierenden Dialektik-Vorlesung hinein vertreten hat. Diese hat er, wie bekannt, gehalten, nachdem es ihm nicht gelang, Steffens nach Berlin berufen zu lassen und dadurch die Hallenser Symphilosophie wiederzubeleben.[41] Offenbar stand er aber 1811 doch noch stark in einer Symphilosophie per Distanz mit Steffens, was die starke identitätsphilosophische Tendenz der ersten Vorlesung erklärt, die sich danach verliert; war es doch Steffens, der in seinen *Grundzügen* ganz unbefangen und Schleiermachers Aversionen gegen Schelling ignorierend beide als Bezugspunkte seines Philosophierens stark gemacht hatte. Während Schelling das Verdienst zugeschrieben wird, die Spekulation überhaupt wieder zum Leben erweckt und auf die Überwindung aller Gegensätze orientiert zu haben,[42] fungiert Schleiermacher als Verkörperung des

---

36 Steffens, *Grundzüge* (Anm. 10), 14 f.
37 KGA II/10, 1, 8.
38 Steffens, *Grundzüge* (Anm. 10), IX.
39 Ebd., 3.
40 Ebd., 5.
41 Vgl. KGA II/10, 1, XVIff.
42 Vgl. Steffens, *Grundzüge* (Anm. 10), XVII.

Sittlichen, wobei der gemeinsame Bezugspunkt des als Fundierung der Freiheit gedachten Spinozismus herausgestellt wird:

> Wie die Freiheit oder das göttliche Gemüth sich selbst findet in der Nothwendigkeit oder in der göttlichen Natur, so findet sich die Nothwendigkeit auch selbst in der Freiheit, und wie die Nothwendigkeit in ewiger Verbindung mit der Freiheit *lebendig*, so ist die Freiheit in ewiger Verbindung mit der Nothwendigkeit *sittlich*.[43]

Schleiermacher habe dies zu seinem innersten Prinzip gemacht: „Seine Bestrebungen mögen wir uns eigen machen; denn nur dem gereinigten Gemüthe ergiebt sich die göttliche Natur."

Bei aller Gemeinsamkeit, die Schleiermachers und Steffens' systematische Entwürfe in und um die Hallenser Zeit aufweisen, ist jedoch nicht zu übersehen, dass im Vergleich mit Schleiermachers schon in den *Grundlinien einer Kritik der bisherigen Sittenlehre* (1803) und auch in den Hallenser Ethik-Vorlesungen sehr differenzierten und detaillierten Überlegungen zur Systemstruktur und zum Prozess des wissenschaftlichen Erkennens Steffens nur sehr allgemein auf eine intellektuelle Anschauung rekurriert, die gleichsam mit einem Schlage alle Probleme löst, weshalb dann unmittelbar zur Naturtheorie geschritten wird. Der Unterschied ließe sich, etwas zugespitzt, so formulieren: Zwar geht auch Schleiermacher davon aus, dass das Erkennen in einem Unmittelbaren, was selbst nicht Gegenstand begrifflichen Erkennens sein kann, begründet werden muss, jedoch ist Schleiermacher dann doch am Prozess dieses begrifflichen Erkennens so stark interessiert, dass er ihn umfassend thematisiert und die Ergebnisse dieser Thematisierung auch in die Methode z. B. der Ethik selbst einträgt, die nicht nur in dem fortlaufenden Bezug auf eine ursprüngliche Anschauung besteht. Steffens dagegen verfällt, wie Sarah Schmidt gezeigt hat, in eine Konstruktion per Analogie, und zwar offenbar deshalb, weil er aus der Anschauung heraus keine Methodologie des Erkennens (und Handelns) im Endlichen entwickelt. Die weit über Steffens hinausgehende Seite der Schleiermacherschen Theorie ist ebebnfalls schon in Halle vorhanden. In den Reflexionen zum Wissensprozess in den Ethik-Vorlesungen findet sich der Prozess des werdenden Wissens, wie ihn die Dialektik entwickelt, in nuce. Dies herauszuarbeiten, ist noch ein Desiderat der Forschung.[44]

---

43 Ebd., XXII; auch das folgende Zitat.
44 Eilert Herms hat dies nur im Blick auf den späten Schleiermacher durchgeführt und mit der (irrigen) These verbunden, die Ethik sei Basiswissenschaft für die *Dialektik*. Vgl. „Die Ethik des Wissens beim späten Schleiermacher", in: Eilert Herms, *Menschsein im Werden. Studien zu Schleiermacher*, Tübingen: Mohr Siebeck 2006, 1–48.

Sarah Schmidt
Naturbegriff und Naturerkenntnis bei Steffens und Schleiermacher

1 Schleiermacher und Steffens als universalwissenschaftliches Lehrduo

Dem romantischen Anspruch eines universalwissenschaftlichen Blickwinkels entsprechend hatte Schleiermacher Zeit seines Lebens ein großes Interesse an den Naturwissenschaften. Das belegen seine Besuche naturwissenschaftlicher Vorlesungen bei seinem Kollegen Henrich Steffens in Halle und in Berlin bei Dietrich Ludwig Gustav Karsten (1768 – 1810),[1] die naturwissenschaftliche Fachliteratur in seiner Bibliothek,[2] u. a. mit Titeln von Alexander von Humboldt, Henrich Steffens, Lorenz Oken oder Carl Linné, seine in früher Hallenser Zeit unternommenen geologisch-mineralogischen Exkursionen[3] sowie die späte 1833 unternomme Reise nach Skandinavien, die so kurz vor seinem Tod noch wie die Erfüllung eines

---

[1] Dass Schleiermacher seinen Kollegen Henrich Steffens in Halle hörte, belegt ein Brief an den Verleger und Freund Georg Andreas Reimer von Anfang September 1806, vgl. Friedrich Schleiermacher, *Briefe 1806–1807, Kritische Gesamtausgabe. Briefwechsel und biographische Dokumente*, Bd. 9 (KGA V/9), hg.v. Andreas Arndt und Simon Gerber, Berlin/Boston: de Gruyter 2011, Brief 2257, Z. 6–7. Für die Berliner Vorlesungen von Dietrich Ludwig Gustav Karsten über Mineralogie liegt eine Nachschrift Schleiermachers im bisher noch unedierten Anhang zum Tageskalender von 1808 vor. Schleiermachers Tageskalender werden sukzessive von Wolfgang Virmond, Elisabeth Blumrich und Christiane Hackel herausgegeben und von der Berlin-Brandenburgischen Akademie der Wissenschaften elektronisch veröffentlicht auf: http://schleiermacher-in-berlin.bbaw.de/tageskalender/index.xql.
[2] Schleiermachers Bibliotheksbestand, von dem sich mit Hilfe des Rauchschen Auktionskataloges und der Hauptbücher des Verlages Reimer über 2700 Titel ermitteln lassen, enthielt schwergewichtig theologische, philosophische, (alt)philologische und weitere geisteswissenschaftliche Literatur, darunter eine beachtliche Bibel- und Gesangbuchsammlung, vgl. Günter Meckenstock, „Schleiermachers Bibliothek nach den Angaben des Rauchschen Auktionskatalogs und der Hauptbücher des Verlages Reimer", in: Friedrich Schleiermacher, *Kritische Gesamtausgabe. Schriften und Entwürfe*, Bd. 15 (KGA I/15), Berlin/New York: de Gruyter 2005, 635–912. Die Anzahl im weitesten Sinne naturwissenschaftlicher und naturphilosophischer Titel ist vergleichsweise gering, umfasst aber immerhin um die 40 Titel mit einem breiten Spektrum an vertretenen Themen und Unterdisziplinen, wobei sich ein Schwerpunkt in Geologie/Mineralogie/Geographie und Botanik verzeichnen lässt.
[3] Zu einer 1806 unternommenen Exkursion vgl. Simon Gerber, „Die Harzreise (1806)", in: *Schleiermacher in Halle (1804–1808)*, hg.v. Andreas Arndt, Berlin/Boston: de Gruyter 2013, 131–138.

https://doi.org/10.1515/9783110434538-007

Lebenstraumes anmutet.[4] Anders als Schelling, Novalis oder auch Goethe verfügte Schleiermacher jedoch über kein detailliertes Fachwissen in einer naturwissenschaftlichen Disziplin. Seine wissenschaftliche Quelle und fachwissenschaftlicher Garant in Sachen Physik war nicht zuletzt sein Kollege und Freund Henrich Steffens, mit dem er in seiner Zeit an der Hallenser Universität von 1804– 1806 in eine enge Lehrsymbiose trat: Schleiermacher vertrat die Theologie und Ethik (als umfassende Geisteswissenschaft) – Steffens bediente die Physik (als umfassende Naturwissenschaft) und lieferte für das Zusammenspiel beider Seiten auch die naturphilosophische Grundlegung. Beide verband der von Spinoza ausgehende frühromantische Gedanke einer progressiven Universalität von Geist und Natur.[5] Einen schriftlichen Niederschlag dieser naturphilosophischen Grundlegung oder „höheren Philosophie", die sein Kollege Steffens in seinen Vorlesungen vertrat und auf die sich Schleiermacher in seinen ethischen Vorlesungen in Halle berufen konnte, findet sich in den ersten zwei Kapiteln der 1806 erschienenen *Grundzüge der philosophischen Naturwissenschaft*, wie ich an anderer Stelle ausgeführt habe.[6]

Der Norweger Steffens, der ab 1804 in seiner Wahlheimat Preußen lehrte und forschte, war von seiner Ausbildung her Mineraloge, wendete sich aber bereits 1794 der Philosophie zu[7] und fand für seine naturphilosophische Ausrichtung vor allem in Friedrich Wilhelm Joseph Schelling eine wichtige Orientierung. „Ich bin

---

4 Schleiermacher dokumentierte diese Reise in einem Reisetagebuch in seinem Tageskalender aus dem Jahr 1833 (Archiv der Berlin-Brandenburgischen Akademie der Wissenschaften· Schleiermacher-Nachlass: SN 453), demnächst elektronisch einsichtig auf der Webseite der BBAW (Anm. 1).
5 „Was man seinen [Schleiermachers, S. Sch.] Spinozismus zu nennen beliebte, war eben dasjenige, was mich am meisten anzog, weil er nicht in der Form einer Naturnothwendigkeit, vielmehr als die lebendige Quelle der unbedingten Freiheit erschien." (Heinrich Steffens, *Was ich erlebte. Aus der Erinnerung niedergeschrieben*, Bd. 1–10, Breslau: Josef Max 1842, Bd. 5, 143).
6 Vgl. Sarah Schmidt, „Analogie versus Wechselwirkung – Zur ‚Symphilosophie' zwischen Schleiermacher und Steffens", in: *Schleiermacher in Halle (1804–1808)*, hg.v. Andreas Arndt. Berlin/Boston: de Gruyter 2013, 91–114. Vgl. auch den Beitrag von Andreas Arndt in diesem Band. Mitschriften zu Steffens Hallenser (und späteren Breslauer und Berliner) Vorlesungen sind nicht publiziert, was nicht heißt, dass nicht einige Manuskripte noch in den Archiven schlummern. Bekannt ist mir eine Nachschrift von Adolph Müller, einem Mediziner, der sowohl bei Steffens als auch bei Schleiermacher hörte. Sein Manuskript der Vorlesung „Oryktognosie" liegt in der Staats- und Universitätsbibliothek Bremen (brem.b.562, Nr. 22). Eine naturphilosophische Grundlegung ist, dem Manuskript nach zu urteilen, dieser naturwissenschaftlichen Vorlesung allerdings nicht vorangeschaltet gewesen.
7 Darüber legen die Tagebücher seiner Exkursionsreise nach Norwegen 1794 Zeugnis ab, vgl. Fritz Paul, „Naturwissenschaft und Spekulation. Henrich Steffens' Tagebuch von 1794 als Spiegel einer Bewusstseinskrise", in: *Edda* 71 (1971), 301–307.

ihr Schüler, durchaus ihr Schüler", schreibt er an Schelling in einem Brief vom 1.9.1800, „alles was ich leisten werde, gehört ihnen *ursprünglich* zu – Es ist keine vorübergehende Empfindung, es ist feste Übersetzung, dass es so ist, und ich schæze mich desshalb nicht geringer."[8] Noch vor einer ersten Begegnung las Steffens im Frühjahr 1798 Schellings *Ideen zu einer Philosophie der Natur* (1797) und *Von der Weltseele* (1798) und besuchte dann im Wintersemester 1798/99 Schellings Vorlesung zur Naturphilosophie. Das von Steffens in seinen Erinnerungen beschriebene erste Treffen[9] im Anschluss an die Vorlesung war der Beginn einer lebenslangen Freundschaft und Zusammenarbeit, die mit Steffens langer Rezension über Schellings frühe naturwissenschaftliche Schriften in der von Schellings herausgegebenen *Zeitschrift für spekulative Physik* 1800 einen Auftakt findet.[10] Hatte Steffens mit seiner Schelling-Rezension, in deren Ausführungen er weit über das Genre der Rezension hinausgewachsen war, seinen Namen kompetent im Diskurs der Naturphilosophie auf deutschem Boden platziert, so gab er mit seinem Aufsatz „Über den Oxydations- und Desoxydationsprozeß der Erde", der ebenfalls in der *Zeitschrift für spekulative Physik* erschien,[11] eine erste Probe seiner eigenen Forschungen für ein breiteres fachwissenschaftliches Publikum. Steffens nur unter dem Titel des Schelling-Schülers laufen zu lassen wäre, obwohl oft genug getan, sicherlich verfehlt. Denn Steffens schloss sich Schelling so unbedingt an, weil er selbst bereits zu ähnlichen Überlegungen gekommen war, die sich zum Teil bereits in seiner (anonym in deutscher Sprache erschienenen) Dissertation von 1797 *Über die Mineralogie und das mineralogische Studium* niederschlagen, sodass Schelling für Steffens kein naturphilosophischer Erwecker, sondern ein philosophisch visierter Mitstreiter war.[12] Steffens hingegen verfügte im Gegensatz zu Schelling über eine profunde naturwissenschaftliche Ausbildung, die Schelling schätzte und von der er profitierte.[13]

Aus dem Kreis der Frühromantiker waren sich auch Schleiermacher und Schelling gut bekannt. Eine ‚Symphilosophie' wie mit Friedrich Schlegel oder eine

---

8 Friedrich Wilhelm Joseph Schelling, *Briefe 1800–1802*, Historisch-kritische Ausgabe, Abt. III, Bd. 2,1, hg.v. Thomas Kisser, Stuttgart: Frommann-Holzboog 2010, 225.
9 Vgl. Henrich Steffens, *Was ich erlebte* 1841 (Anm. 5), Bd. 4, 76.
10 Vgl. Henrich Steffens, „Recension der neuern naturphilosophischen Schriften des Herausgebers", in: *Zeitschrift für spekulative Physik*, Bd. 1 (1800), H. 1, 1–48 u. H. 2, 88–121.
11 Vgl. Henrich Steffens, „Über den Oxydations- und Desoxydationsprozeß der Erde", in: *Zeitschrift für spekulative Physik*, Bd. 1 (1800), H. 1, 139–168.
12 Vgl. Fritz Paul, *Henrich Steffens* 1973 (Anm. 7), 89 f.
13 Die genaue historische und systematische Rekonstruktion dieser wissenschaftlichen Zusammenarbeit zwischen Schelling und Steffens, in der der wechselseitige Einfluss, Übereinstimmungen und Differenzen deutlich werden, steht meines Wissens noch aus. Ein erster Ansatz dazu findet sich bei Fritz Paul, *Henrich Steffens* 1973 (Anm. 7), 94–100, 107–110.

Lehreinheit wie mit Henrich Steffens entwickelte sich jedoch nie zwischen Schleiermacher und Schelling. Ihr Verhältnis blieb – ungeachtet oder gerade wegen der großen systematischen Nähe, die beide in Schellings frühen Jahren verband – distanziert und mit einem guten Schuss missgünstiger Konkurrenz behaftet. Als Schleiermacher im Frühjahr 1804 einen Ruf nach Würzburg erhielt, nahm er dieses Angebot mit gemischten Gefühlen entgegen, weil auch Schelling dort lehrte. Wie Schleiermacher in einem Brief an seinen Freund Alexander Graf zu Dohna formuliert, seien sie „bei einer großen scheinbaren Übereinstimmung doch sehr entgegengesetzt" und Schelling „viel zu scharfsichtig [...] um es nicht zu merken, und viel zu arrogant und herrschsüchtig um es zu ertragen"[14]. Schleiermacher fand in Schellings in Gegensätzen operierender Naturphilosophie inhaltliche und methodische Ansatzpunkte für seinen eigenen Standpunkt, lehnte jedoch den deduktiv-begrifflichen Charakter von Schellings Transzendentalphilosophie ab.[15] Diese Ambivalenz – Schleiermachers selbst bezeichnete seine Beziehung zu Schelling als „stillen Krieg"[16] – kommt auch in der wechselseitigen Kritik und Rezensionstätigkeit zum Ausdruck, in der sich Anerkennung und Konkurrenz miteinander verbinden.[17] Als die Berufung Schellings an die neu gegründete Berliner Universität im Raum steht, sprach sich Schleiermacher gegenüber seinem Freund Brinkmann eingeschränkt positiv für Schelling aus, jedenfalls sei sie der von Fichte vorzuziehen.[18] Schleiermacher wollte jedoch nicht Schelling, sondern Steffens nach Berlin holen:

> Und ich weiß gar nicht, wie man [...] das Fach Philosophie ausfüllen will ohne ihn. Man wird doch nicht den unseligen Einfall haben den Fichte allein machen zu lassen? Ich habe schon erklärt daß, was ich auf diesem Gebiete leisten kann gar nichts ist ohne Steffens, und gar keine Wirkung thun kann, als nur durch seine Mitwirkung.[19]

---

14 Brief 1659, 24 ff., KGA V/7 (*Briefwechsel 1803–1804*, hg. v. Andreas Arndt und Wolfgang Virmond, 2005).
15 Eine kurze Darstellung der philosophischen Nähe und Differenz zwischen Schleiermacher und Schelling findet sich bei Andreas Arndt, „Kommentar", in: Friedrich Schleiermacher, *Schriften*, hg. v. Andreas Arndt, Frankfurt a. M.: Deutscher Klassiker Verlag 1996, 993–1388, hier 1172–1177.
16 In einem Brief an Georg Andreas Reimer vom 11.11.1803, vgl. Brief 1590, Z. 37 ff., KGA V/7.
17 Vgl. „Historische Einführung", in: KGA I/4 (*Schriften aus der Stolper Zeit 1802–1804*, hg. v. Eilert Herms, Günter Meckenstock u. Michael Pietsch, 2002), LXXXV sowie Andreas Arndt, *Schleiermacher als Philosoph*, Berlin/Boston: de Gruyter 2013, 227.
18 Vgl. Brief an Brinckmann vom 26.1.1808, Brief 2617, Z. 98–100, KGA V/10 (Briefwechsel 1808, hg. v. Simon Gerber und Sarah Schmidt, 2015).
19 Ebd., Z. 98–104.

Alle Bemühungen, Steffens in den Gründungsjahren der Universität nach Berlin zu holen, scheiterten,[20] und Schleiermacher begann 1811 mit der Dialektik eine neue Vorlesungsreihe, die als philosophische Grundlagendisziplin den Wegfall der naturphilosophischen Vorlesungen Steffens' ersetzen sollte. Denn Steffens *Grundzüge,* so dokumentiert der Hörer August Twesten die Vorlesung, seien diejenige philosophische Grundlegung, „mit der er [Schleiermacher, S.Sch.] am meisten einverstanden sey"[21]. In Schleiermachers philosophischen Vorlesungen finden sich nun weder naturphilosophische Reflexionen noch ein substantieller Rekurs auf naturwissenschaftliche Erkenntnisse. Will man Schleiermacher und Steffens nicht nur im Modus einer wechselseitigen Ergänzung, sondern im Modus ihrer systematischen Übereinstimmung untersuchen, dann bietet sich allerdings der Begriff der Natur an, dem nicht nur in Steffens, sondern auch in Schleiermachers Werk eine zentrale Bedeutung zukommt.

Im Folgenden möchte ich mich in einem ersten Schritt dem Verhältnis von Natur und Vernunft (Geist) bei Steffens und Schleiermacher zuwenden, um in einem zweiten Schritt nach der wissenschaftlichen Methodik einer Natur- und Vernunfterkenntnis zu fragen, die sich aus diesem Verhältnis ergibt.

Als Textbasis werde ich mich bei Steffens auf seine drei naturphilosophischen Hauptwerke stützen – die frühen *Beyträge zur inneren Naturgeschichte der Erde* von 1801, die legendären Kopenhagener Vorlesungen *Einleitung in die philosophischen Vorlesungen,* gehalten 1802/03, erschienen 1803 und die *Grundzüge der philosophischen Naturwissenschaft,* die Steffens 1806 in der gemeinsamen Hallenser Zeit mit Schleiermacher veröffentlichte.[22] Die Textgrundlage für die Be-

---

20 Vgl. dazu meinen Beitrag im 1. Kapitel in diesem Band.
21 Nach Twestens Bericht erwähnt Schleiermacher in den Ethikvorlesungen die Einleitung der *Grundzüge* „als diejenige Darstellung des höchsten Wissens [...], mit der er am meisten einverstanden sey" (A. Twesten, „Vorrede", in: Friedrich Schleiermacher, *Grundzüge der philosophischen Ethik,* Berlin 1841, XCVII). In seiner Dialektik-Vorlesung von 1811 weist Schleiermacher nachweislich auf Steffens Verwendung des Begriffs „Wissenschaft der Ideen" hin (vgl. KGA II/10, *Vorlesungen über die Dialektik,* hg.v. Andreas Arndt, 2002, 1, 8).
22 Henrich Steffens, *Beyträge zur inneren Naturgeschichte der Erde* (Teil 1), Freyberg: Crazische Buchhandlung 1801, Henrich Steffens, *Grundzüge der philosophischen Naturwissenschaft,* Berlin: Reimer 1806. Der Zusatz „Teil 1" der *Beyträge* kündigte an, dass Steffens von Anfang an eine Fortsetzung geplant hatte. Aus Briefen an F. Schleiermacher geht hervor, dass er an dieser Fortsetzung arbeitete und auch eine Vorlesung zu diesem Thema hielt, vgl. z.B. Brief 2682, Z. 97–99, KGA V/10. Nachschriften sind mir bisher nicht bekannt.
Die Vorlesungen *Einleitung in die philosophischen Vorlesungen* (Steffens las im Wintersemester 1802/3), erschienen erstmals 1803, 1905, 1967 und 1968 folgen weitere unkritische Ausgaben und 1996 eine kommentierte historisch-kritische Ausgabe auf Dänisch. Eine Übersetzung ins Deutsche erfolgte erst jüngst mit zwei hintereinander erschienenen Publikationen: Eine Übersetzung von Heiko Uecker (Henrich Steffens, *Einleitung in philosophische Vorlesungen,* eingeleitet und übersetzt von H. Uecker,

stimmung des Naturbegriffs bei Schleiermacher bilden seine bereits in Halle begonnenen Ethik- und seine erst in Berlin, nicht zuletzt als Ersatz für den fehlenden Kollegen Steffens entwickelten Dialektik-Vorlesungen.[23]

2 Die Idee einer „inneren Naturgeschichte" in Steffens *Beyträgen* (1801) und seinen Kopenhagener Vorlesungen (1802/03)

Die *Beyträge zur inneren Naturgeschichte der Erde* entstanden während Steffens' Aufenthalt in Deutschland, wo er u. a. an der Bergakademie in Freiberg bei Abraham Gottlob Werner (1749–1817) studierte. Die Kopenhagener Vorlesungen, die er nach seinem mehrjährigen Deutschlandaufenthalt hielt, gelten weithin als Auftakt und zentraler Impuls der dänischen Romantik und haben legendären Charakter.[24] Steffens hatte bekanntlich einen eindringlichen Vortragsstil, der ihm Freunde wie Feinde bescherte,[25] und unter den Freunden regelrechte „Groupies" generierte. Die Struktur dieser Kopenhagener Vorlesungen ist „Sheresadisch" – sie enden mit dem Anfang einer neuen Frage, sodass der Zuhörer, mit einem Fragezeichen entlassen, sich auf die Fortsetzung in der kommenden Stunde freut.

Frankfurt a. M.: Peter Lang 2012) sowie eine von Jan Steeger (Henrich Steffens, *Einleitung in die philosophischen Vorlesungen*, hg. v. Bernd Henningsen und Jan Steeger, übers. von Jan Steeger, Freiburg: Alber Verlag 2016). Die 2012 erschienene erste Übersetzung hat einige editorische Mängel, sodass ich mich im Folgenden auf die Ausgabe von 2016 beziehe.

23 Damit beruht der Vergleich zwischen Steffens und Schleiermacher, dies sei angemerkt, ohne dass es die systematischen Perspektive stören kann, auf einer zeitlichen Asymmetrie, insofern Schleiermacher seine Dialektik-Vorlesungen erst in Berlin begann, Steffens naturphilosophische Schriften jedoch aus seiner frühen Kieler, Kopenhagener und Hallenser Zeit stammen.

24 Sie gelten als wichtigster Text der romantischen Philosophie in Skandinavien, vgl. Bernd Henningsen, „Henrik Steffens' Kopenhagener Philosophie-Vorlesungen 1802/03", in: Henrich Steffens, *Einleitung in die philosophischen Vorlesungen* 2016 (Anm. 22), 7–20, hier 8. Henningsen weist auch darauf hin, dass mit den neuen gedruckten Vorlesungen nicht alle gehaltenen Vorlesungen publiziert sind, Steffens sprach besonders gegen Ende der Vorlesung frei und Vorlesungsnachschriften ließen sich bis jetzt noch nicht auffinden, vgl. ebd., 10.

25 Steffens' Auftreten hatte durchaus sehr ambivalente bzw. kontroverse Reaktionen erfahren – manche ließen sich anstecken und waren wie angezündet von Steffens' Vortragsfeuer, andere konnten mit seiner Vorführung nichts anfangen oder waren sogar abgestoßen von einem solchen Vortragsstil, vgl. Uecker, „Vorbemerkung", in: H. *Steffens Einleitung in philosophische Vorlesungen* 2012 (Anm. 22), VII–XXVIII, hier X und Henningsen, „Henrik Steffens' Kopenhagener Philosophie-Vorlesungen", 2016 (Anm. 24), 15.

Steffens *Einleitung in die philosophischen Vorlesungen* schlugen als Vortrag (weniger als Buch) wie eine Bombe ein, derart, dass selbst Professoren bemüht waren, früher zu erscheinen, um einen Platz zu ergattern in der von bis zu 500 Zuhörern[26] besuchten Vorlesung: „ganz Kopenhagen war also auf den Beinen, um diesen jungen Wilden zu hören"[27].

In den frühen *Beyträge[n] zur inneren Naturgeschichte der Erde* versucht Steffens Schellings Naturphilosophie mit den *state of the art* der Naturwissenschaft zu verbinden und entwickelt insbesondere in Rückgriff auf die Theorien seines Lehrers Werner die Idee einer „inneren Naturgeschichte"[28]. Auch die *Einleitung in die philosophischen Vorlesungen* stehen ganz im Zeichen einer inneren Naturgeschichte und greifen dabei immer wieder, gleichwohl in prägnanterer Formulierung, auf die ausführlicheren Begründungsgänge der *Beyträge* zurück. Innere Naturgeschichte ist dabei keine beschreibende Geschichte der Natur von der Weltentstehung bis zur Gegenwart, sondern die idealtypische Rekonstruktion der schaffenden Natur, in der die Einheit der Naturkräfte ebenso wie die Einheit von Geist und Natur einsichtig werden soll. Der Beweisgang dieser inneren Naturgeschichte konzentriert sich darauf, alle naturwissenschaftlichen Einzelbeobachtungen und Faktenkenntnisse über Natur als einen evolutionären oder organisierten Zusammenhang zu begreifen, d. h. alles das, was Natur hervorbringt, als einen in sich einigen Organismus zu verstehen, in dem jedes einzelne „Organ" oder „Glied" der Natur an seinem Platz ist.[29]

Zwei Themenbereiche sind für diese „bedeutungsvolle Kontinuität in den Evolutionen der Natur"[30] besonders relevant und werden von Steffens ausführlich diskutiert: zum einen versucht Steffens den Übergang von der anorganischen zur organischen Natur nachzuweisen, zum anderen soll die gesamte Flora und Fauna – für Steffens gleichursprünglich aus der anorganischen Natur hervorgehend[31] –

---

26 Vgl. Bernd Henningsen, „Henrik Steffens' Kopenhagener Philosophie-Vorlesungen" 2016 (Anm. 24), 10.
27 H. Uecker, „Vorbemerkung" 2012 (Anm. 25), XI.
28 Auch ein über Schelling vermittelter Bezug auf Herders *Ideen zur Philosophie der Geschichte der Menschheit* (1784–91) liegt nahe. Schelling hatte mit der Wahl seines Titels *Ideen zu einer Philosophie der Natur* auf Herders *Ideen* angespielt, in denen Herder versucht, eine prozesshafte Einheit von Natur und Geschichte zu entwerfen.
29 Vgl. Henrich Steffens, *Einleitung in die philosophischen Vorlesungen* 2016 (Anm. 22), 98 (im Folgenden EpV): „aber das *Wesen* der Natur ist Organisation, d. h. Identität aller Differenzen". Vgl. auch EpV 99: „Die *Idee*, die allein die Differenzen in der Identität und die Identität in den Differenzen fassen kann, beinhaltet den Schlüssel zu aller Naturtheorie und ist nie auf einem empirischen Grund entstanden."
30 EpV 58.
31 Vgl. EpV 60f.

als kontinuierlicher Prozess einer zunehmenden Individualisierung verstanden werden.[32]

Um den Zusammenhang von anorganischer und organischer Natur nachzuweisen, greift Steffens die Forschungen seines Lehrers Werner auf und entwickelt eine Theorie zwei einander entgegengesetzter Gesteinsreihen:[33] eine ältere Kieselreihe („Kiesel [Silizium], Ton, Cirkon [Zirkon], Glucine [Beryllium] usw.") und eine jüngere Kalkreihe („Kalk, Baryth [Baryt], Strontian [Strontium]").[34] Von besonderer Bedeutung ist nun die Theorie eines Übergangs der Schieferformationen (Kieselreihe) in Torfmoore und Kalkformationen in Korallenbänke, sodass die Tierwelt aus der Kalkformation, die Flora aber aus der Kieselformation entstehe.[35] Zur Begründung dieser Übergangstheorie führt Steffens einerseits ihre chemischen Bestandteile an (Kiesel = Kohlenstoff, Kalk = Stickstoff), zum anderen weist er auf archäologische Funde hin, denn die Gebirge der Kieselformationen enthalten Überreste einer Vegetation, die der Kalkformationen Überreste von animalischen Fossilien. In der Tierwelt versucht Steffens zu zeigen, „wie selbst die äußere Form und das Leben der Tiere eine Kontinuität in der gesamten Reihe offenbaren und auf einen Urtypus hinweisen, der allen tierischen Formen zugrunde zu liegen scheint"[36].

Diese evolutionäre, idealtypische naturhistorische Entwicklung als ein Aufsteigen zur Tierwelt bis hin zum Menschen orientiert sich dabei weniger an äußeren Merkmalen als an physiologischen Eigenschaften wie „Irritabilität" und „Sensibilität"[37], an so genannten „Funktionen"[38] (Geschlechtstrieb, Assimilati-

---

32 Die in komprimierter Form in den *Kopenhagener Vorlesungen* gegebene Diskussion dieser natürlichen Individualisierung findet sich ausführlicher in den *Beyträgen* 1801 (Anm. 22), 275–317.
33 Vgl. Michaela Haberkorn, *Naturhistoriker und Zeitenseher. Geologie und Poesie um 1800: der Kreis um Abraham Gottlob Werner (Goethe, A. v. Humboldt, Novalis, Steffens, G. H. Schubert)*, Frankfurt a. M./Bern u. a.: P. Lang, 2004, 248: „Grundlage dieser Erkenntnis bildet die bereits bei Werner verfochtene Auffassung, dass die äußere Gestalt eines Naturgegenstandes Rückschlüsse auf seine innere chemische Zusammensetzung sowie auf seine Entstehungsgeschichte und Bildungsweise zulässt."
34 EpV 77. Vgl. auch EpV 81: „Also – Die Kieselreihe (denn ihre Erdarten, Kiesel und Ton, sind das, was die Schieferformationen charakterisiert) tritt in den Gebirgen zuerst hervor, macht deren älteste Hauptmasse aus und schlägt sich in der Urzeit bloß chemisch, in der Übergangszeit teils chemisch teils mechanisch, in der Flözzeit fast nur mechanisch nieder – Die Kalkreihe hingegen zeigt sich in der Urzeit nur wenig, tritt stärker in der Übergangszeit hervor, und wird in der Flözzeit die vollkommen Vorherrschende."
35 Vgl. EpV 83 f.
36 EpV 60.
37 Vgl. EpV 60: „Die Sensibilität ist am schwächsten bei den Würmern, stärker bei den Insekten, und wächst durch die Klassen der Amphibien, Fische, Vögel und Säugetiere, bis sie am stärksten

onstrieb) und Anlagen. Unter den Anlagen oder Kräften befindet sich z. B. auch der „Kunsttrieb", der sich als Bautechnik auf animalischem Niveau manifestiert und in seiner vollendeten Form zur Kunst des Menschen wird.[39] Die empirisch festzustellende Diskontinuität der Formen der Tierwelt, die der Annahme einer Kontinuität entgegenläuft, versucht Steffens eben durch die Kontinuität der Funktionen zu erklären: „Man müsste versuchen, die Diskontinuität der Formen aus einer Kontinuität in den Funktionen selbst zu erklären."[40]

Ist der Geist bereits als organisierende Kraft in der „bewusstlosen" Natur wirksam, so erwacht Vernunft erst im Prozess dieser Organisation[41] und erscheint als ihre Veredelung[42] im vernünftigen Menschen: „In der letzten Stunde haben wir einen bedeutungsvollen Zusammenhang aller Formen der Animalisation aufgedeckt. Die gesamte Reihe der Tiere wandelte sich vor uns zu nach und nach erwachender Intelligenz, deren Spitze und Centrum, deren Höchstes und Tiefstes *der Mensch* war."[43]

Auch die *Beyträge* beschreiben diese Stufenfolge, in deren Ende der Mensch und die Vernunft als ihr inneres Telos erscheinen:

> So tritt die Natur durch immer größeres Individualisiren dem Reiche *der Intelligenzen* immer näher, und alles was sich *da* zeigt, das liegt, als dunkle Anlage schon in der bewußtlosen Natur. – Auch in der intelligenten Welt bildet eine schaffende Natur *Stuffen*, die einem jeden seine Grenzen anweißt. – Was in der Natur Geschlechtstrieb ist, erhebt sich *da* zur *Liebe* – was in der Natur die *Ernährung* ist (der Egoismus des Products) wird das *Glückseligkeitstrieb* – was in der Natur *Instinkt* ist (in so fern es zur Erhaltung der Gattung wirkt) veredelt sich in der intelligenten Welt zur *Moralität*, die die ganze Gattung, und die ganze Natur umfast.[44]

---

ist bei den Menschen, sie nimmt also in der gesamten Reihe, von unten nach oben hin, allmählich zu."
38 „Das thierische Leben *besteht*, in seinem ganzen Ausmaß, durch die kontinuierliche Wirksamkeit von *drei* Funktionen." (EpV 43): Generation (Geschlechtsfähigkeit), Assimilation und Reproduktion.
39 Vgl. EpV 63ff. Zum Kunsttrieb bei Steffens und Schleiermacher vgl. den Beitrag von Holden Kelm in diesem Band.
40 EpV 57.
41 EpV 77; vgl. auch EpV 100: „Schließlich erwacht, mit der individuellsten Schöpfung, der unsichtbarste, heiligste Mittelpunkt der Natur – die Vernunft."
42 EpV 73.
43 „Wir haben den Punkt gefunden, wo die Anlage zur Vernunft – selbst in der Natur – durch das Erwachen des Instinktes beginnt. Auch hier verfolgt die Natur, indem sie sich dem Gipfel ihrer Produktionen annähert, entgegengesetzte Wege." (EpV 61).
44 Henrich Steffens, *Beyträge* 1801 (Anm. 22), 316 f.

Die Kopenhagener Vorlesungen, die als Einleitung in die gesamte Philosophie – also auch die Ethik – zu verstehen sind, gehen jedoch über diese innere Naturgeschichte hinaus, wobei sich dieser Schritt nahtlos an die Naturgeschichte anschließt und aus einer übergeordneten Perspektive sogar als ihr Teil verstanden werden kann: Denn gehört zur Natur als ihr höchster Entwicklungspunkt der Mensch, so erweist sich dieser, wie Steffens in der zweiten Vorlesung ausführt, in seinen einzelnen Handlungen analog zu den Erscheinungen der Natur als ein in seiner Gesamtheit noch nicht begriffenes Einzelelement. In der sozialen Welt zeigt sich dies im Kampf jedes Menschen gegen jeden, in der Wissenschaft im Streit der Meinungen.

Eine vollständige Einheit oder Organisation der Natur ist demnach aus erkenntnistheoretischer Perspektive erst dann erreicht, wenn sich das vereinzelte Wissen zusammenfügt und dies ist auch in Bezug auf die Naturkenntnisse gefordert: „Es ist, als ob die Vernunft keine Ruhe findet, ehe die ganze Natur sich ihren Gesetzen unterworfen hat."[45] Das Ziel der Naturwissenschaft ist es „eine – doch wohl *vernünftige* – und folglich im Wesen der Vernunft gründende – Konstruktion zu finden, die mit derjenigen der Natur vollkommen zusammenfallen soll und mit ihr *eins* wäre."[46]

Aus ethischer Perspektive geht es darum, dass sich die einander bekämpfenden Individuen als Teil eines größeren Zusammenhanges begreifen, der ihre vermeintliche Entgegensetzung aufhebt.[47] Die Ausführungen, die Steffens zu diesem Gegensatz von Freiheit und Notwendigkeit gibt,[48] sind jedoch ausgesprochen spärlich und anstatt einer Ethik entwickelt Steffens in den Kopenhagener Vorlesungen eine Kulturgeschichte, die analog zur Naturgeschichte die einzelnen Erscheinungsformen der menschlichen Vernunft als evolutionären Prozess betrachtet. Blieb Gott in der naturwissenschaftlichen Betrachtung zunächst außen vor, so tritt nun die Frage nach Gott hinzu: „Offenbart sich kein Gott im ewigen Wechsel?"[49] Mit seinem Blick auf die Kulturgeschichte versucht Steffens die Notwendigkeit bzw. das „Planvolle" in der Geschichte darzustellen[50] und

---

45 EpV 37.
46 EpV 46.
47 Vgl. EpV 73: „Aber selbst die Erhaltung der *Art* – da diese, mit Rücksicht auf das Ganze, ein Individuelles ist – streitet *gegen* den Egoismus der Natur. Sie muss solange fortgesetzt werden, bis diese Tendenz, die Art zu reproduzieren, *eins* wird mit der Tendenz, die ganze Natur zu reproduzieren; erst *da* hat sie ihre Vollendung, die Harmonie gefunden, die sie suchte. Sie findet sie mit der *Vernunft*."
48 Vgl. EpV 103ff.
49 EpV 104.
50 Vgl. EpV 127: „Es gibt einen Plan in der Geschichte des ganzen Menschengeschlechts, einen Plan, in welchem sich das zügellose Spiel von Freiheit und Willkür mit Notwendigkeit verliert, in

entwickelt eine Geschichtstheorie eines kulturellen Abstiegs von der antiken Vorgeschichte bis Rom, dem ein seit dem Christentum zu beobachtender kultureller Aufstieg bis zur Gegenwart folgt. Eine zentrale Bedeutung kommt dabei der Religiosität der jeweiligen Epoche zu, denn der Abstieg ist unter anderem dadurch gekennzeichnet, dass ein Krieg aller gegen alle in dem Moment einsetzt, in dem die wahre Religiosität sinkt.[51] Eine barbarische Entgleisung des Menschen in der Geschichte – wie wir sie nach Steffens beispielsweise bei Nero exemplarisch vorfinden – entsteht, wenn einem Mächtigen nichts entgegengesetzt ist, denn das dem einzelnen Willen natürlich Entgegengesetzte sorgt für ein Gleichgewicht und den Einigungswillen des Menschen.[52] Deutlich wird in diesen Passagen, dass Steffens' Naturphilosophie nicht erst unter dem Einfluss von Schleiermacher zur Religions- und Geschichtsphilosophie wird, wie Paul konstatiert.[53]

3 Vom evolutionärem Modell der *Beyträge* (1801) und Kopenhagener Vorlesungen (1802/03) zum Analogiedenken in Steffens *Grundzügen der philosophischen Naturwissenschaft* (1806)

Umfassender als der Begriff der Vernunft ist in diesen beiden frühen Schriften, den *Beyträgen zur inneren Naturgeschichte* und den Kopenhagener Vorlesungen,

---

welchem sich eine Gottheit offenbart. Man könnte sagen, dass wir ihn nicht zu erfassen vermögen; aber annehmen müssen wir ihn doch, und mit ihm alles, was notwendig aus ihr folgt. Gibt es wirklich einen solchen Plan, so ist er ewig, d.i. er ist über der Zeit. Die Ewigkeit beginnt nicht, wo die Zeit aufhört. Sie ist über der Zeit; die Zeit verliert sich in ihr, wie in einem Abgrund. Ist das gewiss, so ist *in der* ewigen Idee, die sich in der Zeit allmählich in einer unendlichen Evolution offenbart, *alles*, was gewesen ist, was ist, was sein wird, *zugleich* wirklich. In dieser ewigen Idee ist nicht allein alles Wirkliche mit seiner Möglichkeit verbunden, sondern ebenso alles Mögliche mit seiner Wirklichkeit."

51 „Solange der religiöse Mittelpunkt Menschen und Nationen vereint, ihrem Leben Glanz gibt, ihrem Denken Tiefe und ihren Handlungen Bedeutung, kann die Verwicklung der Umstände zwar Streit und Uneinigkeit wecken, ja der Krieg, die notwendige Folge allen endlichen Daseins, wird nie ruhen; aber die *bloße* Eroberungsseuche wird niemals die Höhe erreichen, auf der die zentripedale Tendenz der Geschichte geschwunden ist. Wo sie dagegen verschwunden ist, werden die Nationen, nachdem sie erwacht sind, ihre Kraft, als körperliche der Masse, nach außen hin, zentrifugal äußern." (EpV 109 f.) Vgl. auch EpV 110: „und Griechenland wurde ein Opfer der zentrifugalen Kraft einer erwachenden Nation".
52 Vgl. EpV 111.
53 Vgl. Fritz Paul, *Henrich Steffens* 1973 (Anm. 7), 123.

der Begriff des Geistes, denn Geist wirkt schon in der Organisation anorganischer Materie und bringt Natur nach und nach zur vollständigen Darstellung, während Vernunft zunächst menschliche Vernunft und ihre evolutionären Vorläufer in der Tierwelt meint. In der Schrift *Grundzüge der philosophischen Naturwissenschaft*, deren Ausarbeitung in Steffens' und Schleiermachers gemeinsame Hallenser Zeit fallen, findet eine terminologische und konzeptionelle Verschiebung hinsichtlich der Begriffe Natur, Geist und Vernunft ebenso wie eine methodologische Verschiebung statt.

Anders als die Kopenhagener Vorlesungen, die, wie Steffens immer wieder betont, vorzüglich dazu da sind, ein Problembewusstsein zu wecken[54] und keine naturphilosophische Grundlegung sein wollen, findet sich in den ersten beiden Kapiteln der *Grundzüge* der Versuch einer kompakten naturphilosophischen Grundlegung, das Kernstück einer „höheren Philosophie", das Schleiermacher in Berlin vermisste, das sowohl für Ethik als auch für Physik zu gelten hatte.

In den stark an Spinoza orientierten naturphilosophischen Grundlegungen in den ersten beiden Kapiteln widmet sich Steffens zunächst dem Verhältnis von Endlichem und Unendlichen, wobei an die Stelle der Spinozistischen Substanz terminologisch der Begriff der Vernunft tritt. Die sich im Endlichen auf endliche Weise realisierende Vernunft steht im Endlichen unter dem Gegensatz der Form (dem Denken) und der Mannigfaltigkeit (dem Sein). Diesen Gegensatz aufzuheben, d. h. zur Identität zu führen und sich zugleich in diesem Gegensatz in Erscheinung zu bringen, macht den Prozess der Vernunft aus.

Eine vorauszusetzende Identität dieses Gegensatzes von Form und Materie kann nach Steffens weder gesucht und gefunden (bewiesen), noch im Sinne eines philosophischen Grundsatzes postuliert werden, „sie ist vielmehr das ewig daseiende, nicht-gesuchte, nicht-gefundene, sondern absolut geschenkte Organ aller lebendigen Untersuchung, alles wahrhaften Erkennens, welches das Ganze des Erkennens und einen jeden Punkt desselben gleich klar bezeichnet"[55].

Das Erkennen trennt sich auf diese Weise in ein Erkennen des Wesens, der ewigen Substanz der Dinge bzw. Erkennen „in der Potenz des Ewigen"[56] als intellektuelle Anschauung einerseits und ein Erkennen „unter der bestimmten

---

[54] Vgl. EpV 22: „Jeder muss sich selbst diesem Problem hingeben, bevor es in einer zufriedenstellenden Weise gelöst werden kann. Jeder muss sein eigenes Problem lösen, nicht das eines anderen".
[55] H. Steffens, *Grundzüge der philosophischen Naturwissenschaft*, 1806 (Anm. 22, im Folgenden GZ), 3.
[56] Vgl. GZ 6.

Potenz"[57] als eine sinnliche Anschauung andererseits, die nur eine Modifikation der höheren oder ewigen Natur anschaut.[58]

Im Vergleich zu den früheren *Beyträgen* und den Kopenhagener Vorlesungen findet also eine terminologische Verschiebung statt, indem der Gesamtprozess nicht mehr unter dem Fokus einer sich durch den Geist organisierenden Natur, sondern einer sich in Form (dem Denken) und Materie (dem Sein) realisierenden Vernunft betrachtet wird. Mit dieser terminologischen Verschiebung rückt auch der evolutionäre Charakter in den Hintergrund und mit ihr die für die *Beyträge* und in den Kopenhagener Vorlesungen so charakteristische Konfrontation naturwissenschaftlicher Erkenntnis mit naturphilosophischen Grundannahmen. Sie weicht einer Analogietechnik, in der die einzelnen wissenschaftlichen Einsichten nicht argumentativ vorgetragen, sondern in aphorismenartiger Form unter dem Grundgerüst einer „Quadruplizität" und der Grundannahme einer Entsprechung von Mikrokosmos und Makrokosmos aneinandergekoppelt werden. Sind die ersten Kapitel der Grundlegung stark an Spinoza orientiert, so folgt diese quadruplizitäre Struktur in Anlage, Ausführung und Methode der Analogiebildung Schellings *Darstellung meines Systems der Philosophie*, ein Text, der 1801 in der *Zeitschrift für Spekulative Physik* erschienen ist. Diese Analogietechnik der *Grundzüge*, die, wie Fritz Paul schreibt, Steffens „mehr und mehr zum Instrument einer philosophischen Unsinnsmechanik"[59] gerät, ist für den Laien nur sehr schwer verständlich und stieß bei Kollegen und Freunden auf starke Kritik.[60]

---

57 Vgl. GZ 5.
58 Vgl. GZ 16 sowie 6f.: „In der Vernunft erkennen, heißt daher nicht ein Sinnliches, Endliches, so wie es sich den leiblichen Sinnen entdeckt, als ein Sterbliches oder Vergängliches, sondern, ein jedes Einzelne in seinem Wesen, d.h. in der Potenz des Ewigen, erkennen. Ein jedes wissenschaftliche Bestreben, wenn es sich gleich selbst nicht erkennt, ist, seinem Wesen nach, ein Bestreben, die Dinge, nicht wie sie in der Erscheinung, sondern wie sie, an sich in der Vernunft sind, zu erkennen; denn auch in einer jeden, selbst empirischen, Wissenschaft ist nicht das Besondere für sich, sondern nur die Identität beider das Reelle."
59 Fritz Paul, *Steffens* 1973 (Anm. 7), 116.
60 Ausführlicher zu Steffens Analogie-Denken in den *Beyträgen* vgl. Sarah Schmidt, „Analogie versus Wechselwirkung" 2013 (Anm. 6), 107–114.

4 Natur, Vernunft und die Wechselwirkung der Formen des Wissens in Schleiermachers Dialektik- und Ethik-Vorlesungen

Auch in Schleiermachers System geht es um eine potentiell und progressiv nur im Unendlichen zu erreichende Einheit von Natur und Vernunft. Dieser Vereinigungsprozess, den Schleiermacher auch als Geschichte der Natur und als Geschichte der Vernunft tituliert, ist nicht gleichzusetzen mit einer vordergründig positivistisch beschreibenden Natur- oder Kulturgeschichte. Ethik als Wissenschaft von der Geschichte der Handlungen der Vernunft einerseits und Physik als Wissenschaft von Handlungen der Natur andererseits verhalten sich zur Geschichtskunde wie ein „Formelbuch" zum „Bilderbuch".[61]

Schleiermacher fasst dabei Natur und Vernunft wesentlich abstrakter als Steffens in seinen *Beyträgen* und Kopenhagener Vorlesungen. Eine derartig abstrakte Fassung deckt sich jedoch mit dem in Steffens *Grundzügen* entworfenen Gegensatz von Form und Materie. Zugleich denkt Schleiermacher Form und Materie aber als enger an den Menschen gebundene Größen, nämlich als Denkgrenzen oder das Denken und Handeln bestimmende Funktionen, die vom Denken selbst nicht mehr eingeholt werden können. Dabei ist es weniger eine evolutionäre Stufenleiter als die Struktur wechselseitiger Bedingtheit ihrer Erscheinungen, die es im Formelbuch zu erfassen gilt.[62]

Das Verhältnis von Natur und Vernunft wird bei Schleiermacher sowohl in den Dialektik- als auch in den Ethik-Vorlesungen thematisiert – in letzteren vor allem in den Einleitungen. In den Einleitungen der philosophischen Ethik, die eine Gegenstandsbestimmung der Ethik zum Ziel hat, kommt der gesamte Prozess der Vernunftwerdung der Natur und der Naturwerdung der Vernunft in den Blick. Sie enthalten wichtige Aussagen zur Wissenschaftssystematik und -theorie und sind derjenige Teil der Ethik-Vorlesungen, der die umfangreichste und detailreichste Ausarbeitung und Umarbeitung in den Jahren erfahren hat und deren Titel „Einleitung" ihr systematisches Gewicht nur unzureichend erfasst.

---

[61] Vgl. Friedrich Schleiermacher, *Ethik (1812/13) mit späteren Fassungen der Einleitung, Güterlehre und Pflichtenlehre*, hg.v. H.-J. Birkner, Hamburg: Meiner 1990 (2. verb. Auflage), 217, § 108 (im Folgenden zitiert als E): „[…] für einander sind sie die Geschichtskunde das Bilderbuch der Sittenlehre, und die Sittenlehre das Formelbuch der Geschichtskunde." Schleiermachers Ethik-Vorlesungen liegen gegenwärtig noch nicht in historisch-kritischer Ausgabe vor.

[62] In seinem Beitrag in diesem Band zeigt Walter Jaeschke, dass Schleiermacher in seiner Staatslehre ein physiologisches, an Naturbildungsprozessen orientiertes Geschichtsverständnis entwickelt.

Schleiermacher bestimmt Natur und Vernunft auf zwei unterschiedlichen Ebenen: Sie werden zum einen als absoluter Gegensatz von „absoluter Einheit" (Vernunft) und „absoluter Mannigfaltigkeit" (Natur) verstanden, der sich in einer Einheit stiftenden oder strukturierenden und einer Materie oder Stoff gebenden Funktion manifestiert, in seiner Absolutheit selbst jedoch außerhalb des Denkens liegt und – wie er in den Dialektik-Vorlesungen nicht nur thematisiert, sondern auch versucht vorzuführen – nur als Grenzbegriff bestimmt werden kann.[63]

Natur und Vernunft als reale Erscheinung sind jedoch mit einem von zwei Seiten ausgehenden Prozess zu identifizieren, indem sich Natur Vernunft aneignet und Vernunft Natur. Aus einer zweifachen Perspektive auf diesen Prozess folgt nun auch die Einteilung in zwei „Realwissenschaften" Ethik und Physik.[64] Vernunft und Natur, die als absolute Gegensätze oder Vermögen keinerlei Wirklichkeit haben, treten in der Wirklichkeit demnach nur *aneinander* in Erscheinung, in Form einer „Natur, in welcher die Vernunft schon ist", und einer „Vernunft, welche schon in der Natur ist"[65].

Eine Unterscheidung zwischen Ethik (als ‚Wissenschaft von den Handlungen der Vernunft') und Physik (als ‚Wissenschaft von den Handlungen der Natur') ist zunächst hinsichtlich ihres Gegenstandes möglich: In der Naturwissenschaft (Physik) erscheint dem Menschen alles „als Product", Natur liegt dem Menschen als Erkenntnisobjekt vor. In der Ethik hingegen fasst sich der Geist selbst „als Produciren"[66], d. h. vor allem als menschliche Tätigkeit. Diese Unterscheidung, wie sie Schleiermacher bereits im frühen Manuskript dem *Brouillon zur Ethik* von 1805/06 formuliert, also in der mit Steffens gemeinsamen Hallenser Zeit, kann jedoch immer nur der Tendenz nach vorgenommen werden, da ihr ein dynamisches Natur- und Vernunftverständnis zugrunde liegt. Denn auch in der Ethik wird uns nicht nur das Produzieren selbst, sondern werden auch die Produkte menschlicher Handlungen zum Gegenstand, die uns beispielsweise in Form von Werken, Werkkomplexen oder Institutionen vorliegen.

Auf diese „Objektivationen" des menschlichen Geistes und ihre bestimmende Funktion für weiteres Denken und weitere Handlungen legt Schleiermacher mit

---

63 Eine „transzendentale Deduktion" dieses absoluten Gegensatzes als Denkgrenze findet im transzendentalen Teil der Dialektik statt.
64 Vgl. E § 28, Lemma 10: „Die Ethik ist also Darstellung des endlichen Seins unter der Potenz der Vernunft, d. h. von der Seite, wie in dem Ineinandersein der Gegensäze die Vernunft das Handelnde ist, und das Reale das Behandelte, und die Physik Darstellung des endlichen Seins unter der Potenz der Natur, d. h. wie das Reale das Handelnde ist, und das Ideale das Behandelte."
65 E 13, § 67.
66 Friedrich Schleiermacher, *Brouillon zur Ethik (1805/06)*, hg.v. H.-J. Birkner, Hamburg: Meiner 1981, 3, Std. 1.

der Güterlehre der *Ethik* ein besonderes Gewicht und dieser Akzent auf den „sittlichen Makrokosmos" wird seit der vorletzten Jahrhundertwende im Zuge der Entstehung der Kulturwissenschaften auch als Schleiermachers Theorie der Kultur rezipiert.[67]

Tritt die Vernunft uns als ihr Werk, als Kultur oder als zum Organ oder Werkzeug gebildete Natur entgegen, so erscheint auch Natur nicht nur als reines Produkt, sondern in Form unseres eigenen Körpers als produzierende Tätigkeit. Wo aber fangen Werke oder Kultur an und wo hört Natur auf und inwiefern bestimmt der Vorgang der Erkenntnisproduktion bereits den Gegenstand der Erkenntnis mit?

Ging Steffens innere Naturgeschichte als evolutionäre Stufenleiter nahtlos in eine Kulturgeschichte über, insofern der vernünftige Mensch die höchste und veredelte Stufe der Organisation der Natur darstellt, besitzt die von zwei Seiten ausgehende Natur- und Vernunftgeschichte bei Schleiermacher eine brisante erkenntnistheoretische Pointe: Denn was Natur ist, lässt sich nicht mehr unabhängig von der jeweiligen Bildung unserer Vernunft denken.

Es liegt uns demnach keine Natur als reines Objekt lediglich vor, deren objektiv allgemeine Beschaffenheit wir uns durch Wahrnehmungen aneignen können, ohne nicht selbst schon Teil dessen zu sein, was wir uns aneignen wollen. Und eben sowenig wie uns Natur ‚immun' gegenübersteht, lassen sich die subjektiv-allgemeinen Formen des Erkennens jenseits dessen bestimmen, was ihr als Gegenstand der Erkenntnis vorliegt. Natur *ist* nur in dem Maße, in dem wir Vernunft entfaltet haben, sie zu beschreiben und zu klassifizieren und umgekehrt: Vernunft haben wir nur in dem Maße, in dem Natur ihr Anlass gibt, sich an ihr ordnend zu erproben.[68]

Schleiermachers erkenntnistheoretische Grundlegung vollzieht sich in den Dialektik-Vorlesungen und ist als allgemeine Wissenschaftslehre nicht nur für die Ethik, sondern ebenso für die Physik als naturwissenschaftliche Manteldisziplin methodisch maßgebend. Die in Berlin begonnenen Dialektik-Vorlesungen, die zunächst als Ersatz für die des in Halle zurückgebliebenen Kollegen Steffens

---

[67] Vgl. Sarah Schmidt, „Kulturkritik als geschichtliches Verstehen in Friedrich Schleiermachers Ethik", in: *Kulturwissenschaften in Europa – eine grenzüberschreitende Disziplin?*, hg.v. Andrea Allerkamp u. Gérald Raulet, Münster: Westfälisches Dampfboot 2010, 39–55.

[68] Dieses Ineinander von Natur und Vernunft formuliert Schleiermacher auch explizit für den Gegensatz von Leib und Seele, in deren Dualität für uns der Gegensatz von Geistes- und Naturwissenschaft nach Schleiermacher „angeboren" sei, insofern uns die Trennung von Produkt oder Objekt und Produzieren oder Geistigkeit in der Form von Leib und Seele immer schon vorliegt: „Aber, was wir Leib nennen, ist als solcher überall schon ein Ineinander des Dinglichen und Geistigen, und was Seele als solche eben so." (E 200, § 49; vgl. auch E 8, § 26/27).

wegfallende Einführung in die „höhere Philosophie" gedacht war, stimmt mit vielen Grundsätzen mit Steffens überein, ist methodisch jedoch ganz anders angelegt als die Steffensche Grundlegung in den *Grundzüge[n] der philosophischen Naturwissenschaft.*

Während Steffens in der kompakten Einleitung seiner *Grundzüge der philosophischen Naturwissenschaft* das Verhältnis von Endlichem und Unendlichen ausgehend von einer Idee des Absoluten entwickelt, geht es Schleiermacher in den Dialektik-Vorlesungen um die Schärfung der genuin menschlichen und mithin endlichen und kontingenten Zugangsweise zum Wissen. Ausgangspunkt ist nicht die Identität von Vernunft und Natur, sondern der „ewige Streit der Meinungen" als Prozess der sich im Endlichen unendlich realisierenden Vernunft. Wie sich bereits in Schleiermachers früher Bestandsaufnahme philosophischer Sittenlehren, der *Grundlinien einer Kritik der bisherigen Sittenlehre* (1803), andeutet, geht es um die Frage, wie sich aus dem Prozess heraus und der ihm geschuldeten endlichen Perspektive, der Prozess selbst *begreifen, begründen* und *orientieren* lässt.

Als Kunst der Gesprächsführung[69] hat die Dialektik die Aufgabe, dem ewigen Streitgespräch, als das sich die erkenntnistheoretische Praxis des Menschen darstellt, Regeln der Streitschlichtung zu entwerfen, um das kontingente oder bloß historische Denken einem Wissen anzunähern:

> „Nämlich statt eine Wissenschaft des Wissens aufzustellen in der Hofnung dadurch von selbst dem Streit ein Ende zu machen gelte es nun eine Kunstlehre des Streitens aufzustellen in der Hoffnung dadurch von selbst auf gemeinschaftliche Ausgangspunkte für das Wissen zu kommen."[70]

Einen Ausgangspunkt gewinnt die Dialektik, der nur ein streitendes und kontingentes Denken, aber kein Wissen selbst vorliegt, indem sie sich dem Denken als „Wissenwollen" zuwendet. Nicht das Wissen selbst, sondern der Anspruch des vermeintlichen Wissens oder Denkens, ein Wissen zu sein, ist der Gegenstand der Analyse, die die Bedingungen der Möglichkeit des Wissens freilegen soll. In einem ersten von Schleiermacher als „transzendental" bezeichneten Teil, wird in einer *Analyse der Idee des Wissen* das allem Denken innewohnende „höchste Wissen" freigelegt, während der zweite „technische" oder „formale" Teil eine Betrachtung

---

69 In der Vorlesung 1822 bezeichnet Schleiermacher die Dialektik als „Darlegung der Grundsäze für die kunstmäßige Gesprächführung im Gebiet des reinen Denkens" (KGA II/10.1, 393, § 1).
70 KGA II/10.1, 372, § 2.5.

des werdenden Wissens darstellt und konkrete Maximen der Schichtung des streitenden Denkens entwerfen soll.[71]

Ähnlich der Kantischen Spontaneität und Rezeptivität im Erkennen bestimmt Schleiermacher im transzendentalen Teil zwei Funktionen des Denkens – die intellektuelle und die organische oder sinnliche[72] Funktion, in deren Zusammenwirken jeder einzelne Akt des Denkens besteht und deren Isolation zu „leeren" Begriffen und „blinden" Anschauungen führt.[73] Anders als bei Kant lassen sich die Vermögen, auf die die zwei Funktionen verweisen, für Schleiermacher jedoch nicht weiter formal bestimmen oder differenzieren, weder in reine Anschauungsformen der Sinnlichkeit noch in reine Begriffe des Verstandes. Denn jede Bestimmung, jede Form muss bereits als Ergebnis des Zusammenwirkens beider Funktionen gedeutet werden: „Was jede von ihnen beiträgt läßt sich nicht isoliren ohne das reale Denken zu zerlegen, also etwas zu erhalten was für sich nicht nachgewiesen werden kann."[74] Die organische und die intellektuelle „Funktion" des Denkens – ‚pure' Rezeptivität und ‚pure' Spontaneität – können selbst nicht wieder Gegenstand des Denkens werden, und verweisen auf den alles reale Denken bestimmenden absoluten Gegensatz von Idealem (Vernunft) und Realem (Natur/Materie).

Für das Zusammenwirken beider Funktionen des Denkens gibt es weder einen ersten Anfang noch eine normierte Progression und jedes Denken erweist sich so als je eigene und in diesem Sinne auch eigentümliche Mischung des höchsten Gegensatzes. Dieses ewige „Anfangen aus der Mitte"[75], wie Schleiermacher die Naturwerdung der Vernunft und die Vernunftwerdung der Natur aus menschlicher, endlicher Perspektive charakterisiert, zeigt sich formal in der wechselseitigen Abhängigkeit der Formen des Denkens: Entgegen der gängigen Logik der Zeit lässt sich kein stufenweises Aufeinanderaufbauen erkennender Formen konstatieren (aus Wahrnehmungen werden Begriffe, aus Begriffen werden Urteile gebildet, aus Urteilen Schlüsse), sondern vielmehr besteht eine unhintergehbare

---

71 Die Frage, was Wissen ist, lässt sich von der Frage, wie wir es erzeugen, nicht trennen, sodass eine Methodenlehre des Denkens nur zugleich und in wechselseitiger Korrektur mit einer Wissenschaft des Wissens entworfen werden kann, die sich den Wissensinhalten zuwendet. Diese geforderte wechselseitige Bildung von Kunstlehre und Wissenschaft ist grundlegend für das Verhältnis von transzendentalem und technischem Teil der Dialektik, sodass keiner dem anderen systematisch vorgeordnet ist.
72 Die Bezeichnung „sinnliche Funktion" findet sich in der Vorlesung 1822, vgl. KGA II/10.2, 484, Std. 28.
73 Schleiermacher spricht von „leere Bestimmtheit", vgl. KGA II/10.1, 96, § 118.1 u. KGA II/10.1, 97, § 118.3.
74 KGA II/10.1, 96, § 118.1.
75 „Das Anfangen aus der Mitte ist unvermeidlich." (KGA II/ 10.1, 186, § 62).

wechselseitige Abhängigkeit. Bereits die Vorstellung einer „einfachen" Wahrnehmung ist problematisch, insofern sich ihr begrifflicher und theoretischer Vorgriff nicht auf Null reduzieren lässt.[76] Im gleichen Maße, wie Wahrnehmung nur vor dem Hintergrund eines bereits entwickelten diskursiven Denkens stattfinden kann, wäre kein Begriff denkbar, der nicht auch auf Wahrgenommenes verweist; und so wie Urteile nur gebildet werden können, wenn sie Begriffe voraussetzen, verweist die Geschichte der Begriffsbildung auf vorangegangene Urteile.

Unter diesen Vorzeichen bleibt Wissen als vollständige Vermittlung des streitenden Denkens ein Zielbegriff, er ist der Terminus ‚ad quem', die Idee der Einheit, „in welcher alle Gegensätze eingeschlossen sind"[77]. Ob wir darauf hoffen können, dass wir die differenten, sich streitenden Formen des Denkens je einem Wissen annähern können, ist mit der Bestimmung dessen, was Wissen und was Denken ist, nicht beantwortet. Letzte Bedingung der Möglichkeit von Wissen ist die ursprüngliche Einheit des Gegensatzes, die vom Denken als Bedingung der Möglichkeit von Wissen zwar markiert wird, in der Reflexion, die das Wissen ausmacht, jedoch nicht eingeholt werden kann.

Der technische Teil der Dialektik-Vorlesungen erweitert die Wechselwirkung der Formen des Denkens, die im transzendentalen Teil auf elementarer Ebene zwischen Wahrnehmung und diskursivem Denken, zwischen Begriffs- und Urteilsbildung untersucht wurde, auf Prozesse der Theoriebildung aus. „Wissenskonstruktion" als „untere" Theorieebene, das Sammeln und Festhalten empirischer Daten und Sachverhalte, und „Wissenskombination" als „obere" Theoriebene komplexer Theoriezusammenhänge stehen im beständigen Wechselverhältnis.

---

76 Vgl. auch: „Dieses Setzen der Einheit [in die unbestimmte Totalität des organischen Eindrucks, S. Sch.] ist aber schon ein Werk der intellectuellen Function. So sind diese beiden Functionen stets miteinander verbunden. Ist das ein Denken: die Thätigkeit der organischen Function, ohne Vernunftthätigkeit? Dies wird eine chaotische Mannichfaltigkeit von Impressionen [...]." (KGA II/10.2, 459 f., Std. 21). Vgl. dazu auch die für Wahrnehmung zentralen Begriffe des ‚Dings' und der ‚Aktion', die Schleiermacher als Wechselglieder bezeichnet, die aufeinander verweisen: „Das 1ste, was uns noch als Bedingung des wirklichen Denkens, als Anfang desselben gegeben ist, ist der Gegensatz von Action und Ding, Prädicat- und SubjectBegriff." (KGA II/10.12, 637, Std. 69) Vgl. auch KGA II/10.2, 619, Std. 64: „[...] die Action ist nur dadurch eine, daß sie wo ist, und das Ding ist nur etwas dadurch, daß es was ist, denn dadurch wird es eine Einheit, worin die Succession der Auffassungsmomente verschwindet."
77 KGA II/10.2, 586 f., Std. 56.

5 Henrik Steffens und der Anspruch einer beständigen Vermittlung von Naturwissenschaft und Naturphilosophie

Im Kreis der Romantiker – und insbesondere auch von Schelling – wurde Steffens als derjenige gehandelt, der aufgrund seiner umfassenden naturwissenschaftlichen Kenntnisse und eigenen Forschungen eine Vermittlung zwischen empirischen und spekulativen Naturerklärungen erreichen konnte.[78] Das entsprach auch durchaus dem Selbstverständnis und Anliegen Steffens', was er u. a. in den *Beyträgen zur inneren Naturgeschichte der Erde* und den Kopenhagener Vorlesungen beispielsweise in seiner Positionierung im so genannten „Basaltstreit" zwischen Neptunisten und Plutonisten vorführt,[79] und zugleich immer wieder explizit betont: naturphilosophische Einsichten haben sich an der naturforschenden Faktenlage zu beweisen. In den *Grundzügen der philosophischen Naturwissenschaft* tritt dieser in Steffens Schriften so charakteristische Abgleich zwischen naturwissenschaftlicher Diskussion und naturphilosophischen Leitideen hinter den für den Laien über weite Strecken unverständlichen aphoris-

---

[78] Schelling äußert das unter anderem nach Steffens Tod in seinem Vorwort zu den nachgelassenen Schriften Steffens' („Vorwort", in: H. Steffens, *Nachgelassene Schriften*, Berlin: Schroeder 1846, V). Allerdings ist dieses Vorwort insofern bemerkenswert, als es sich eigentlich nur in einigen Passagen direkt auf Steffens und sein Werk bezieht und an den wenigen Stellen, an denen Schelling sich über Steffens äußert, diesen als Person würdigt und zwar in einer Art, die man auch als eine Antiwürdigung des wissenschaftlichen Werkes lesen kann: „Es gibt Individuen, bei denen der Werth ihrer literarischen Leistungen den ihrer Person übertrifft. Bei Steffens galt das Umgekehrte insofern, als man seine Persönlichkeit noch immer höher anschlagen mußte, als seine geistigen Hervorbringungen." (Ebd., LV).

[79] Steffens geht es um eine von den empirischen Daten ausgehende Begründung des von ihm vertretenen Neptunismus. A. G. Werner war wie Steffens auch ein Vertreter der Theorie des Neptunismus, die davon ausgeht, dass die Gesteinsarten unter dem Wasser als „Urmeer" entstanden sind; ihr gegenüber steht der „Plutonismus", der das Feuer (vulkanische Kräfte) als entscheidendes Element für die Bildung der Erdkruste annimmt. Dieser Gegensatz – prominent besetzt mit Goethe als Neptunisten und A. v. Humboldt als Plutonisten – wird als „Basaltstreit" tituliert und ist neben seiner fachlichen Anschauung auch ein Streit der Weltanschauungen insofern der Plutonismus sich gegen ein religiöses Welterklärungsmodell absetzt. Während der Neptunismus ein evolutionäres Modell der Weltentstehung vertritt, kann man den Plutonismus eher als revolutionäres Modell verstehen. Obgleich sich die These der Plutonisten später bestätigt hat, so bildet der Neptunismus die Grundlage der modernen Geologie. (Vgl. dazu die Netzpublikation „Goethe und der Basaltstreit", 11. Sitzung der Humboldt-Gesellschaft am 13.06.1995 von Helge Martens: http://www.humboldtgesellschaft.de/inhalt.php?name=goethe, letzter Aufruf April 2017).

menartig formulierten Analogiekonstrukten zurück. Dass Steffens in einer späteren Zeit von dem frühen Anliegen einer Vermittlung von Naturphilosophie und Naturwissenschaft nicht abrückt, wird auch in seiner zwanzig Jahre später vorgenommenen Bilanz *Über das Verhältnis der Naturphilosophie zur Physik unserer Tage* deutlich. Steffens konstatiert darin eine absinkende Reputation der Naturphilosophie,[80] die nicht zuletzt auch auf das Konto der Naturphilosophie selbst geht. Denn sie wurde allzu oft in einer individualisierenden, nicht wissenschaftlich begründenden Sprache verfasst, die den Anspruch auf Wissenschaftlichkeit nicht gerecht werden kann[81] und zu sehr auf Ahndung setzt.[82]

Naturphilosophie soll und muss sich an den empirischen Einzelergebnissen der Naturforschung messen. Zugleich macht er darauf aufmerksam, wie viele in der Naturphilosophie zuerst vertretene Einsichten mittlerweile in die naturwissenschaftliche Forschung gewandert, von ihr bestätigt wurden, wenn auch unter anderem Etikett.[83] Vor dem Hintergrund dieses verkannten Erfolgs der Naturphilosophie unterstreicht Steffens die Notwendigkeit einer weiterreichende Diskussion zwischen Naturphilosophie und Physik als Naturforschung, innerhalb derer insbesondere auch eine kritische Prüfung der Reichweite der mathematischen und mechanischen Grundlagen der Naturforschung anstünde: „Wir können nie eine feste Grundlage der Naturphilosophie, als das Begründende einer bestehenden Naturwissenschaft, zu erhalten hoffen, ohne eine durchgehende, strenge Kritik der bestehenden Physik."[84] Allerdings bleibt die erkenntniskritische Reflexion auf die Bedingungen der Möglichkeit dieses wechselseitigen Abgleichens, mit der auch die mögliche Form einer Erkenntniskritik gegeben wäre, in Steffens Schriften aus. Und dies liegt daran, dass ein wechselseitiger Abgleich von Spekulation und Empirie für ihn zwar sehr wohl eine Kritik der naturwissenschaftlichen nicht jedoch eine Kritik der spekulativ-naturphilosophischen Einsichten einschließt.

Ein grundsätzliches Argument gegen alle naturforschenden Einsichten ist nach Steffens, dass sie jeweils immer nur Einzelfakten, Einzeleinsichten generieren, und es ihnen nicht gelingt, diese Einzelfakten in ein stimmiges Gesamtbild

---

80 Siehe dazu auch Schellings Einschätzung nach dem Tode Steffens: Er charakterisiert die Zeit um die Mitte des 19. Jahrhunderts als eine, in der sich Naturwissenschaft bzw. Naturforschung von der Philosophie immer weiter entfernt (vgl. Schelling, „Vorwort" 1846, Anm. 78, VI).
81 Vgl. Henrich Steffens, „Über das Verhältnis der Naturphilosophie zur Physik unserer Tage", in: ders., *Schriften. Alt und Neu.*, Bd. 1, Breslau: Josef Max 1821, 67–84, hier 70.
82 Vgl. ebd., 80. Allerdings rechnet Steffens das Oken zu und nicht sich selbst, vgl. ebd. 81.
83 So z. B. die „chemisch elektrische[n]" (ebd., 76) und die „geognostischen" Ansichten betreffend (ebd., 77 f.).
84 Steffens, ebd., 83.

zu bringen, wozu nur eine Identität und Differenz vereinende Naturphilosophie in der Lage sei. Eine innere Naturgeschichte, wie sie Steffens entwickelt, lässt sich vom empirischen Standpunkt allein nicht bestimmen:

> Ich will beweisen, dass die Naturforscher, solange sie hartnäckig die Empirie als die einzige Grundlage ihrer Wissenschaft ansehen, solange sie nicht vorwärtsdringen zur höchsten Idee, in welcher die Totalität und nicht das Einzelne zuerst gesetzt wird, in welcher das Einzelne seine Bedeutung nur durch seine Verbindung mit dem Ganzen erhält, und durch seine unmittelbare Existenz in der Totalität, nie etwas anderes können, als höchstens ein Problem mit einer größeren Bestimmtheit aufzustellen, es niemals lösen können, nie die innerste, heilige Quelle zu der Gesetzmäßigkeit, welche die Natur unter deren Händen offenbart, schauen können, schon durch ihren Gesichtspunkt, auf ewig ausgeschlossen sind von dem Geheimnis in der Produktivität der Natur. Für den empirischen Naturforscher offenbart sich immer und notwendig das Einzelne als Einzelnes[.][85]

Wissenschafts- oder erkenntnistheoretisch interessant an Steffens Kritik empirischer Forschung ist jedoch, dass er ihr nicht nur ihr spekulatives oder theoretisches Ungenügen vorwirft, sondern auch nachweist, dass es eine rein empirische Forschung gar nicht gibt und jede Form der Naturforschung immer schon einen theoretischen Vorgriff enthält, den sie selbst aus reiner Beobachtung nie rechtfertigen könnte. Ein Hauptinteresse der sehr umfangreichen dritten, vierten und fünften Kopenhagener Vorlesungen ist es, die empirischen Naturwissenschaften bzw. -forschungen einem Selbstwiderspruch zu überführen.[86]

> Ich werde, im Nachfolgenden, beweisen, dass alle naturwissenschaftlichen Untersuchungen, die sich auf die Empirie gründen, – und darauf allein gründen sich alle Theorien, die wir bisher haben, – uns bloß das große Problem der Physik ungelöst zurückgeben, dass die angenehme Hoffnung, falls die Naturforscher sie wirklich haben sollten, durch ins Unendliche fortgesetzte Untersuchungen sich der Lösung des Problems zu nähern, durch genaueres Nachdenken, schlechthin verschwinden muss, dass die Empirie durch die Tendenz, die Phänomene auf der einen Seite zu erklären – und doch – auf der anderen Seite – durch deren

---

85 EpV 87. Vgl. auch EpV 45: Der Grund der „notwendige[n]" Bestimmtheit" dieser Einzelforschungen ist jedoch per theoretischer Natur und ist nur durch das „freie Reflexionsvermögen" gegeben. Vgl. auch EpV 78: „Denn – sobald wir unsere Zuflucht zu der Naturwissenschaft nehmen wollen, so wie sie ist, so wie sie *bleiben muss*, solange alle ihre Theorien empirischen Ursprungs sind, wird die Verbindung, die wir entdeckten, die individualisierende Tendenz der Natur selbst, das wunderlichste und unbegreiflichste Rätsel, so verschwindet auf einmal der Geist, der alles zusammenknüpft, und dem einen durch das andere Bedeutung gibt, so bleibt nichts anderes zurück als ein Haufen Fakten, die man jämmerlich durch Fiktionen, die sich selbst widersprechen, zusammenzuleimen versucht."
86 Vgl. EpV 46: „Es ist meine Absicht, die theoretisierende Empirie sich selbst widerlegen zu lassen."

Erklärungen sich aufrecht erhalten will, als Empirie, sich in die schrillsten Widersprüche verwickelt.[87]

So zeigt Steffens anhand der beobachtenden, klassifizierenden Naturforschung auf, inwiefern eine Klassifikation immer nur in einem theoretischen Vorgriff geschieht und per se etwas ist, was sich durch pure Beobachtung nicht nachweisen lässt.[88] Denn jede höherstufige Bestimmung von Gemeinsamkeiten von Individuen geschieht vor dem Hintergrund einer Abstraktion, die selbst nicht mehr in der Beobachtung verankert ist:

> Denn – was will er eigentlich mit all seinen Unterscheidungszeichen? – Doch wohl ohne Zweifel Arten zu bestimmen. – Aber was ist eine Art (Spezies)? – Das ist eine gänzlich unbeantwortete Frage in der empirischen Naturhistorie – und Unterscheidungskennzeichen können diese Frage in alle Ewigkeiten nicht auf eine zufriedenstellende Weise lösen. Alles, was der klassifizierende Beobachter anzugeben vermag, alles, was Linné, Fabricius usw. tatsächlich angegeben haben, beinhaltet nichts anderes als Regeln, nach denen man – *wenn der Begriff vorausgesetzt wird* – die Arten bestimmen kann.[89]

Noch deutlicher ist dies in der so genannten Methode der „Reduktion", ein von allgemeinen Regeln ausgehendes Verfahren, dem anschließend die Phänomene der Natur zugeordnet werden. Sie ist „in der Tat nicht empirischen Ursprungs"[90]: „Wirklich lassen sich die Versuche, die vornehmlich tief ins Wesen der Natur greifen, und von bedeutendem Einfluss auf die Naturwissenschaften gewesen sind, auch nicht auf irgendeine Weise allein durch Empirie erklären."[91]

Aber auch die experimentellen Naturwissenschaftler, die Steffens für die eigentlichen und der Naturerkenntnis am nächsten stehenden Forscher hält, entkommen in ihrer experimentellen Anordnung keinem theoretischen Vorgriff und erhalten im Experiment doch nur Einzelergebnisse, mitunter einander widersprechende, die es zu einem Ganzen zusammenzufügen gilt.[92]

---

87 EpV 46.
88 Vgl. EpV 48: „Meine Behauptung ist kurz folgende, dass die beschreibende Naturforschung – die der klassifizierenden zugrunde liegt – *niemals* eine natürliche Klassifikation hervorbringen kann, weswegen auch alle Versuche in dieser Art hierzu misslingen müssen."
89 EpV 50.
90 EpV 55.
91 EpV 55.
92 Vgl. EpV 90.

6 Ahndung und Kritik

Die Kritik Steffens an den rein empirischen Naturwissenschaften lässt sich gut mit Schleiermachers Grundansicht einer unhintergehbaren Theorie-Gelenktheit und -geladenheit jeder wissenschaftlichen, mithin auch jeder naturwissenschaftlichen Forschung in Einklang bringen. Von Schleiermachers Dialektik-Vorlesung aus ließe sich jedoch dieser Vermittlungsakt zwischen naturwissenschaftlicher Spekulation und naturforschender Empirie als eine wechselseitige Modifikation einklagen und bei dieser, die eigenen naturphilosophischen Grundannahmen einschließenden Erkenntniskritik geht Steffens nicht mit. Hinsichtlich der Begründbarkeit spekulativer naturphilosophischer Einsichten wandert Steffens sprachlich von der strengen naturwissenschaftlichen Argumentation in enthusiastisch-poetisierende Formulierungen ab. Es geht darum, die „heilige Quellen zu der Gesetzmäßigkeit"[93] zu entdecken, die sich offenbaren, diese Einheit und durchgehende Organisation der Natur muss „geahnt" werden,[94] das „ewige Leben der Natur" erschließt sich in „intellektueller Anschauung"[95], von einem „mystischen Zentrum" der Natur ist die Rede,[96] davon, dass die Ideen „sonderbar durch Gestalten zu uns sprachen"[97] und dass wir „das wunderlichste und unbegreiflichste Rätsel" im „Innersten unserer eignen Seele suchen" müssen.[98]

So streng Steffens mit den aus „dunklem Gefühl" erzeugten unreflektierten Theorien der Naturforscher umgeht, die sich für reine Empiriker halten,[99] so positiv konnotiert bleiben seine spekulativen Vorgriffe. Das erkenntnistheoretische Modell hinter dieser Form der Erkenntnis ist die „intellektuelle Anschauung", die Steffens näher an Spinoza rücken lässt.[100]

---

93 EpV 87.
94 Vgl. dazu das zweite Kapitel in EpV.
95 EpV 87.
96 EpV 100.
97 EpV 101.
98 EpV 86.
99 „Will er seiner Klassifikation diese Willkürlichkeit nehmen, oder, wie er sich ausdrückt, sie in eine natürliche verwandeln, so bleibt da – als ein gewöhnlicher Ausdruck für die, ohne deutliches Bewusstsein angeschaute Identität der verschiedenen Arten – nichts anderes übrig für ihn, als ein dunkles Gefühl, das er ebenso dunkel mit dem Wort Habitus zu bezeichnen versucht." (EpV 49).
100 Allerdings ist in den Kopenhagener Vorlesungen die Skepsis gegenüber der eigenen Position noch enthalten, denn Steffens unterstreicht immer wieder den dem Menschen eigenen, endlichen und beschränkten Standpunkt, der sich in der fast formelhaften Wiederholung „von unserem gegenwärtigen Gesichtspunkt aus" (z. B. EpV 25) anzeigt.

Auch Schleiermacher kennt diese an Spinoza anknüpfende Erkenntnisform der intellektualen Anschauung,[101] sie verbürgt Einheit, kann jedoch nicht in ein konkretes Wissen überführt werden. Insistiert Schleiermacher aufgrund der unhintergehbaren Aufgeschobenheit oder Offenheit und Ungelöstheit dieser Aufgabe somit auf einer Vermittlung von Empirie und Theorie, sucht Steffens eine Möglichkeit, die Identität von Form und Materie (Vernunft und Natur) konkret als evolutionäres Modell einer Natur- und Kulturgeschichte zu denken, deren leitende Ideen sich nur dem ahnenden und anschauenden Naturbetrachter erschließen. Schleiermachers abstrakt dynamisches Natur- und Vernunftmodell, das Vernunft und Natur als zwei sich wechselseitig aneinander realisierende Größen begreift, dessen Objektivationen sich in kritischer Kritik aufeinander aneinander modifizieren ohne dabei einem historischen Aufstieg zu beschreiben, scheinen mir dabei wesentlich geeigneter, um grundlegende Veränderungen in der Entwicklungen der Naturwissenschaften und ihrer theoretischen Modelle zu erfassen.

Wenn Steffens, wie in seinem Aufsatz *Über das Verhältnis der Naturphilosophie zur Physik unserer Tage* deutlich macht, dass er auch in späteren Tagen nicht von seinem Anliegen einer Vermittlung von Naturphilosophie und Empirie abgerückt ist – so mehren sich doch in den späteren Jahren seine Zweifel an dem Erfolg eines solchen Unternehmens[102] und das mag nicht zuletzt daran liegen, dass seine naturphilosophischen Grundannahmen nicht verhandelbar waren. Im Vergleich zu Schleiermachers, im Verlauf der Jahrzehnte zunehmend abstrakter und schematisch werdenden Vorlesungen, in der die Vermittlung des streitenden Denkens begründet, jedoch nicht mit konkreten (natur)wissenschaftlichen Beispielen aus der Wissenschaftsgeschichte vorgeführt wird, böten Steffens naturwissenschaftliche Diskussionen in den *Beiträgen*, den Kopenhagener Vorlesungen und den *Grundzügen* reichlich Anschauungsmaterial, das mit wissenschaftshistorischem Fachwissen noch zu heben wäre.

---

101 Vgl. dazu die Monographie von Christof Ellsiepen, *Anschauung des Universums und Scientia Intuitiva: Die spinozistischen Grundlagen von Schleiermachers früher Religionsphilosophie*, Berlin/New York: de Gruyter 2006.
102 Zu Steffens zunehmenden Zweifeln an der Möglichkeit einer Kompatibilität und Zusammenführung von Empirie und Naturphilosophie vergleiche Michaela Haberkorn, *Naturhistoriker und Zeitenseher* 2004 (Anm. 33), 240.

Jan Rohls
Die Idee der Universität bei Schleiermacher und Steffens

1 Die Auflösung der Universität Halle

Zur Eröffnung des Wintersemesters 1808/09 hielt Henrich Steffens in Halle, wo er seit 1804 lehrte, seine Vorlesungen *Über die Idee der Universitäten*. Die ehemalige preußische Musteruniversität war nach der Niederlage Preußens im Krieg gegen Frankreich 1807 an das von Napoleon aus der Taufe gehobene Königreich von Westfalen gefallen. In seinen umfangreichen Memoiren *Was ich erlebte*, deren letzter Band ein Jahr vor seinem 1845 erfolgten Tod erschien, schildert Steffens eindrücklich die Einnahme Halles durch die Franzosen nach der Schlacht bei Jena und Auerstedt. Gemeinsam mit Joachim Christian Gaß, der damals als Feldprediger der preußischen Armee diente und später sein Kollege in Breslau werden sollte, suchte Steffens Zuflucht in der Wohnung Schleiermachers, mit dem er seit Beginn seiner Hallenser Tätigkeit befreundet war. Halle war die erste preußische Stadt, die Napoleon mit seinen Truppen besetzte und wo er sich für einige Tage in einem der angesehensten Häuser, der Wohnung des Professors Meckel, ganz in der Nähe von Schleiermachers Wohnung in der Merkerstraße, einquartierte. Gerüchteweise vernahm man, dass der Kaiser es besonders auf die Universität abgesehen hatte. Erfolglos verhandelte eine Deputation der Professoren mit Napoleon, und die ungenierte Haltung der Studenten steigerte dessen Aversion gegen die akademische Institution. Er vermutete, dass die Studenten ihm nicht nur feindlich gesonnen seien, sondern befürchtete auch, dass sie sich gegen ihn bewaffneten. Daher hob er die Universität auf, und an die Studenten erging die Aufforderung, umgehend Halle zu verlassen und in ihre Elternhäuser zurückzukehren. Die Professoren blieben in der öden Stadt zurück, ohne Klarheit über ihre zukünftige Beschäftigung zu besitzen. Die Aufhebung der Universität brachte auch finanzielle Einbußen mit sich, was Steffens und Schleiermacher dazu veranlasste, einen gemeinsamen Haushalt in Steffens' Wohnung zu führen. Doch die Zukunft gestaltete sich für die beiden Freunde unterschiedlich. Während Schleiermacher zunächst noch in Halle verblieb, um hier seine Arbeit über den ersten Timotheusbrief und andere Vorhaben abzuschließen, schien sich für Steffens die Aussicht zu eröffnen, im heimatlichen Dänemark eine feste Anstellung zu finden und Vorlesungen halten zu können. Als sich diese Hoffnung zerschlug, begab er sich mit seiner Familie zunächst nach Hamburg, wo er enge Beziehungen zur Enkelin von Reimarus und vor allem zu Philipp Otto Runge unterhielt, den er bereits vor einigen Jahren in Dresden bei Tieck kennengelernt hatte und dessen religiös und naturphilosophisch fundiertes Verständnis der Kunst er teilte.

Mit dem Tilsiter Frieden fielen alle preußischen Gebiete westlich der Elbe an das Königreich Westfalen, einen Atrappenstaat, der sich zwischen den Rheinbund und Restpreußen schob und in dem Napoleon seinen Bruder Jerôme als König mit Residenz in Kassel einsetzte. Im Frühjahr 1808 kehrte Steffens nach Halle auf seine Professur zurück. Halle fand er verödet, verlassen und gespenstisch vor. Schleiermacher war zwar noch eine Zeit lang in seiner Wohnung geblieben, unter anderem um dort seine Schrift über die Universitäten zu schreiben, war aber dann mit anderen Professoren nach Berlin übergesiedelt, „wo schon der Gedanke an die Errichtung einer Universität in der Hauptstadt sich immer entschiedener auszusprechen anfing"[1].

> Man glaubte einzusehen, daß das unterdrückte Preußen jetzt nicht mehr durch Waffen, sondern durch Geist sich heben ließ, und dieser, zur Erfrischung und Erneuerung des Staats berufen, schien sich immer bedeutender in sich zu fassen. Wilhelm von Humboldt, Niebuhr, Schleiermacher, Graf Dohna können wir wohl als die Hauptpersonen nennen, die diesen Gedanken pflegten und bis zur Ausführung reifen ließen.[2]

Allerdings wurde der Universitätsbetrieb in Halle unter dem neuen König Jerôme wieder aufgenommen, und Steffens schildert eindrücklich den Besuch, den der in Kassel residierende Herrscher von Westfalen im Jahre 1808 der Universität Halle abstattete. Der König kam in Begleitung von Johannes von Müller, dem Schweizer Historiker, dem das undankbare Amt des Direktors des öffentlichen Unterrichts im neuen Königreich zugefallen war und dem damit auch die Universität Halle unterstand. Müller, den Steffens aus Berlin kannte, hatte sich zwar nach einer Audienz bei Napoleon schwach gezeigt, sich dann aber durch Flucht nach Tübingen dem Zugriff der Franzosen zu entziehen versucht. Man hatte ihn jedoch aufgespürt und zum Chef aller westfälischen Universitäten gemacht, ein Amt, dessen Ausübung ihm sichtlich unangenehm war. Auch war er nicht jemand, dessen Auftreten gegen die Franzosen sich durch Entschiedenheit auszeichnete, wie dies bei dem Göttinger Altertumswissenschaftler Christian Gottlob Heyne der Fall war. „Man fürchtete Göttingen; denn es war die einzige Universität, die man schätzte, alle übrigen waren den Franzosen unbekannt, und Heyne's entschiedene Opposition ward, wie wir erfuhren, dieser Universität bei vielen Gelegenheiten nützlich."[3] Rektor der Universität Halle war beim Besuch Jerômes der Theologe August

---

1 Henrich Steffens, *Was ich erlebte. Aus der Erinnerung niedergeschrieben*, Bd. 6, Breslau: Josef Max 1842, 3.
2 Steffens 1842, 3 (Anm. 1).
3 Steffens 1842, 11 (Anm. 1).

Hermann Niemeyer, der auch den Frankeschen Stiftungen vorstand und 1807 bei der Einnahme Halles als Geisel nach Frankreich verschleppt worden war. Über die Begegnung mit dem neuen König schreibt Steffens, der aus Neugier, aber widerwillig an dessen Empfang teilnahm:

> Der König wollte zuerst die Gelehrten empfangen. Es ist bekanntlich eine Sitte in Frankreich, der das Geistige repräsentierenden Korporation den Vorrang zu geben. Die religiöse hatte nach der Revolution den ihr gebührenden Vorzug verloren. Wir traten ein. In der Mitte seiner Umgebung stand der König da, eine wahrhaft kümmerliche Gestalt; eine nichtssagende Physiognomie; jugendliche Gesichtszüge, durch Ausschweifungen entstellt, seine Augen matt, seine Haltung unsicher; man erkannte den Mann, der kein eigenes Dasein hatte, und es fühlte, daß er, von andern getragen, in sich völlig bedeutungslos war. In einer kurzen Anrede versicherte er uns, daß er die Wissenschaften ganz vorzüglich liebe, und diese und die Universität beschützen werde.[4]

Wenig später kommt Steffens auf den Einfluss zu sprechen, den Schelling auf ihn und seine Naturphilosophie ausgeübt hatte, auch wenn er sich inzwischen mit anderen Themen beschäftigte.

> In den Jahren 1808 und 1809 fing Schelling schon an, sich mehr mit der Begründung einer höheren und lebendigeren Ansicht der Philosophie zu beschäftigen, und hatte die weitere Bearbeitung der Naturphilosophie mir allein überlassen. Ich kann sagen, mir allein; denn die von Oken gegründete Schule konnte durchaus nicht als eine naturphilosophische im eigentlichen Sinne betrachtet werden.[5]

Steffens bekennt, dass seine eigene Naturphilosophie religiöse Wurzeln habe und dass gerade dieses religiöse Interesse an der Natur durch Schelling befriedigt worden sei. Schelling verdanke er das anschauende Erkennen des ganzen Daseins als einer Organisation.

> So wie in einer jeden organischen Gestalt ein jedes, selbst das geringste Gebilde, nur in seiner Einheit mit dem Ganzen begriffen werden kann, so war mir das Universum, selbst geschichtlich aufgefaßt, eine organische Entwicklung geworden, aber eine solche, die erst durch das höchste Gebilde, durch den Menschen, ihre Vollendung erhielt.[6]

Als ein sich organisch entwickelndes Ganzes könne aber das Dasein nur begriffen werden, wenn einem bereits die Zukunft der Entwicklung als etwas Vollendetes vorschwebe. Es ist der Gedanke einer dem Universum selbst immanenten Teleo-

---

4 Steffens 1842, 16 (Anm. 1).
5 Steffens 1842, 36 (Anm. 1).
6 Steffens 1842, 38–19 (Anm. 1).

logie und organischen Entwicklung, die nicht nur die Natur, sondern auch die Geschichte bestimmt, der ihm als eine göttliche Offenbarung erscheint. Bei Schelling glaubte Steffens damals einen Fortschritt von der starrgebietenden Substanz Spinozas hin zu einem im Ganzen wie in jeder Form fortdauernd wollenden persönlichen Gott zu finden. Aber auch diese Gottesauffassung sei noch durch die spekulative Selbstsucht des konstruierenden Bewusstseins gefesselt gewesen. „Es war noch immer jene Gewalt der Construktion, die selbst meinen Gott festhielt, als wäre er durch mich gebannt, und durch die strengen Gesetze meines Denkens gezwungen worden, mir seine innersten Ratschläge und Gedanken, fast wider seinen Willen, kund zu thun."[7] Doch gegen diese Vorstellung, als wäre der sich entwickelnde Gott nichts anderes als das sich entwickelnde Bewusstsein selbst, sträubte sich bei Steffens das religiöse Gefühl, so dass er einen höheren Standpunkt meinte einzunehmen zu müssen.

> Das, was ich durch eine Selbstbestimmung des Bewußtseins erringen zu können wähnte, sollte sich als Vollendung einer noch nicht abgeschlossenen Entwickelung, also als ein noch nicht Erkanntes, als ein Gegebenes darstellen, und noch einmal sollte ich mich über die Thätigkeit des bloß sich selbst bestimmenden Denkens erheben, und die Freiheit desselben durch eine innere unbedingte Hingebung erlangen.[8]

Es ist letztlich die Vorstellung der Abhängigkeit von einem persönlichen Gott, die Steffens nunmehr stark macht gegenüber der bisherigen Ansicht, dass die Spekulation in der Lage sei, die Entwicklung Gottes selbst vollständig aus sich selbst zu begreifen. Gleichwohl bekennt er, wie schwer ihm der Abschied von dieser Ansicht gefallen sei. „Die Starre eines allumfassenden in sich abgeschlossenen Denkens fesselte noch immer meinen Gott, selbst als die lebendigen Pulse eines höheren Lebens die Fesseln der Construction zu zersprengen drohten."[9] Auf dem Hintergrund dieses Wandels seiner philosophischen Grundanschauung will Steffens nun auch seine Vorlesungen *Über die Idee der Universitäten* verstanden wissen, die er im Wintersemester 1808/09 in Halle hielt.

2 Schleiermachers Universitätsschrift

Steffens Vorlesungen gehören in den weiteren Kontext von Schriften, die im Vorfeld der Gründung der Berliner Universität entstanden. Ende 1807 hatte

---

7 Steffens 1842, 40 (Anm. 1).
8 Steffens 1842, 42 (Anm. 1).
9 Steffens 1842, 42 (Anm. 1).

Schleiermacher seine eigene Universitätsschrift in Halle vollendet, die im Frühjahr 1808 unter dem Titel *Gelegentliche Gedanken über Universitäten im deutschen Sinn* in Berlin publiziert wurde. Steffens Vorlesungen erschienen 1809 gleichfalls in der preußischen Hauptstadt. In seiner Vorrede geht er, ohne den Autor beim Namen zu nennen, auf Schleiermachers Schrift über die Universitäten mit den Worten ein: „den tieferen nationalen Sinn derselben hat einer der trefflichsten Geister der Nation entwickelt"[10]. Denn mit der Wendung „Universitäten im deutschen Sinn" spielt Schleiermacher auf den Gegensatz zwischen deutschen Universitäten und französischen Spezialschulen an, damit aber auf die napoleonische Hochschulreform von 1806, die die Universitäten in fachorientierte Spezialschulen aufgelöst hatte. Die Abgrenzung von dem französischen Modell begründet er mit der Unabhängigkeit der Universitäten als wissenschaftlicher Vereine von Staatszwecken. Der Staat hat Schleiermacher zufolge vielmehr die Aufgabe, die Wissenschaft als solche zu fördern, ohne sie zu reglementieren. Die Universitäten nehmen unter den wissenschaftlichen Einrichtungen eine Mittelstellung ein zwischen der wissenschaftlichen Propädeutik der Schulen und der wissenschaftlichen Forschung der Akademien. Sie dienen dazu, die Idee der Wissenschaft in den Studierenden zu erwecken,

> so daß es ihnen zur Natur werde, alles aus dem Gesichtspunkt der Wissenschaft zu betrachten, alles Einzelne nicht für sich, sondern in seinen nächsten wissenschaftlichen Verbindungen anzuschauen, und in einen großen Zusammenhang einzutragen in beständiger Beziehung auf die Einheit und Allheit der Erkenntniß, daß sie lernen in jedem Denken sich der Grundgesetze der Wissenschaft bewußt zu werden, und eben dadurch das Vermögen selbst zu forschen zu erfinden und darzustellen, allmählig in sich herausarbeiten[.][11]

Bereits der Begriff der Universität deute auf diese Aufgabe hin. Die Tatsache, dass die Idee des Wissens in der Universität als leitendes Prinzip fungiert, hat laut Schleiermacher zur Folge, dass man hier darauf bedacht ist, in jedem Gebiet das Enzyklopädische aller Einzelforschung voranzuschicken und zur Grundlage des Unterrichts zu machen. Während in den Akademien alles darauf ankommt, das Einzelne in den Realwissenschaften richtig und genau herauszuarbeiten, und die philosophische Spekulation demgegenüber zurücktritt, bildet in der Universität der philosophische Unterricht die Basis aller sonstigen wissenschaftlichen Forschung. Die Akademien setzen voraus, dass die philosophische Kenntnis bereits

---

10 Eduard Spranger (Hg.), *Fichte, Schleiermacher, Steffens über das Wesen der Universität*, Leipzig: Meiner 1910, 207.
11 Friedrich Daniel Ernst Schleiermacher [1808], *Gelegentliche Gedanken über Universitäten in deutschem Sinn*, KGA I/6, Berlin/New York: de Gruyter 1998, 35.

erworben ist, auf der alles einzelne Wissen aufruht, während die Universitäten der Ort sind, an dem der Erwerb dieses Wissens stattfindet. „Selbst hervorzubringen aber und neue Wege einzuschlagen auf dem Gebiete der eigentlichen Philosophie, dies scheint der Akademie weniger zuzukommen. Dagegen ist für die Universität allgemein anerkannt der philosophische Unterricht die Grundlage von allem was dort getrieben wird."[12] Die Mittelstellung der Universität zwischen Schule und Akademie bringt es jedoch mit sich, dass sie sich nicht nur von den beiden anderen Einrichtungen unterscheidet, sondern bestimmte Eigenschaften mit ihnen teilt. Einerseits kann es bei der Konzentration auf die philosophische Idee des Wissens an der Universität ja nicht darum gehen, dass man den Bezug auf das reale Wissen ausblendet. „Sondern nur in ihrem lebendigen Einfluß auf alles Wissen läßt sich die Philosophie, nur mit seinem Leibe, dem realen Wissen zugleich läßt dieser Geist sich darstellen und auffassen."[13] Daher werden auf der Universität auch Kenntnisse hinzugelernt, die man auf der Schule noch nicht erlangte, so dass die Universität einerseits eine Nachschule ist. Aber zugleich ist sie Vorakademie, insofern der durch die Philosophie geweckte wissenschaftliche Geist seine Fähigkeiten üben und von der Idee des Wissens als dem Mittelpunkt aus tiefer in das Einzelne eindringt.

Schleiermacher betrachtet wie Kant, Fichte und Schelling die Philosophie als die eigentliche geistige Mitte der Universität. Da aber die philosophische Spekulation für sich allein nicht hinreicht, sondern die Idee des Wissens sich im realen Wissen verwirklichen muss und der wissenschaftliche Geist zudem eine systematische Durchdringung des Wissensstoffs verlangt, ist es notwendig, dass die Universität das Gesamtgebiet des Wissens in seinen Grundzügen abdeckt. „Die Universität muß also alles Wissen umfassen, und in der Art, wie sie für jeden einzelnen Zweig sorgt, sein natürliches inneres Verhältniß zu der Gesammtheit des Wissens, seine nähere oder entferntere Beziehung auf den gemeinschaftlichen Mittelpunkt ausdrükken."[14] Weil die Universität eine derartige systematische Einführung in das Wissen bietet und bieten soll, wendet sich Schleiermacher entschieden gegen eine frühzeitige Spezialisierung, also gegen eine beim Schulabgang erfolgende Trennung zwischen denen, die der höchsten wissenschaftlichen Bildung fähig sind und denen somit eine wissenschaftliche Karriere offensteht, und denen, die nur für eine untergeordnete Stufe bestimmt sind und eine derartige Karriere gar nicht anstreben. Das bedeutet, dass er sich gegen die Trennung von Universitäten als rein wissenschaftlichen Einrichtungen und be-

---

12 Schleiermacher 1998, 37 (Anm. 11).
13 Schleiermacher 1998, 38 (Anm. 11).
14 Schleiermacher 1998, 43 (Anm. 11).

rufsspezifischen Fachhochschulen wendet, an denen eine stärker handwerksmäßige, nicht aber eine philosophisch fundierte Kenntnis eines bestimmten Fachs erworben wird. Schleiermacher begründet dies mit einem zweifachen Interesse. Sowohl die Wissenschaft wie auch der Staat sind in seinen Augen auf wissenschaftlich gebildete Berufsträger oder – wie er sagt – Arbeiter angewiesen. Denn der Staat

> kann sehr wohl einsehen, daß die obersten Geschäfte in jedem Zweige nur denen mit Vortheil anvertraut werden, welche von wissenschaftlichem Geiste durchdrungen sind, und wird doch danach streben müssen, daß ihm auch der größte Theil von jenen untergeordneten Talenten anheim falle, welche auch ohne diesen höheren Geist ihm durch wissenschaftliche Bildung und eine Masse von Kenntnissen brauchbar sind[.][15]

Daraus ergibt sich für ihn auch die Notwendigkeit, dafür zu sorgen, dass die Universitäten zugleich höhere Spezialschulen sind, die die für den Staat nützlichen Kenntnisse in Verbindung bringen mit der wissenschaftlichen Bildung. Die Preisgabe der Universitäten zugunsten der Ausbildung auf berufsspezifischen Fachhochschulen führt Schleiermacher zufolge nur dazu, dass das einzelne Wissen aus seinem lebendigen Zusammenhang mit dem sonstigen Wissen herausgerissen und so die eigentliche Bildung unterdrückt wird.

Gerade wegen dieser Integration des berufsspezifischen Studiums in den organischen Zusammenhang des Wissens insgesamt betrachtet Schleiermacher die philosophische Fakultät als das geistige Zentrum der Universität.

> Offenbar nemlich ist die eigentliche Universität, wie sie der wissenschaftliche Verein bilden würde, lediglich in der philosophischen Fakultät enthalten, und die drei anderen dagegen sind die Specialschulen, welche der Staat entweder gestiftet, oder wenigstens, weil sie sich unmittelbar auf seine wesentlichen Bedürfnisse beziehen, früher und vorzüglicher in seinen Schuz genommen hat.[16]

Umgekehrt verhält es sich mit dem Verhältnis des Staates zur philosophischen Fakultät. Sie „ist für ihn ursprünglich ein bloßes Privatunternehmen, wie der wissenschaftliche Verein überhaupt ihm eine Privatperson ist, und nur durch die innere Nothwendigkeit, und durch den rein wissenschaftlichen Sinn der in jenen Facultäten Angestellten subsidiarisch herbeigeholt worden"[17]. Wie Kant meint auch Schleiermacher, dass der Unterschied zwischen der philosophischen Fakultät und den oberen drei Fakultäten darin bestehe, dass diese einem äußeren

---

15 Schleiermacher 1998, 45 (Anm. 11).
16 Schleiermacher 1998, 53 (Anm. 11).
17 Schleiermacher 1998, 53 (Anm. 11).

Interesse des Staates sich verdanken und ihre Existenz an der Universität sich nur aus dem Bedürfnis erklärt, eine dem Staat unentbehrliche Praxis durch Theorie zu fundieren. So gründe etwa die juristische Fakultät unmittelbar in dem staatsbildenden Bedürfnis, aus einem anarchischen Zustand einen rechtlichen hervorgehen zu lassen, was nur möglich sei mit Hilfe eines Systems miteinander harmonisierender Gesetze. Eine vergleichbare Außenbeziehung lasse sich für die theologische Fakultät geltend machen. Die Theologie habe sich in der Kirche gebildet, um die Weisheit der Väter aufzubewahren, Wahrheit und Irrtum gesondert zu halten und der weiteren Fortbildung der Lehre und der Kirche eine geschichtliche Basis, eine sichere Richtung und einen gemeinsamen Geist zu geben.[18] Die Existenz theologischer Fakultäten an staatlichen Universitäten erkläre sich zwar allein aus der spezifischen Verbindung des Staates mit der Kirche und dem damit gegebenen Bedürfnis des Staates nach Ausbildung von Geistlichen. Aber insofern sie einen Platz an der Universität habe, sei die Theologie in den Zusammenhang allen Wissens integriert, ein Zusammenhang, der durch die philosophische Fakultät repräsentiert werde. Nur die philosophische Fakultät enthalte nämlich die ganze natürliche Organisation der Wissenschaft. Sie umfasst Schleiermacher zufolge drei Teilbereiche, nämlich die reine transzendentale Philosophie oder Dialektik als Begründung allen Wissens sowie die Wissenschaft von der Natur und der Geschichte. „Jene drei Facultäten hingegen haben ihre Einheit nicht in der Erkenntniß unmittelbar, sondern in einem äußeren Geschäft, und verbinden, was zu diesem erfordert wird, aus den verschiedenen Disciplinen."[19]

Schleiermacher hält so an der seit Kant üblichen These vom Primat der philosophischen Fakultät, an der die eigentliche Wissenschaft beheimatet ist, fest. Nur die philosophische Fakultät enthält für ihn das, „was der wissenschaftliche Verein für sich als Universität würde gestiftet haben, jene drei aber was durch anderweitiges Bedürfniß entstanden und wobei die reinwissenschaftliche Richtung äußerlich untergeordnet ist"[20]. Anders als Fichte, der Kant in dieser Hinsicht radikalisiert, hält Schleiermacher aber an der Existenzberechtigung der Theologie an der Universität fest. Im Unterschied zu Fichte will er die oberen Fakultäten nicht in der Weise aufheben, dass er alles, was an ihnen zur Berufsausbildung gehört, aus der Universität herauslagert, und das, was an ihnen Wissenschaft ist, in der philosophischen Fakultät aufgehen lässt. Denn es ist ihm gerade an der wissenschaftlichen Fundierung des berufsorientierten Studiums in den drei

---

18 Schleiermacher 1998, 54 (Anm. 11).
19 Schleiermacher 1998, 54 (Anm. 11).
20 Schleiermacher 1998, 54–55 (Anm. 11).

oberen Fakultäten gelegen. Was er von der Universitätsreform verlangt, ist daher eine Unterordnung dieser Fakultäten unter die philosophische Fakultät als der anerkannten Herrin aller Fakultäten. Für die Theologie bedeutet dies, dass man alles daran setzen muss, um zu verhindern, dass das Theologiestudium einer unwissenschaftlichen, handwerksmäßigen, rein praktischen Ausbildung angenähert wird. Schleiermacher meint, eben dies am ehesten durch die enge Verbindung der theologischen mit der philosophischen Fakultät erreichen zu können.[21]

Es geht Schleiermacher in seinen Überlegungen zur Universitätsreform nicht zuletzt um die Unabhängigkeit der Universität vom staatlichen Einfluss. Zwar sei die Universität auf staatliche Unterstützung angewiesen. Auch diene sie dem Staat mit den drei oberen Fakultäten als Ausbildungsstätte seiner Beamten. Aber ihren Charakter als Universität erlangt sie als Stätte wissenschaftlicher Bildung, als wissenschaftlicher Verein, der selbständig ist gegenüber dem Staat[22]. Daher müsss der nach und nach vorherrschend gewordene Einfluss des Staates auch wieder zurückgedrängt werden, damit das Wesen der Universität als wissenschaftlicher Verein wieder deutlich werde.[23] Die angestrebte Selbstverwaltung der Universität beruht bei Schleiermacher auf einer Verfassung, die zwar der äußerlichen Form nach monarchisch ist, insofern ein Rektor die Universität repräsentiert. Aber da alle Wissenschaftler dem Geiste nach einander gleich sind, ist die Verfassung innerlich demokratisch und der Rektor nur der Erste unter Gleichen, der aus dem repräsentierenden Körper und von ihm auf eine bestimmte Zeit gewählt werden muss. Das ist Schleiermacher zufolge die wahre Idee eines Universitätsrektors, während er dort, wo der Rektor vom Staat ernannt und mit größeren Vorrechten ausgestattet wird, die wissenschaftliche Freiheit bereits gefährdet und die Wissenschaft zum Staatsdienst verkommen sieht.[24] Ähnliches wie für den Rektor muss auch für die Geschäftsführer der einzelnen Fakultäten gelten. Was Schleiermacher letztlich vorschwebt, ist eine gegenüber dem Staat weitgehend selbständige Reformuniversität in der preußischen Hauptstadt, die der Mittelpunkt werden soll für alle wissenschaftlichen Tätigkeiten des nördlichen Deutschland, soweit es protestantisch ist.[25]

---

21 Schleiermacher 1998, 57 (Anm. 11).
22 Schleiermacher 1998, 29–30 (Anm. 11).
23 Schleiermacher 1998, 66–67 (Anm. 11).
24 Schleiermacher 1998, 68 (Anm. 11).
25 Schleiermacher 1998, 100–101 (Anm. 11). Meine Ausführungen zu Schleiermacher greifen zurück auf die ausführliche Behandlung seines Universitätskonzepts im historischen Kontext in Jan Rohls, *Schleiermacher und die wissenschaftliche Kultur des Christentums*, Berlin: Humboldt-Universität 2009.

3 Wissenschaft und Staat bei Steffens

Verglichen mit Schleiermachers Reformprogramm, das sich stark an der Struktur der zukünftigen Universitäten orientiert, wählt Steffens in seinen Vorlesungen zur Idee der Universitäten einen wissenschaftsgeschichtlichen Zugang. Und zwar beginnt er mit einem Rückblick auf die wissenschaftliche Entwicklung in der bis in die Gegenwart reichenden Epoche, deren Beginn er im 15./16. Jahrhundert ansetzt. Die Erfindung des Buchdrucks, die Entdeckung Amerikas, die Umseglung der Erde, die astronomischen Entdeckungen von Kopernikus und Kepler markieren den Anfang dieser neuen Zeit. „Da regte sich der Geist in allen Richtungen, bis er den Mittelpunkt aller Forschung, die Religiösität, ergriff. Sie bewegte, wundersam erregt, die ganze Masse. Das Opfer der frischen Regung, Johann Huß, und ihr kühner Held, Martin Luther, stellen den Gipfel jener herrlichen Zeit dar."[26] Doch diesen fruchtbaren Ansätzen setzte nicht nur der Dreißigjährige Krieg ein Ende, sondern die darauf folgende Epoche der Aufklärung verbannte schließlich Gott, das Unendliche, aus dem Leben. In der Politik ging es nicht mehr um den Kampf für das Heilige, sondern um nationale Vorteile. Steffens führt das alles auf den schädlichen Einfluss Frankreichs zurück, der die deutsche Sprache und Gesinnung verdorben habe. „Der Bürger trennte sich vom Staate, der Gelehrte vom Mittelpunkt alles Wissens, alles von der Religion, und mattherzige Duldung war das mürbe Band, welches diese zerfallene Masse locker zusammenhielt."[27] Ihren vollendeten Ausdruck habe diese Geisteshaltung in der Zeit Ludwig XIV. und der Enzyklopädisten gefunden. Da bereits Friedrich II. sich dem französischen Geist hingegeben habe, sei die gegenwärtige Katastrophe, die Niederlage Preußens, nur der Gipfel früherer Geistesknechtschaft. Zwar hält Steffens den Kampf der Aufklärung gegen den Aberglauben für durchaus berechtigt, doch er beklagt ihren Extremismus, der dazu geführt habe, dass man Gott nur noch als einen transzendenten Werkmeister der Natur betrachtete. Dem stellt er sein eigenes idealistisch geprägtes Naturverständnis gegenüber: „Wo die Idee waltet, lebt alles in sich und im Ganzen, und aus jedem Punkte im Leben, wie in der Natur, strahlt uns das Göttliche entgegen."[28] Wenn man Gott hingegen aus der Natur entferne, löse diese sich in eine chaotische Vielfalt von Dingen auf. Aber nicht nur sei das Band der lebendigen Natur aus der Physik entwichen. „Auch im Leben trennte sich das Einzelne vom Ganzen; alles löste sich, vom Leben getrennt, in allgemeine Begriffe

---

26 Spranger 1910, 210 (Anm. 10).
27 Spranger 1910, 211 (Anm. 10).
28 Spranger 1910, 212 (Anm. 10).

auf, die, personifiziert, in Stände fixiert wurden."[29] Die Zersplitterung und Atomisierung hat sich somit Steffens zufolge im sozialen Bereich fortgesetzt. Die Zeit habe nichts Großes, die Geschichte anders als in der fernen Vergangenheit keine Wunder mehr hervorgebracht. Es ist die Zivilisationskritik Rousseaus, die in solchen Urteilen nachklingt. Doch die Epoche der Aufklärung sei an ihrer eigenen Überklugheit zugrunde gegangen, und die eigene Zeit sieht Steffens durch den Kampf des Lebens und der Geister bestimmt. Alle Lebensbereiche seien – so die Beschreibung der Wirkung der Französischen Revolution und der napoleonischen Kriege – erschüttert, Staaten gestürzt, die Traditionen beiseite gefegt. In einer solchen Zeit sei der Hinweis auf den ewigen Mittelpunkt allen Lebens und Erkennens notwendig, und diese Aufgabe falle der deutschen Nation zu, „die den religiösen Mittelpunkt am meisten in sich behielt, zu verschiedenen Zeiten, frisch erwachend, eine neue Zukunft der Geschichte schuf, eine jede schiefe Richtung wohl als ein Fremdes, sich selbst verleugnend, aufnahm; aber nie die innere Eigentümlichkeit verlor"[30]. Eben dies aber sei die Idee der Universitäten, „jenes feste Zentrum des Erkennens und Lebens heraus zu heben, daß sie Schulen der Weisheit seien"[31]. Es geht Steffens nicht um die Rettung der tatsächlich vorhandenen Universitäten, die ohnehin oft den Irrtümern der Zeit gehuldigt hätten, sondern um die Bestimmung dessen, was die Universitäten der Idee nach sind, was sie also sein sollen. Er zeigt sich davon überzeugt, dass die neue französische Herrschaft nichts dagegen einwenden werde, wenn man aus nationalem Geist diese Aufgabe angehe. Denn: „Eine jede gebildete Nation hat notwendig Achtung für die eigentümliche Bildung anderer. So sei das Unglück der Zeiten eine Aufforderung für uns, das, was uns eigen ist, mehr wie sonst zu achten, sorgfältiger zu pflegen, reicher auszustatten."[32]

Was die Universitäten von anderen Erziehungsinstituten unterscheide, ist Steffens zufolge nicht das, *was* gelehrt wird, also nicht der Wissensstoff, sondern die Art und Weise, *wie* er gelehrt wird.

> Was nämlich die Universität von allen andern Unterrichtsanstalten unterscheidet, ist dieses, daß alles Bestreben auf das innere Wesen der Wissenschaft, auf die innere Organisation alles Wissens, also auf das Höchste der Spekulation gerichtet sei. Von diesem Mittelpunkt des Ganzen breitet sich das Licht erst über die einzelnen Teile aus, und diese werden keineswegs als einzelne, sondern vielmehr als lebendige Teile des einen und unteilbaren Wissens gefaßt.[33]

---

29 Spranger 1910, 213 (Anm. 10).
30 Spranger 1910, 215 (Anm. 10).
31 Spranger 1910, 215 (Anm. 10).
32 Spranger 1910, 216 (Anm. 10).
33 Spranger 1910, 217 (Anm. 10).

Steffens geht also von dem idealistischen Begriff des spekulativen Wissens als eines organischen Ganzen aus und verteidigt die darauf gründende Idee der Universität gegen deren Kritiker, die zwar ein höchstes spekulatives Wissen anerkennen, aber dessen öffentliche Mitteilung im Rahmen einer Universität für unmöglich erachten. Denn schließlich – so die Kritiker – bestehe keine Einigkeit unter den Wissenschaftlern über dieses Wissen, was zwangsläufig auf Seiten der Studierenden zu einer Verwirrung führe. Doch selbst wenn eine solche Einigkeit bestünde, dürfe man nicht glauben, „daß es möglich sei, den jungen Männern jenes Höchste mitzuteilen, welches, wie ihr selbst bekennt, nur ein Selbsterrungenes ist"[34]. Man töte durch seine rhetorisch geschickte Mitteilung gerade die Freiheit des Geistes auf Seiten der Studierenden. Aber selbst wenn man eine derartige Vermittlung des höchsten Wissens an Universitäten für sinnvoll erachten würde, könnte es nicht die Pflicht des Staates sein, solche Unternehmungen zu unterstützen.

> Was der Staat einrichtet, muß er kontrollieren können. Eine Kontrolle der Geister aber wäre der Tod aller Wissenschaften. Das Höchste des Erkennens stellt, weissagend, die Zukunft dar, der Staat aber unterliegt dem Drange der erscheinenden Gegenwart. Aus diesem Grunde hat der Staat recht, wenn er nur die Richtung des Geistes als ihm zugehörig anerkennt, die der Gegenwart untergeordnet ist und ihren Bedürfnissen entspricht.[35]

Zwar werde der Staat derartige wissenschaftliche Bestrebungen keineswegs geringschätzen, aber sie müssen sich selbständig organisieren, da sie keinen unmittelbaren Nutzen für den Staat haben. Überhaupt könne sich der Staat kein Urteil über das Geistige anmaßen, das gelte für die höchste Wissenschaft ebenso wie für die Religion. Wie der gebildete Staat viele Religionsparteien dulde, so auch viele höhere Ansichten der Wissenschaften. Aber es könne nicht seine Aufgabe sein, durch staatliche Universitäten die Jugend durch diesen Pluralismus zu verwirren. Denn sein Interesse müsse es vielmehr sein, nützliche Bürger und keine Schwärmer heranzubilden. Daher sei die Kritik am aufgeklärten Nützlichkeitsdenken, des Verstandes im Namen der spekulativen Vernunft auch völlig verfehlt. Selbst die Religion habe im Staat die Aufgabe, die ethische Vollkommenheit zu vermitteln, ohne die die Gesetze ihre Kraft verlören und der Staat nicht bestehen könnte. Der Kritiker sieht die verschiedenen vom Staat tolerierten Religionen also ausschließlich unter dem Aspekt ihrer zivilreligiösen Funktion. Und bei der spekulativen Wissenschaft frage es sich, welchen Nutzen sie denn für den Staat habe. „Nicht grundlos ist die Behauptung vieler, daß die ausgebreitete Neigung zur

---

34 Spranger 1910, 220 (Anm. 10).
35 Spranger 1910, 221 (Anm. 10).

spekulativen Wissenschaft die meisten Menschen untüchtig zur Erfüllung bürgerlicher Pflichten macht."³⁶ Gerade den Deutschen werde zu Recht vorgeworfen, sich mehr in tiefe Spekulationen zu verlieren als nützlichen Tätigkeiten nachzugehen.

Gegenüber diesen Einwänden eines aufgeklärten Bürgers, der deren Nutzen für den Staat bestreitet, verteidigt Steffens die universitäre Vermittlung des spekulativen Wissens an die akademische Jugend. Dabei geht es ihm um den Sinn aller wissenschaftlichen Bemühung, den er in der Weisheit erblickt. Die Weisheit wiederum bezeichnet er als die göttliche Leiterin des Wissens, den inneren klaren Grund der Wahrheit und die sichere Richtschnur des Lebens. Die Weisheit beziehe sich nicht nur auf das Erkennen oder das Handeln, sondern sie sei nur da, wo sich Wahrheit und Sittlichkeit, Erkennen und Dasein in einem höheren Leben durchdringen. Das gelte nicht nur für den einzelnen Menschen, sondern auch für den Staat, der „den höchsten Verein und die innigste Durchdringung des innern und äußeren Daseins aller zu einem höheren Leben" darstelle.³⁷ Denn:

> Wie der einzelne Mensch, überzeugt von der Nichtigkeit seines irdischen Daseins, welches entsteht und vergeht, in jeder seiner Handlungen das Unvergängliche der Sittlichkeit, selbst auf Kosten seines Lebens, darzustellen sucht, in seinem Erkennen aber nur der ewigen Wahrheit huldigt, so sind auch die Staaten ... nur dazu da, damit die Herrlichkeit des Ewigen durch sie kund werde.³⁸

Steffens geht von einem Vergleich zwischen der Stellung des Menschen in der Natur und dem Staat aus, so wie er allgemein einen engen Zusammenhang zwischen Natur und Geschichte annimmt. Wie der Mensch als ihr Gipfel alle niederen Entwicklungsstufen der Natur in sich enthalte, so enthalte auch der Staat als geselliger Verein alle Bestrebungen des Menschen in sich. Als das Allgemeine und Ganze sei der Staat in jedem seiner Bürger präsent, so wie jeder Bürger untrennbar mit dem Staat verbunden sei. Das heilige Band aber, durch das das Ganze des Staates in jedem seiner Bürger gegenwärtig und jeder Bürger mit dem Ganzen des Staates eins sei, seien „die Wahrheit und Sittlichkeit, und deren äußere Erscheinung, die heilige und unantastbare Ehre"³⁹. Steffens entwickelt die Idee eines Kulturstaates. Der Staat sei ein fruchtbarer Garten, in dem jedes Talent und jeder Geist sich frei entfalten können, und zugleich bändige er die vernichtenden Kräfte der Begierden und Irrtümer.

---

36 Spranger 1910, 223 (Anm. 10).
37 Spranger 1910, 226 (Anm. 10).
38 Spranger 1910, 227 (Anm. 10).
39 Spranger 1910, 232 (Anm. 10).

> Wo aber ein jeder, die eigene Seligkeit suchend und mit sich selber einig, seine höhere Natur als die des Ganzen erkennt, der Staat sein inneres Wesen in der eigentümlichen Richtung eines jeden vernimmt, da verschwindet die trübe Abweichung und der vernichtende Zwang, und selbst die niedern Bedürfnisse des Lebens werden durch die Gewalt des belebenden Geistes von der Klarheit des Erkennens durchdrungen.[40]

Die Idee des Kulturstaates impliziert, dass jede geistige Richtung, auch das höchste Bestreben von Wissenschaft und Kunst, zum Wesen des Staates gehört und daher von ihm zu pflegen ist. Der Staat ist für Steffens aber nicht nur Kulturstaat, sondern zugleich Vernunftstaat. Auch hier greift er auf den Vergleich mit der Natur zurück. Denn wenn die Entwicklung der Natur im Menschen kulminiere, das Wesen des Menschen aber in der Selbstbestimmung bestehe, dann vollende sich die Notwendigkeit der Natur in der Freiheit des Menschen. Da die Vernunft reine Selbstbestimmung sei, seien die Gesetze der Natur somit Gesetze der Vernunft. Diese Vorstellung der Natur überträgt Steffens nun auf den Staat. „Denn der Staat ist nichts anderes, als die gemeinsame Organisation der Vernunft aller Bürger. Und da diese niemals aufhören kann, frei zu sein, so ist die Freiheit nicht allein in dem Allgemeinen des Staats, sondern notwendig auch in einem jeden Bürger ganz und uneingeschränkt da."[41] Im Staat seien daher Notwendigkeit und Freiheit miteinander verbunden. Allerdings räumt Steffens durchaus die Möglichkeit einer Fehlentwicklung des Staates ein, die dort vorliege, wo die Freiheit das Eigentum weniger sei und die Notwendigkeit sich daher als drückender Zwang geltend mache. Wenn aber das Volk gegen die Tyrannei aufbegehre und die Freiheit an sich reiße, so entstehe wie im revolutionären Frankreich eine schauderhafte Anarchie. Freiheit und Notwendigkeit müssen daher Steffens zufolge als miteinander identisch erkannt werden, wobei das wahre Wesen des Staates in jeder Staatsverfassung gleichermaßen zum Ausdruck kommen könne. Die verschiedenen Staatsverfassungen seien lebendige Produkte der Geschichte und Ausdruck des jeweiligen Volksbewusstseins, und bestimmte Verfassungen seien einem bestimmten Volk zu einer bestimmten Zeit angemessen, andere hingegen nicht. Die entscheidende Frage laute, ganz unabhängig von der Art der Staatsverfassung: „worin das eigentliche Heil eines Staats gesucht werden müsse, so daß in ihm die äußerste Strenge der Gesetze mit der ewigen Freiheit aller Bürger zugleich bestehen kann"[42]. Dazu sei es notwendig, dass der Staat seinen Bürgern die Staatsidee so erkläre, „daß alle Gesetze desselben von ihm innerlich als selbst

---

[40] Spranger 1910, 234 (Anm. 10).
[41] Spranger 1910, 237 (Anm. 10).
[42] Spranger 1910, 239 (Anm. 10).

entworfene eigener Vernunft anerkannt werden"[43]. Denn nur dadurch löse sich das Problem von Notwendigkeit und Freiheit, dass sich der Bürger in den staatlichen Gesetzen so wiedererkenne, als seien sie Produkt seiner eigenen Vernunft und Freiheit. Zum Wesen des Staates rechnet Steffens aber auch die höchsten Forschungen des menschlichen Geistes, deren Ausdruck bedingt sei durch die Eigentümlichkeit der geistigen Richtung der Nation, und die höchste Weisheit besitze derjenige, der in die Tiefen des nationalen Geistes eingedrungen sei. Er sieht es dabei als Aufgabe des Staates an, über die Bedürfnisse der unmittelbaren Gegenwart hinaus „die innere Freiheit des Geistes, von welcher die äußere nur als der matte Abglanz anzusehen ist, zu schützen und zu pflegen"[44].

4 Steffens und die Idee der Universität

Für Steffens ist die Weisheit als Einheit des Erkennens und Daseins, der Wahrheit und der Sittlichkeit die Seele des Staates, die der Staat pflegen muss, damit seine Bürger zur höchsten Freiheit gelangen. Dies aber leistet der Staat durch seine Universitäten. Die Universitäten seien diejenigen Einrichtungen, „durch welche die Jünglinge des Staats aufgefordert werden, durch Selbstbestimmung das Maß zu erringender Freiheit sich selbst zu erwerben"[45]. Die Würde der Universitäten als der wichtigsten Einrichtungen des Staates gelte es gerade jetzt zu verteidigen, wo – bedingt durch die politischen Ereignisse – „die schöne Neigung, die Deutschland über alle übrigen Länder Europas erhob und ihm die erste Stelle anwies, diese nämlich, durch eigenes inneres Bemühen das Wesen des Daseins und der Dinge auf eine eigene Weise zu ergründen, immer mehr abnimmt"[46]. Der Rückgang der Studentenzahl betreffe nicht nur Halle, sondern ganz Deutschland, und dieser Verfall der Universitäten sei zugleich der Verfall der Nation, weil die Universitäten die Pflegstätten des nationalen Geistes und der Freiheit gewesen seien. Steffens meint zudem, dass der eigentliche Sinn der Universitäten sich im europäischen Kontext nur in Deutschland bis jetzt erhalten habe. Er unterscheidet die Universitäten von anderen Unterrichtsanstalten und weist ihnen einen Platz in der Erziehung zu, die ihren Ausgang beim Kind nimmt, in dem man bereits früh den Sinn für das Übersinnliche wecken solle. „Wo die stille Sehnsucht des höhern Erkennens in einem jugendlichen Gemüte keimt, da werde sie sorgfältig ge-

---

[43] Spranger 1910, 239 (Anm. 10).
[44] Spranger 1910, 243 (Anm. 10).
[45] Spranger 1910, 247 (Anm. 10).
[46] Spranger 1910, 248 (Anm. 10).

pflegt."⁴⁷ Denn in solchen Gemütern liege der zukünftige Glanz des Staates. Für sie seien die Universitäten als Schulen der Selbstbildung gedacht.

> Daß der Staat sie unterhalten muß, erhellt von selbst; denn sein ganzes höheres Dasein beruht darauf, daß hier der Geist des freien Forschens ungehindert walten kann. Wer hier die höhere Selbstbildung zu erlangen trachtet, den treibt keine äußere Gewalt, kein fremder Wille, auch keine äußere oder endliche Rücksicht, sondern lediglich die eigene Bestimmung und seine innere Natur.⁴⁸

Voraussetzung für den Universitätsbesuch sei allerdings, dass der Student bereits alles bloß mitteilbare Wissen erlangt habe. Steffens verbindet diese Forderung mit einer Kritik an den bisherigen Universitäten, die zum Teil die Aufgabe von Schulen übernähmen, indem sie solches Wissen lehrten. Denn ihre eigentliche Aufgabe sei, die freie Selbstbildung der Studenten zu fördern, was auf Seiten der Studenten allerdings eine entsprechende Einstellung voraussetze. Angesichts der Ausrichtung der Universität an einem spekulativen höchsten Wissen ist es nicht verwunderlich, dass Steffens das Studium als heiliges Geschäft bezeichnet, das eine Reinigung des Gemüts voraussetzt. An seine studentischen Zuhörer gewandt erklärt er:

> Alle irdischen Rücksichten müsset ihr aus der Seele bannen, als wenn nichts als der Gott der Wahrheit und der Liebe, und die forschende Seele da wäre. Nicht euch selbst gehört ihr jetzt mehr an. Wer den heiligen Schleier der Wahrheit zu lüften trachtet, und nicht ihr sein ganzes Dasein opfert, in stiller Andacht und steter Hingebung, wer die entgegentretende und hervorgerufene Gottheit schmäht, der begeht unnennbaren Frevel. Keine Furcht vor der Zukunft trübe eure Blicke, denn diese überläßt ihr, das Selbsterkennen suchend, ruhig dem waltenden Gotte.⁴⁹

Um das äußere Glück dürfe man sich beim Studium nicht kümmern, und alle Eitelkeit müsse man ablegen, da man mit der Welt des Scheins nichts gemein habe. Man solle ausschließlich der eigenen Natur folgen, da diese die Offenbarung und Stimme Gottes in einem sei. „So von allem Irdischen gereiniget, indem ihr nur mit euch selbst und mit eurem Gotte zu Rate geht, könnt ihr ohne Sorge die freie Bahn des reinen Forschens beginnen."⁵⁰

Steffens beginnt seine vorletzte Vorlesung mit dem Hinweis, dass die Idee der Universitäten nur zu begreifen sei aus der Art und Weise, *wie* hier gelehrt werde, und nicht etwa aus der Masse der gelernten Kenntnisse. Das ergebe sich bereits

---

47 Spranger 1910, 253 (Anm. 10).
48 Spranger 1910, 254 (Anm. 10).
49 Spranger 1910, 256 (Anm. 10).
50 Spranger 1910, 256 (Anm. 10).

daraus, dass die philosophische Fakultät an der Spitze der Fakultäten stehe und die Weisheit der ordnende, belebende Geist des vielfältigen Wissens sei. Der menschliche Geist strebe aber nach Weisheit, weil er das Unwandelbare in dem Wechsel des äußeren Lebens innerlich fassen möchte. Doch: „Wo ist der feste Mittelpunkt, den alle Geister suchen, wo die heitere Ruhe und die genügende Form, deren wir alle bedürfen? Was stillt das ewige Verlangen, ohne welches das Leben leer scheint, mit welchem innere Sorge furchtbarer Art in atemloser Hitze uns herumzutreiben scheint?"[51] Innerhalb der Welt der Erscheinung, sei es des Lebens oder des Gedankens, lässt sich laut Steffens ein solcher fester Punkt nicht finden, sondern diese Welt erweist sich als voller Gegensätze und daher als widersprüchlich. Suche man den Grund dieses Widerspruchs, der dem ganzen Leben und Wissen alle Bedeutung zu rauben scheint, so entdecke man aber leicht, „daß er darin liegt, daß das Endliche und Bedingte, als ein Einzelnes, im Gegensatz gegen das Unbedingte und Unendliche, gesetzt wird"[52]. Gäbe es hingegen eine Anschauung, „in welcher das Bedingte und Unbedingte, das Endliche also und das Unendliche sich durchdrängen, so würde ein solches, nicht durch ein anderes, sondern durch sich selber bedingt sein; denn wäre es durch ein anderes bedingt, dann wäre es nicht, was es der Voraussetzung nach sein sollte, ein Unbedingtes"[53]. Es würde die Anschauung eines nur durch sich selbst bedingten Absoluten sein. Dieses wäre, allem Wechsel und aller Veränderung enthoben, ewig in sich geschlossen und zeitlos. Zudem wäre es absolut frei, weil nur durch sich selbst und seine Natur bestimmt, und der Gegensatz von Innen und Außen wäre für es aufgehoben, da es ansonsten beschränkt wäre. Die Anschauung des Unbedingten, die er mit Schelling annimmt, gewährt uns Steffens zufolge die Sittlichkeit, die er als ewig und unwandelbar sowie in allen Menschen identisch charakterisiert.

> Ein jeder ist also, sittlich angesehen, ein unendliches und schlechthin über alle Verhältnisse erhabenes Wesen. Doch ist dieses Unbedingte mit dem Besondern auf eine solche Weise gesetzt, daß auch er nicht der Sittlichkeit nur zum Teil gehört, vielmehr geht die Anforderung, mit ihr eins zu sein, an sein ganzes Wesen. Das Besondere und Allgemeine, das Endliche und Unendliche sind also eins und unzertrennbar.[54]

In der Sittlichkeit begegnet uns somit laut Steffens die Einheit von Endlichem und Unendlichem als die von jedem zu realisierende Forderung und mithin im Allgemeinen.

---

51 Spranger 1910, 262 (Anm. 10).
52 Spranger 1910, 262 (Anm. 10).
53 Spranger 1910, 263 (Anm. 10).
54 Spranger 1910, 263–264 (Anm. 10).

Wie die Sittlichkeit diese selige Einheit im Allgemeinen darstelle, so offenbare die Schönheit sie im Besonderen. Das Schöne unterscheide sich nämlich vom Nützlichen und Angenehmen, dass es nicht Mittel zu einem äußeren Zweck sei, sondern seinen Grund in sich selber habe und aus sich selbst begriffen werden könne. Steffens definiert so das Schöne mit Kant durch seine Zweckmäßigkeit ohne Zweck.

> Die Schönheit lebt, getrennt von allem Äußeren, in einer eigenen heiteren Welt, und das Sondernde der Form wird nur aus dem Wesen begriffen; sie enthält daher eine wahrhafte Unendlichkeit in sich, von der Endlichkeit ununterscheidbar. Nicht in einem bloß Äußeren erkennen wir die Schönheit, vielmehr offenbart sich, mit der Form aufs innigste verbunden, ein Geistiges, welches, alle Teile zu einem Ganzen belebend, einen jeden durchdringt.[55]

Die Schönheit sei weder ein nur Unendliches, Inneres, noch nur ein Endliches, Äußeres, sondern beide, Inneres und Äußeres seien vollkommen eins. Ebenso sei es aber auch zum einen in der Natur, in deren äußerer Notwendigkeit der Naturforscher die ewige Gesetzmäßigkeit des Geistes erblicke, und zum andern in der Geschichte. Auch was zunächst als ein sinnloses Chaos einzelner Taten erscheine, habe die göttlichen Dichter zu einer höheren Einheit zu verbinden gewusst, und ganze Epochen hätten sich so durch Dichtungen verewigt. Steffens denkt hier an die mythischen Dichtungen vor allem der Griechen, die selbst in ihrem torsohaften Zustand uns noch eine Zeit erblicken lassen, in der Wissenschaft, Kunst und Tat in unauflöslicher Vereinigung das Göttlichste hervorbrachten. Aber nicht nur die Griechen, sondern auch die deutsche Nation habe eine solche dichterische Vorzeit. Und obgleich vor allem die Gebildeten die nationale Gottheit verleugnet und fremden Gottheiten gehuldigt hätten – Steffens spielt hier offenbar auf den französischen Einfluss während des 18. Jahrhunderts an –, würden die Gestalten der frühesten Vorzeit in der Erinnerung des Volkes festgehalten und stimulierten die nationale Hoffnung.

In der Sittlichkeit wie in der Schönheit, in der Natur wie in der Geschichte meint Steffens somit die Einheit von Endlichem und Unendlichem, das wahrhaft Unendliche oder Unbedingte, kurzum das Göttliche anschauen zu können.

> Das ist es, was wir wollen, was die sehnende Seele sucht, was Mühe und Fleiß und Anstrengung jeglicher Art erregt: den Schein vernichtend, das Göttliche schauen, was in allem allein Bestand hat. Da aber tritt es allein hervor, wo in jedwedem Dinge das Ganze sich spiegelt. Daher ergreift die Seele eine innige Freude und unnennbares Ergötzen, wo die Einheit des Allgemeinen und Besonderen sich kundtut.[56]

---

55 Spranger 1910, 264 (Anm. 10).
56 Spranger 1910, 267 (Anm. 10).

Für Steffens ist es nun entscheidend, dass die Seele sich nicht dabei begnügt, das Göttliche dunkel und verworren zu schauen, sondern sie möchte es klar erkennen. Das aber sei ein wissenschaftliches Verlangen. „Ein jedes wissenschaftliche Bestreben sucht in der Tat nichts anderes, als jene Einheit zu erlangen."[57] Selbst in jeder empirischen Wissenschaft gelte weder das Besondere für sich noch der allgemeine Grundsatz für sich als das Reelle, sondern nur die Einheit beider. Die Seele versuche also überall, die Natur der Dinge dergestalt zu ergründen, dass sie alles auf einen inneren gemeinsamen Grund zurückführt, und dieser unwandelbare Grund sei der Geist des Alls, Gott, das Unendliche und Unbedingte in seiner Einheit mit dem Endlichen und Bedingten. Nur in dieser Einheit sei er das wahrhaft Unendliche. Alles Bedingte, Endliche werde so als Teil des Ganzen gefasst, und zwar in der Weise, dass das Ganze in jedem Teil sei. Die Fähigkeit dazu schreibt Steffens einem göttlichen Sinn zu, mit dem der Mensch aufgrund seiner Gottebenbildlichkeit ausgestattet sei. Dieser göttliche Sinn sei im Forscher dasjenige, dank dessen er mit der Wahrheit übereinstimme. Das heißt, dass für Steffens Widerspruch und Irrtum dadurch entstehen, dass der Forscher das Besondere nicht in seiner untrennbaren Einheit mit dem Allgemeinen und Unbedingten, also mit Gott sieht. Sitz des göttlichen Sinns sei die Vernunft, ja, der göttliche Sinn sei geradezu identisch mit der Vernunft. Unter der Vernunft soll dabei nicht das schlussfolgernde Denken, auch nicht etwas künstlich Erworbenes verstanden werden. Vielmehr handle es sich bei ihr, also dem Sinn für das Göttliche, um etwas Ursprüngliches und Natürliches, das des staatlichen Schutzes bedürfe. Dem Staat obliegt es daher laut Steffens, den göttlichen Sinn für das wahrhaft Unendliche zu pflegen. Gerade darin erblickt Steffens den Sinn der staatlichen Universitäten. „Wie nun das nämliche allgemeine Wissen, dem Staate einverleibt, sich in verschiedenen Richtungen ergießt, wird der Gegenstand einer eignen kurzen Betrachtung sein."[58] Steffens geht bei seiner Konstruktion des allgemeinen Wissens davon aus, dass das ewige Sein, also das Göttliche, zwei große Momente impliziere, die sich in zwei Formen darstellen, nämlich als Natur und Geschichte. In der Natur erkennen wir das Allgemeine des Geistes als dem Besonderen der Geschichte, in der Geschichte das Besondere der Natur dem Allgemeinen des Geistes einverleibt. Beide seien nur da wahrhaft, wo das Ganze der Natur sich in der Geschichte und das Ganze der Geschichte in der Natur abpräge. Wenn der Staat sich das allgemeine Wissen einverleibe, so geschehe dies um seiner äußeren und inneren Gesundheit willen. Was die äußere Gesundheit betreffe, so zwinge man die Kräfte der Natur, als seine lebendigen Glieder sich

---

57 Spranger 1910, 267 (Anm. 10).
58 Spranger 1910, 269 (Anm. 10).

dem Staat als Ganzem und im Allgemeinen einzuverleiben. Dies geschehe durch die Industrie, das heißt durch die Steigerung des nationalen Kampfes mit der Natur. Die wissenschaftliche Behandlung dieser Bestrebungen sei allerdings erst möglich geworden durch die in jüngster Zeit erfolgte Fortbildung der Naturwissenschaft. Steffens plädiert daher für die Einrichtung einer eigenen, von der philosophischen Fakultät gelösten ökonomischen oder kameralistischen Fakultät, das heißt einer Fakultät für Nationalökonomie oder Volkswirtschaft. In ihr werde „die äußere und physische Gesundheit des Staats im Allgemeinen dargestellt[.]"[59]

Für die äußere Gesundheit des Staates im Besonderen, insofern er nämlich durch seine einzelnen Bürger repräsentiert wird, sorge hingegen die medizinische Fakultät.

> Diese beiden Fakultäten stellen die Richtung der gesamten Naturwissenschaft zur Erhaltung des Staats dar, und eine jede Beschäftigung des Arztes oder des Ökonomen wird um so tiefer in die wahre Natur des Staates eingreifen, je tiefer er den Geist der Natur, also auch seine innige Einheit mit dem Wesen der Geschichte erkannt hat.[60]

Begründet Steffens die Notwendigkeit der Fakultäten für Volkswirtschaft und Medizin mit der äußeren Gesundheit des Staates, so die der juristischen und theologischen Fakultät mit seiner inneren Gesundheit.

> Die innere Gesundheit desselben wird im Allgemeinen fixiert durch das Recht, durch die Strenge der Gesetze, welche die störenden Begierden und das Vernichtende abtrünniger Gesinnungen aus dem Ganzen des Staats ausschließen, und diese geschichtliche Richtung wird in einer eigenen Fakultät, in der juridischen, dargestellt.[61]

Volkswirtschaft und Medizin haben es also mit dem äußeren natürlichen Leben des Staates zu tun, Jurisprudenz und Theologie hingegen mit dem inneren geschichtlichen Leben, mit dem Geist statt mit der Natur. Denn es „wird das innere geschichtliche Leben und der eigentliche Geist des Staats, insofern er sich in einem jeden Bürger darstellt, im Besondern durch den religiösen Kultus festgehalten, und in einer eigenen Fakultät, in der theologischen nämlich, fixiert"[62]. Auch hier gelte aber, dass Jurisprudenz und Theologie desto tiefer in den eigentlichen Sinn des Staates eingreifen werden, je tiefer sie den Sinn und Geist der

---

59 Spranger 1910, 271 (Anm. 10).
60 Spranger 1910, 271 (Anm. 10).
61 Spranger 1910, 271 (Anm. 10).
62 Spranger 1910, 271 (Anm. 10).

Geschichte verstanden haben, was allerdings nur dann der Fall sein werde, wenn sie die Geschichte in ihrer Einheit mit der Natur sehen.

Steffens wendet sich entschieden gegen die Vorstellung, dass die Erkenntnis sich der konstitutiven Tätigkeit des erkennenden Subjekts verdankt. Seine letzte Vorlesung beginnt mit dem Satz: „Was wir im Erkennen ergreifen, wird nicht erst durch unser Erkennen; es ist schon da."[63] Die als heilig apostrophierte Wahrheit sei eins mit einer heiligen Welt, in der alle Dinge ihr eigenes Sein in dem Ganzen finden, einer ewigen Welt, die unserer Seele keineswegs fremd sei. Diese ewige Welt sei bereits vor unserem Ergreifen da gewesen. Dass wir überhaupt mit dem Wahren in Kontakt gelangen, wird auf unmittelbare Offenbarung zurückgeführt und als gnadenvolle Gabe bezeichnet. „Daher ist alles Wahre unmittelbare Offenbarung, ein schlechthin Geschenktes, die göttliche Mitgabe einer herrlichen Natur."[64] Diese Offenbarung des Wahren sei aber in den Überlieferungen der Vorzeit aufbewahrt. Die Zukunft könne daher auch nichts anderes wollen als die Enträtselung der Hieroglyphen dieser Überlieferungen der Kindheitsepoche der nationalen Geschichte. In dem kindlichen Gemüt stelle sich aber das Heilige als Gabe Gottes dar. „Daher ist der feste Grund des Daseins der Glaube, seine Blüte die Liebe, und der lebensschwangere Keim des zukünftigen Lebens die fröhliche Hoffnung."[65] Indem Steffens das Wissen auf eine geoffenbarte Wahrheit zurückführt, deutet er auch den Staatsgedanken theologisch. „Daher ist der eigentliche Staat (die Idee desselben) die Gemeinschaft der Heiligen; diese ist keineswegs von dem Staate verschieden, sondern innerlich und wahrhaft als der eigentliche Geist desselben zu betrachten."[66] Die Idee des Staates sei somit die Kirche, die das ewige Vorbild des Staates sei. Alle Widersprüche des Daseins seien in der ewigen Welt, die wir in der Kirche schauen, ursprünglich gelöst. Daher gelte es, sich von der Welt der Erscheinungen loszureißen. „So alles freiwillig opfernd, erringen wir das Sein in Gott, in welchem wir allein wahrhaft leben und sind. Dieses Opfer ist die Versöhnung."[67] Als Vorbild dieser Versöhnung, der Überwindung des Todes durch das Leben, fungiert Jesus Christus, der eingeborene Sohn Gottes, in dem sich das Widersprechende der Geschichte ebenso versöhnt wie das Widersprechende der Natur in der menschlichen Gestalt. Steffens betrachtet Jesus daher als Mittelpunkt der Geschichte wie den Menschen als Mittelpunkt der Natur. „Er ist in uns, wir sind in ihm die eingebornen Söhne des Vaters. Was in ihm sich entfaltete,

---

63 Spranger 1910, 273 (Anm. 10).
64 Spranger 1910, 274 (Anm. 10).
65 Spranger 1910, 275 (Anm. 10).
66 Spranger 1910, 275 (Anm. 10).
67 Spranger 1910, 276–277 (Anm. 10).

das stellt sich in uns, nur trüber und unreiner, wieder dar."[68] Steffens lässt seine Vorlesungen geradezu hymnisch ausklingen mit einem Lobpreis Christi. In ihm durchdrängen sich das Geistige und das Irdische, und seine Kreuzesfahne sei die Glorie der Geschichte geworden, in der alles Heil liege.

> Ihm muß der Bürger seine Habe, der Weise sein Erkennen, der Staat sein Dasein opfern, damit der Geist des Vaters und des Sohnes lebendig unter uns werde, in Tat und in der Wahrheit. Daher ist Christus der König der Kirche, der innere Herrscher aller Völker, und sein Sinn der wahre Bürgersinn.[69]

5 Schluss

In seinen Lebenserinnerungen gesteht Steffens, dass ihm, was der heutige Leser umso mehr nachvollziehen kann, seine Vorlesungen *Über die Idee der Universitäten* beim Wiederdurchlesen merkwürdig geworden seien.

> Dort erscheint der alles Wissen tragende Glaube offenbar als die Grundlage und zugleich als die geheiligte Quelle des Daseins, Christus als derjenige, in und mit welchem Gott sich offenbart, selbst Gott: aber dennoch wird der Glaube durch ein Alles umfassendes Wissen bedingt, und der persönliche Heiland verschwimmt in jenem von der Speculation geforderten Ideal der Menschheit, wie es von Kant zuerst rein, aber auch redlich aufgestellt und seiner Persönlichkeit nach psychologisch erklärt wurde, wie es sich erhalten hat, bis es in unsern Tagen sich in ein durch Denkkünste zugeschnittenes Idol verwandelte, in dessen vollendeter Gestalt der Denkkünstler sich selbst anbetet.[70]

Damit verleiht der späte Steffens, längst zum lutherischen Glauben zurückgekehrt, seiner Distanzierung von den philosophischen Grundlagen des Idealismus Ausdruck. Eben dieser „Epoche einer keimenden religiösen Ansicht, die sich dennoch nicht von der Konsequenz eines bloßen Denksystems loszureißen wagte", gehören Steffens eigenem Zeugnis zufolge seine Vorlesungen *Über die Idee der Universitäten* an.[71] Sie sind das Dokument einer Phase von Steffens' Denken, das zwar noch dem absoluten Idealismus Schellings verpflichtet ist und sich darin von Schleiermachers philosophischem Ansatz unterscheidet, das sich aber auch schon vom Idealismus löst. Gerade darin sieht sich Steffens rückblickend durch Schellings eigene Entwicklung bestätigt. In seinen Lebenserinnerungen beschreibt er die geistige Situation im zeitgenössischen Deutschland, die

---

68 Spranger 1910, 277 (Anm. 10).
69 Spranger 1910, 279 (Anm. 10).
70 Steffens 1842, 44 (Anm. 1).
71 Steffens 1842, 44 (Anm. 1).

Aufspaltung der Philosophie in verschiedene Gruppierungen, die auch hinsichtlich ihrer Stellung zum Absoluten differierten. Dabei habe sich Schelling dadurch ausgezeichnet, dass er die Spekulation immer tiefer begründen wollte und daher niemals zu einem abgeschlossenen System gelangt sei. Die 1809 erschienene Schrift *Über das Wesen der menschlichen Freiheit* musste daher „diejenigen überraschen, die durch den Abschluß eines absoluten, doch zuletzt logischen Denksystems die Philosophie für immer begründet wähnten"[72]. Steffens selbst fühlte sich hingegen von Schellings Freiheitsschrift in seinem eigenen Denken gefördert. Ohne dies ausdrücklich als Kritik an Hegel zu bezeichnen, stellt er fest: „Daß die Freiheit als solche nicht in der Nothwendigkeit eines abstrakten Denkens begriffen werden konnte, war mir, je mehr die alte Erinnerung eines frühern religiösen Lebens in mir erwachte, an und für sich klar."[73]

Ausführlich geht Steffens in seinen Memoiren auf die Rolle Preußens im Kampf gegen Napoleon und seine geistige Aufgabe für Deutschland insgesamt ein, wobei er der Gründung der Berliner Universität eine besondere Bedeutung zuschreibt. Er hält sie für eines der merkwürdigsten Ereignisse der Tage. Denn während Pläne zu einer dringend notwendigen Reform der Universität Halle während der zehnjährigen Friedensperiode entschieden zurückgewiesen worden wären, habe man sich zum Zeitpunkt seiner tiefsten Erniedrigung zu dieser großartigen Tat aufgerafft, und zwar aus der Überzeugung, „daß das geschlagene Preußen berufen war, vor allem in Deutschland einen Adel und Bürgerschaft, militairische und administrative Institutionen auf gleiche Weise durchdringenden Mittelpunkt zu bilden; es war die innere Zuversicht, mit welcher man diesen Ruf freudig anerkannte, und an seine Erfüllung die schönsten Hoffnungen knüpfte"[74]. Die Gründung der Berliner Universität hält Steffens für einen Akt des geistigen Widerstandes gegen die französische Besatzung, und er nennt ausdrücklich Fichte und Schleiermacher als diejenigen, die den Widerstandsgeist damals stärkten. Bei der Anlage der Universität habe Wilhelm von Humboldt die verschiedenen Stimmen, darunter die von Schleiermacher, berücksichtigt. Man habe ausgezeichnete Gelehrte berufen, und nur im Hinblick auf die philosophische Spekulation habe man anfangs geschwankt. Besonders bedauert es Steffens, dass man der von der Natur abgewandten Abstraktion – gemeint ist wohl Fichte – den Vorzug gab vor einer Naturphilosophie, wie sie ihm im Ausgang von Schelling selbst vor Augen schwebte. Während sich die Lage der Universitäten im Königreich

---

72 Steffens 1842, 74 (Anm. 1).
73 Steffens 1842, 75 (Anm. 1).
74 Steffens 1842, 137 (Anm. 1).

Westfalen zusehends verdüsterte – Halle war tief gesunken, und die Zahl der Studenten nahm stetig ab –, blühte die Berliner Universität auf.

> In dem glänzendsten Teile der Stadt, ausgezeichnet unter den mächtigen Gebäuden, die sich hier wie in keiner andern Stadt zusammendrängen, liegt das Gebäude der Universität, als sollte es durch diese Lage die hohe Bedeutung wissenschaftlicher Bildung für den Staat andeuten, der äußerlich dem Druck und der Schmach unterliegend, dennoch den innersten Kern eines zukünftigen frischen, ja mächtigen Lebens in sich bewahrte.[75]

Am 23. Dezember 1809 wurde die königliche Kabinettsordre unterzeichnet, die die Gründung der Universität befahl, und am 9. September 1810 wurde diese feierlich eröffnet. Für alle Fakultäten hatte man Männer von großem Ruf gewinnen können, allen voran Schleiermacher, und Steffens spart nicht mit begeisterten Worten für seinen Freund.

> Es gibt keinen, der wie er die Gesinnung der Einwohner hob und regelte, und in allen Klassen eine nationale, eine religiöse, eine tiefere geistige Ansicht verbreitete. Berlin ward durch ihn wie umgewandelt und würde sich nach Verlauf einiger Jahre in seiner frühern Oberflächlichkeit selbst kaum wieder erkannt habem. Was ihm den großen Einfluß verschaffte, war dieses: daß er Christ war im edlen Sinn, fester unerschütterlicher Bürger, in der bedenklichsten Zeit kühn mit den Kühnsten verbunden, rein Mensch in der tiefsten Bedeutung des Wortes, und doch als Gelehrter streng, klar, entschieden.[76]

Neben Schleiermacher in der theologischen lehrte Savigny an der juristischen, Reil an der medizinischen und Fichte an der philosophischen Fakultät. Zwar galt die Gründung der Universität Göttingen immer als vorbildlich. Aber sie fiel in eine ruhige Zeit und hatte den englischen König als Gönner, während die Gründung der Berliner Universität um so erstaunlicher ist, als sie unter den ungünstigsten Bedingungen geschah. Zwar bedauerte es Steffens, keinen Ruf nach Berlin erhalten zu haben, aber zum Wintersemester 1811 wurde er nach Breslau, die zweite Reformuniversität Preußens, berufen, und 1832 sollte sich sein Wunsch auf ein Ordinariat in der preußischen Hauptstadt schließlich doch noch erfüllen.

---

75 Steffens 1842, 266–267 (Anm. 1).
76 Steffens 1842, 271 (Anm. 1).

3. Ethik und Physik – Zwei Seiten eines Systems

Ursula Klein
Steffens Mineralogie

Während seiner Professur in Breslau veröffentlichte Henrich Steffens ein gewaltiges mineralogisches Werk, sein *Vollständiges Handbuch der Oryktognosie*, das zwischen 1811 und 1824 in vier Bänden erschienen ist.[1] Auf über 2000 Seiten beschäftigt sich dieses Handbuch mit hunderten verschiedener Mineralien, ihren charakteristischen Merkmalen, den Methoden ihrer Identifikation und ihrer Klassifikation. Die Mineralogie oder „Oryktognosie", wie Steffens Lehrer, der Freiberger Naturforscher Abraham Gottlob Werner (1749–1817) das Gebiet nannte, war in den Jahrzehnten um 1800 nahezu eine Modewissenschaft. Zahlreiche Naturforscher beschäftigten sich mit diesem Teil der Naturgeschichte, und jedes Jahr wurden dutzende neuer Mineralien entdeckt. Ein Beobachter beschrieb die Situation 1792 mit folgenden Worten:

> Man sagte mir, in dem vorletzten Dezennium des jetzigen Jahrhunderts sei über Minerale mehr geschrieben worden, als über Theologie, Philosophie und Jurisprudenz zusammen in einem halben Jahrhundert.[2]

Die eindeutige Benennung und Klassifikation der Mineralien war angesichts der Entdeckungsdynamik und der Fülle der Einzelobjekte ein großes Problem. Fast jeder Mineraloge hatte sein eigenes Klassifikationssystem oder führte zumindest eine neue Variante in die vorhandenen Systeme ein. Es gab Kontroversen über die verschiedenen Systeme wie auch über die Kriterien der Klassifikation. Dabei lassen sich grob zwei Hauptlager unterscheiden: erstens, die chemischen Mineralogen, für die die chemische Zusammensetzung der Mineralien das ausschlaggebende Identifikations- und Klassifikationskriterium war, und zweitens, die Mineralogen, die die chemische Zusammensetzung nur als ein Kriterium unter vielen betrachteten und die auch „äußere Merkmale" wie beispielsweise Farbe, Glanz und Härte heranzogen. Zu Letzteren gehörte auch die Schule des mineralogischen Lehrers von Steffens, des Professors der Freiberger Bergakademie Abraham Gottlob Werner.

Steffens hatte von 1800 bis 1802 an der Freiberger Bergakademie studiert und verehrte Werner als den größten Mineralogen seiner Zeit. Es ist also kein Zufall, dass er ein Handbuch der „Oryktognosie" schrieb, anstatt wie die Mehrheit der

---

[1] Henrich Steffens, *Vollständiges Handbuch der Oryktognosie*, 4 Bde., Halle: Gurtsche Buchhandlung 1811–24.
[2] Zitiert nach Martin Guntau, *Abraham Gottlob Werner*, Leipzig: Teubner 1984, 34.

https://doi.org/10.1515/9783110434538-009

Mineralogen von „Mineralogie" zu reden. Im Folgenden gehe ich zuerst auf die Freiberger Bergakademie ein, an der Steffens sein mineralogisches Wissen erwarb. Was war das für eine Ausbildungsinstitution und wie lehrte Werner die Mineralogie? Danach wende ich mich der Frage zu, warum sich Steffens noch viele Jahre nach seinem Freiberger Studium intensiv mit der Mineralogie beschäftigte. Welche Ziele verfolgte er damit? Gibt es einen Zusammenhang zwischen seinen mineralogischen und seinen naturphilosophischen Interessen?

1 Mineralogie an der Freiberger Bergakademie

Die Freiberger Bergakademie wurde 1765 als eine Ausbildungsstätte für sächsische Bergbeamte gegründet.[3] Wenig später war sie ein Attraktionszentrum für montanwissenschaftlich interessierte junge Männer aus aller Welt. Einer ihrer ersten Studenten war Friedrich Wilhelm Heinrich von Trebra, der mineralogische und bergtechnische Lehrer und Freund Johann Wolfgang von Goethes. In den 1790er-Jahren studierten dort Alexander von Humboldt, Leopold von Buch und Novalis (Friedrich von Hardenberg).[4] Werner galt damals als der größte Mineraloge seiner Zeit, dessen „systematischer Kopf" selbst Linné übertraf.[5] Die Attraktivität der Freiberger Bergakademie beruhte aber auch auf ihrer ungewöhnlichen Verbindung von „Theorie und Praxis". Die „Theorie" – das heißt hier das schulische Studium durch Vorlesungsbesuch und Lektüre sowie Experimentieren, Arbeiten mit Modellen, Mess- und Zeichenübungen – wurde hier durch die „Praxis", das heißt Einfahren in Gruben, Arbeit in Hüttenwerken und andere handwerklich-bergmännische Tätigkeiten ergänzt.

Das Studium in Freiberg war strikt geregelt. Die Praxis fiel auf den Vormittag, während die Theorie am Nachmittag folgte. Jeder Student hatte für Werner „Elaboratorien", das heißt schriftliche Berichte über seine praktischen Arbeiten

---

3 Siehe dazu Hans Baumgärtel, *Vom Bergbüchlein zur Bergakademie: Zur Entstehung der Bergbauwissenschaften zwischen 1500 und 1750/1770*, Freiberger Forschungshefte D 50, Leipzig: VEB Deutscher Verlag für Grundstoffindustrie 1965.
4 Alexander von Humboldt (1769–1859) war vom Juni 1791 bis Februar 1792 in Freiberg, etwa zeitgleich mit Buch (1774–1853), während Novalis (1772–1801) vom Dezember 1797 bis Frühjahr 1799 dort studierte. Zu Humboldts Studium in Freiberg siehe Ursula Klein, „The Prussian Mining Official Alexander von Humboldt", *Annals of Science* 69 (2) (2012), 27–68. Ursula Klein, *Humboldts Preußen, Wissenschaft und Technik im Aufbruch*, Darmstadt: Wissenschaftliche Buchgesellschaft 2015.
5 Diese Äußerung stammt von Werners Freund Georg Forster: „Werner ist als Mineraloge sehr groß, ich möchte sagen ohne seines Gleichen; so ein systematischer Kopf war selbst Linné nicht." Zitiert Guntau (1984) (Anm. 2), 105.

zu schreiben. Sie stellten die wichtigste Abweichung des praktischen Ausbildungsteils von einer normalen handwerklichen Lehre dar. Ansonsten bestand die „Praxis" wie in der Handwerkerlehre üblich aus der körperlichen Einübung der Handgriffe und Nachahmung des „Meisters", die durch mündliche Instruktionen ergänzt wurde. Der junge Alexander von Humboldt schrieb beispielsweise im August 1791 seinem Freund, dem Berliner Mineralogen Dietrich Ludwig G. Karsten: „Um 6 Uhr fahre ich an, regelmäßig alle Tage". „Ich treibe diese Arbeit seit ohngefähr 3 Wochen", fügte er hinzu, „und blute wenigstens nicht mehr".[6] Der ungewohnte Umgang mit Eisen und Schlägel beim Abbau der Erze zog oft blutige Handverletzungen nach sich. Wenig später schilderte er seine Ausbildung folgendermaßen:

> Ich habe die gemeinen Arbeiten auf dem Gestein alle selbst gelernt, wie wir es nennen, meine Lehrhäuerschicht aufgefahren, und noch heute Morgen war ich mit Bohren und Schießen beschäftigt. Um 11 oder 12 Uhr komme ich aus der Grube und nun sind fast alle Stunden des Nachmittags mit Kollegien besezt – Oryktognosie und Geognosie bei Werner, Markscheiden, Probiren auf Silber, Risse- und Maschinen-Zeichnen.[7]

Bei ihren Grubenbefahrungen lernten die Studenten die Zimmerung der Schächte, die Fahrkünste für die Erzförderung, die Entwässerungsstollen und die Wasserräder und Kunstgestänge für die Wasserhebung kennen. Gleichzeitig boten sich Gelegenheiten zum Mineraliensammeln und zur Beobachtung von Gesteinsschichtungen und unterirdischen Erzgängen. Natur und Technik waren hier aufs engste miteinander verwoben.

Der schulisch-theoretische Unterricht fand überwiegend im Akademiegebäude statt, wo der Hörsaal, die Mineraliensammlung, die Bibliothek sowie die Modell- und Instrumentensammlung untergebracht waren, und daneben in den Laboratorien des Bergprobiers und des Chemieprofessors. Die Professoren unterrichteten Mineralogie, Geognosie (später: „Geologie"), metallurgische Chemie, Mathematik, Physik, Bergbaukunst, Bergrecht und bergmännischen Geschäftsstil, boten aber noch zahlreiche Zusatzkurse an. Die Grubenvermessung oder Markscheidekunst, das Zeichnen von Grubenrissen sowie das Maschinen, Situations- und Perspektivzeichnen, der Umgang mit Bergbauinstrumenten und die Probierkunst (Ermittlung des Metallgehalts von Gold- oder Silbererzen) wurden von technischen Bergbeamten – dem Markscheider, Zeichenmeister, Bergmechanicus und Bergprobierer – unterrichtet.

---

[6] Alexander von Humboldt, *Die Jugendbriefe Alexander von Humboldts 1787–1799*, herausgegeben und erläutert von Ilse Jahn und Fritz G. Lange, Berlin: Akademie Verlag 1973, 144.
[7] Ebd., 153–154.

Werner war der Sohn eines Eisenhüttenwerksinspektors und hatte von 1764 bis 1769 als Hüttenschreiber in einem Eisenhüttenwerk gearbeitet. Von 1769 bis 1771 studierte er an der Freiberger Bergakademie und schloss dann ein dreijähriges Studium der Rechtswissenschaften an der Universität Leipzig an. 1774 erschien sein erstes mineralogisches Werk *Von den äußerlichen Kennzeichen der Foßilien*, in dem er Grundsätze der Mineralbestimmung festhielt.[8] Ein Jahr später wurde er Dozent für Mineralogie an der Freiberger Bergakademie und Inspektor ihrer Mineraliensammlung.

Die Vorlesungen Werners konzentrierten sich zuerst auf die Mineralogie oder „Oryktognosie", vom Ende der 1770er-Jahre an auch auf die „Geognosie". Werner klassifizierte die Mineralien hauptsächlich nach ihren äußeren, unmittelbar beobachtbaren Eigenschaften, während er die chemische Zusammensetzung der Mineralien nur als sekundäres Klassifikationskriterium heranzog. Eine sichere Identifikation der einzelnen Mineralarten war nach seiner Auffassung nur möglich, wenn man möglichst viele typische Eigenschaften – darunter Farbe, Glanz, Härte, äußere Oberfläche, Gestalt der Bruchstücke bis hin zu Abfärben und Klang – zu einem charakteristischen Merkmalskomplex einer bestimmten Mineralart zusammenfasste.[9] Die Mineralarten oder „Gattungen", wie sich Werner ausdrückte, waren die Grundbausteine seines Systems, dem weitere Klassifikationsstufen über- und untergeordnet waren. Der langen Tradition der Mineralogie folgend teilte er die Mineralien in vier große „Klassen" ein: Erden und Steine, Salze, brennbare Fossilien und Metalle. Das übergreifende Ziel seiner Oryktognosie war die Darstellung der „natürlichen Ordnung" der Mineralien und ihrer eindeutigen Benennung. In seinem handschriftlichen Nachlass heisst es daher:

> Oriktognosie nenne ich diejenige mineralogische Doktrin, welche uns die Fossilien in einer natürlichen Ordnung, unter festgesetzten Benennungen und durch genau bestimmte Kennzeichen erkennen lehrt.[10]

Werners Mineralsystem wurde über Jahrzehnte hinweg erweitert und wiederholt umgebaut. Während sein erstes System 183 „Gattungen" (heute „Arten") auflistet, umfasst sein letztes, 1817 auf Anordnung des Oberbergamts Freiberg herausgebenes System 317 Gattungen, obwohl er in der Einordung neuer Gattungen

---

[8] Der Terminus „Fossilien" (lat. fodere = graben) bedeutete hier „Mineralien." Werner grenzte versteinerte organische Bildungen wurden strikt von „Fossilien" aus, die er als unbelebte, natürliche Körper definierte.
[9] Siehe dazu Guntau (1984) (Anm. 2), 44–45.
[10] Zitiert nach Guntau (1984) (Anm. 2), 42.

vorsichtig war und meist eigene Belegstücke verlangte.[11] Dabei waren zahlreiche neu entdeckte Mineralien noch nicht in sein System aufgenommen, weil er die Entdeckung noch nicht als erwiesen betrachtete.

2 Mineralogie und Naturphilosophie – Einheit in der Vielheit?

Mit der Mineralogie widmete sich Steffens somit einem ausgesprochen dynamischen Gebiet der Naturforschung, das die verwirrende Vielfalt der Natur deutlich vor Augen führte. Wie keine andere naturhistorische Disziplin der Jahrzehnte um 1800 zeigte die Mineralogie, dass es alles andere als einfach war, Ordnung in diese Vielfalt zu bringen. Während in der Botanik schon seit längerem Erfolge in der Klassifikation erzielt und das Linnésche System weitgehend akzeptiert war, überwogen in der Mineralogie die Kontroversen. Selbst die Chemie, die damals vor der Schwierigkeit stand, den „Dschungel organischer Stoffe" (Wöhler) zu durchdringen, hatte um 1815 die wichtigsten Hürden genommen und weitgehende Einigkeit über die Methoden der Identifikation und Klassifikation organischer Stoffe erzielt. Warum beschäftigte sich Steffens mit einem der schwierigsten Gebiete der Naturforschung seiner Zeit? Warum musste es ausgerechnet die Naturgeschichte mit ihrem Gewirr von Partikularitäten sein? In der theoretischen Mechanik beispielsweise ging es ungleich geordneter zu. Steffens Interesse an der Mineralogie scheint auf den ersten Blick nur schwer mit seinem Interesse an der Naturphilosophie vereinbar zu sein.

Zunächst einmal diente die Mineralogie auch Steffens Lebensunterhalt. Zwei Jahre lang hatte er bei Werner Mineralogie studiert, so dass er nach damaligen Maßstäben als Fachmann gelten konnte. Die dänische Regierung beauftragte ihn beispielsweise mit der Erkundung heimischer Salzquellen.[12] Aber Steffens scheint durchaus auch einen Zusammenhang zwischen Mineralogie und Naturphilosophie gesehen zu haben. Die Repräsentation der Vielfalt der Natur in der Mineralogie galt ihm als eine besondere Herausforderung für die Suche nach dem inneren Band, das diese Vielfalt zusammenhielt. Dabei muss er von der Existenz eines solchen Bandes – und einer Einheit in der Vielheit – zutiefst überzeugt

---

11 Werners Terminus der „Gattung" der Minerale entspricht dem heutigen Terminus Mineralart. Siehe dazu Walther Fischer, *Mineralogie in Sachsen, von Agricola bis Werner*, Dresden: Verlagsbuchhandlung C. Heinrich 1939, 162–172; Guntau (1984) (Anm. 2), 49, 51.
12 Steffens erwähnt dies im Vorwort zu seinem *Geognostisch-geologischem Aufsatz als Vorbereitung zu einer innern Naturgeschichte der Erde*, Hamburg: Hoffmann 1810, XX.

gewesen sein. Bis zuletzt würde er an dieser Voraussetzung festhalten, obwohl die Zeichen der Naturforschung in die entgegengesetzte Richtung wiesen.

Im Vorwort zum ersten Band seines *Vollständigen Handbuchs der Oryktognosie*, der 1811 herauskam, beklagte sich Steffens noch über einen „Mangel an Zusammenhang in den Bemühungen der verschiedenen Forscher", die mineralogische Studien betrieben. Er selbst ging jedoch nicht genauer auf die Frage des Zusammenhangs unter den Mineralien und der mineralogischen Studien ein.[13] In einem anderen naturwissenschaftlichen Werk aus derselben Zeit, den *Geognostisch-geologischen Aufsätzen* (1810), heißt es dazu:

> So gewiß es nun auch ist, daß im Einzelnen manches Herrliche und Bedeutsame entdeckt ward, so regt sich doch unbezweifelbar in einem Jedem die Neigung, das Einende, dasjenige, was in Allem eigentlich die eine Natur ist, zu erkennen [...].[14]

So sehr Steffens mit dieser epistemologisch-psychologischen Bemerkung im Zeitalter der Romantik auf Zustimmung hoffen konnte, so gewiss muss für ihn auch die Tatsache gewesen sein, dass es zahlreiche Naturforscher gab, die eine solche „Neigung" nicht verspürten und die im Gegenteil keinerlei Interesse an der Suche nach dem „Einenden" und der „einen Natur" hatten. 1811, zum Zeitpunkt der Fertigstellung des ersten Bands seines *Handbuchs*, lehrte beispielsweise der Chemiker Martin Heinrich Klaproth (1743–1817) die chemische Mineralogie an der neu gegründeten Berliner Universität. Klaproth galt damals als der berühmteste Chemiker Deutschlands und als Inkarnation des streng empirisch ausgerichteten Naturforschers. Steffens Freund Friedrich Schleiermacher kannte und schätzte ihn, ungeachtet der Tatsache, dass er allen theoretischen Systembildungen ablehnend gegenüberstand. Klaproth repräsentierte vielmehr den weitverbreiteten Typus des naturwissenschaftlich-technischen Experten, der der romantischen Bewegung fern stand. Auch Werner war Empiriker und naturwissenschaftlich-technischer Experte, der es sich in seinen Veröffentlichungen strikt auf den engen Bereich der Oryktognosie und Geognosie konzentrierte.[15]

An anderer Stelle wird Steffens deutlicher:

> Wenden wir unsern Blick nach der Mannichfaltgkeit der in sich oder nur im Ganzen lebendigen Gestalten und Formen, oder nach den wirksamen und gesetzlichen Verhältnissen

---

13 Henryk Steffens, *Vollständiges Handbuch der Oryktognosie*, 4 Bde., Halle: Gurtsche Buchhandlung 1811–24, Bd. 1, V.
14 Steffens 1810, IX (Anm. 9).
15 Zur den wissenschaftlich-technischen Experten in den Jahrzehnten um 1800 siehe Klein 2015 (Anm. 3).

werkthätiger Kräfte, so entdecken wir einen Reichthum, und in gewisser Rücksicht eine bewundernswürdige Uebereinstimmung des scheinbar Verschiedenen.[16]

Steffens spricht hier vom „scheinbar" Verschiedenen und vom „Ganzen", in dem die Mannigfaltigkeit der Formen und Gestalten lebt und nur leben kann. Er verweist überdies auf die physikalischen Kraftgesetze, aus denen „Übereinstimmungen des scheinbar Verschiedenen" hervorgehen. Ungeklärt bleibt dabei jedoch die Frage, wie die Kluft zwischen den Abstraktionen der Physik und dem Reichtum an Partikularitäten in der Naturgeschichte überwunden werden soll. Ein letztes Zitat, benennt das Problem, ohne es zu lösen. Steffens schreibt, es müsse gelingen:

> [...] von scheinbar einzelnen Untersuchungen ausgehend, die Uebereinstimmung und den inneren nothwendigen Zusammenhang des Ganzen in sich und mit der Natur allmählich zu entfalten.[17]

Weiter heißt es, man müsse in der Lage sein, „von jedem Punkte aus den Blick auf das Ganze zu heften." Das war ein ambitioniertes Programm, das Steffens vermutlich ein Jahr später mit einem „Vollständigkeit" beanspruchenden mineralogischen Werk – seinem *Vollständigem Handbuch der Oryktognosie„* – einzulösen gedachte. Inwieweit ist ihm dies gelungen?

Steffens mineralogisches *Handbuch* belegt die umfangreichen mineralogischen Kenntnisse seines Autors, seine Vertrautheit mit den fachlichen Schwierigkeiten der Mineralogie und sein Bemühen, mit der neusten Forschung Schritt zu halten. Wie andere mineralogische Werke handelt es auf hunderten von Seiten eine Mineralart nach der anderen ab. Das *Handbuch* enthält keinen fortlaufenden Text, der etwa beschreibend, narrativ oder erklärend einen Sachverhalt darstellen würde. Es ist vielmehr gestückelt in einzelne Paragraphen, die sich mit einzelnen Arten von Mineralien befassen. Durch die Gliederung des Werkes – und nur durch Kapitelüberschriften abgetrennt – werden die Mineralarten oder „Familien" zu größeren Klassen zusammengefasst. Es handelt sich somit bei seinem *Handbuch* eher um ein Nachschlagewerk für Mineralogen oder Liebhaber der Mineralogie als um ein einführendes Lehrbuch oder gar eine naturphilosophisch reflektierende Schrift, die etwa versuchte, die Mineralogie mit anderen Naturwissenschaften in Beziehung zu setzen und die Natur als Ganzes zu thematisieren. Insgesamt unterscheidet sich Steffens *Handbuch* nicht prinzipiell von den anderen mineralo-

---

16 Steffens 1810, VIII (Anm. 9).
17 Ebd., XIX–XX.

gischen Hand- und Fachbüchern seiner Zeit. Form und Inhalt deuten in keiner Weise darauf hin, dass der Autor Naturphilosoph war.

Und dennoch hatte Steffens ursprünglich vor, ausgehend vom Einzelnen, den Blick auf das Naturganze zu werfen, wie wir oben gesehen haben. Dass er diesen Anspruch auch an sein *Handbuch* richtete, geht aus der eigenen Bilanz seiner Arbeit hervor. Er habe ursprünglich die „Absicht" gehabt, schreibt Steffens in der Einleitung zum 4. Band seines Handbuchs von 1824, der sich formal in nichts von den vorangegangenen Bänden unterscheidet, „in diesem letzten Theile eine kritische Uebersicht über das Studium der Oryktognosie zu liefern."[18] Bei dem „gegenwärtigen Stand" der Oryktognosie sei dies jedoch nicht möglich. Dann heißt es wörtlich:

> Die Oryktognosie theilt das jetzige Schicksal aller Theile der Naturwissenschaft. Nach einer Zeit der ordnenden Ruhe, in welche man im Besitz gewisser einfacher Ansichten sich sicher glaubte, ist eine Zeit grosser Gährung eingetreten. Eine Fülle von Entdeckungen in Regionen, die die oryktognostische Forschung bis dahin kaum berührten, oder ihr völlig fremd waren, haben die ordnenden Bande hier locker gemacht, dort völlig gelöscht, und über die Principien, die wir bey einer neuen Anordnung zu befolgen haben, hat man sich keineswegs geeinigt.[19]

In Bezug auf Werners Geognosie, die umfangreicher war als die Oryktognosie und diese in sich aufnahm, bemerkt Steffens: „In der Geognosie ist es, als wollte das alte Chaos wieder mächtig werden."[20]

Dann heißt es:

> Alle diese mannichfaltigen Regungen habe ich nicht unbeachtet gelassen, manche alte Untersuchung, die ich geschlossen glaubte, musste von Neuem aufgenommen werden, manche alte Ansicht, die mir hinlänglich begründet schien, musste ich aufgeben. Aber wie vermag ich von solchen vieljährigen Bemühungen einen kurzen Bericht abzustatten? Es ist um so weniger möglich, da eben eine kritische Untersuchung, von einem jeden Punkte aus auf alles aufmerken muss, dem wechselseitigen Einfluss, den die verschiedenen Doctrinen auf einander ausüben, nicht übersehen darf, ja den oft verborgenen Zusammenhang aller Ansichten, mit irgend einer so und anders gestalteten Grundansicht mühsam hervorheben muss.[21]

Als Naturforscher kam Steffens somit zu der Einsicht, dass sein naturphilosophisches Programm gescheitert war und dass sich die „ordnenden Bande" im

---

18 Steffens 1811–24, Bd. 4, IV (Anm. 1).
19 Ebd., IV, meine Hervorhebung.
20 Ebd., VII.
21 Ebd., VII. f.

Verlauf von rund 13 Jahren, die zwischen dem Erscheinen des ersten und des vierten Bands seines Handbuchs lagen, eher gelockert als gefestigt hatten. Dennoch blieb er ein naturphilosophischer Optimist. Er hielt nicht nur an seinem epistemologischen Gundprinzip fest, dass eine „kritische Untersuchung, von einem jeden Punkte aus auf alles aufmerken muss", sondern plante ein weiteres, größeres Werk, in dem Letzeres endlich geleistet werden sollte. „Ich habe daher beschlossen", bemerkte er im Anschluss an das letzte Zitat „diese Arbeit, die mir um so wichtiger ist, da sie als Einleitung zu einem grössern Werke diesen soll, abgesondert von dieser Schrift vorzunehmen."[22] Nach allem was wir wissen, ist dieses größere Werk nie zustande gekommen.

---

22 Ebd. VIII.

Holden Kelm
Zur Konzeption des „Kunsttriebs" bei Schleiermacher und Steffens im Hinblick auf eine systematische Verbindung von Ästhetik und Naturphilosophie

> „Die Natur hat Kunstinstinkt – daher ist es Geschwätz, wenn man Natur und Kunst unterscheiden will." (Novalis)[1]

Einleitung

Im Zentrum dieses Beitrags steht die Frage nach der Herkunft, der Bedeutung und der Funktion des Begriffs „Kunsttrieb" in Schleiermachers Ästhetik, – ein Begriff, der in der naturphilosophischen Diskussion des ausgehenden 18. und beginnenden 19. Jahrhunderts eine bemerkenswerte Wirkung entfaltet hat. Wie konnte es dazu kommen, dass ein primär für das gestaltbildende Verhalten von Insekten verwendeter Begriff in das Gebiet der Ästhetik übertragen wurde, in dem die Bedingungen der Möglichkeit menschlicher Kunstproduktion reflektiert werden? Liegt dem eine begriffliche Wahl zugrunde, die Schleiermacher aus theorieinternen Gründen und Überlegungen bewusst traf? Oder kann diese Begriffswahl hinreichend nur aufgrund der speziellen Diskurskonstellation dieser Zeit, d. h. anhand einer Untersuchung der zeitgenössischen ästhetischen und naturphilosophischen Diskussionen erörtert werden?

Bekanntlich hat Schleiermacher zeitlebens keine eigene Naturphilosophie ausgearbeitet, seine systematische Spekulation setzt aber neben der Ethik die Physik als eine ihr notwendig komplementäre Wissenschaft voraus: Was die Ethik über die Struktur und die Entwicklung des menschlichen Geistes in der Geschichte aussagt, hätte die Physik ihrerseits durch Aussagen über die Struktur und die Entwicklungsgesetze der Natur zu erbringen.[2] Offenbar erwarb Schleiermacher seine naturphilosophischen Kenntnisse nicht nur aufgrund eigener Studien und Beobachtungen, sondern auch durch seine Bekanntschaften, insbesondere

---
[1] Novalis, „Fragmente und Studien 1799–1800," in: *Schriften*, Bd. 3, hg. v. Richard Samuel, Darmstadt: Wissenschaftliche Buchgesellschaft 1983, 650.
[2] Vgl. F.D.E. Schleiermacher: *Ethik (1812/13)*, hg. v. Hans-Joachim Birkner, Hamburg: Meiner 1990, 5–18.

aber durch seine Freundschaft mit dem Hallenser Kollegen Henrich Steffens.³ War Schleiermacher in Halle bemüht, in den Vorlesungen über die philosophische Ethik die Naturwissenschaft (resp. Physik) als ihr systematisches Pendant zu behaupten, so versuchte Steffens seinerseits die Naturwissenschaft und -philosophie zu einem Pendant der Ethik zu erklären.⁴ Diese in Lebenszeugnissen und Briefwechseln bezeugte produktive Harmonie der beiden Dozenten währte jedoch nur bis zum Einzug der Napoleonischen Truppen in Halle 1806 und der darauf folgenden Schließung der Universität, obgleich ihr Briefwechsel fortdauerte.⁵

Aufgrund dieser produktiven Nähe beider Denker, wird in diesem Beitrag nicht nur der theorieinterne Erklärungsansatz verfolgt, sondern auch der kontextuelle Rahmen erörtert, durch dessen Rekonstruktion die Frage nach Herkunft, Bedeutung und Funktion des Begriffs „Kunsttriebs" in Schleiermachers Ästhetik einen zumindest vorläufigen Abschluss erhalten soll. Das Vorgehen gestaltet sich wie folgt: *Erstens* werden die Passagen, in denen Schleiermacher vor allem in seinen Schriften zur Ästhetik vom „Kunsttrieb" handelt, vorgestellt und seine Funktion innerhalb seiner Kunstphilosophie erläutert. *Zweitens* wird die Verwendung dieses Begriffs im ästhetischen Diskurs um 1800 anhand einschlägiger Texte, mit besonderem Augenmerk auf Kants *Kritik der Urteilskraft*, rekonstruiert, um *drittens* näher auf die naturphilosophische Konzeption des Kunsttriebs bei Henrich Steffens einzugehen und zu untersuchen, ob sie ästhetische Implikationen aufweist. *Schließlich* wird im Anschluss an die herausgestellte Bedeutung des Kunsttriebs auf die Frage eingegangen, wie Schleiermacher das Verhältnis von Natur und Kunst versteht und inwiefern und auf welchen Ebenen seine Ästhetik mit der zeitgenössischen Naturphilosophie (insb. von Steffens) korrespondiert.

---

3 In den Tageskalendern 1808 und 1809 notiert Schleiermacher seinen Besuch der Vorlesung des Mineralogen Dietrich L.G. Karsten in Berlin; im Tageskalender 1828 den Besuch der öffentlichen Kosmos-Vorlesungen von Alexander von Humboldt (URL: http://schleiermacher-in-berlin.bbaw.de/tageskalender/index.xql, zuletzt aufgerufen am 09.12.16).

4 Vgl. Sarah Schmidt, „Analogie versus Wechselwirkung – Zur ‚Symphilosophie' zwischen Schleiermacher und Steffens," in *Friedrich Schleiermacher in Halle 1804–1807*, hg. v. Andreas Arndt, Berlin: Walter de Gruyter 2013, 91–114, 94–95. Joanna Smereka, *Henrik Steffens. Ein Breslauer Wissenschaftler, Denker und Schriftsteller aus dem hohen Norden*, Leipzig: Leipziger Universitätsverlag 2014, 38.

5 Vgl. im Anhang dieses Bandes die Liste zum Briefwechsel von Schleiermacher und Steffens.

1 Kunsttrieb in Schleiermachers Ästhetik

Den Begriff des Kunsttriebs verwendet Schleiermacher überwiegend in seinen früheren Schriften, etwa im *Brouillon zur Ethik* (1805/06) im Rahmen der Erörterung der organisierenden Funktion und ihrer Organe beim Menschen. Es sei eine „Analogie mit den Kunsttrieben der Thiere" festzustellen, wenn darauf reflektiert wird, wie der Mensch seine physische Konstitution für die „Organisirung des Physischen" verwendet, um sich der Natur gegenüber zu bewähren und sich als vernünftiges Wesen zu behaupten.[6] In einer anonymen Vorlesungsnachschrift dieses Ethik-Kollegs heißt es in Bezug auf die vom Menschen ausgehende Gestaltbildung, dass diese auch in den niederen Stufen des Lebens gefunden werden kann, so „der Kunsttrieb der Thiere", der bei höheren Tieren durch die „Production eines [ihnen, H. K.] Ähnlichen" gekennzeichnet sei.[7] Dieser produktive Vorgang beim Menschen, in dem das lebendige Subjekt einen „Abdruck seiner Natur" produziert, bilde die Sphäre des „symbolische[n] Darstellen[s]".[8] In dieser Skizze der Genese menschlicher Kunstproduktion verdeutlicht Schleiermacher zugleich auch die systematische Stellung der Ästhetik als ein Gebiet, das zwischen Physik (Naturwissenschaft) und Ethik vermittelt: Insofern die Kunsttätigkeit als eine menschliche Tätigkeit in der Ethik gründet, müsse sie infolge ihrer Abhängigkeit von den menschlichen Sinnesorganen zugleich mit der Naturwissenschaft koordiniert sein. Damit knüpft Schleiermacher an Diskussionen und Denkansätze an, die in der klassischen deutschen Philosophie im Anschluss an Kants *Kritik der Urteilskraft* aufgekommen sind: Als erstens kann hierbei an die – auch für Henrich Steffens bedeutsame – Konzeption der Koordinierung von Transzendental- und Naturphilosophie gedacht werden, die Schelling spätestens in seinem *System des transzendentalen Idealismus* (1800) begründet hat, wenngleich Schleiermacher mit diesem Ansatz nur bedingt übereinstimmt.

In einer kunstphilosophischen Bedeutung verwendet Schleiermacher den Begriff „Kunsttrieb" wohl erstmals dezidiert in seinen Vorlesungsmanuskripten über die Ästhetik (1819).[9] Im Hinblick auf seine Ambivalenz, Kunst *und* Trieb, geistige Produktion und natürliches Potenzial, in einem Wort zu bezeichnen, kann zunächst davon ausgegangen werden, dass dieser Ausdruck im Gebiet der

---

6 Vgl. F.D.E. Schleiermacher, *Brouillon zur Ethik*, Werke. Auswahl in vier Bänden, Bd. 2., hg. v. Otto Braun, Leipzig: Meiner 1913, 93.
7 Vgl. Anonymus, *Vorlesungsnachschrift zu Schleiermachers Ethik* (1805/06), handschriftliches, unveröffentlichtes Manuskript, Evangelisch-reformierte Gemeinde Lübeck, Bibliothek (KIII 26), 25.
8 Vgl. Anonymus, *Vorlesungsnachschrift zu Schleiermachers Ethik* (1805/05), 25 (Anm. 7).
9 In den überlieferten Vorlesungsnachschriften von 1819 und 1825 taucht der Begriff „Kunsttrieb" ebenfalls gelegentlich auf, in denen von 1832/33 fehlt er offenbar gänzlich.

Ästhetik begriffsgeschichtlich ein Novum darstellt, das durch die epistemische Aufwertung und Verbreitung des Organismus-Begriffs begünstigt wurde.[10] Den produktionstheoretischen Ansatz seiner Ästhetik, dessen Wurzeln nicht nur in seiner Schiller-Rezeption, sondern vor allem auch in seiner früheren Allianz mit frühromantischen Denkern zu suchen sind, verdeutlicht Schleiermacher durch den Begriff eines Triebes, der den Menschen als ein kunsterzeugendes Tier erscheinen lässt und das Kunstwerk in eine direkte Analogie zum Naturprodukt stellt.

In dieser übertragenen Verwendung des Begriffs scheint die Aussage zu liegen, dass die menschliche Kunsttätigkeit in ihrer Allgemeinheit und Geschichtlichkeit betrachtet, nicht auf eine rationale Reflexions- und Handlungsfähigkeit zurückgeführt werden kann, der eine sich selbst vollständig erkennende Vernunft zugrunde liegt, sondern vielmehr auf eine instinktive Art des Gestaltbildens, die aufgrund der sinnlichen Dimension der kunstfähigen Organe vor jeder reflektierten Entscheidungsfindung eines Künstlers liegt, ein bestimmtes Kunstwerk hervorzubringen. Künstler arbeiteten triebgesteuert und ihre Werke wären ein blinder Ausdruck menschlicher Gestaltungsfreude, ein Aufschäumen des Lebenstriebes, der sich selbst nicht als solcher erkennt, – ein in jeder Hinsicht zweckloses Spiel mit schönen Formen.

Dies zu behaupten, hieße jedoch im Ausdruck „Kunsttrieb" die Bedeutung des Triebes überzustrapazieren. Es ist bezeichnend für Schleiermachers Ästhetik, dass einer ihrer zentralen Begriffe „Besinnung" heißt.[11] Dieser ermöglicht es einerseits den Bereich des Kunstlosen vom eigentlichen Kunstbereich zu unterscheiden, andererseits verdeutlicht er, dass die Kunstproduktion nicht der Auswuchs einer blinden Naturnotwendigkeit ist, sondern vielmehr eine geistige Entwicklung impliziert, welche die unwillkürliche Natur vernünftig durchbildet. Die Aufgabe der Kunst ist demnach im weiteren Sinne eine ethische: Dass der

---

10 Vgl. Lars-Thade Ulrichs, „Das ewig sich selbst bildende Kunstwerk. Organismustheorien in Metaphysik und Kunstphilosophie um 1800", in: *Internationales Jahrbuch des deutschen Idealismus/International Yearbook of German Idealism: Ästhetik und Philosophie der Kunst/Aesthetics and Philosophy of Art*, Bd. 4, hg. v. Jürgen Stolzenberg, Karl Ameriks, Berlin: Walter de Gruyter 2006, 256–290.

11 Vgl. *Friedrich Schleiermachers Ästhetik, im Auftrage der Preußischen Akademie der Wissenschaften und der Literatur-Archiv-Gesellschaft zu Berlin nach den bisher unveröffentlichten Urschriften*, hg. v. Rudolf Odebrecht, Berlin und Leipzig: Walter de Gruyter 1931, 31–32. Insb. in der ersten Akademierede vom 11. August 1831 „Über den Umfang des Begriffs der Kunst in Bezug auf die Theorie derselben" ist der Begriff „Besinnung" ein integrales Theoriemoment, während von „Kunsttrieb" nicht mehr direkt, sondern vielmehr allgemein von „Trieb" oder „Trieb der Äußerung" die Rede ist. Vgl. Martin Rössler (Hg.), *Akademievorträge*, Kritische Schleiermacher Gesamtausgabe, Abt. I, Bd. 11, Berlin: Walter de Gruyter 2002, 725–742, 737, 741.

Mensch sich besinnt, auf sich selbst aufmerksam wird und sich bildet, indem er darauf reflektiert, wie er in seinen sinnlichen, körperlichen und leiblichen Lebensvollzügen agiert und inwiefern seine Gefühlslagen diese „natürliche" Lebensweise bestimmen. Das Gefühl oder die Stimmung, als ein spezifisches Gestimmtsein mehrerer Gefühle, bildet demnach den Anfangspunkt der Kunst, insofern das Individuum durch das Gefühl von der Außenwelt affiziert werden kann und will. Wenn es dies nicht wollte, sondern allein rezeptiv bestimmt wäre, könnte Kunst nicht produktiv gedacht werden, sondern müsste als bloße Nachahmung eines gegebenen Eindrucks erscheinen.[12] Im Ausgang von der gewollten Affektion ist ein Kunstwerk nach Schleiermacher zunächst einmal nichts Anderes als das „Organischwerden der Stimmung", oder genauer eine „von der Stimmung ausgehende freie Production".[13] Die allgemeine Basis für dieses Organisch- oder Äußerlichwerden einer Stimmung ist nun zwar dasjenige, was Schleiermacher allgemein als „Kunsttrieb" bezeichnet, jedoch wird erst durch den Akt der Besinnung dieser zu einer individuellen Kunsttätigkeit. Besinnung setzt demnach eine Differenz zwischen einer natürlichen, kunstlosen oder unwillkürlichen und einer künstlichen, kunstgemäßen oder willkürlichen Stimmungsäußerung. Dabei ist vorausgesetzt, dass die bewusste Stimmungsäußerung eine urbildliche Gestaltungbildung impliziert.

Mit der Besinnung gelangen wir in den inneren oder geistigen Bereich der Kunst nach Schleiermacher, deren Aufgabe es sei, die reinen oder ursprünglichen Formen des Geistes auf ideale Weise zur Erscheinung zu bringen. So ist jedes einzelne Kunstwerk als die Darstellung einer besonderen Stimmung anzusehen, die potenziell jeder Mensch gleichermaßen vollziehen könnte, wenngleich sie nur von besonders talentierten und von gebundenen Tätigkeiten „frei gesetzten" Individuen in einer Art vollzogen werden kann, die das Kunstprodukt als ein Kunstwerk mit künstlerischem Wert erkennbar und rezipierbar werden lässt. Aufgrund der Besinnung verkörpert ein Kunstwerk nicht nur die Eingebundenheit des Künstlers in verschiedene Lebenslagen und Gesellschaftsmilieus, die seine Stimmungen gewissermaßen strukturieren, sondern es manifestiert sich darin auch die Reflexion auf diese Eingebundenheit, was die selbsttätige Entgrenzung des Gebundenseins durch den Künstler und deren Darstellung – als ein Akt der Selbstmanifestation – bedeutet.

---

12 Vgl. Odebrecht 1931, *Friedrich Schleiermachers Ästhetik*, 51 (Anm. 11).
13 Vgl. Odebrecht 1931, *Friedrich Schleiermachers Ästhetik*, 54, 78 (Anm. 11).

Diese Erläuterungen genügen freilich noch nicht, um Schleiermachers Theorie der Kunstproduktion im Einzelnen zu erfassen.[14] Um den gespannten Bogen zu schließen, möchte ich noch den Begriff der „Begeistung" oder „Begeisterung" anführen, der ähnlich wie „Besinnung" eine unerlässliche Bedingung des produktionsästhetischen Ansatzes Schleiermachers ist.[15] Die Begeisterung entspricht gewissermaßen dem Enthusiasmus des Künstlers etwas Gestalt werden zu lassen, zur „freien Produktion" überzugehen und darzustellen, was seine Aufmerksamkeit fesselt und seiner Gefühlslage entspricht, – auch hier gilt Schleiermachers Diktum, dass Gefühle sich nicht direkt übertragen lassen. Und eben dieser geistige Moment des Enthusiasmus wird veranlasst durch den Trieb, etwas ohne direkten Verwertungs- und Verwendungszweck hervorzubringen. Die im Akt der Besinnung erfolgende künstlerische Gestaltung eines besonderen Kunstwerks, die einhergeht mit der Begeisterung des Individuums, hat ihren Grund in dem allgemeinen Kunsttrieb; ein Zusammenhang, den Schleiermacher im allgemeinen Teil seiner Ästhetik (im „Grundheft" von 1819) wie folgt ausdrückt:

> Die Begeisterung aber ist nichts anderes als das Erregtwerden der freien Production durch die Stimmung. Also ist sie auch an sich dieselbe in allen Künsten, das jedesmal erneuerte Werden der bestimmten Kunst selbst aus dem allgemeinen Kunsttrieb.[16]

Die spekulative Dimension des Kunsttriebs liegt demnach darin, dass dieser Begriff für Schleiermacher eine systematische Grundlage bietet, die es ihm ermöglicht, alle verschiedenen Kunstzweige auf ein gemeinsames Prinzip zurückzuführen. Der „allgemeine Kunsttrieb" bezeichnet die begriffliche Einheit jeder besonderen Kunsttätigkeit und bildet damit zugleich den Einteilungsgrund der einzelnen Kunstzweige – von der Mimik bis zur Poesie.

In dem Grundheft von 1819 führt Schleiermacher den „Kunsttrieb" vor allem im Sinne dieser allgemeinen Grundlage an: Der „Kunstsinn", der gewissermaßen die passive Seite des aktiven Kunsttriebs darstellt, verweise wie dieser auf eine zugrunde liegende Einheit.[17] In dieser müsse etwas liegen, „wodurch das Subject in eine erzeugende Bewegung gesezt wird", was „das Identische in aller Kunst" betrifft.[18] In ähnlicher Weise äußert sich Schleiermacher an einer anderen Stelle des allgemeinen Teils, wo er erwägt, was der konkreten Untersuchung der einzelnen

---

14 Siehe dazu: Thomas Lehnerer, *Die Kunsttheorie Friedrich Schleiermachers*, Stuttgart: Klett-Cotta 1987.
15 Vgl. Odebrecht 1931, *Friedrich Schleiermachers Ästhetik*, 92 (Anm. 11).
16 Vgl. Odebrecht 1931, *Friedrich Schleiermachers Ästhetik*, 92 (Anm. 11).
17 Vgl. Odebrecht 1931, *Friedrich Schleiermachers Ästhetik*, 45 (Anm. 11).
18 Vgl. Odebrecht 1931, *Friedrich Schleiermachers Ästhetik*, 46 (Anm. 11).

Kunstzweige noch vorauszuschicken ist: Da es unerlässlich sei, das „Entstehen der verschiedenen Künste aus dem einen Kunsttriebe" zu betrachten, so müsse dieses Entstehen noch genauer untersucht werden durch die besonderen „Organe" der Kunstproduktion, womit auf die anthropologischen Bedingungen der Kunst reflektiert wird: z. B. die Stimme in der Musik als singender, in der Poesie als innerlich klingender; oder das Ohr in der Musik als hörendes, in der Poesie als innerlich vernehmendes und kritisch begleitendes.[19] Also erst aufgrund dieser Verbindung mit den sinnlichen Organen kann aus dem allgemeinen Kunsttrieb, infolge des Akts der Besinnung, ein einzelnes Kunstwerk äußerlich Gestalt annehmen. Der „allgemeine Trieb" müsse daher als etwas „Inneres" betrachtet werden, das mittels eines speziellen Organs (der Phantasie) „sich sein Aeußeres" formt; – was ein analoges Verhältnis sei wie das von „Freiheit und Nothwendigkeit" oder von „Selbstsätigkeit und Erregtheit".[20] Auch im Teil über die „einzelnen Künste" geht Schleiermacher auf die Bestimmung des Kunsttriebes als dem Allgemeinen der besonderen Kunsttätigkeit zurück, so in Bezug auf die Mimik oder die Architektur.[21]

Die eingangs erwähnten Bezüge im *Brouillon* legen durchaus nahe, dass Schleiermacher für die Ausarbeitung des allgemeinen Teils seiner Ästhetik-Vorlesung von 1819 auf den Begriff des Kunsttriebs in seiner naturphilosophischen Bedeutung zurückgriff, wobei diese Adaption in den Bereich der Ästhetik durchaus im Geist der Zeit lag. Um besser beurteilen zu können, in welchen Kontexten der Begriff des Kunsttriebs Verwendung fand, soll im Folgenden überblicksartig auf die Diskurse der zeitgenössischen Ästhetik und der Naturphilosophie eingegangen werden, um daraufhin zu erörtern, wie Henrich Steffens diesen Begriff konzipiert hat.

2 Ästhetische und naturphilosophische Kontexte

Im Wörterbuch der Brüder Grimm findet sich ein Eintrag zum Begriff „Kunsttrieb", wo dieser beschrieben wird als 1.) „angeborner trieb (instinct) zu kunstthätigkeit"; die Verfasser bemerken dann 2.), „der geläufige und willkommene begriff ward dann auch auf den menschen übertragen".[22] Die Inklammersetzung des „In-

---

[19] Vgl. Odebrecht 1931, *Friedrich Schleiermachers Ästhetik*, 147 (Anm. 11).
[20] Vgl. Odebrecht 1931, *Friedrich Schleiermachers Ästhetik*, 149–150 (Anm. 11).
[21] Vgl. Odebrecht 1931, *Friedrich Schleiermachers Ästhetik*, 175, 209–210 (Anm. 11). Da das sog. Grundheft von 1819 im Kapitel über die „Skulptur" abbricht, kann über das Vorkommen dieses Begriffs in diesem Manuskript nichts Genaueres mit Sicherheit gesagt werden.
[22] Vgl. Deutsches Wörterbuch von Jacob Grimm und Wilhelm Grimm (URL: http://dwb.uni-trier.de/de/) (zuletzt aufgerufen am 11.02.16).

stinkts" deutet auf die naturphilosophische Herkunft dieses Ausdrucks, dessen Grundlegung Hermann Samuel Reimarus zugeschrieben wird. Dieser hatte in seinem Buch *Allgemeine Betrachtungen über die Triebe der Thiere, hauptsächlich über ihre Kunsttriebe* (1760) den Zusammenhang der Welt, des Schöpfers und des Menschen im Auge und entwarf darin eine Art „organo-theologischen" Gottesbeweis, wonach in den Kunsttrieben „die besonderen Absichten Gottes im Thierreich" offenbart seien.[23] In der Naturgeschichte bzw. der entstehenden Biologie um 1800 werden die Kunsttriebe als ein spezieller Instinkt der Insekten angesehen, aufgrund dessen sie sich zweckmäßig mittels ihrer „körperlichen Werkzeuge" an ihre Umwelt anpassen (assimilieren) und sich dadurch ihren Lebensraum gestalten.[24] Die erstaunliche Regelmäßigkeit der Bienenwaben, die fragile Symmetrie von Spinnennetzen oder auch der Wohlklang vieler Vogelgesänge scheinen auf einen Schönheitssinn der Natur hinzudeuten, dessen Analyse jedoch weitgehend auf Analogien aus dem Bereich der menschlichen Kunst angewiesen bleibt. Die zweite Anmerkung des Artikels im Grimm-Wörterbuch, dass der bereits geläufige Begriff Kunsttrieb „auf den Menschen übertragen" wurde, wird durch viele Zeugnisse dieser Zeit belegt. Nicht nur die Weimarer Klassik, namentlich Goethe und Schiller, sondern gelegentlich auch Schelling verwenden den Begriff in einem ästhetischen Sinn und in Bezug auf die menschliche Kultur.[25] Der philosophisch-ästhetische Diskurs, der Schleiermacher gegenwärtig war, ist strukturiert durch die entstehenden Systementwürfe im Anschluss an Kants Vernunftkritik und den verschiedenen Stellungen der Kunst in ihnen. Anstelle eines Abrisses dieser Entwicklung, möchte ich an dieser Stelle exemplarisch auf Kants *Kritik der Urteilskraft* eingehen, der nicht nur für die Ästhetik dieser Zeit eine wichtige Bedeutung zukommt.[26]

Innerhalb der „Kritik der ästhetischen Urteilskraft", die der „Kritik der teleologischen Urteilskraft" gegenübersteht (wo die Möglichkeit der Naturwissenschaft reflektiert wird), kommt Kant im § 43 auf das Verhältnis von Kunst und

---

23 Vgl. Hermann Samuel Reimarus, *Allgemeine Betrachtungen über die Triebe der Thiere, hauptsächlich über ihre Kunsttriebe*, Hamburg: bey Johann Carl Bohn 1760, 2.
24 Vgl. etwa Gottfried Reinhold Treviranus, *Biologie oder Philosophie der lebenden Natur für Naturforscher und Ärzte*, Bd. 1, Göttingen: bey Johann Friedrich Röwer, 1802–22, 364–367.
25 Schelling etwa verwendet „Kunsttrieb" in seiner *Philosophie der Kunst* zur Bezeichnung des gemeinschaftlichen künstlerischen Bestrebens in der griechischen Antike (als Gegensatz zur Moderne) sowie in Bezug auf den Ursprung der Sprache und gelegentlich auch in Hinblick auf die Kunsttriebe der Tiere. Vgl. etwa Friedrich Wilhelm Joseph Schelling, *Philosophie der Kunst*, Bd. 5, *Sämmtliche Werke*, Stuttgart und Augsburg: Cotta'scher Verlag 1859, 415, 486.
26 Eine ausführliche Untersuchung zur Entwicklung dieser Systementwürfe findet sich in: Walter Jaeschke und Andreas Arndt, *Die Klassische Deutsche Philosophie nach Kant. Systeme der reinen Vernunft und ihre Kritik (1785–1845)*, München: Beck 2012.

Natur zu sprechen und vergleicht ihr Verhältnis mit dem von „Tun (facere)" und „Wirken (agere)", wobei die Folge des Tuns das Produkt oder das Werk (opus), während die Folge des Wirkens die Wirkung oder der Effekt (effectus) sei. In der Art und Weise der Hervorbringung liegt demnach ein wesentlicher Unterschied zwischen Natur und Kunst: Während die Hervorbringungen der Natur als (unbewusst zweckmäßige) Wirkungen durch Ursachen verstanden werden können, sind die Hervorbringungen der Kunst nur durch ein produktives Tun begreiflich, das eine vernünftige Absicht impliziert. Auch Kant nennt als Beispiel die regelmäßig geformten Waben der Bienen, die zwar äußerlich kunstmäßig erscheinen, aber gleichwohl nur in Analogie zur menschlichen Kunst als solche bezeichnet werden können. Nach Kant kann Kunst im eigentlichen Sinn nur durch die „Hervorbringung durch Freiheit" des Menschen verstanden werden, wohingegen die Waben der Bienen und ähnliche tierische Hervorbringungen nicht auf eine „Vernunftüberlegung" gründeten, sondern eine Produktion des bloßen Instinkts seien.[27] Inwiefern Kant die Natur als eine in sich zweckmäßige Schöpfung versteht, deren Begriff ein intelligibles Wesen voraussetzt, das eine gewisse Absicht hat, läuft auf die an dieser Stelle nicht zu beantwortende Frage hinaus, ob und inwiefern innerhalb der Grenzen der reinen Vernunft über eine letzte Ursache der organischen Natur nur in regulativer Hinsicht reflektiert werden kann.

Andererseits findet sich bei Kant jene „pathematische" Ansicht der Kunst, gegen die Schleiermacher seine Produktionsästhetik ins Spiel bringt, insofern Kant daran festhält, dass es für unser Wohlgefallen am Schönen bzw. für die Beurteilung eines Gegenstandes als schön letztendlich gleichgültig sei, ob dieser Gegenstand natürlich oder künstlich erzeugt wurde. In Anbetracht unseres Gefühls der Lust und Unlust aufgrund eines sinnlichen Eindrucks, den wir schön nennen, ist der Unterschied in der Art der Hervorbringung demnach zu vernachlässigen. Geht man einen Schritt weiter und fragt nach dem Grund der Schönheit eines Kunstprodukts, also eines durch menschliche Absicht hervorgebrachten Kunstgegenstandes, dann wird es allerdings komplizierter. Denn nach Kant ist ein Kunstgegenstand nur dann schön, wenn dieser so scheint, als wäre er natürlich. Das interesselose Wohlgefallen und das damit einhergehende „Gefühl [...] der Freiheit im Spiele unserer Erkenntnisvermögen", welches nur durch schöne Gegenstände hervorgerufen wird, stellt sich nach Kant nur dann ein, wenn dieses Gefühl nicht auf bestimmten Begriffen gründet (Zwecke verfolgt), der Ge-

---

27 Vgl. Immanuel Kant, *Kritik der Urteilskraft*, Philosophische Bibliothek 507, hg. v. Heiner F. Klemme, Meiner: Hamburg 2009, § 43, 187–189.

genstand müsse vielmehr „so frei scheinen, als ob [er] ein Produkt der bloßen Natur sei"[28].

Kant geht also davon aus, dass es einem schönen Kunstwerk nicht angesehen werden darf, dass es ein künstlich hervorgebrachtes und durch bestimmte Regeln erzeugtes Produkt ist, weil es dann nicht im ursprünglichen Sinne schön sei. Aber zugleich legt er dar, dass auch die Natur nur dann als schön beurteilt werden könne, wenn sie als Kunst erscheint, also wenn sie wie eine geistige Schöpfung beurteilt werden kann. Hiermit entsteht ein paradoxes Wechselverhältnis: Die Natur ist nur dann schön, wenn sie wie Kunst erscheint und die Kunst nur dann schön, wenn sie wie Natur erscheint. Aber schon im nächsten Paragraphen wird das Verhältnis zwischen schöner Kunst dahingehend präzisiert, dass die Produktion eines schönen Kunstwerks nur durch das „Talent" eines genialen Künstlers angemessen verstanden werden kann. Dieser erhalte sein Talent als eine Art Naturgabe, weil es als ein „angeborenes produktives Vermögen des Künstlers" selbst der Natur angehöre.[29] Durch das Talent gibt die Natur also der Kunst die Regeln vor: Ein schönes Kunstwerk entsteht zwar nur durch menschliche Absicht und im Gegensatz zum Naturprodukt durch ein Tun und nicht durch bloßes Wirken, aber um schön zu sein, muss es so scheinen, als wäre es durch absichtsloses Wirken hervorgebracht – ein Schein, der nur durch die Naturgabe des künstlerischen Talents entstehen kann.

Diese Auffassung legt die Vermutung nahe, dass die menschliche Kunstproduktion als eine Steigerung und Potenzierung der Naturproduktion verstanden werden kann. Der Trieb, Kunst hervorzubringen und damit eine Art Assimilation mit der Umwelt zu vollziehen, ist demnach eine Eigenschaft des Menschen aufgrund seiner natürlichen Anlage, eine anthropologische Bedingung, die im Verlauf der Anpassung an eine sich stets verändernde Umwelt sich selbst rückwirkend verändert.

Inwiefern Schleiermachers Kritik einer bloß „pathematischen" Theorie der Kunst bei Kant tatsächlich zutrifft, kann an dieser Stelle nur dahingehend beantwortet werden, dass Schleiermacher den Ansatz einer Kritik des Geschmacks im Ausgang von der ästhetischen Urteilskraft im Auge hatte, als er seinen produktionstheoretischen Ansatz als eine Vermittlung von Rezeptivität und Spontaneität ins Spiel brachte. Gleichwohl hat sich gezeigt, dass Kant punktuell eine Theorie der Hervorbringung schöner Kunstwerke entwickelt, allerdings im Ausgang des Genies, das seinerseits die Regeln, mit denen es schöne Kunst produziert, nicht aus seinen subjektiven Vorstellungen gewinnt, sondern als ein Na-

---

28 Vgl. Kant, *Kritik der Urteilskraft*, § 45, 191–192 (Anm. 27).
29 Vgl. Kant, *Kritik der Urteilskraft*, § 46, 193–194 (Anm. 27).

turwesen aus der Natur bezieht. In dieser Hinsicht erhält die Natur in Kants Ästhetik eine andere Bedeutung wie bei Schleiermacher, der die Natur auch als eine Quelle des Schönen herausstellt, aber das Künstlersubjekt nicht als Genie, sondern als eine Art Individuation des allgemeinen Kunsttriebes in den Blick nimmt. In Hinblick auf diesen Kunsttrieb findet sich bei Kant auch keine dezidiert ästhetische Verwendung.

3 Henrich Steffens: Die Kunsttriebe der Insekten als Vorboten der Vernunft des Menschen

Als Kants kritische Philosophie bereits in aller Munde war und verschiedenste Repliken, Erweiterungen und Reformulierungen erfahren hatte, wurde Henrich Steffens an die Universität Halle als Professor für Naturphilosophie, Physiologie und Mineralogie berufen.[30] Während Schleiermacher, der ebenfalls seit 1804 Professor in Halle war, vorwiegend theologische und ethische Vorlesungen hielt, veranstaltete Steffens Vorlesungen über die Natur, insbesondere über Geologie, Mineralogie aber auch Naturgeschichte, und deren spekulative Gesetzmäßigkeiten. Die Freundschaft zwischen Schleiermacher und Steffens, von der vor allem ihr früher Briefwechsel und einige Lebenserinnerungen zeugen, ging wie eingangs erwähnt in dieser Zeit so weit, dass sie sich in ihrer Tätigkeit als Dozenten auf eine gemeinschaftliche Grundlage berufen konnten, so dass ihre Vorlesungen für ihre Hörer als komplementäre, einander auf verschiedenen Gebieten ergänzende Philosophien wahrgenommen werden konnten. Schleiermachers Ethik und Steffens Naturphilosophie wurzeln demnach in ähnlichen Verhältnissen, Traditionen und Konzeptionen und waren insbesondere durch eine Nähe zur spekulativen Betrachtung des Verhältnisses des Individuellen und Allgemeinen in Schellings Identitätsphilosophie und dem darin aufgearbeiteten Spinozismus gekennzeichnet. Allerdings fehlen eindeutige Zeugnisse darüber, inwiefern diese wissenschaftliche Blüte ihrer Freundschaft eine kontinuierliche, kritische und wechselseitige Rezeption ihrer Werke veranlasst hätte.[31]

Wie bereits angedeutet, orientiert sich Steffens auf naturphilosophischem Gebiet nach seiner Dissertation *Über die Mineralogie und das mineralogische Stu-*

---

30 Vgl. Joanna Smereka, *Henrik Steffens. Ein Breslauer Wissenschaftler, Denker und Schriftsteller aus dem hohen Norden*, Leipzig: Leipziger Universitätsverlag 2014, 36.
31 Vgl. Sarah Schmidt, „Analogie versus Wechselwirkung – Zur ‚Symphilosophie' zwischen Schleiermacher und Steffens," in *Friedrich Schleiermacher in Halle 1804–1807*, hg. v. Andreas Arndt, Berlin: Walter de Gruyter 2013, 91–114, 113–114.

dium (1797) in Kiel vorwiegend an den gerade entstehenden Entwürfen der spekulativen Naturerklärung von Schelling, den er bei seinem Aufenthalt in Jena 1797 kennen lernte und an dessen „Journal für spekulative Physik", das 1800 erstmals erschien, er mitwirkte.[32] Aber auch Goethes Naturstudien und die Überzeugungen des Freiberger Geologen Abraham Werner, der noch für Alexander von Humboldt ein wichtiger Bezugspunkt ist, hatten für Steffens Orientierungsfunktion. Sein Goethe gewidmetes Erstlingswerk *Beyträge zur innern Erdgeschichte*, das 1801 in Freiberg erschien, legt Zeugnis davon ab. Er stützt darin die geognostischen Ansichten Werners und entwickelt eine spekulative Ansicht der Organisation der Natur, die sich in vielen Punkten an Schellings Naturphilosophie anlehnt. Zugleich findet sich hierin Steffens grundlegende Behandlung der Kunsttriebe im Rahmen der animalischen Organisation, die sich weitgehend in den Forschungsstand seiner Zeit einfügt und damit eine wichtige Referenz für Schleiermachers Verwendung dieses Begriffs auf dem Gebiet der Ästhetik gewesen sein dürfte.

Im ersten Teil dieser Abhandlung erläutert Steffens die neuesten naturwissenschaftlichen Erkenntnisse der Pflanzenchemie und der empirischen Physik und versucht sich in Anschluss an Schelling in dem Beweis, dass Kohlen- und Stickstoff Repräsentanten des Magnetismus seien und damit das Prinzip der Geologie darstellten, so wie Wasser- und Sauerstoff Repräsentanten der Elektrizität seien und damit das Prinzip der Meteorologie.[33] Der zweite Teil wird eingeleitet durch die Sentenz, dass durch ihre „ganze Organisation" die „Natur nichts als die individuellste Bildung" suche, worin sich der die Untersuchung leitende Entwicklungsgedanke zumindest andeutet, wonach sich in der Steigerung der Organisationskomplexität von der einfachen Alge bis zum menschlichen Organismus zugleich eine Intensivierung der Vernunfttätigkeit vollzieht, eine Art Individualisierung des unbestimmten Allgemeinen des organischen Lebens.[34] Die für Blumenbach noch bedeutsame Kontroverse über die Entwicklung des organischen Lebens (Epigenese vs. Prädetermination) tangiert Steffens nur beiläufig; kritisch bemerkt er über Blumenbachs Bildungstrieb: Dieser „vermag nur die fortgesezte Generation, nicht die Entstehung einer Vegetation und Animalisation, zu erklären."[35] Die Theorie der

---

[32] Vgl. Smereka, *Henrik Steffens*, 26–27 (Anm. 30).
[33] Vgl. Henrich Steffens, *Beyträge zur innern Naturgeschichte der Erde*, Freiberg: Verlag der Crazischen Buchhandlung 1801, 267.
[34] Vgl. Steffens 1801, *Beyträge*, 275 (Anm. 33).
[35] Vgl. Steffens 1801, *Beyträge*, 279–280 (Anm. 33). Zu Blumenbachs Konzeption des Bildungstriebes in Bezug auf die Naturphilosophie von Kant und Hegel vgl. Holden Kelm, „‚Nisus formativus' – Blumenbachs Theorie des Bildungstriebes und die Konzeption des organischen Lebens bei Kant und Hegel", in: *Hegel-Jahrbuch 2016*, hg. v. Andreas Arndt, Jure Zovko, Myriam Gerhard, Berlin: Walter de Gruyter, in Vorbereitung.

Entstehung der organischen Natur aus der anorganischen sowie die der Urzeugung des Lebens (ohne göttlichen Schöpfungsakt), die „generatio aequivoca" bzw. „generatio spontana", seien, so Steffens, in „unsren Tagen verschrien".[36] Dennoch betrachtet er die Urzeugung als eine mögliche Theorie, für die er die Beweise von Treviranus anführt (in denen keine präexistenten Keime vorausgesetzt seien): Werde rein destilliertes Wasser auf Tier- oder Pflanzenteile geschüttet, so entstünden daraus ganz neue Vegetationen bzw. Animalisationen.[37]

In Bezug auf den Begriff des Kunsttriebs bemerkt Steffens hinsichtlich der kalkhaltigen Strukturen von Korallen und Muschelgehäusen (Exoskeletten), die den toten Organismus häufig um ein Vielfaches überdauern, eine Ähnlichkeit mit den Produkten der Kunsttriebe der höheren Tiere, insbesondere der Insekten: Was bei den Muscheln die stabilisierende Struktur des Organismus sei, ein „Kunstprodukt", das auf „unwillkürliche" Weise entstehe, sei analog zu den von einigen Insekten „willkürlich" erzeugten äußeren „Kunstprodukten", wie den Waben der Bienen, dem Ameisenbau oder den Spinnennetzen.[38] Die Produkte der Kunsttriebe der Insekten weisen demnach eine Analogie mit den Kalkgehäusen der Korallen und Muscheln in Bezug auf ihren Charakter als „Kunstprodukt", d. h. insbesondere in Bezug auf ihre regelmäßige Gestaltung auf.

Die Kunsttriebe der Insekten äußern sich nach Steffens primär bei geschlechtslosen Insekten und seien ein „Aequivalent" des fehlenden Geschlechtstriebes, eine Art Bewaffnung oder „Anschuss nach außen", wie Steffens in Anschluss an Schelling bemerkt.[39] Dieses Produzieren erfolge bei Bienen oder Ameisen oftmals durch einen bestimmten „Saft", der aus dem entsprechenden Organ ausgeschieden und dann zu dem jeweiligen „Kunstprodukt" – teilweise durch die Behandlung von gesammelten Materialien – zusammengefügt wird; es sei, „als hätte die Natur hier eine Grenze gefunden, gegen welche sie immer – und immer vergebens – ankämpft, weil ihre Producte unvermeidlich zur anorganischen Natur zurückkehren".[40] Im Vergleich der Insekten zu den nächsthöheren Tieren, den Amphibien und Fischen, tritt laut Steffens schon ein deutlicher Unterschied ein, denn bei letzteren zeige sich der Kunsttrieb nicht mehr äußerlich, sondern schlage vielmehr in die innere Triebtätigkeit oder den „Instinct" des einzelnen Tieres um, der gewissermaßen das Äquivalent des Kunsttriebs bei höheren Tieren darstellt.[41] Vergleicht man Schleiermachers oben zitierte Skizze über die Kunst-

---

36 Vgl. Steffens 1801, *Beyträge*, 279–280 (Anm. 33).
37 Vgl. Steffens 1801, *Beyträge*, ebd. (Anm. 33).
38 Vgl. Steffens 1801, *Beyträge*, 285 (Anm. 33).
39 Vgl. Steffens 1801, *Beyträge*, 296 (Anm. 33).
40 Vgl. Steffens 1801, *Beyträge*, 300 (Anm. 33).
41 Vgl. Steffens 1801, *Beyträge*, 308–309 (Anm. 33).

triebe im *Brouillon* mit diesen Äußerungen Steffens, so finden sich keine wesentlichen Unterschiede.

Bemerkenswert an dieser Behandlung der Kunsttriebe ist auch, dass Steffens der funktionale Unterschied der „Kunstprodukte" weniger interessiert, als die reine Funktion des Produzierens. Denn während die „Kunstprodukte" der niederen Tiere eine kalkhaltige Hülle darstellen, die sie vor der äußeren Natur schützen (bei den Insekten der Chitinpanzer), dienen die „Kunstprodukte" der Insekten vor allem der Verteilung und Erhaltung von Nahrungsmitteln. Steffens erläutert also an dieser Stelle weniger die funktionale Evolution und Ausdifferenzierung des Skelettbaus oder der Assimilation der Organismen, als vielmehr die Analogie bezüglich der natürlichen Erzeugung von kunstähnlichen Produkten, die sich durch regelmäßige und kristalline Formen auszeichnen. Die mineralogische Ausgangsbasis seiner naturphilosophischen Forschung bringt ihn möglicherweise dazu, auch bei den Produkten der Tiere den mineralogischen Aspekt zu berücksichtigen. Zudem scheint sich hierin eine ästhetische Dimension seiner Naturbetrachtung anzudeuten, ein Blick auf das Naturschöne, der in der Ästhetik Schleiermachers und Schellings seinen Widerschein findet.

In den unwillkürlichen Kunstprodukten sowie in dem instinktiven Verhalten der Tiere sieht Steffens, wenngleich in unterschiedlichem Maße, die Keime der entwickelten menschlichen Vernunft hervortreten: „Die Anlage zu dieser Tendenz, die sich unverkennbar, und immer deutlicher durch die ganze Thierreihe, regt, ist es, die sich durch Kunsttrieb und Instinkt offenbart."[42]

In den *Grundzügen der Naturphilosophie* (1806) geht Steffens erneut auf den Kunsttrieb ein und konkretisiert seine Auffassung aus den *Beyträgen*. Nach den einleitenden Passagen, in denen eine allgemeine Betrachtung der Naturphilosophie und ihrer wichtigsten Prinzipien erfolgt, kommt er auf die anorganische und organische Natur zu sprechen. Die Entwicklung der Tiere lasse sich analog mit der Entwicklung der Sinne denken, vom einfachen Tastsinn der Würmer über die Irritabilität der Insekten bis hin zur individuellen Sensibilität der Säugetiere.[43] Diese Entwicklung lasse sich auch an den Skeletten nachvollziehen, die von der äußeren Schale bis zum inneren Knochenbau führt. Die Kunsttriebe selbst werden wiederum im Bereich der Insekten angesiedelt, jedoch hierbei unter den Begriff der „Assimilation" gefasst, die bei Insekten auf einer höheren Stufe stattfinden würden, als bei Einzellern oder Würmern. Dadurch, dass dem Insekt anstelle einer kalkhaltigen Schale ein Panzer wächst und es über Organe verfügt, mit denen es sich wehren,

---

42 Vgl. Steffens 1801, *Beyträge*, 312 (Anm. 33).
43 Vgl. Henrich Steffens, *Grundzüge der philosophischen Naturwissenschaft*, zum Behuf seiner Vorlesungen, Berlin: Verlag der Realschulbuchhandlung 1806, 78.

ernähren oder auch Material bearbeiten kann, ist es in der Lage, sich der umgebenden Natur produktiv anzupassen und damit Erzeugnisse zu hinterlassen, die über die eigene Körperlichkeit hinausgehen. Diese äußerlichen Erzeugnisse seien der „Regelmäßigkeit der anorganischen Natur (der Krystallisation) freilich unterworfen", sie bilden einen „äußeren Körper", einen Bau, der zur Erhaltung der Gattung dient; und eben diese Assimilation an die natürliche Umgebung bezeichnet Steffens als „Kunsttrieb".[44] Den Unterschied zum Instinkt charakterisiert er dabei erneut so, dass dieser sich nicht wie der Kunsttrieb nach außen richtet und sich der anorganischen Natur angleicht, sondern umgekehrt: Durch den Instinkt der höheren Tiere werde die äußere Natur als eine „fremde Masse" in die Sphäre der inneren Organisation überführt, ihr „das Gepräge einer eigenthümlichen Gewalt" aufgedrängt.[45]

Prononcierter als in den *Beyträgen* zieht Steffens die Bilanz aus seiner Erörterung der Entwicklung der organischen Natur: Die unwillkürlichen Kunsttriebe der Insekten, die Willkür, die sich in den Bewegungen der Säugetiere zeige und der „Mittelpunkt aller Organisationen", der Mensch, entspringen der „ewigen Nothwendigkeit des Wesens der Natur" – „alle ihre Bewegungen, so wie alle Aeußerungen der Kunsttriebe und des Instinkts sind nichts als Ausdrücke" dieser Notwendigkeit der Natur, die im Menschen ihr Maximum an Objektivität erreiche.[46] Im Unterschied zu den *Beyträgen* behandelt Steffens in den *Grundzügen* den Kunsttrieb unter dem Begriff der Assimilation, benutzt den Begriff des „Kunstprodukts" nicht mehr und bringt in Bezug auf den Zusammenhang der organischen Natur den in dieser Zeit verbreiteten Gedanken einer ‚zweckmäßigen Notwendigkeit' ins Spiel, die selbst willkürlichen und scheinbar zufälligen Phänomenen zugrunde liegt. Bezüglich des Kunsttriebs vertritt Steffens erneut die Ansicht, dass die Kunsttriebe der Insekten sich durch eine regelmäßige Gestaltung der äußeren Natur auszeichnen, sie den Gesetzen der anorganischen Natur, insbesondere der Kristallisation unterworfen seien und daher ihre Bedeutung als eine (verständige) Formen produzierende und gewissermaßen *ästhetische* Kraft erhalten. Als paradigmatisches Beispiel der Kunsttriebe erscheint erneut die hexagonale Struktur der Bienenwaben, von denen Steffens allerdings nicht erfragt, wie sie genau entstehen, sondern aufgrund der analogisierenden Methodik vor allem Relationen mit ähnlichen Strukturen in anderen Naturbereichen herstellt. Die bereits von Keppler angenommene Bestimmung, den Bienen sei ein mathema-

---

44 Vgl. Steffens 1806, *Grundzüge*, 79 (Anm. 43).
45 Vgl. Steffens 1806, *Grundzüge*, 80 (Anm. 43).
46 Vgl. Steffens 1806, *Grundzüge*, 82–83 (Anm. 43).

tischer Sinn zuzuschreiben, reproduziert Steffens auch nicht, er bietet keine bessere Erklärung für dieses Phänomen, das bis heute gewisse Rätsel aufgibt.⁴⁷

Als drittes naturwissenschaftliches Werk möchte ich kurz auf Steffens *Anthropologie* eingehen, die 1822, in seiner Zeit an der Breslauer Universität, entstanden ist. Darin beruft er sich auf seine früheren Aufzeichnungen über den Kunsttrieb und ergänzt diese durch weitere Beispiele. Dabei bemerkt er, dass die regelmäßigen kristallinen Formen, wie die der Bienenwaben, nicht nur bei den Korallen und Schnecken, sondern selbst schon in pflanzlichen Zellen vorkämen: „Die Bienenzellen sind also wahrhaft thierische Krystalle, eben so, wie die in Rhombendodekaedern sich bildenden Zellen des Zellgewebes der Pflanzen."⁴⁸ Dass bedeutende Unterschiede zwischen den Kunsttrieben der Insekten und dem Instinkt der höheren Tiere zu bemerken sind, veranlasst Steffens jedoch nicht dazu, die grundlegende Kontinuität der Genesis der Vernunft aus der Natur zu bestreiten. Die menschliche Kunstproduktion ist demnach von der Produktivität der Natur nur graduell unterschieden.

Die Frage, inwiefern Steffens den Gedanken eines Kunsttriebes auf die kulturelle Entwicklung des menschlichen Geistes, insbesondere die Kunstproduktion, überträgt, führt aufgrund der bisherigen Quellenlage zu keinem positiven Ergebnis. In der deutschen Übersetzung seiner *Einleitung in die philosophischen Vorlesungen* (1802/04) findet sich dieser Begriff nur in der vierten, der Naturphilosophie gewidmeten Vorlesung, in einer nahezu identischen Replik des entsprechenden Abschnittes der *Beyträge* von 1801. Offenbar belässt Steffens diesen Begriff im Feld seiner naturphilosophischen Bedeutung, während Schleiermacher ihn in das Feld der menschlichen Kunstproduktion überträgt. Steffens geht in den letzten Stunden dieser Vorlesungen, in denen eine Philosophie der Geschichte angestrengt wird, überwiegend auf das Schellingsche Motiv einer inneren Notwendigkeit der geschichtlichen Entwicklung zurück: Eine Identität, die den willkürlichen und scheinbar zufälligen Entwicklungsstufen des Geistes zugrunde liegt, als eine „unbewusst" wirkende, ewige Idee, die begrifflich zu Bewusstsein

---

47 Ein neuerer Erklärungsansatz geht davon aus, dass die Bienen ihren Körper als eine Art Schablone für den Bau der wächsernen Zellen benutzen, die demnach zunächst als rundliche Formen aneinander gesetzt werden. Erst wenn die Bienen diese Zellen durch schnelle Vibrationen ihres Körpers auf eine bestimmte Temperatur erwärmen und das Wachs flüssig wird, fügen sich die runden in hexagonale Formen, die bezüglich der Stabilität und Anordnung ein energetisches Optimum darstellen – ein Effekt, der gegenwärtig in der Materialentwicklung genutzt wird (vgl. URL: http://www.dlr.de/Portaldata/1/Resources/kommunikation/publikationen/119_nachrichten/07_Piezowaben.pdf, zuletzt aufgerufen am 17.02.16).
48 Vgl. Henrich Steffens, *Anthropologie*, Breslau: Verlag Josef Max 1822, 262.

zu bringen dem menschlichen Geist verwehrt bleibe, sich aber sukzessive in der Geschichte als Freiheit offenbare.[49]

4 Schleiermacher und Steffens: Die Natur der Kunst sind ihre Gestaltungsprinzipien

Im Hinblick auf die Eingangsfrage nach Herkunft, Bedeutung und Funktion des Begriffs „Kunsttrieb" in Schleiermachers Ästhetik wurde sein Vorkommen in der naturphilosophischen Diskussion über die Kunsttriebe der Insekten insbesondere bei Henrich Steffens herausgestellt. Das gestaltbildende Verhalten der Bienen und die von ihnen mit körpereigenem Wachs erzeugten hexagonalen Wabenstrukturen betreffen die naturphilosophische Bedeutung des Begriffs „Kunsttrieb" und stellen die Anknüpfungsstelle des ästhetischen Diskurses dar. Nach Schleiermachers Adaption dieses Begriffs in seinen Vorlesungsmanuskripten zur Ästhetik von 1819 bezeichnet „Kunsttrieb" das allgemein-menschliche Bestreben zur Kunstproduktion – ähnlich wie das Tier bringt auch der Mensch in Auseinandersetzung mit seiner Umwelt spezifische Gestaltungen hervor, die einen Kunstwert aufweisen können. Wenngleich diese Analogie „kunstschaffender Lebewesen" nicht konsequent durchgeführt wird, ist sie bezeichnend für Schleiermachers kunstphilosophischen Ansatz, der auf die innere Einheit von Kunst- und Naturproduktivität abzielt.

Kunst wird von Schleiermacher allerdings nicht als ein Nebenprodukt der Evolution, sondern als eine für das menschliche Zusammenleben wesentliche Ausdrucksweise und Darstellungsform dargelegt. Eine Gesellschaftsorganisation, die sich allein aus effizienztechnischen Gründen von dieser Einsicht entfernt, entfernt sich demnach zugleich von den grundsätzlichen Bedingungen menschlicher Kultur. Dieser Ansatz führt im Einzelnen zu der Ansicht, dass jeder Mensch im Prinzip ein Künstler ist, weil er in all seinen Tätigkeiten potenziell zu einer künstlerischen bzw. ästhetischen Vollendung gelangen kann; auch zweckgebundene (praktische oder theoretische) Werke können nach Schleiermacher schön genannt werden, wenn sie einen gewissen Grad der Vollkommenheit erreichen. Der allgemeine „Trieb" des Menschen, sich von gebundenen Tätigkeiten zu lösen und sich in der ungebundenen, freien Produktivität zu entfalten, manifestiert sich im Akt der künstlerischen „Besinnung": Kunstwerke sind demnach

---

49 Vgl. Henrich Steffens, *Einleitung in die philosophischen Vorlesungen*, hg. v. Bernd Henninghausen und Jan Steeger, übersetzt von Jan Steeger, München: Alber 2016 (zuerst veröffentlicht in Kopenhagen 1803 als: „Indledning til philosophiske Forelaesninger"), 127–128.

bewusst produzierte Darstellungen, die organisch von der individuellen Stimmung ausgehen, die der allgemeine Kunsttrieb motiviert. In seiner letzten Ästhetikvorlesung von 1832/33 wird die ethische Dimension der Kunstproduktion deutlicher als in den früheren Kollegien herausgestellt. Demnach manifestiert sich die freie Produktivität, wenngleich in verschiedenem Maß ausgeprägt, vor allem in Auseinandersetzung des Künstlers mit dem öffentlichen Leben, womit jeder einzelne Kunstzweig und jedes einzelne Werk eine Grundlage in dem Gesamtbewusstsein einer bestimmten Zeit, d. h. einer bestimmten Kultur hat.

Die bereits ausgesprochene Vermutung, der im Folgenden mehr Raum gegeben werden soll, lautet nun, dass sich im Begriff des Kunsttriebs das Gebiet der Ästhetik und der Natur aneinander fügen, – hier greift ineinander, was Schleiermacher auch als Gebiet der eigentlichen und der uneigentlichen Kunstproduktion bezeichnet, wo Kunst und Nicht-Kunst sich kreuzen. Schleiermacher handelte von dieser Naturähnlichkeit der Kunst, die sowohl in der Frühromantik als auch in der Weimarer Klassik häufig thematisiert wurde, offenbar noch in seiner Ästhetikvorlesung von 1832/33:

> So erscheint die Bedeutung der Kunst wieder in ihrem wahren Werth als freye aus [der] Selbstthätigkeit des Geistes hervorgehende Wiederholung dessen auf ideale Weise, was die Natur auf reale vor unsren Augen thut.[50]

Die Voraussetzung dieser Analogie ist, dass die Grundtypen der erscheinenden Formen in Natur und Kunst identisch sind, d. h. der Natur und der Kunst dieselben ursprünglichen oder einfachen Formen zugrunde liegen, deren Verhältnisweisen in der Dialektik näher zu untersuchen wären. Natur und Kunst sind auch analog, insofern ihre Produktionsweisen als Selbsttätigkeit und im weiteren Sinne als eine Organisation – das Einzelne als integrales Bestandteil des Allgemeinen – beschrieben werden können; sie unterscheiden sich aber in dem Modus, wie sich die hervorgebrachten Gestalten konkret individualisieren, was den Unterschied von realem und idealem Erzeugnis ausmacht. Die von Kant bekräftigte Differenz zwischen dem Wirken nach Ursachen (Natur) und Tun nach einer Absicht (Kunst) wird von Schleiermacher gewissermaßen transformiert. Die Engführung von Natur und Kunst bezieht ihre Stärke nunmehr daraus, dass die Kunstproduktion als die ideale Weise der (realen) Naturproduktion in den Blick genommen wird: Zu beiden Gestaltbildungsprozessen gehören demnach produktive Kräfte, besondere

---

50 Alexander Schweizer, *Vorlesungsnachschrift zu Schleiermachers Ästhetik von 1832/33*, handschriftliches Manuskript, Zentralbibliothek Zürich, Nachlass Schweizer (VIII–33), 81–82 (URL: http://schleiermacher-in-berlin.bbaw.de/vorlesungen/index.xql?vorlesung=aesthetik, zuletzt aufgerufen am 09.12.16).

Mittel und ein allgemeiner Bezugsrahmen. Der Unterschied zwischen Kunst und Natur liegt nur darin, dass das Kunstwerk, weil es die Besinnung des künstlerisch tätigen Menschen voraussetzt, das Schöne in viel konziserer und treffenderer Weise darstellen kann, während die Natur nur zufällig Schönes produziert, insofern das Heraustreten der ursprünglichen Formen durch äußerliche Faktoren alteriert bzw. gehemmt wird. Das mit Bewusstsein erzeugte Kunstprodukt kann die Vollkommenheit der ursprünglichen Formen des Seins demnach adäquater darstellen als das Naturprodukt.

Der Ausdruck „Kunsttrieb" kann somit auch als eine Metapher für die Ähnlichkeit von Kunst- und Naturproduktion angesehen werden. Nach Schleiermacher ist es nämlich ganz gleich, „ob wir sagen Kunst sei Nachahmung oder Norm der Natur", weil die hervorgebrachten Formen in beiden Produktionsweisen auf dieselbe identische Struktur zurückgehen.[51] Von dieser Identität handelt Schleiermacher in der Vorlesung von 1832/33 in Bezug auf architektonische Werke und den ihnen wesentlichen regelmäßigen Gestaltungen:

> In der Architectur hingegen sind es anorganische Gestalten, das Princip aber hat eben so seinen verwandten Typus in der Natur, die gewisse anorganische Gestalten mit gewisser Regelmäßigkeit hervorbringt; Crystallisation und Zerklüftungen in den Gebirgsmassen; eine Crystallisation ist nach derselben Weise zu betrachten, wie ein Gebäude und umgekehrt, also dasselbe was die in der menschlichen Seele prädeterminirte Form ist, die hier als freie Productivität hervortritt.[52]

Die Kristallisationen in der anorganischen Natur, denen auch Steffens eine besondere Aufmerksamkeit schenkt, sind demnach auf dieselbe Weise zu betrachten wie architektonische Produktionen. Denn in diesen Hervorbringungen zeige sich die Identität in den regelmäßigen Strukturen, die das Tragen und Lasten der verschiedenen Bauteile erfordern. Hiermit tritt die grundlegende Verbindung zwischen dem Gestaltinstinkt insbesondere der Bienen und den von ihnen gebauten hexagonalen Waben und der menschlichen Kunstproduktion deutlich hervor. Schleiermacher sieht den Grund dieser Gemeinsamkeit im Prinzip der „Symmetrie", die er als allgemeinen „irdischen" Typus der Gestaltung bezeichnet:

> Alle organischen und anorganischen Gestalten, die die Natur im Übergang aus dem [flüssigen] in den [starren] Zustand hervorbringt, zeigen diese Symmetrie. Dieses Reale in der Natur ist im Geist ein Ideales und nur vermittelst dieser Identität sind wir fähig aufzufassen.

---

51 Vgl. Schweizer, *Vorlesungsnachschrift zu Schleiermachers Ästhetik von 1832/33*, 124 (Anm. 50).
52 Schweizer, *Vorlesungsnachschrift zu Schleiermachers Ästhetik von 1832/33*, 155 (Anm. 50).

> Also ist das der allgemeine irdische Typus von Gestaltung, und wird auch das Princip von dieser Gestaltung.[53]

Der inneren Identität von Natur und Kunst liegt demnach die Identität von Natur und Geist zugrunde, die Schleiermacher hier in erkenntnistheoretischer Hinsicht als eine notwendige Bedingung dafür erklärt, dass der Mensch überhaupt etwas auffassen kann. Schleiermacher knüpft hiermit an die auch von Schelling und Hegel vertretene Ansicht der immanenten Einheit von Denken und Sein an.

Schleiermacher greift mit der „Kristallisation" also auf dasselbe naturphilosophische Motiv zurück, wie Steffens in seinen verschiedenen Ausführungen über den Kunsttrieb. Steffens entdeckte in den Kunsttrieben der Insekten und dem Instinkt der Tiere Protofunktionen der entwickelten menschlichen Vernunft, wonach sich Natur und Geist in ihrer Entwicklung vom Einfachen zum Komplexen nur graduell, nicht aber wesentlich voneinander unterscheiden. Auch Schleiermacher bekräftigt diese Ansicht, indem er die Symmetrie als ein Prinzip darlegt, das sowohl für die Natur als auch für den Geist eine grundsätzliche Gestaltungsweise darstellt und somit als eine allgemeine Bedingung der Kunstproduktion angesehen werden kann.

---

[53] Schweizer, *Vorlesungsnachschrift zu Schleiermachers Ästhetik von 1832/33*, 159–160 (Anm. 50).

Walter Jaeschke
Schleiermachers Geschichtsverständnis im Kontext klassisch-philosophischer Debatten

1 Ethik und Wissenschaft der Geschichte

„Schleiermachers Geschichtsdenken" – dies ist schon für sich nicht so leicht zu fassen. Zu „Geschichte" äußert Schleiermacher sich ja an vielen Stellen seines sehr breit angelegten Werks, und dies ist keineswegs verwunderlich: Mit dem Beginn des 19. Jahrhunderts drängt das Geschichtliche ja überall in die Theoriebildung und in den Kanon der philosophischen Wissenschaften hinein, und es gibt keinerlei Grund, dies zu beklagen. Doch andererseits: So breit sein Werk auch angelegt ist und so oft „Geschichte" auch darin vorkommt – es schließt keine eigentliche ‚Geschichtsphilosophie' ein, aus der man sein Geschichtsdenken paradigmatisch und kompakt erheben könnte. Dies allerdings ist nun ebenfalls nicht verwunderlich, denn so sehr ‚Geschichte' damals zu einem wichtigen Gegenstand wird, ist sie zu dieser Zeit doch noch nicht zum Thema einer eigenständigen philosophischen Disziplin geworden. Dies macht es nun aber doppelt schwierig, das ohnehin schwer greifbare Geschichtsdenken Schleiermachers in einen ebenso schwer greifbaren Kontext zu stellen.

Am Beginn seiner Konzeption stehen ja nur die Ihnen allen bekannten, knappen und durchaus interpretationsbedürftigen Aussagen des *Brouillons zur Ethik,* die Ethik sei „Wissenschaft der Geschichte, d. h. der Intelligenz als Erscheinung". „Geschichte" wäre demnach „Intelligenz als Erscheinung" – aber noch ohne weitere, unterscheidende Spezifikation dieser Erscheinung. Diese Konzeption erinnert wohl nicht zufällig an den Systementwurf, den Schelling in der Vorrede zu seinen *Ideen zu einer Philosophie der Natur* (also im Jahre 1797) skizziert: „Was für die *theoretische* Philosophie die *Physik* ist, ist für die *praktische* die *Geschichte*" – und weiter: „aus diesen beyden Haupttheilen der Philosophie" entwickeln sich „die beyden Hauptzweige unsers empirischen Wissens."[1] Nun wirft es keine sonderlichen Probleme auf, „Geschichte" als Titel für den einen „Hauptzweig[] unsers empirischen Wissens" zu fassen, für denjenigen nämlich, der es nicht mit Naturprozessen, sondern mit Handlungen, mit intelligenten, menschlichen Handlungen zu tun hat – aber ein solches Verständnis von Ge-

---

[1] Friedrich Wilhelm Joseph Schelling, *Ideen zu einer Philosophie der Natur.* Erstes, zweytes Buch, Leipzig: Breitkopf und Härtel 1797, AA I/5, 62.

schichte ist nicht sonderlich weltbewegend. Es steht noch in den Bahnen des traditionellen und auch damals vorwiegenden Gebrauchs von „historia" im Sinne von ‚Bericht', ‚Erzählung', und hat noch wenig zu tun mit dem, was wir seit dem späten 18. und insbesondere seit dem 19. Jahrhundert als ‚Geschichte' denken: einen zeitlich strukturierten, irreversiblen Prozeß, der durch Handlungen konstituiert ist und in den all unsere Handlungen eingebettet sind. Als ein neuer Aspekt ist allenfalls hervorzuheben, daß mit dem Übergang vom lateinischen ‚historia' zum deutschen ‚Geschichte' sich eine Verengung des Bereichs solcher ‚Geschichte' auf die Sphäre von Handlungen abzeichnet: Die traditionell ungemein wichtige ‚Naturgeschichte', die ‚historia naturalis', ist ja nunmehr aus dieser mit der Ethik oder der praktischen Philosophie verknüpften ‚Geschichte' ausgeschlossen. Sie betrifft ja nicht die „Intelligenz als Erscheinung" und kommt deshalb auf die Seite der „Physik" zu stehen.

Als problematisch mag die Gleichsetzung von „Ethik" und „Wissenschaft der Geschichte" deshalb nicht im Blick auf die „Wissenschaft der Geschichte", sondern im Blick auf den hinter ihr stehenden Begriff von „Ethik" oder (mit Schelling) von „praktischer Philosophie" erscheinen – dann nämlich, wenn man etwa mit dem damals dominierenden Kantischen Verständnis von Ethik operiert, nach dem die Ethik ihren prägnantesten Ausdruck in moralischen Imperativen findet – und dieses Kantische Verständnis wäre wohl niemals dominant geworden, wenn es nicht durch das biblische Gesetzesdenken vorbereitet und flankiert worden wäre. Doch wenn man „Ethik" im hier angegebenen Sinne Schleiermachers faßt, nämlich nicht in einem normativen Anspruch gipfelnd, sondern als „Beschreibung der Geseze des menschlichen Handelns", dann ist es auch klar, weshalb sie mit der „Wissenschaft der Geschichte" zusammenfällt, und daß die „eigentliche Form für die Ethik also [...] die schlichte Erzählung" ist: „das Aufzeigen jener Geseze [...] in der Geschichte" – wobei, nebenbei bemerkt, das Aufzeigen von Gesetzen bereits erheblich über eine „schlichte Erzählung" hinausgeht.

Nun könnte man versucht sein, diesem Bezug Schleiermachers zu Schelling näher nachzugehen – doch zum Thema „Geschichte" ist um diese Zeit im Werk Schellings nur wenig zu finden, nur ein Abschnitt im *System des transscendentalen Idealismus* von 1800, und was Schelling weit später als „geschichtliche Philosophie" anpreisen wird, hat weder mit Geschichte als Inbegriff empirischen Wissens noch mit Gesetzen des menschlichen Handelns etwas zu tun. Und auch im Werk Fichtes wird man nicht fündig werden – trotz Fichtes nahezu gleichzeitig mit Schleiermachers Brouillon veröffentlichten *Grundzügen des gegenwärtigen Zeitalters*.[2]

---

2 Johann Gottlieb Fichte, *Die Grundzüge des gegenwärtigen Zeitalters. Dargestellt von Johann*

So bleibt also für den „Kontext klassisch-philosophischer Debatten" (den ich hier zu berücksichtigen habe) nur das Werk Hegels übrig. Allerdings steht zu befürchten, daß die Kluft zwischen Hegels Begriff von Geschichte und den zitierten Wendungen Schleiermachers so groß sei, daß gar kein sinnvolles Gespräch zwischen ihnen möglich sei – nicht anders als in anderen Bereichen ihrer Philosophien. Um ein Votum über das Verhältnis von Schleiermachers und Hegels Staatsdenken für das Thema „Geschichte" zu adaptieren: „Schleiermachers und Hegels Geschichtsdenken läßt sich nicht aufeinander abbilden. Dem stehen die Verschiedenartigkeit der Theorieanlagen überhaupt und der inneren Systematik der geschichtsphilosophischen Grundbegriffe entgegen."[3] Dies ist – mutatis mutandis – auch für das Thema „Geschichte" eine völlig zutreffende Diagnose. Und dennoch ist ihr hier – wie schon beim Thema „Staat" – die Bemerkung anzufügen, daß es geradezu erstaunlich ist, daß angesichts dieser in der Tat sehr unterschiedlichen Theorieanlage und Begriffssystematik beider Konzeptionen dennoch in manchen Partien eine gar nicht so nebensächliche Konvergenz festzustellen ist.

2 Ethik oder Geschichte

Eine derartige Konvergenz zeigt sich natürlich nicht, wenn man bei den bisher zitierten Wendungen verharrt. Eine recht vage, ja sehr oberflächliche Analogie zu Schleiermachers Verknüpfung von Ethik und „Wissenschaft der Geschichte" könnte man zwar darin finden wollen, daß Hegel am Ende seiner ‚Philosophie des objektiven Geistes', also seiner Philosophie der Manifestation des menschlichen Geistes in den Institutionen der sozialen Welt, schließlich zur ‚Weltgeschichte' übergeht – aber dieser Zusammenhang steht doch (wie vorhin schon bemerkt) auf einem gänzlich anderen begrifflichen Boden und hat auch eine andere Bedeutung. Ich möchte deshalb einen anderen Weg einschlagen, auch wenn er Ihnen zunächst als ein Umweg oder gar als Abweg erscheinen mag: nämlich den Weg, zu fragen, welche Bedeutung beide – Schleiermacher und Hegel – „der Geschichte" im Blick auf einen konkreten Gegenstand zuschreiben, und als diesen Gegenstand möchte ich den „Staat" wählen – den Staat, weil er ja mehr als andere Gegenstände dem Begriffsfeld ‚Ethik – Geschichte' benachbart ist. Allerdings erscheint

---

Gottlieb Fichte, in Vorlesungen, gehalten zu Berlin, im Jahre 1804–5, Berlin: Reimer 1806, GA I/8, 189–396.
3 Jörg Dierken, „Staat bei Schleiermacher und Hegel: Staatsphilosophische Antipoden?", in: *Christentum – Staat – Kultur. Akten des Kongresses der Internationalen Schleiermacher-Gesellschaft in Berlin, März 2006*, Berlin / New York: de Gruyter 2008, 395–410, hier 409.

auch dieses Vorgehen zunächst als wenig verheißungsvoll. Denn Hegel entwirft seine Konzeption des Staates bekanntlich im Rahmen seiner „Philosophie des objektiven Geistes", während Schleiermacher nicht über einen derartigen Begriff des „objektiven Geistes" verfügt – und sogar überhaupt nicht über einen Begriff des Geistes in einem dem Hegelschen vergleichbaren Sinne. Schleiermacher andererseits, daran brauche ich hier nur zu erinnern, legt das Fundament seiner Staatsphilosophie wie auch seines Geschichtsgedankens in der Ethik, genauer: in der „Philosophischen Sittenlehre", also in einer Disziplin, die man nun wiederum im Werk Hegels vergeblich sucht. Im *Brouillon zur Ethik* des Jahres 1804/05[4] skizziert er die Unterscheidung zweier Handlungsweisen der Vernunft: einerseits der organisierenden als Bilden der Natur zum Organ der Vernunft und andererseits der symbolisierenden als Gebrauch des Organs zum Handeln der Vernunft. Und indem er diese beiden Tätigkeiten – die organisierende und die erkennende – unter die Gesichtspunkte überwiegender Individualität bzw. überwiegender Gemeinschaft stellt, erhält er eine „Quadruplizität" – ein Viererschema, das für ihn alle Formen sittlichen Handelns umgreift: die organisierende Tätigkeit unter dem Charakter der Gemeinschaft als das gesellschaftliche Naturverhältnis (also Arbeit, Arbeitsteilung und Tausch), unter dem Charakter der Individualität das Privateigentum und die Privatsphäre; die symbolisierende Tätigkeit unter dem Charakter der Gemeinschaft: die Sphäre des Wissens, und schließlich das individuelle Symbolisieren: den Bereich des Gefühls mit Kunst und Religion. Ihre institutionalisierte Form finden diese vier Bereiche für Schleiermacher im Staat, in der freien Geselligkeit, in der Akademie und in der Kirche. Hierauf aufbauend, wenn auch in etwas anderer Perspektive, betont etwa auch die Ethik des Jahres 1812/13, es gebe „einen Zyklus von technischen Disziplinen, welche von der Ethik ausgehn. / 61. Die prägnantesten Beispiele sind: Staat, Staatslehre und Staatsklugheit" – und daneben einige weitere Disziplinen.[5]

Doch auch wenn das Faktum – vielleicht ja auch nur der Anspruch – einer solchen ‚Grundlegung' weithin bekannt ist: Was genau leistet sie für Schleiermachers spätere „Vorlesungen über die Lehre vom Staat" – und vor allem: Was hat dies mit ‚Geschichte' zu tun? Auf den Quadrupel ‚Staat, Wissen, Religion, freie Geselligkeit' bezieht Schleiermacher sich mehrfach, bis in seine letzte Vorlesung über Staatslehre im Jahr 1833, also im Jahr vor seinem Tod: An den genannten Regionen des Wissens, der Religion und der freien Geselligkeit finde der Staat

---

[4] Friedrich Schleiermacher, *Brouillon zur Ethik (1805/06)*, auf der Grundlage der Ausgabe von Otto Braun hg. von Hans-Joachim Birkner, Hamburg: Meiner 1981.
[5] Friedrich Schleiermacher, *Schriften*, hg. von Andreas Arndt, Frankfurt am Main: Deutscher Klassiker Verlag 1996, 568.

seine drei Grenzen.[6] Und auch an anderer Stelle betont Schleiermacher, die Lehre vom Staat sei „eine abhängige Disciplin der Ethik und hat ihre Idee in der allgemeinen Idee der Intelligenz, des höhern menschlichen Lebens. Aus der Ethik können wir sie daher füglich ableiten." Analog gilt dies ja für die „Wissenschaft der Geschichte", auch wenn in diesen Formulierungen von ihr nicht die Rede ist. Doch statt eine solche Ableitung des Staates aus der Ethik vorzunehmen, fährt Schleiermacher fort: „Wir wollen uns aber dieses Vortheils entschlagen, von der Ethik abstrahiren, und den Begriff der Staatslehre allgemein aufsuchen, unabhängig von der Ethik" – und dieses Vorgehen dementiert den Anspruch einer Grundlegung durch die Ethik. Zwar betont Schleiermacher gleichsam ersatzweise, er müsse „zulezt auf den wissenschaftlich ethischen Gesichtspunkt zurückkommen", doch genau dies unterläßt er in all seinen späteren Vorlesungen über die Staatslehre. In ihnen kehrt er nicht zur Ethik zurück, wie er ja auch gar nicht von der Ethik ausgeht, und er beginnt auch nicht „mit einer vollkommenen Definition". Sondern er will – wie er sagt – „[a]uf dem Wege der Induction" voranschreiten und sich die Bestimmungen des Staates „in seinen verschiedenen Gestaltungen vergegenwärtigen" – und dies ist eine durchaus treffende Schilderung seines Vorgehens.

Damit kommt nun aber die „Geschichte" ins Spiel – denn allein sie kann diese „verschiedenen Gestaltungen" des Staates „vergegenwärtigen", da ihr zumindest nach den Ausführungen des *Brouillons* die „Beschreibung der Geseze des menschlichen Handelns" anheim fällt. Insofern könnte man mit gutem Recht von einer Grundlegung der Staatslehre durch die „Wissenschaft der Geschichte" sprechen, oder, um dies zuzuspitzen: nicht durch die Vernunft, sondern durch die Faktizität – allerdings nicht durch eine bloße, sondern durch eine begriffene Faktizität.

Schleiermachers faktischer Verzicht auf ein Ausgehen von der Ethik – oder zumindest von einer Ethik, die etwas anderes und mehr wäre als die „Wissenschaft der Geschichte", sondern die ein „Ideal" vorgäbe – entspringt jedoch nicht etwa einem didaktischen Antrieb, seinen Vortrag der „Lehre vom Staat" nicht mit vermeidbaren Voraussetzungen für ihr Verständnis zu beschweren. Es ist vielmehr eine Befürchtung, die ihn dazu treibt: Ein Ausgang von der Ethik würde die Gefahr heraufbeschwören, ein „Ideal", ein „Musterbild" von einem Staat zu entwerfen – so wie die Ethik „das Musterbild eines einzelnen Menschen" aufstelle. Eine derartige Befürchtung ist zwar eigentlich nur angesichts einer normativ aufgeladenen Ethik am Platze, nicht gegenüber einer Ethik, die sich, wie im *Brouillon,* als „Wissenschaft der Geschichte" versteht. Gleichwohl bleibt Schlei-

---

6 Siehe etwa Friedrich Schleiermacher KGA II/8, 776.

ermacher bei seinen Befürchtungen: Er könne einen solchen Ausgang vom Ideal nicht billigen: „im Grunde behandeln solche Musterbilder mit Gränzen doch nur ein Lebloses und Todtes, und können wohl nie möglich werden, da sie der freien Entwicklung und einer lebendigen eigenthümlichen Gestaltung allen Spielraum nehmen." Sie versuchen, könnte man sagen, die geschichtliche Entwicklung in ein von der Vernunft entworfenes Korsett hineinzuzwängen – und angesichts dieser Gefahr optiert Schleiermacher für das freie Spiel der geschichtlichen Kräfte, zumal es ohnehin gar nicht so frei ist, sondern sein Verlauf ohnehin durch immanente Gesetzmäßigkeiten reguliert wird. In der Grundlegungsfunktion verdrängt also die Geschichte hier die Ethik – zumindest eine solche Ethik, die mehr als nur „Wissenschaft der Geschichte" sein und ein Ideal vorgeben will.

Doch wer die Scylla des inhaltsleeren Allgemeinen vermeiden will, muß sich ebenso vor der Charybdis des Versinkens im Strudel der Besonderheiten hüten – und deshalb formuliert Schleiermacher genau dies als methodisches Prinzip: „wir müssen uns jedoch ebenso hüten, nicht in das hineingetrieben zu werden, was durch die Geschichte wirklich geworden ist, und nun in ihr sich erklärt" – also: Man muß sich hüten vor dem begrifflos- oder vernunftlos-Zufälligen, wie Hegel sagen würde. Mit ‚Geschichte' ist also hier die Masse der unbegriffenen und unbegreifbaren Faktizität assoziiert. Und Schleiermacher fährt fort: „Zwischen diesem schlechthin besondern Punkte, wo wir nicht stehen wollen [d. h. dem Standpunkt einer so verstandenen, begrifflosen Geschichte], und jenem ganz allgemeinen, wo wir nicht stehen können, müssen wir uns nothwendig halten." Ein solches Schweben zwischen diesen beiden Punkten ist allerdings nicht sonderlich komfortabel. Es gibt kein allgemein verbindliches Musterbild, sondern „die Mannigfaltigkeit der Formen" macht „jedem Staat sein eigen Musterbild nothwendig".[7] Die Orientierung an diesen aus der Geschichte ablesbaren Musterbildern führt nun aber keineswegs in ein ‚Chaos der Musterbilder'; Schleiermacher ist vielmehr bestrebt, von den jeweils vorgegebenen Bedingungen her – Lage und Größe des Staates, Einheitlichkeit seiner Bevölkerung, überwiegende Form der Erwerbstätigkeit usf. – die entsprechenden „Musterbilder" in den Blick zu nehmen. Es ist somit letztlich ein nicht-normatives Verfahren, das es uns erlaubt, ein Bild des Staates in seinen unterschiedlichen Staatsformen zu gewinnen; und es ist letztlich keine andere als die „Wissenschaft der Geschichte", die uns den gewünschten Aufschluß liefert: darüber, was ein Staat sei, und ebenso darüber, was die anderen Formen des geistigen Lebens seien. Eben dies ist die Leistung der „Wissenschaft der Geschichte": Sie präsentiert uns nicht ein bloßes Sammelsurium von begrifflosen Besonderheiten, sondern als empirische Wis-

---

7 KGA II/8, 208–210.

senschaft von der „Intelligenz als Erscheinung" versteht sie sich als „Erzählung", als „Aufzeigen" oder – ich sage es nochmals – als „Beschreibung der Geseze des menschlichen Handelns".

Es ist nun zunächst dies bemerkenswert, daß Schleiermacher hier, wo er – wie *wir* sagen würden – ‚der Geschichte' faktisch eine so große Bedeutung zuweist, gar nicht von ‚Geschichte' spricht, nämlich von Geschichte im Sinne eines objektiven Prozesses. *Einen* Grund hierfür sehe ich darin, daß für ihn die „*Wissenschaft* der Geschichte" im Vordergrund steht, oder zumindest „Geschichte" als eine Form des Wissens: Geschichte als „schlichte Erzählung", als „Beschreibung", und nicht „Geschichte" als ein objektiver Prozeß, der erzählt oder gewußt würde – oder kurz, mit Hegels Worten, „subjektive Geschichte" und nicht „objektive Geschichte". Von der ursprünglichen Wortbedeutung und von der Begriffsgeschichte her ist eine solche Fokussierung auf ‚subjektive Geschichte' auch naheliegend – aber sie reicht nicht aus. Denn die „Wissenschaft der Geschichte" hätte nichts zu erzählen, wenn es nicht eine Geschichte gäbe, die den Gegenstand ihres Erzählens bildete. Sie könnte nicht solche „Erzählung" oder „Beschreibung der Geseze des menschlichen Handelns" sein, wenn ihr nicht eine Wirklichkeit korrespondierte, die von eben diesen Gesetzen durchherrscht wird, eine Wirklichkeitsform, in der eben „jene Geseze" gelten. Die „Erscheinung" der „Intelligenz" vollzieht sich in solchen gesetzmäßigen Formen – dies ist hier vorausgesetzt, aber nicht expliziert. Und nur weil es ‚objektive Geschichte' gibt, kann die ‚subjektive Geschichte' „jene Geseze" aufzeigen – nämlich *in* der ‚objektiven Geschichte', von der Schleiermacher aber nicht spricht. Nebenbei bemerkt: Es scheint mir auffällig, wie entschieden Schleiermacher hier auf das Gesetzliche abhebt – im Gegensatz zum „blinden Spiel der Willkühr" oder zum „Sammelsurium" der Besonderheiten. Diese *in* der Geschichte wirksamen „Geseze" sind nun aber, könnte man mit Hegel sagen, die „Vernunft in der Geschichte". Doch auf die Explikation dieser ‚objektiven Geschichte' und der spezifischen Art ihrer Gesetzmäßigkeit läßt Schleiermacher sich nicht ein – zumindest nicht unter dem Titel „Geschichte".

3 Physiologie des Naturbildungsprozesses

Damit ist schon eine Antwort auf die naheliegende Frage angedeutet, weshalb der Begriff einer ‚objektiven Geschichte' (oder eine vergleichbare Formulierung) in Schleiermachers Konzeption keine Rolle, zumindest keine tragende Rolle spielt – obschon er doch gerade an solchen Vorgängen interessiert ist, die wir als ‚geschichtliche Vorgänge', als ‚Geschichtsprozesse' zu bezeichnen geneigt sind. Eigentümlich ist dies insbesondere deshalb, weil Schleiermacher gerade an der

„Entstehung" der Staaten interessiert ist; der erste, umfangreichste und gehaltvollste Abschnitt seiner zahlreichen *Vorlesungen über die Lehre vom Staat* ist jeweils der ‚Staatsentstehung' oder ‚Staatsbildung' gewidmet. Schleiermacher sucht hier die Bedingungen zu eruieren, die der Entstehung und Entwicklung der Staaten geschichtlich vorgegeben sind und die die besondere Gestalt des einzelnen Staates bedingen – und dies sind in unserer Perspektive ‚geschichtliche Prozesse', ‚Geschichte'. Auch Hegel stellt hier den Geschichtsbegriff ins Zentrum; näher hebt er auf den „Willen" ab, als auf dasjenige, was solche Geschichte gleichsam in Bewegung bringt – freilich nicht auf den Willen eines einzelnen, sondern auf einen sehr komplex gedachten Prozeß der Willensbildung – aber dies ist ein Problem seiner Geschichtsphilosophie, und darauf einzugehen würde mich jetzt zu weit führen. Doch die Funktion, die etwa für Hegel der Begriff der ‚objektiven Geschichte' hat, wird für Schleiermacher durch einen anderen Leitbegriff wahrgenommen. Er stellt – übrigens in den späteren Vorlesungen zunehmend – statt des hier eigentlich zu erwartenden Geschichtsbegriffs einen anderen Begriff in den Vordergrund: den Begriff der Natur, und zwar in einer speziellen Begriffsprägung, die Hegel nicht kennt: den Begriff „Naturbildungsprozeß".

Bevor ich auf diesen ‚Naturbildungsprozeß' näher eingehe, zunächst eine kleine Vorbemerkung, die vielleicht geeignet ist, etwas Licht in die Dinge zu werfen: Schleiermachers starke Betonung des Naturparadigmas scheint mir in Zusammenhang zu stehen mit seiner kompromißlosen Absage an eine willentliche, eine vertragstheoretische Begründung des Staates, wie sie damals zuletzt Fichte in seiner *Grundlage des Naturrechts* vertreten hat.[8] Diese Absage teilt Schleiermacher allerdings mit Hegel, der jedoch andere theoretische Konsequenzen aus ihr zieht als Schleiermacher. Problemgeschichtlich gesehen stehen beide – übereinstimmend – in auffälliger Distanz, ja Gegnerschaft zu der vertragsrechtlichen Konstruktion des Staates, die die Aufklärung weithin geprägt hat – wie auch immer man sich den Vertrag oder die Verträge im einzelnen gedacht hat, ob als Gesellschaftsvertrag oder als Unterwerfungsvertrag oder als eine Pluralität sehr unterschiedlicher Verträge. Diese Absage – beider! – an die Vertragstheorie erfolgt jedoch nicht gleichsam ‚willkürlich', aus heiterem Begriffshimmel, sondern sie steht im Kontext von Verschiebungen in der Konzeptualisierung des Staates, die sich im Zusammenhang mit den damaligen politischen Ereignissen abzeichnen: mit der Französischen Revolution und der auf sie folgenden Umgestaltung der Staatenwelt Mitteleuropas. Wie Hegel, und wohl noch stereotyper als Hegel, wendet Schleiermacher sich immer wieder gegen die An-

---

[8] Johann Gottlieb Fichte, *Grundlage des Naturrechts nach Principien der Wissenschaftslehre.* Teil I, Jena und Leipzig: Gabler 1796, GA I/3, .311–460.

nahme, der Staat sei aus einem Vertrage hervorgegangen. Denn der Staat erscheint ihm „nicht als die Absicht eines Einzelnen" – aber er erscheint ihm ebensowenig als die ‚Absicht vieler Einzelner' – und deshalb erscheint er ihm auch nicht als das Ergebnis eines Vertragsschlusses solcher vieler Einzelnen. Zunächst: Auch in dieser – negativen – Diagnose treffen Schleiermacher und Hegel zusammen. Und wenn es auch noch so viele Erzählungen aus der Heroenzeit gibt, von Staatengründern und Gesetzgebern, so liegt dem doch eine – mit Hegel zu sprechen – „arabeskenhafte" Sichtweise zu Grunde, die nicht anders kann als dort, wo etwas geschieht, einen Akteur hinzuzudenken, der es geschehen läßt und auch geschehen lassen will. Ein kleiner Blick aus dem Fenster kann uns heutige Monaden darüber belehren, wie erschreckend gering der beabsichtigte Beitrag eines Individuums zur Gestaltung unserer gesellschaftlichen Wirklichkeit ist – und diejenigen, die in dieser Feststellung die Fernwirkungen der Hegelschen angeblichen Verachtung der Individualität wittern, darf ich an Schleiermacher verweisen, der dies kein Haarbreit anders als Hegel gesehen hat – auch wenn sich an dieser Stelle ihre Konzeptualisierungen solcher nicht-individual gesteuerten Prozesse unterscheiden. Doch wie entsteht der Staat, wenn er nicht durch einen Vertragsschluß entsteht und auch nicht durch die „Absicht eines Einzelnen" und wohl ebensowenig vieler Einzelner? Um mich einer für die damalige Zeit typischen Kontrastierung zu bedienen: Für Schleiermacher wie für Hegel ist der Staat nichts ‚Gemachtes', sondern etwas ‚Gewordenes', etwas geschichtlich Gewordenes, ein Resultat der Geschichte – auch wenn er hierdurch – wiederum für beide – fraglos nicht ein bloß zufälliges Resultat geschichtlicher Umstände ist. Doch als ein solches ‚Gewordenes' ist er für Hegel Resultat (wie auch Voraussetzung) der ‚Geschichte', für Schleiermacher hingegen Resultat der ‚Natur', genauer: des „Naturbildungsprozesses".

„Naturbildungsprozeß": Dieser Ausdruck ist nach zwei Seiten, als genitivus subiectivus und als genitivus obiectivus aufzufassen: Die ‚Natur' ist das, was bildet, und sie ist auch das, was gebildet wird. Dominant scheint mir jedoch die erste Bedeutung zu sein: Die Natur bildet – und das, was sie bildet, ist (neben vielem anderen) der Staat. Und da Schleiermacher den Staat nicht aus dem Geschichtsprozeß hervorgehen läßt, sondern aus dem „Naturbildungsprozeß", geht er – nicht inkonsequent – so weit, den Staat nicht als ein Produkt der Geschichte zu bezeichnen, sondern ausdrücklich als „Naturprodukt" – was Hegel übrigens nie getan hätte, obschon er sich in der Diagnose der Unverfügbarkeit einer solchen Entwicklung mit Schleiermacher weitgehend einig ist. Doch für Hegel ist diese Unverfügbarkeit durch eine interne Logik des objektiven Geistes bedingt, für Schleiermacher durch die „Natur". Die daraus fließende Bezeichnung des Staates als „Naturprodukt" stützt Schleiermacher auf ein Argument, das zwei auf den ersten Blick fremde, wenn nicht gar unvereinbare Gesichtspunkte mit einander verbindet: Der Staat erscheine „nicht als die Absicht eines Einzelnen, sondern als das Resultat einer unendlichen Menge von Handlungen und also als ein Naturprodukt".[9] Also: zwar als Resultat von Handlungen und gleichwohl – oder vielmehr: *eben deshalb* – als Naturprodukt, weil man seine Produktion und insbesondere die spezifische Form seiner Produktion aus der Summe der einzelnen Handlungen nicht plausibel machen kann. Die ‚Natur' erscheint hier also als ‚produzierend', weil keine zwecksetzende Intelligenz ausgemacht werden kann, die die Staatsbildung vorantreibt und willentlich in bestimmter Richtung steuert. Zwar sind es „Handlungen", aus denen der Staat hervorgeht – Akte der „Intelligenz als Erscheinung", könnte man wiederum sagen. Aber es sind eben unendlich viele, und keine einzelnen, identifizierbaren, zweckgesteuerten Handlungen, und diese anonymen und in ihrer Vielzahl und Diversität gar nicht erfaßbaren Handlungen addieren sich zu einem nicht mehr zweckgesteuerten (und wohl auch gar nicht mehr steuerbaren) Prozeß, der als solcher etwas ‚Naturhaftes' an sich hat, und deshalb auch das Produkt, das aus ihm hervorgeht: So sind beide, der Prozeß wie auch sein Produkt, selbsttätig, sich selbst regulierende Systeme, würden wir heute sagen, und sie sind uns unverfügbar – wie Naturgebilde. Und die Menschen, die in diesem Naturbildungsprozeß begriffen sind, sind – ich spitze dies etwas zu – seine Erzeugnisse; er bestimmt ihre Bedürfnisse und die Weise ihrer Befriedigung und macht sie zu dem, was sie sind und was sie nicht sind.

Wegen dieser sehr pointierten, um nicht zu sagen provokativen Ausführungen Schleiermachers bleibe ich noch etwas bei der ‚Naturseite' des Staates, also bei der Seite, nach welcher er für Schleiermacher ein „Naturprodukt" ist – „Natur", und nicht „objektiver Geist". Man kann diese Darstellung der Naturseite des Staates als ein sehr weit angelegtes geschichtliches Begreifen dessen beschreiben, was ein Staat ist, und die „Geschichte" nimmt durchaus einen breiten Raum in Schleiermachers Ausführungen ein. Dennoch legt er den Akzent weniger auf die „Geschichte" als auf den unter dem Titel „Natur" begriffenen Funktionszusammenhang, und er unterstreicht diese Naturseite des Staates noch durch die konsequent entwickelte Terminologie und Metaphorik seiner späteren Vorlesungen: Wenn der Staat etwas Natürliches ist, so ist es auch folgerichtig, die Staatslehre als „eine Physiologie des Staates" aufzufassen.

„Physiologie", und nicht „Geschichte": Mit diesem mehrfach verwendeten Ausdruck „Physiologie des Staates" grenzt Schleiermacher das Programm *seiner* Staatslehre terminologisch prägnant, anschaulich und konstant zugleich von

---

[9] KGA II/8, 209.

allen früheren Unternehmungen ab.[10] Präziser, aber zugleich provokanter kann man den Gegensatz zu dem Leitbegriff ‚Geschichte' nicht aussprechen. Eigentümlich ist es jedoch, daß beide Leitbegriffe – Natur und Geschichte – in einem übereinkommen: Sie unterstreichen den nicht-normativen Charakter der jeweiligen Staatslehre. Die Physiologie ist zwar sicherlich keine rein deskriptive Wissenschaft, und auch Schleiermacher will keine bloße „Relation von der Beschaffenheit vorhandener Staaten" geben. Beide Physiologien wollen – etwas – mehr: Die naturwissenschaftliche beschreibt den animalischen oder pflanzlichen Körper, und sie sucht auf der Basis dieser Beschreibung die Lebensvorgänge „zu analysieren, in ihrem Mechanismus aufzuklären und durch Synthese der Einzelfunktionen die Gesamtfunktion und die Verhaltensweisen des Organismus zu verstehen."[11] Sie ist aber bekanntlich alles andere als eine normative Wissenschaft – und dies hat sie wiederum mit der Geschichte gemein. Eine ‚normative Physiologie' wäre nicht allein die Quadratur des Kreises, sondern das Geschäft eines theoretischen Prokrustes. Man sollte Schleiermacher nicht unterstellen, daß er sich darüber Illusionen hingegeben habe. Vielmehr hat er mit dem – damals sehr modernen, eine neue Leitwissenschaft bezeichnenden – Wort „Physiologie" den Wissenschaftscharakter seiner Staatslehre sehr bewußt und sicherlich auch in provokativer Absicht, jedoch durchaus zutreffend charakterisiert: Seine „Staatslehre" will es gar nicht mit ‚Geschichte' zu tun haben – dies wäre viel zu vage; sie will „Physiologie" des politischen Körpers sein, des „body politick", wie Hobbes ihn nennt. Sie ist keine bloße politische „Mechanik", und dies schon deshalb, weil die Aufklärungsmetaphorik des Staates als einer Maschine seit der französischen Revolution diskreditiert ist. Die Staatslehre hat es nicht mit einer Maschine, sondern mit einem lebendigen Körper zu tun – aber eben doch mit einem Körper, der nach seinen eigenen Gesetzen funktioniert und der sich die Logik seiner Funktion nicht von außen vorschreiben läßt – etwa durch ethische Forderungen –, und zudem ein Körper, dessen Entstehung sich nicht durch freie Handlungen erklären läßt. Die Gesetze seines Funktionierens sind keine ‚Geschichtsgesetze', sondern ‚Naturgesetze'. Und dann ist es auch nicht unplausibel, die Lehre vom Staat als Physiologie des Staates zu konzipieren – und sie dem Bereich der Geschichte zu entnehmen.

Schleiermacher unterstreicht diesen ‚physiologischen' Charakter des Staates nochmals, indem er ausdrücklich die Frage aufwirft, „ob ein Staat ein reiner Naturprozess oder als ein Kunstwerk, dem eine bestimmte Absicht zu Grunde

---

10 U.a. KGA II/8, 758, 496. – Ich erlaube mir hier, mich auf einige Passagen meines Beitrags „Schleiermacher als politischer Denker" zu beziehen, in: *Christentum – Staat – Kultur* [Anm. 1], 303–315.
11 *Brockhaus-Enzyklopädie*, 17. Auflage, Bd. 14. Wiesbaden 1972, 591.

liegt, anzusehen ist." Er gibt auch selber eine – und wenn auch eine doppelte, so doch in eine Richtung neigende, deutlich asymmetrische – Antwort: „Eine bestimmte Absicht ist um so weniger wahrscheinlich, als diese den höchsten Grad des Bewußtseyn, nemlich den Begriff der Handlung in allen ihren Theilen und vor derselben voraussetzt." Gleichwohl möchte Schleiermacher die Seite der freien Zwecksetzung nicht „vollkommen und gänzlich" ausschließen, da „die Natur als das Unbewußte sich in allen menschlichen Dingen der Freyheit oder dem Bewußten gegenüber stellt." Doch wenn die freie Zwecksetzung nur ‚nicht vollkommen und gänzlich' ausgeschlossen wird, so ist damit doch hinreichend deutlich gesagt, daß sie allenfalls eine unbedeutende Nebenrolle spielt – neben der ‚Natur'. Diese Nebenrolle der freien Zwecksetzung sucht Schleiermacher dann auch wenigstens in *einer* Entwicklungsphase des Staates zu verorten: Beim „Übergang aus dem vorbürgerlichen in den bürgerlichen Zustand" könne „das Bewußtseyn nicht ganz ausgeschlossen seyn" – wie er hier geradezu minimalistisch formuliert.[12] Doch da er selber den Vertragsgedanken kompromißlos verwirft, der ja den Übergang vom status naturalis in den status civilis bezeichnet, so ist eigentlich dem Theorem vom ‚Übergang vom vorbürgerlichen in den bürgerlichen Zustand' der theoretische Boden entzogen – zumindest ist es erheblich depotenziert.

„Natur" also statt „Freiheit", und „Physiologie" statt „Wissenschaft der Geschichte"! Um einem möglichen Mißverständnis vorzubeugen: Ich bin keineswegs der Ansicht, daß ein solches Resultat und Programm einen Staatsphilosophen desavouiere. Es ist ein eminent politisch-gedachtes Programm: eine Analyse der Funktionsbedingungen des menschlichen Zusammenlebens, und zwar unter weitgehendem Absehen von den Motiven menschlichen Handelns und von der Geschichte überhaupt. Die Prozesse der Entstehung staatlichen Lebens, seiner Umstrukturierung und Einheitsbildung vollziehen sich nach einer eigenen, immanenten Logik, die nicht die Logik individueller menschlicher Handlungen ist – obschon doch allem staatlichen Geschehen menschliche Handlungen zu Grunde liegen. Schleiermacher formuliert diese Logik zumeist in formell hypothetischen Sätzen, die jedoch diese Funktionslogik zum Gegenstand haben. Hieraus dürfte sich auch erklären, daß er in seinen Entwurf keine ‚politische Anthropologie' einbaut – nicht einmal als einen Nebenaspekt, geschweige denn als Fundament. Angesichts der „Natur" wäre sie ohnehin zur Wirkungslosigkeit verdammt. Mit gutem Recht darf man in der funktionalen Ausrichtung dieses Programms einen Beweis seiner ‚Modernität' sehen. Wir haben es hier – gegenüber der Behandlung des Staates in den „Rechtslehren" der Klassischen Deutschen Philosophie – mit

---

[12] KGA II/8, 220 f.

einer ‚neuen Wissenschaft von der Politik' zu tun. Der normative Rest, der ihr noch eignet, besteht in der Herausarbeitung des Schemas einer ‚normalen', ‚gesunden' Entwicklung und in ihrer Kontrastierung mit einer – durch identifizierbare äußere Faktoren – „gestörten Entwicklung",[13] also mit Krankheitszuständen des politischen Körpers, der mit Hilfe dieser Trennung „durch eine Crisis zur Gesundheit zurückzuführen" sei.[14] Krankheit, „Crisis", „Gesundheit", „gestörte Entwicklung": Die physiologische Programmatik schlägt durch bis auf die Sprache, in der sie artikuliert ist.

Eines allerdings ist auffällig bei dieser „Physiologie" des ‚politischen Körpers': Sie analysiert seine Funktionsweise, sie identifiziert die „Exponenten" oder Faktoren, die seinen „EntwicklungsTrieb" oder „Selbsterhaltungstrieb"[15] „stören" oder begünstigen – aber sie stellt nicht die Frage, aus welchem Stoff der politische Körper bestehe. Anders als der natürliche ist der ‚politische Körper' ja ein künstlicher, dessen Material und Bau einer Analyse bedarf, die der Funktionsanalyse doch eigentlich vorausgehen müßte. Und Schleiermachers „Physiologie" stellt schon gar nicht die weitere Frage, ob die Kenntnis dieses Stoffes vielleicht geeignet sei, die Funktionsweise des Körpers sowohl zu verstehen als auch zu beeinflussen. Vor allem aber: Sie fragt auch nicht, ob das Normative nicht schon deshalb zu den Funktionsbedingungen und zum Leben dieses Körpers gehöre, weil dieser Körper insgesamt aus einem sowohl natürlichen als auch geistigen ‚Doppelleib' gebildet werde. Und schließlich fragt sie auch nicht, ob dieser Körper nicht über ein eigenes, reflexives Steuerungspotential verfüge: über das Recht. Diese Frage allerdings hätte auch eine ‚funktional' verfahrende Analyse nicht aussparen dürfen.

Dennoch: Meines Erachtens hat Schleiermacher gerade durch diese eher unerwarteten, durchaus sperrigen Ausführungen über die „Physiologie" des politischen Körpers, über seine Funktionsweise und seine Krankheitszustände und über seine gegenüber menschlichen Handlungen eigenständige Funktionslogik, einen wichtigen und sehr eigenständigen Beitrag zur Staatslehre der Klassischen Deutschen Philosophie geleistet – auch wenn er damit die Verbindungslinien zu den Begriffsfeldern ‚Geschichte' und ‚Handlung' weitgehend gekappt hat. Allerdings ist hierdurch nur der eine Aspekt seiner Rede vom „Naturbildungsprozeß" erfaßt; es bleibt der zweite Aspekt zu erörtern, die Rede vom „Naturbildungsprozeß" im Sinne eines genitivus objectivus: Denn hier ist es nicht die Natur, die bildet, sondern sie ist es, die gebildet wird. Und während das Wort ‚Natur' bisher

---

13 KGA II/8, 799.
14 KGA II/8, 855 bzw. 818.
15 KGA II/8, 862.

in einem uneigentlichen Sinne, nämlich nur als Gegenbegriff zu zweckorientiertem Handeln, verwendet worden ist, geht es nun um ‚Natur' in dem uns näherliegenden, vertrauten Sinn: um ‚Natur' als Inbegriff der materiellen, vorwiegend organischen Prozesse und um ihre Gestaltung, um die Bildung der Natur und um das Verhältnis solcher absichtsgesteuerten „Naturbildung" zum Staat.

Staatlichkeit setzt für Schleiermacher solche gelungene „geistige Naturbildung" voraus – ja sie geht eigentlich erst aus ihr hervor: „Die Vereinigung der Kräfte zur Naturbildung für die Vernunft bildet also den Staat" – doch wohl in dem Sinne, daß diese „Vereinigung der Kräfte" zur Bildung der Natur – also vielleicht zum Bau von Deichen oder Bewässerungsanlagen – im gleichen Akt, aber dennoch in separater Linie die Entwicklung von Staatlichkeit vorantreibt. In dieser Perspektive also ist die Herausbildung des Staates ein sekundäres Resultat des auf die Bildung der Natur gerichteten Prozesses. Doch so sehr Schleiermacher diese „geistige Seite des Naturbildungsprocesses" hervorzuheben sucht: Es gelingt ihm nicht, sie von der Natürlichkeit abzukoppeln, schon deshalb, weil er sie an die „Ähnlichkeit" und das „Angeborene in den Menschen" zurückbindet. So geht diese „geistige Seite des Naturbildungsprocesses" also wohl über die physische Natur hinaus, aber sie bleibt dennoch von den genannten physischen Voraussetzungen abhängig. Die Natur wird gebildet – aber doch nur von denen, die von der Natur hierzu gebildet sind, und insofern ist man geneigt, von einer ‚Selbstbildung der Natur' zu sprechen. Deutlich spricht Schleiermacher jedoch das Ziel aus, auf das eine solche „geistige Naturbildung" hinausläuft – und er spricht es mit Worten aus, die heute weniger gern gehört werden und die man auch wohl eher aus dem Munde Hegels erwarten würde, der sie aber aus gutem Grund nicht gebraucht: Das Ziel des Naturbildungsprozesses – nochmals: nicht eines ‚Geschichtsprozesses'! – liege in der „Begründung der Vernunftherrschaft", ja sogar in „der absoluten Herrschaft der Vernunft". Und diese „Herrschaft der Vernunft über die Natur" ist für ihn so sehr das Ziel des Naturbildungsprozesses und der durch ihn errichteten Staatlichkeit, daß er sogar die Frage aufwirft, „ob das Wesen des Staats denn nicht eben in dieser Unterordnung der Natur bestehe". Aber dieser Schritt hinaus über die Natur bleibt eben selber die Leistung eines Naturprozesses. Die Vision hingegen, daß eine solche „absolute Herrschaft" schließlich gar die Natur aufheben und sich hierdurch selber überflüssig machen werde, teilt er nicht – weil sie nicht „von der reinen Vorstellung der menschlichen Natur" ausgehe, „bey welcher wir doch einmal stehen bleiben müssen"[16].

Doch neben dieser überraschend drastischen Festsetzung dieses Naturzieles der absoluten Herrschaft der Vernunft finden sich auch immer wieder andere,

---

[16] KGA II/8, 210 f.

leisere Aussagen über die „geistige Seite" des Naturbildungsprozesses. Schleiermacher faßt sie aber nicht eigens zu einem Thema zusammen, sondern er streut sie mehrfach ein in andere Kontexte: Nach der „geistigen Seite" sei der „Naturbildungsprozeß" ein fortschreitender Übergang vom (natürlichen) Sein zum (geistigen) Bewußtsein. Er wird für Schleiermacher schon beim geschichtlichen Übergang von der (unbewußten) „Sitte" zum (bewußten) „Gesetz" faßbar, als Übergang vom „unbewußten zu dem bewußten allgemeinen Willen". Nach dieser „geistigen Seite" also besteht „die Naturbildung in dem Übergang aus dem Unbewußtseyn in das Bewußtseyn – und das entscheidende Datum in diesem „Übergang" ist eben die Errichtung des Staates: „erst das Bewußtsein gibt den Staat und dieser [...] ist nichts als der Übergang aus dem einen Zustand in den anderen",[17] nämlich aus dem vorbewußten, instinktgesteuerten Zustand in den bewußten. Wenn man diese Argumentationslinie akzentuiert, so liegt die höchste Formulierung für die Stellung und Leistung des Staates innerhalb des „Naturbildungsprozesses" denn doch nicht in der „Herrschaft der Vernunft" durch das „Gesetz", sondern in der „Erhebung des relativ Bewußtlosen in das Bewußtsein unter der entgegengesetzten Form der Freiheit oder Unfreiheit"[18]: „Bleibend aber und ewig dauernd wird er – sc. der Staat – durch die Erkenntniß, daß er in steigender Vollendung die Herausbildung des allgemeinen Willens, und das Bewußtwerden desselben in jedem Einzelnen bezwecke."[19] Diesen Gedanken aber könnte man auch geringfügig modifiziert so ausdrücken: Der Naturbildungsprozeß ist in seinem Innersten zu begreifen als ein „Fortschritt im Bewußtseyn der Freiheit". Diese Formulierung allerdings verdanken wir bekanntlich nicht Schleiermacher, sondern Hegel[20] – und wenn sie auch fast stets mißverstanden und in Folge dieses Mißverständnisses auch zumeist belächelt oder verworfen wird, so ist es doch sehr erfreulich zu sehen, daß Schleiermacher seinen „Naturbildungsprozeß" zumindest im Blick auf diese letzte, geistige Phase inhaltlich ähnlich deutet wie Hegel die „Weltgeschichte".

Das Eigentümliche aber ist eben: So analog Schleiermacher und Hegel auch die Leistung dieses von beiden thematisierten Prozesses beschreiben: Hegel versteht ihn als Geschichtsprozeß, Schleiermacher als Naturbildungsprozeß. Dies – könnte man meinen – sind dann nur noch zwei unterschiedliche Worte für dieselbe Sache – und dies wäre ja auch nicht ganz abwegig; es sind ja nicht zwei verschiedene Prozesse, von denen hier die Rede ist. Und dennoch: Ist es wirklich dieselbe „Sache", wenn sie so unterschiedlich konzeptualisiert wird? Ich denke,

---

17 KGA II/8, 776.
18 KGA II/8, 794.
19 KGA II/8, 222.
20 Georg Wilhelm Friedrich Hegel, *Philosophie der Weltgeschichte. Einleitung 1830/31*, GW 18, 153.

es ist ja doch kein geringer Unterschied, ob wir diesen Prozeß, der den Staat aus sich hervortreibt – und eben nicht nur den Staat, sondern den gesamten Kulturprozeß; der Staat ist hier ja nur *ein* Moment dieses Prozesses –, ob wir also diesen Prozeß als von den Gesetzen der Natur gesteuert, als einen Naturprozeß begreifen, der „Naturproducte" hervorbringt, oder als einen Geschichtsprozeß, der aus der Freiheit hervorgeht, durch eine ihr immanente Logik geleitet wird und in einer Reihe von Manifestationen der Freiheit besteht. Vielleicht ist dies ja eine Frage, die man gar nicht durch Argumente entscheiden kann, nicht anders als die Alternative von Natur und Freiheit, um deren Entscheidung in den 1790er Jahren gestritten worden ist. Und während Schelling damals der Ansicht war, daß ihre Entscheidung davon abhänge, was für ein Mensch man sei, war Fichte der Überzeugung, daß sie sehr wohl durch Argumente entschieden werden könne.[21]

---

21 Friedrich Wilhelm Joseph Schelling, *Philosophische Briefe über Dogmatismus und Kritizismus*, AA I/3, 73–75; Johann Gottlieb Fichte, *Versuch einer neuen Darstellung der Wissenschaftslehre. Erste Einleitung*, GA I/4, 195.

Leszek Kleszcz
Schleiermacher und die Entstehung der philosophischen Hermeneutik

Die Hermeneutik war immer eine Kunst der Interpretation und der Erläuterung, deren Aufgabe in der Übertragung eines sinnvollen Inhaltes aus einer „fremden" in die eigene Welt, auf dem Verständlich-Machen der fremden Aussagen beruhte. Anfangs war sie eine Hilfsdisziplin verbunden mit der Auslegung der Heiligen Schrift, klassischer Texte oder Gesetzestexte, aber ihr Wirkungsbereich wurde allmählich größer und ihre Bedeutung stieg. Bereits im Mittelalter entstand eine bis heute aktuelle Idee, auch die Wirklichkeit als Gegenstand der Interpretation zu erfassen: die Idee *interpretation naturae*, die für die Überzeugung stand, dass durch Worte der Mensch zum Menschen, durch die Dinge jedoch Gott zum Menschen spricht. Wenn man Gottes Wort verstehen will, so müsse man versuchen, die in der uns umgebenden Welt enthaltene Botschaft Gottes abzulesen. Aus dieser Grundüberzeugung entwickelte sich nicht zuletzt die neuzeitliche Idee der Naturwissenschaft als einer Lektüre aus dem „Buch der Natur". Einen wichtigen Moment in der Entwicklung der Hermeneutik bildete der Auftritt Luthers mit seinem Aufruf, die Heilige Schrift wieder neu zu lesen. In der Neuzeit mit ihren charakteristischen Momenten der Säkularisierung, des Humanismus, der Autonomisierung und Rationalisierung der menschlichen Lebenswelt ebenso wie dem immer stärker wirkenden Gedanken der Geschichtlichkeit entstand ein geistiges Klima, das die Entwicklung der Hermeneutik begünstigte.

Die Romantik und die Ideenbewegung, die man als romantische Philosophie bezeichnen kann, bildet eine weitere wichtige Scharnierstelle in der Geschichte der Hermeneutik, in der Friedrich Schleiermacher eine fundamentale Rolle zukam. In seinem bekannten Aphorismus aus der Sammlung im *Athenäum* bestimmt Schleiermachers Freund Friedrich Schlegel prägnant die Wissenstheorie von Fichte, die Französische Revolution und Goethes Roman *Wilhelm Meister* zu den wichtigsten Ereignissen, auf denen die romantische Bewegung fußt.[1] Aber der zentrale Punkt, der für die Entstehung der romantischen Weltanschauung von ausschlaggebender Bedeutung war, war die sich ankündigende, drohende Erfahrung metaphysischer Obdachlosigkeit, die 100 Jahre später die gesamte Kunst- und Kulturproduktion infiltrierte und in Nietzsches Ausspruch vom „Tod Gottes" auf den Punkt gebracht wurde. Mit dem drohenden Tod Gottes wankt auch die

---

1 „Die Französische Revolution, Fichtes Wissenschaftslehre und Goethes Meister sind die größten Tendenzen des Zeitalters." (Friedrich Schlegel, KFSA 2, 198, Nr. 216).

bisherige Grundlage des geistigen und gesellschaftlichen Lebens, es hört auf glaubwürdig zu sein. Alltagsleben, Kunst und Kultur allgemein streben so nach einem neuen geistigen Zentrum, um das herum sich die ganze geistige Aktivität neu organisieren kann.

Diese Leere, die die Romantiker im vollen Umfang erahnten, sollte die Idee einer „neuen Mythologie" ausfüllen. Mit dem Versuch in ihren philosophischen Entwürfen eine intellektuelle, ästhetische und sittliche Revolution zu vollziehen, strebten sie nach einer neuen „Verzauberung der Welt". Ihr wichtigstes Instrument war dabei die Befreiung der Einbildungskraft, die ein Denken jenseits eingefahrener Spuren, den Umsturz vorherrschender Denkschemata und Werteinschätzungen hervorbringen sollte. Im „Romantisieren", einem „qualitativen Potenzieren" – eine Haltung, die es neu zu entdecken gilt – finden wir, wie Novalis erklärte, den ursprünglichen Sinn der Welt. Indem ich den alltäglichen Dingen einen höheren Sinn, den Gemeinen ein geheimnisvolles Aussehen, dem Bekannten die Würde der unbekannten Dinge gebe und dem Endlichen den Schein der Unendlichkeit verleihe, romantisiere ich sie. Und in gleicher Weise wie ich vom Niederen, Einfachen zum Höheren zu gelangen strebe, muss auch das Höhere, Unbekannte, Mystische, Unendliche mit dem Einfachen, Alltäglichen, Gemeinen verbunden werden.[2] Die romantische Philosophie unternimmt somit eine Bewegung des wechselseitigen Auf- und Absteigens.

Die Idee der neuen Mythologie war der Aufruf zu einer allgemeinen Wiedergeburt, zu einer geistigen Revolution, der es um eine neue Anschauung von Wirklichkeit ging, in der alles einer Anschauung des Ganzen[3] dienen sollte. Eine grundlegende Bedeutung in der Idee der neuen Mythologie hatte der Begriff der Unendlichkeit, dem eine doppelte Funktion zukam.

Auf der einen Seite spielte der Hinweis auf die Unendlichkeit und die Unerkennbarkeit der uns umgebenden Welt und ihrer Erscheinungen – einschließlich des Menschen selbst –, eine kritische und einschränkende Rolle. Diese kritische Funktion steht im Gegensatz zu einem rationalistischen Erkenntnisoptimismus, der davon ausgeht, dass die Welt erkennbar ist und die grundlegenden Gesetze, die die Welt regieren ebenso wie die Geheimnisse der Menschheit bereits entdeckt wurden.

---

2 „Die Welt muss romantisiert werden. So findet man den ursprünglichen Sinn wieder. Romantisieren ist nichts als eine qualitative Potenzierung. [...] Indem ich dem Gemeinen einen hohen Sinn, dem Gewöhnlichen ein geheimnisvolles Ansehen, dem Bekannten die Würde des Unbekannten, dem Endlichen einen unendlichen Schein gebe, so romantisiere ich es. Ohne vollendetes Selbstverständnis wird man andere nie wahrhaft verstehen lernen." (Novalis, *Schriften*, Bd. 2, Stuttgart: Kohlhammer 1965, 545).
3 Zum Gedanken einer Anschauung des Ganzen vgl. z.B. Friedrich Schlegels Reflexionen im *Gespräch über die Poesie*, KSFA 2, München, Paderborn u.a.: Schöningh 1967, 284–351.

In einem positiven Sinne war die Idee der Unendlichkeit jedoch auch Ausdruck eines Strebens nach einer neuen Verzauberung der Welt und erfüllte somit keine einschränkende, sondern eine öffnende Funktion. Das Individuelle und Besondere darf nun den Romantikern nach nicht in einer einseitigen Bewegung dem Allgemeinen subsumiert, nach einem allgemeinen, gefühl- und gedankenlosen Muster gestaltet werden. Jedes Individuum ist einmalig und außergewöhnlich, so wie jede Poesie individuell und ein Ausdruck der Erlebnisse und der Weltanschauung eines Individuums ist. Individuell ist dabei nicht nur der einzelne Mensch, sondern auch die aus Menschen gebildete Gemeinschaft, die Nation oder Kultur und Individualität manifestiert sich auf unterschiedlichen Stufen und in unterschiedlichen Sphären.

Unendlichkeit offenbart sich dabei nur auf eine symbolische Art und Weise, durch Bilder und Zeichen, die eine Interpretation erfordern. Die Interpretation der Idee des unendlichen Seins bildet ein grundsätzliches Motiv des romantischen Denkens. Der romantische Symbolismus erlaubte, alle Dinge und Erscheinungen als ein Zeichen von etwas anderem wahrzunehmen und in der Analogie ein Hauptmittel des Weltverstehens zu sehen. Die Wahrnehmung der Welt als einer Chiffre, einen Text, eine Zeichen- oder Symbolsammlung führte zur Philosophie als einer „Interpretationskunst" also zur Hermeneutik. Eine Schlüsselstelle in diesem Prozess der Aufwertung der Hermeneutik bekleidet wie bereits erwähnt Friedrich Schleiermacher, der in der Welt die Stimme und die Hand Gottes sehen wollte.

Einen direkten philosophischen Bezugspunkt seiner Erwägungen bildete dabei die Philosophie Kants und seiner Bestimmung der Erkenntnisvermögen der Sinnlichkeit und des Verstandes: Die Sinne liefern Eindrücke, das Erkenntnismaterial, der Verstand hingegen ordnet dieses sinnliche Material und konfiguriert es zu sinnlichen Daten. Sowohl die reine Sinnlichkeit als auch der reine Verstand sind Idealisierungen, und die wirkliche Erkenntnis ist immer eine untrennbare Mischung von sinnlichen und intellektuellen Elementen. Schleiermacher übernahm einige Elemente der Kantischen Philosophie, modifizierte sie jedoch zugleich im Anschluss an die gegen Kant gerichteten (sprach)kritischen Argumente von Hamann und Herder. Er vertrat den Standpunkt, dass es kein „reines Denken ohne sprachlich-anschauliche Artikulation und keinen Inhalt ohne Bezug auf eine Willenseinwirkung"[4] gebe. Schleiermacher versteht die Kantische reine Vernunft als ein Ideal, eine reine Abstraktion, die sich in der Wirklichkeit in ihrer Reinheit nie aktualisieren lässt, weil alles Denken immer in Sprache zum Ausdruck gebracht wird. Sprache ist dabei erstens ein historisches Gebilde, das sich

---

4 Maciej Potępa, *Dialektyka i hermeneutyka w filozofii Friedricha Daniela Schleiermachera*, Łódź: Wydawn. Uniw. Łódzkiego 1992, 55.

im Laufe der Zeit ändert und formt und zweitens ein soziales Gebilde, das nur im Prozess der zwischenmenschlichen Kommunikation existiert. In einer ähnlichen Argumentation wendet sich Schleiermacher auch gegen das Konzept eines transzendentalen Subjektes als Garant der Erkenntnis. Das in der wirklichen Welt verankerte Subjekt ist weder rein, noch ahistorisch oder außersprachlich. Von ihm geht die Bewegung des Erkennens aus, zugleich nähert er sich der absoluten Erkenntnis nur in unendlicher Progression. Anstelle eines absoluten Standpunktes führte Schleiermacher eine dialektische Methode des Streitgespräches als dialogisches Konzept der Vernunft in die Philosophie ein. Das endliche Subjekt kann demnach seine Begrenztheit nur dann überschreiten, wenn es seinen Standpunkt mit dem Standpunkt eines anderen, genauso endlichen Subjektes konfrontiert. Somit ist es auch in der Lage, über seine subjektiven Begrenzungen hinauszugehen und sich an die Erkenntnis der Wahrheit anzunähern, ohne diese jedoch jemals zu erreichen. Mit diesem dialogischen Modell leistete Schleiermacher eine wichtige Modifizierung der transzendentalen Philosophie, indem er in das traditionelle Subjekt-Objekt-Schema der Erkenntnis die Erkenntnis eines anderen Subjektes einführte.

In Schleiermachers Philosophie verschmelzen Dialektik, Rhetorik und Hermeneutik zu einer unlösbaren, sich ergänzenden Ganzheit. Ist die Dialektik die Kunst der Gedankenführung, so die Rhetorik die Fertigkeit, die Gedanken in einer sprachlichen Gestalt darzustellen. Die Hermeneutik hingegen ist die Kunst einer nochmaligen Rekonstruktion der Aussage und zwar derart, dass man von den Wörtern zu den Gedanken, deren Ausdruck sie waren, gelangt.[5]

Sein Interesse an der Dialektik, ähnlich wie das an der Hermeneutik, entstand während seiner Studien über die Philosophie Platons. Hegel und Schleiermacher belebten auf zwei Weisen das Interesse an der Philosophie Platons in Deutschland. Hegel fand in der Dialektik von Platon eine Methode, die zur absoluten Erkenntnis führte, und Schleiermacher entdeckte in den Dialogen von Platon das Motiv einer sich nie ausschöpfenden Suche nach Wahrheit. Einer Suche, die ihren Ausdruck gerade in der Dialektik, also der Kunst, „kluge Gespräche" zu führen, findet.

Schleiermacher bezeichnete die Dialektik als „Anweisung zum kunstmäßigen Gesprächsführen im Gebiet des reinen Denkens"[6], die als diese einen universalen Charakter hat. Die „Reinheit" des Denkens ist selbstverständlich nicht absolut zu verstehen, denn es ist ein dynamisches Denken, das sich in der ständigen Bewegung, im Streit, im Werden befindet. Sein Ziel ist es, einen Ruhe- und Wis-

---

5 Vgl. Dieter Burdorf, Reinold Schmücker, „Streitgespräche. Schleiermachers Konzept einer dialogischen Wissenschaft", in: *Dialogische Wissenschaft. Perspektiven der Philosophie Schleiermachers*, Paderborn: Schöningh 1998, 7–18, hier 12.
6 Friedrich Daniel Schleiermacher, *Vorlesungen über Dialektik*, KGA II/ 10.1, 360.

senszustand zu erreichen, aber im Hinblick auf die menschliche Endlichkeit und der ihr eigenen, unreduzierbaren Vielfalt der Meinungen, deren Ausdruck der Streit ist, wird es zu einem unendlichen Streben. Die Dialektik ist dabei nicht nur in der Logik und in der Metaphysik, sondern auch im alltäglichen Leben anwesend. Überall beruht die Erkenntnis auf der Fähigkeit, durch ein Gespräch, einen Dialog, eine Gegenüberstellung anderer Standpunkte zur Übereinstimmung zu gelangen. Die Notwendigkeit, eine Übereinstimmung, ein Einverständnis zu finden, resultiert aus der menschlichen Endlichkeit, aus der Begrenztheit und Zufälligkeit des menschlichen Denkens. Die Nachhaltigkeit, mit welcher Schleiermacher die epistemische Begründung der Bedeutung des Dialogs und die Anerkennung des dialogischen Prinzips, des Streites um die richtige Betrachtungsweise der Dinge als die Quelle aller Erkenntnis verfolgte, macht ihn zum Klassiker der Philosophie des Dialogs.[7]

Schleiermacher war einer der ersten Philosophen, die die philosophischen Konsequenzen aus dem Zusammenbruch des Reflexionsmodells des Subjektes zogen.[8] Er meinte, dass das autonome Subjekt nicht der Ausgangspunkt der philosophischen Reflexion sein kann; denn vom Selbstbewusstsein des Subjektes aus lässt sich die Forderung nach dem Besitz oder der Erkenntnis der absoluten Wahrheit nicht begründen. Die absolute Wahrheit entzieht sich dem Bewusstsein, alle Erkenntnis bleibt immer relativ und abhängig von Ort und Zeit. Deshalb kann der Mensch die Gewissheit seiner Erkenntnis nicht in sich selbst, sondern er muss sie auf dem Boden der zwischenmenschlichen Verständigung, im Gespräch mit anderen Menschen suchen.[9] Die Wahrheit kann nur im Dialog erreicht werden

---

7 Vgl. Burdorf, Schmücker, „Streitgespräche" 1998 (Anm. 6), 7. Vgl. auch Karl-Otto Apel, *Das Apriori der Kommunikationsgemeinschaft*. (*Transformation der Philosophie*, Bd. 2), 6. Aufl., Frankfurt a. M.: Suhrkamp 1999, 199 und die gegen Apel gerichtete polemische Stellungnahme von Gunter Scholtz in seinem Buch *Ethik und Hermeneutik. Schleiermachers Grundlegung der Geisteswissenschaften*, Frankfurt a. M.: *Suhrkamp* 1995, 50.
8 Vgl. Manfred Frank, *Das individuelle Allgemeine. Textstrukturierung und – interpretation nach Schleiermacher*, Frankfurt a. M.: Suhrkamp 1977; Manfred Frank, „Tekst i jego styl Schleiermachera teoria języka", in: Jarosław Roleski, Stanisław Czerniak (Hg.), *Studia z filozofii niemieckiej*, Bd. I, Toruń: Wydawnictwo Naukowe UMK 1994, 114, vgl. auch Maciej Potępa, *Dialektyka i hermeneutyka* 1992 (Anm. 5), 11, 119, 122; Maciej Potępa, „Hermeneutyka F.D.E. Schleiermachera", in: Zdzisław Krasnodębski (Hg.), *Od transcendentalizmu ku hermeneutyce*, Warszawa: Wydawnictwo Uniwersytetu Warszawskiego 1987, 112; Maciej Potępa, „Hermeneutyczny zwrot? – hermeneutyka F.D.E. Schleiermachera", in: Paweł Dybel, Paweł Kaczorowski (Hg.), *Fenomenologia i hermeneutyka*, Warszawa: Wydawnictwo Uniwersytetu Warszawskiego 1991, 92; Maciej Potępa, „Rozumienie, podmiot, język w filozoficznej hermeneutyce", in: Jarosław Roleski, Stanisław Czerniak (Hg.), *Studia z filozofii niemieckiej*, Bd. I, Toruń: Wydawnictwo Naukowe UMK 1994, 134.
9 Manfred Frank deutet auf die Ähnlichkeit des Gedankens Schleiermacher zu den Ideen von Friedrich Hölderlin und Novalis hin, vgl. Manfred Frank, „Fragmente einer Geschichte der

und so bedeutet die erreichte Wahrheit in der Tat immer nur die Übereinstimmung der Dialogpartner. Schleiermacher wird so zum Vertreter eines neuen Subjekt-Modells, das man als Kommunikationsmodell bezeichnen kann, denn das Subjekt wird erst im Dialog mit einem anderen Menschen „es selbst". Das subjektive Wahrheitsgefühl muss daher auf einem intersubjektiven Boden, im Streit, im Dialog, im Gespräch bestätigt werden. Die Bedingung eines fruchtbaren Dialogs ist das richtige Verstehen der Aussage des Gesprächspartners, und „jeder Akt des Verstehens ist die Umkehrung eines Aktes des Redens, indem in das Bewußtsein kommen muß welches Denken der Rede zum Grunde gelegen"[10].

Das Besondere und Innovative der hermeneutischen Position Schleiermachers beruhte auf der Ausweitung des Problems des Verstehens und seiner fundamentalen Befragung – analog der die drei Kritiken begründenden Kantischen Fragen – *was kann ich verstehen?* Als erster hat er die Aufmerksamkeit auf das Phänomen des Verstehens selbst gelenkt, um seine allgemeinen Prinzipien zu erfassen.

Schleiermachers Ziel war es, eine allgemeine Theorie der Hermeneutik zu begründen, die über die einzelnen Spezialhermeneutiken hinausging. Diese allgemeine Hermeneutik sollte einen universalen Anwendungsumfang haben, denn hermeneutische Probleme entstehen nicht erst mit der Lektüre der Bibel oder antiker Texte. Die Prinzipien, die wir bei der Interpretation der klassischen Texte gebrauchen, sind dieselben, wie die Prinzipien, nach denen wir uns richten, wenn wir versuchen, Romane, Zeitungsartikel oder auch den Diskussionspartner zu verstehen.[11] Hermeneutik beschränkt sich, wie Schleiermacher erklärt, nicht auf die literarischen Produktionen. Denn oft greife ich mitten im Gespräch nach hermeneutischen Operationen, wenn ich mir zu erklären versuche, wie bei dem Freund der Übergang von einem zum anderen Gedanken gedacht war und mit welchen Ansichten, Urteilen und Bestrebungen er zusammenhängt. Die Lösung dieser Aufgabe, für die wir eine Theorie suchen, beschränkt sich keineswegs auf schriftliche Texte, sondern sie taucht immer dort auf, wo wir denkenden Menschen in Form von Wörtern begegnen.[12]

Schleiermacher sah die Aufgabe der Hermeneutik darin, das Schaffen des Künstlers möglichst vollkommen zu verstehen. Im Akt des Verstehens unterschied

---

Selbstbewußtseins – Theorie von Kant bis Sartre", in: *Selbstbewußtseinstheorien von Fichte bis Sartre*, hrsg. ders., Frankfurt a. M.: Suhrkamp 1993, 497–498, 500.
10 Friedrich Schleiermacher, *Hermeneutik und Kritik*, KGA II/4, de Gruyter: Berlin u. Boston 2012, 120.
11 Vgl. Friedrich Daniel Ernst Schleiermacher, „Über den Begriff der Hermeneutik. Erste Abhandlung", in: Ders, *Akademievorträge*, KGA I/11, Berlin u. New York: de Gruyter 2002, 608.
12 Vgl. Schleiermacher, *Über den Begriff der Hermeneutik*, 2002 (wie Anm. 11), 608, 620 f., 140.

er dabei zwei Aspekte: die Aussage kann man zum einen als ein Element der Sprache und zum anderen als ein Element des geistigen Lebens des Autors erfassen. Jede Aussage bleibt in diesem doppelten Zusammenhang: Sie ist einerseits mit der Ganzheit der Sprache, andererseits mit der Ganzheit des Denkens des Autors verbunden. Deshalb soll das Verstehen beide Aspekte berücksichtigen: die Aussage soll ebenso im Kontext der Ganzheit einer Sprache wahrgenommen werden, wie sie als ein Akt des denkenden Menschen interpretiert werden soll.[13]

In Bezug auf diese Dualität jeder Aussage unterscheidet Schleiermacher zwei Typen der Interpretation: eine grammatische und eine psychologische. Die grammatische Interpretation dient dem Verstehen der Rede als einem Element der Sprache; das Ziel der psychologischen Interpretation, die er stellenweise auch als eine technische Interpretation bezeichnete, versteht die Aussage hingegen in ihrem Verhältnis zum Denken des Autors. Das richtige Verstehen entsteht dann, wenn dieser doppelte Zusammenhang berücksichtigt wird.

Im „technischen" Sinne war das direkte Ziel der Hermeneutik die Antwort auf die Frage danach, welche Funktion eine Stelle in dem angegebenen Text oder in der angegebenen Aussage hat, in welchem Zusammenhang sie mit anderen Textstellen steht, nach welchen Motiven sich der Autor richtete, was er in der Tat sagen *wollte*. Die Hermeneutik tritt dort auf den Plan, wo der gewöhnliche Grad des Verstehens nicht genügt, wo das gewöhnliche Verstehen durch das bewusste Verstehen ersetzt werden soll. Das bewusste Verstehen ist die Fähigkeit, Regeln anzuwenden, wodurch der Sinn einer Rede deutlich wird. Schleiermacher will dabei jedoch keine Automatisierung des Verstehensprozesses erreichen. Im Gegenteil: die Interpretation kann nicht mechanisch vor sich gehen, denn es gibt keinen universalen Schlüssel, der es erlauben würde, den Sinn des individuellen Sprachgebrauchs zu entziffern.

Wenn wir die Aussage als einen einzelnen Akt verstehen wollen, müssen wir die sprachlichen Beziehungen berücksichtigen, in welchen die Aussage sich im Verhältnis zur Sprache als einer Ganzheit befindet. Wir verstehen sie aber nicht, wenn wir gleichzeitig nicht berücksichtigen, dass sie einen individuellen Akt des denkenden Menschen bildet, der ein Ausdruck seines inneren Lebens ist.[14] Schleiermacher betont, dass beide Aspekte des Verstehens eine gleich wichtige Bedeutung haben; keiner ist dem anderen übergeordnet.[15] Die Hervorhebung nur einer der beiden Aspekte, die Konzentration auf nur eine Interpretation, führt zur Deformation des Verstehens, und die Vorherrschaft der psychologischen Inter-

---

[13] Friedrich Daniel Ernst Schleiermacher, Vorlesungen zur Hermeneutik und Kritik, KGA II/4, S. 120f.
[14] Schleiermacher KGA II/4 , 81, 121.
[15] Schleiermacher KGA II/4, ebenda.

pretation in der Tradition beruhe nach Schleiermacher auf der falschen Überzeugung, dass man die Sprache lediglich als ein passives Werkzeug des Denkens betrachten kann. Gleichzeitig bemerkte er jedoch, dass die übertriebene Betonung der Bedeutung der grammatischen Interpretation auch ein Irrtum sei, weil man auf diese Art und Weise den individuellen Charakter der Aussage übergeht. Die richtige Problemlösung des Verstehens einer Aussage beruht auf der Notwendigkeit der wechselseitigen Berücksichtigung beider Aspekte des Verstehens, beider Interpretationszugriffe.

Die Interpretation ist eine Kunst, und dies bedeutet, dass sie auf einer Fertigkeit beruht, man kann sie lernen, üben, verbessern. Aber zugleich ist das Verstehen auch eine unendliche Aufgabe, denn jede Interpretation besteht in einer begrenzten Bestimmung des „unendlich Unbestimmten"[16]. Unendlich ist sowohl die Sprache als jedes unerschöpfliche Individuum, das in eine unendliche Zahl von Beziehungen treten kann und das man auf unendlich viele Art und Weisen beschreiben kann.[17] Die grammatische Interpretation erfordert daher sozusagen perfekte Sprachkenntnisse, und die psychologische Interpretation erfordert ein vollkommenes Wissen über den Menschen. Selbstverständlich kann niemand alle sprachlichen Möglichkeiten beherrschen, die in einer Sprache angelegt sind; eben so wenig kann man den Menschen, seine Vergangenheit und das, wozu der Mensch noch fähig ist, im vollen Umfang kennen. Deshalb betont Schleiermacher immer wieder, dass jedes Verstehen begrenzt ist und dass man das Nicht-Verstehen nie völlig beseitigen kann.

Das effektive Betreiben dieser Kunst des Verstehens beruht sowohl auf dem sprachlichen Talent als auch auf dem Talent der Menschenkenntnis. Das sprachliche Talent ist in der Tat eine Fähigkeit, die man bis zu einem gewissen Grade bilden und entwickeln kann – ähnlich der Vervollkommnung der Fremdsprachenkenntnisse, in der wir die Grundlagenkenntnisse erweitern, den Wortschatz allmählich bereichern und immer mehr Gewandtheit erwerben. Ein guter hermeneutischer Philosoph zu sein, bedeutet, besondere Sprachkenntnisse und die Fähigkeit zu besitzen, sowohl weite Analogien und Ähnlichkeiten als auch feine Unterschiede zu bemerken. Schleiermacher betont, dass man sich, was die Verbesserung der Sprachkenntnisse angeht, insbesondere an die Rhetorik halten muss, die die Sprache noch einmal aus einer anderen, ergänzenden Perspektive erfasst.[18]

---

16 Schleiermacher KGA II/4, 122.
17 Schleiermacher KGA II/4, ebenda.
18 Schleiermacher KGA II/4, ebenda.

Schleiermacher weist auch auf die grundlegenden Unterschiede hin, die zwischen unterschiedlichen hermeneutischen Positionen bestehen: Sie richten sich nach unterschiedlichen Maximen, die den Begriff des Verstehens je anders definieren und aus diesem Grunde gehen sie auch anders vor und streben unterschiedliche Ziele an. So können wir uns beim Verstehen nach zwei unterschiedlichen Maximen richten: 1) *Ich verstehe alles, bis ich auf Unsinn oder Widersprüchlichkeiten stoße* 2) *Ich verstehe nichts, was ich nicht als notwendig einsehe und was ich nicht verstehend rekonstruieren kann.* Das Verstehen, das dieser zweiten Maxime folgt, kommt nie zu einem Ende. Im Anschluss an diese zwei Maximen des Verstehens unterscheidet Schleiermacher zwei hermeneutische Praxen: eine „kunstlose" oder „laxere" und eine „kunstmäßige" oder „strenge". Die laxere geht von der Überzeugung aus, dass das Verstehen ein natürlicher Prozess ist und man deshalb lediglich Missverständnisse zu vermeiden habe. Grundlegend für diese Ansicht ist die Überzeugung, dass die Sprechenden und Hörenden in der Gemeinschaft derselben Sprache miteinander verbunden sind. In dieser kunstlosen Praxis ist das Verstehen selbstverständlich und der Regelfall und das Ziel der hermeneutischen Anstrengung negativ, insofern man danach streben muss, Missverstehen zu vermeiden.[19] Diese so erfasste Interpretationspraxis ist auf schwierige Stellen ausgerichtet, und sie findet eine besondere Anwendung in den Spezialhermeneutiken, wie z. B. in der theologischen, der altphilologischen oder juristischen. Ihre Hauptaufgabe ist es, die Bedeutung der unklaren Textstellen (zum Beispiel aufgrund des Mangels an Präzision oder aufgrund der Vieldeutigkeit der verwendeten Ausdrücke) zu erläutern.[20]

Die kunstvolle oder strenge Praxis hingegen geht von der Überzeugung aus, dass das Missverstehen der Regelfall ist und dass es überall und immer entsteht, sozusagen von selbst. Verstehen wird so zu einer durchgehenden, alle Text- und Aussagestellen betreffenden Aufgabe. Diese Interpretationshaltung geht von der Überzeugung aus, dass es eine grundsätzliche Differenz in der Verwendung der Sprache von Redner und Hörer gibt. Die von der hermeneutischen Tradition vertretene laxere Praxis stellt eine Reduktion der Problematik des Verstehens dar sodass ihr Schleiermacher die Überzeugung gegenüberstellt: „ich verstehe nichts, was ich nicht als nothwendig einsehe u*nd* construiren kann."[21] Mit dieser Maxime modifiziert er auch die Aufgabe der Hermeneutik, deren Ziel nicht mehr allein das Erfassen der Bedeutung einer bestimmten Textstelle im Text ist, sondern das

---

19 Schleiermacher KGA II/4, 126 ff.
20 Schleiermacher KGA II/4, 127.
21 Schleiermacher KGA II/4, 6.

Verstehen der sprachlichen und psychologischen Quellen der Aussage selbst umfasst.

Eine effektive Anwendung der Verstehenskunst erfordert, dass man einen Zustand der objektiven und subjektiven Gleichsetzung mit dem Autor erreicht. Unter dem Begriff der objektiven Gleichsetzung mit dem Autor verstand Schleiermacher ähnliche Kenntnisse der Sprache, und zwar Kenntnis der Sprache, die den Autor und den ursprünglichen Empfänger, an den er seine Aussage richtete, verband. Die subjektive Gleichsetzung mit dem Autor hingegen bedeutet ähnliche Kenntnisse des Redners als Menschen, äußere und innere Ereignisse eingeschlossen. Derartige subjektive Kenntnisse (die den Redner als denkendes Individuum betreffen) lassen sich über Einsichten in das Leben des Autors und weitere Aussagen oder Texte gewinnen. Über die Interpretation seiner Schriften kann man ein Wissen über den sprachlichen Bestand des Autors erreichen und die Motive kennenlernen, nach denen er sich richtete, wie auch die Umstände, in denen er wirkte. Der sprachliche Bestand und die Geschichte der Epoche, in der er lebte, sollten dabei als eine Ganzheit betrachtet werden, von der ausgehend seine Schriften, die ein Teil dieser Ganzheit ausmachen, verstanden werden. Aber auch umgekehrt: Denn diese Ganzheit wird erst anhand der sie konstituierenden einzelnen Teile (Texte) verständlich. Gewöhnliche Wörterbuchkenntnisse der Sprache und ihre mechanische Übertragung auf Texte reichen nicht aus für eine richtige Interpretation der Texte. Nur eine direkte Übertragung des Sprachwissens, das auf dem wirklichen Leben der Sprache basiert und während der Auslegung selbst generiert wird, bildet eine zuverlässige Quelle sich der Sprache eines Autors zu nähern. Deshalb betont Schleiermacher die Unvollkommenheit unserer Kenntnisse des Altgriechischen oder Latein. Zwar sind viele Texte erhalten geblieben, aber das wirkliche Leben der Sprache und ihre Selbstverständlichkeit verschwanden. Auch die Kenntnisse der Geschichte, die aus den Lehrbüchern bezogen werden, sind nicht ausreichend, für eine genaue Auslegung der Texte. Denn alle diese Lehrbücher, Vorworte und Umrisse können immer nur eine Hilfestellung darstellen. Während der immanenten Lektüre der einzelnen Texte, die immer nur Teile einer Ganzheit bilden, vollzieht sich ein wirkliches Verstehen immer nur in Bezug auf diese Ganzheit. Ist ein einführender Blick auf diese Ganzheit zu Beginn hilfreich, so kann während der detaillierten Lektüre nur ein wechselseitiger Bezug der Textteile und ihrer Ganzheit zu einer richtigen Interpretation führen.[22]

Die allgemeine Betrachtung des Werkes, seine Einheit und die Hauptzüge der Komposition bilden den Anfang der Interpretation. Das endgültige Ziel der Aus-

---

22 Schleiermacher KGA II/4, 130 f.

legung liegt in der Entwicklung dieses Anfangs derart, dass der vollständige Zusammenhang der Ganzheit des Werkes mit seinen Teilen ebenso wie mit der Ganzheit des Lebens des Autors bzw. Redners aufgezeigt werden kann. Die Realisierung dieses Zieles ist nur als Prozess, permanentes Streben und Annäherung an ein vollständiges Verstehens möglich.[23]

Aufgrund dieser zirkelhaften Verweisstruktur von Ganzem und Teilen muss man sich im Prozess der Interpretation von Anfang an zweier sich ergänzender Methoden bedienen: der Divination und des Vergleiches (Komparation). Die Divination beruht auf der Aufstellung von Hypothesen, der Vergleich, die Komparation auf deren Verifikation. Bei der Divination bildet die vorläufige Erfassung des Zusammenhanges der Ganzheit den ersten Schritt zum Verständnis der Aussage. Ursprünglich ist jeder Aspekt der Aussage – nur für sich betrachtet – unbestimmt. Denn jedes einzelne Wort ist nur im Kontext der größeren Ganzheit verständlich, in der die Bedeutung durch den richtigen Eintritt in den hermeneutischen Zirkel festgelegt wird. Dies gilt für jedes Element der Sprache. Zwar besitzt jedes Wort seine Bedeutung, aber den wirklichen Sinn erhält es erst im Kontext des Satzes, welcher wiederum erst im Rahmen der ganzen Aussage verständlich wird. Die Aussage wird dagegen erst dank der Berücksichtigung ihrer Zusammenhänge mit anderen Texten und schließlich mit der Welt, zu welcher sie gehört, verständlich. Dieses Gebilde des oder der hermeneutischen Zirkel(s) ist offen, und die volle Bestimmung des Unbestimmten ist „eine unendliche Aufgabe"[24].

Für Schleiermacher spielt dabei die Rekonstruktion des situativen und historischen Kontextes zur Zeit der Textentstehung eine fundamentale Rolle. Wir können den ursprünglich gegebenen Sinn eines Textes nicht finden, indem wir uns lediglich auf die heutige Bedeutung der Wörter beziehen; denn abgesehen davon, dass die Bedeutung eines Wortes immer von dem situativen Kontext, in welchem es auftritt, abhängig ist, modifiziert sich der Sinn eines Wortes durch die Zeit, ist ein anderer in seiner Vergangenheit, wird ein anderer in der Vielfalt seiner künftigen Kontexte. In jeder Aussage oder in jedem Sprach- und Textelement ist also ein unendliches Ausmaß an Sinne enthalten, der der Interpretation unterliegt, denn in jeder Aussage ist die Unendlichkeit der Vergangenheit und der Zukunft enthalten. Daraus können wir die Schlussfolgerung ziehen, dass eine Vielfalt an Interpretationen möglich ist, denn sie hängt jeweils vom Wissen des Interpreten, von seiner Beherrschung der Sprache, seiner Erfahrung oder vom geschichtlichen Moment und dem Einfluss der Epoche ab, in der er lebt. Aller-

---

23 Schleiermacher KGA II/4, 156.
24 Schleiermacher KGA II/4,132.

dings bedeutet dies nach Schleiermacher nicht, dass alle Interpretationen zulässig sind. Der Entgegenwirkung völlig beliebigen Interpretationen dient der Abgleich der grammatischen Interpretation mit der oben erwähnten psychologischen Interpretation.

Die Aufgabe der psychologischen Interpretation beruht darauf, die Texte oder Aussagen als Teile des geistigen Lebens des Autors zu interpretieren und sie auf die Ganzheit seines Lebens zu beziehen. Das lebendige Wort, die direkte Anwesenheit des Sprechenden, sein Engagement, in dem sich sein ganzes geistiges Wesen manifestiert, haben dabei mehr Anziehungskraft als ein isolierter Text. Jede bestimmte Gedankenreihe muss als ein sich manifestierendes Moment des Lebens, als eine Tat verstanden werden, das oder die im Zusammenhang mit vielen anderen Momenten und Taten steht.[25] Die Rede oder der Text sind eine Veräußerlichung oder Manifestation des Lebens. Die psychologische Interpretation beruht letztendlich auf einem Sich-Einfühlen oder einem Sich-Hineinversetzen in den Autor. Schleiermacher unterschied im Prozess des Verstehens folgende Stufen: Der erste Schritt wäre die bereits erwähnte Angleichung an den ursprünglichen Leser, dann eine Angleichung an den Autor und sogar das Streben danach, „den Autor besser zu verstehen als er sich selbst verstanden hat"[26]. Diese Formel klingt zwar paradox, aber sie verbirgt in der Tat einen relativ einfachen Inhalt. Der Interpret muss die einzelnen Aussagen oder Texte vor dem Hintergrund des Lebens des Autors als einer Ganzheit erwägen.

Ein wichtiges Element des interpretatorischen Verfahrens ist das Streben, den Stil des Autors zu erfassen. Der Stil bedeutet die Fähigkeit, die einmalige, nur dem Autor eigene typische Kombination der Zeichen und Sprachelemente festzulegen. Eine wichtige Bedeutung hat hier die Reflexion über die Sprache und ihre Gebrauchsweise. M. Frank bezeichnet die Sprache als ein „individuelles Allgemeines", denn die Sprache als ein allgemeines System existiert nur dank ihrer Anwendung durch die einzelnen Benutzer und ändert ihren Sinn mit jedem Akt der Sprache, der eine semantische Innovation einführt. Und gleichzeitig bedeutet jeder neue Gebrauch der Sprache die Möglichkeit, den gekennzeichneten Sachverhalt auf neue Art und Weise zu erblicken. Dieser Umstand ist besonders deutlich im Fall der poetischen Sprache, die z. B. Neologismen und Metaphern in die Sprache einführt, durch welche wir die Dinge anders wahrnehmen und neue Zusammenhänge erblicken. Wenn der Sprachbenutzer mit jedem Sprachakt sinnbildend vorgeht, verleiht er der Sprache Individualität, denn die Wörter

---

25 Vgl. Maciej Potępa, *Dialektyka i hermenutyka w filozofii Friedricha Daniela Schleiermachera* (wie Anm. 4), 151.
26 Schleiermacher KGA II/4, 56: „Von keinem Styl läßt sich ein B*egriff* geben."

werden auf eine für ihn charakteristische Art und Weise miteinander verflochten. Diesen individuellen Stil kann man zwar beschreiben, aber man kann ihn nicht verallgemeinern und es ist unmöglich, Vorhersagen für den künftigen Sprachgebrauch zu treffen.[27]

Im Rahmen der Stiltheorie reflektiert Schleiermacher nun über eine für das Verstehen fundamentale Ahnung als einer Sensibilität für den individuellen Gebrauch der Sprache, die dazu befähigt, kreative Hypothesen aufzustellen, also jenem Sinn nachzugehen, der sich nicht schlussfolgern, aus angegebenen Daten auf eine logische Art und Weise herleiten lässt. Die Ahnung ist eine Form des Sprachgebrauchs, der sich nicht voraussehen, mechanisieren oder algorithmisieren lässt, der darauf beruht, dass man den Sinn der Aussage nur intuitiv erfasst. Ein zentraler Bestandteil der Hermeneutik Schleiermachers ist die bereits erwähnte Figur des hermeneutischen Zirkels. Das Verstehen sowohl im Falle der psychologischen als auch der grammatischen Interpretation verläuft auf eine kreisförmige Art und Weise – von der Ganzheit zum Teil und vom Teil zur Ganzheit. Der so beschrittene Kreis wird immer größer, weil der Begriff der Ganzheit jeweils relativ ist und auf immer größere Zusammenhänge bezogen wird. Zweifellos zieht diese Ausweitung des hermeneutischen Zirkels eine jeweilige Änderung des Teilsinnes nach sich. Auch deshalb ist das Verstehen eine unendliche Aufgabe, auch wenn Schleiermacher daran festhält, dass eine Annäherung an ein vollständiges Verstehen der Rede oder des Textes möglich ist.

Schleiermacher trug im großen Maße zu einer Hermeneutisierung der Philosophie bei und ebnete den Weg für Dilthey, Gadamer, Heidegger oder Ricoeur. Eine wichtige Rolle in diesem Prozess spielten die in meiner Darstellung untersuchten Elemente: der Verzicht auf eine Begründung der Philosophie aus einem monologischen, ahistorischen Transzendentalsubjekt und der Vorschlag, an seiner Stelle das Konzept eines dialogischen „transzendentalen Wir" einzuführen; die Ablehnung eines ahistorischen Konzeptes des Verstehens zugunsten eines historisch und kulturell gestalteten Verstehens; die Betonung der Rolle der Sprache als ein historisch und gesellschaftlich variables Apriori des Denkens, des Handels und des Fühlens; der Hinweis auf den Zusammenhang von Sprache und gesellschaftlichen Prozessen und schließlich die Betonung der grundlegenden Bedeutung des Verstehens nicht nur für das Ziel der Erkenntnis, sondern auch als ethischer Akt.

Obwohl 200 Jahre vergangen sind, sind seine Texte immer noch lebendig und inspirierend. Wenn wir die Werke solcher Philosophen wie Schleiermacher lesen, wird uns bewusst, dass wir auf den Schultern wenn nicht von Riesen, dann von

---

[27] Vgl. Frank, „Tekst i jego styl. Schleiermachera teoria języka" (wie Anm. 8), 126.

Menschen stehen, die nicht dümmer, sondern klüger waren als wir sind. Folgen wir dem Rat eines anderen großen Breslauer Philosophen Hans Georg Gadamer: Allem zuzuhören, was uns etwas sagt und dieses etwas uns selbst zu sagen – darauf beruht die große Herausforderung, vor die jeder Mensch gestellt ist. Darin sich selbst und für sich zu erkennen – das ist die Forderung an jeden einzelnen von uns. Dieses für alle zu tun und das überzeugend zu tun – das ist die Aufgabe der Philosophie.[28]

Übersetzung aus dem Polnischen von Joanna Giel

---

28 Vgl. Hans Georg Gadamer, „Die Aufgabe der Philosophie", in: ders.: *Das Erbe Europas. Beiträge*, Frankfurt a. M.: Suhrkamp, 166–173.

4. **Theologie und Kirchenpolitik**

Bogdan Ferdek
Christologie in der Sicht Schleiermachers

Die Christologie kann als die Vertiefung der Reflexion über die Identität Jesu Christi bezeichnet werden,[1] und dieser Aufgabe hat sich Friedrich Schleiermacher vor allem in seinem zweibändigen Werk *Der christliche Glaube*[2] angenommen.

Die Christologie Schleiermachers wird in zahlreichen Publikationen erörtert, z. B. bei Helmut Thielicke[3] oder Alfons Nossol[4]. Eine umfassendere Darstellung der Christologie Schleiermachers bietet die Publikation von Kevin Hector: *Actualism and Incarnation: The High Christology of Friedrich Schleiermacher.*[5] Die folgende Darstellung – ohne dass sie den Anspruch auf Vollständigkeit erhebt – wendet sich dem von Schleiermacher unternommenen Versuch einer Neuinterpretation des Dogmas von Chalcedon zu und fragt danach, auf welche Weise Schleiermacher das Faktum Jesu Christi neu interpretiert und wie man die infolge dieser Neuinterpretation entstandene Christologie bewerten soll. Der Versuch, die so formulierten Fragen zu beantworten, geht in drei Schritten vor: Einer knappen Darstellung der von Schleiermacher durchgeführten Kritik des Dogmas von Chalcedon (1) folgt die Präsentation der von Schleiermacher neu interpretierten Christologie (2), um abschließend die Kritik protestantischer und katholischer Theologen an Schleiermachers Christologie in den Blick zu nehmen (3).

1 Die Kritik des Dogmas von Chalcedon

Eine Zusammenfassung der Christologie bildet die chalcedonische Formel, nach der „ein und derselbe Christus, Sohn, Herr, Einziggeborener in zwei Naturen: unvermischt, unwandelbar, ungeteilt und ungetrennt erkannt werden soll, wobei der Unterschied der Naturen in keiner Weise aufgrund der Einigung aufgehoben,

---

[1] Vgl. Jerzy Szymik, *Teologia. Rozmowa o Bogu i człowieku*, Lublin: Wydawnictwo KUL 2008, 316.
[2] Vgl. Friedrich Schleiermacher, *Der christliche Glaube nach den Grundsätzen der evangelischen Kirche im Zusammenhange dargestellt Zweite Auflage (1830/31)*, KGA I/13, Berlin /New York: de Gruyter 2003.
[3] Vgl. Helmut Thielicke, *Glauben und Denken in der Neuzeit*, Tübingen: J. C. B. Mohr (Paul Siebeck) 1983, 248–252.
[4] Vgl. Alfons Nossol, *Tajemnica Jezusa Chrystusa w teologii protestanckiej*, in: *Jezus Chrystus. Historia i tajemnica*, red. W. Granat, E. Kopeć, Lublin: Wydawnictwo KUL 1982, 454.
[5] Vgl. Kevin Hector, „Actualism and Incarnation: The High Christology of Friedrich Schleiermacher", in: *International Journal of Systematic Theology* 8, Nr. 3 (2006), 307–322.

sondern vielmehr die Eigentümlichkeit jeder der beiden Naturen gewahrt wird und zu einer Person und einer Hypostase"[6] zusammenkommt. Die chalcedonische Formel verwendet den Begriff *Person*, welcher jedoch eine entscheidende Veränderung erfahren hat. So kam es unter dem Einfluss von Descartes zu einer Verschiebung eines objektiven hin zu einem subjektiven Verständnis der Person. Vor Descartes machte man auf die objektive Seite der Person aufmerksam, in der man eine individuelle, vernünftige, in sich selbst existierende Natur erkannte. Descartes betonte dann jedoch die subjektive Seite der Person, die er als *denkendes Ich*[7] erfasste. Diese Verschiebung im Verständnis des Begriffs der *Person* bildete für Schleiermacher den Anstoß, zu dem Versuch einer Neuinterpretation des Dogmas von Chalcedon. Diese Neuinterpretation erschließt insofern neue Denkhorizonte,[8] als sie das Faktum Jesu Christi gemäß einem neuzeitlichen Verstehen der Person als *denkendes Ich* zum Ausdruck bringt. Dieses *denkende Ich* besitzt Selbstbewusstsein, woraus für Schleiermacher folgt, dass die klassische Definition der Natur nicht auf Gott bezogen werden kann. Denn die *Natur* betrifft das endliche Dasein, sie hängt also mit dem zusammen, was körperlich ist und was einem Leiden unterliegt, und demnach kann man diesen Begriff nicht auf Gott beziehen.[9] Zugleich unterzieht Schleiermacher auch die Vorstellung der *einen göttlichen Person* Christi, wie sie das Konzil von Konstantinopel vom Jahr 553 im Anschluss an das Dogma von Chalcedon und als dessen Interpretation formulierte, einer Kritik. Wäre Christus nur eine göttliche Person, so hätte das Wirken dieser Person gleichzeitig beide Naturen bewegt.[10] Die Annahme, Christus sei die *eine göttliche Person*, hat außerdem ein unpersönliches Auffassen seiner menschlichen Natur zur Folge, was man als eine Art des Doketismus[11] ansehen muss, insofern er nur scheinbare Menschlichkeit Christi annimmt.

2 Schleiermachers Neuinterpretation der Christologie

An die Stelle der kritisierten Begriffe der *einen göttlichen Person* und der *zwei Naturen* fordert Schleiermacher, das Geheimnis Jesu Christi mittels des Begriffs

---

6 *Acta Conciliorum Oecumenicorum* II., 1,2, 129 f.
7 Vgl. Czesław Bartnik, *Teologia i świat osoby*, Lublin: Wydawnictwo KUL 2008, 14–15.
8 Vgl. Leo Scheffczyk, *Grundlagen des Dogmas*, Aachen: Verlag MM 1997, 169.
9 Friedrich Schleiermacher, *Der christliche Glaube*, KGA I/13.2 (Anm. 2), 63 (§ 96).
10 Ebd., 71 (§ 97,1).
11 Ebd., 76 (§ 97,2).

des *Gottesbewusstseins* auszudrücken, der *Gottes Dasein* bedeutet. Christus sei das in der Form des Bewusstseins ausgedrückte Handeln Gottes, und sein Körper sei ein Zeichen für den menschlichen Organismus. Daher kann man sagen, dass Gott in Christus zum Menschen wurde, denn das menschliche Wirken Christi hängt von dessen Gottesbewusstsein ab, das Gottes Dasein in Christus bedeutet. Christus ist also das einzige Wesen, in dem Gott im eigentlichen Sinne existiert, weil das Gottesbewusstsein jeden Moment seines Selbstbewusstseins bestimmt.[12] Christus ist also die Verkörperung Gottes, was für Schleiermacher bedeutet, dass er das Bewusstsein des Dasein Gottes in sich trägt. Dadurch wird das Handeln Gottes zum eigenen Handeln Christi. In diesem Zusammenhang versucht Schleiermacher zu erklären, wie ein vernünftiges Wesen Gottesbewusstsein annehmen kann.

Jeder Mensch als Geschöpf Gottes besitzt gleichzeitig Gottesbewusstsein und sinnliches Selbstbewusstsein. Wegen der grundsätzlichen Sündhaftigkeit des Menschen ist das Bewusstsein Gottes im Menschen jedoch dem sinnlichen Selbstbewusstsein untergeordnet. Der Mensch besitzt also ein Moment in sich, durch welches Gottes Handeln auf ihn gerichtet werden kann. Die Dominanz des sinnlichen Selbstbewusstseins lässt das aber nicht zu. Deshalb ist es bei einem so verfassten Menschen unmöglich, vollständig zum Organ des göttlichen Geistes zu werden. Dies könnte sich nur in einem vollkommenen Menschen vollziehen, das heisst, in dem Menschen, dessen Gottesbewusstsein dem sinnlichen Bewusstsein nicht untergeordnet ist. Solch ein vollkommener Mensch war Christus. In ihm besteht also eine Kongruenz von Gottesbewusstsein und menschlicher Entwicklung. Diese Kongruenz ist weder statisch noch dynamisch, denn die Vereinigung des Göttlichen mit dem Menschlichen ist in jedem Moment neu, weil das Handeln Gottes zum Handeln Christi wird.[13]

Diese Kongruenz vom Handeln Gottes und dem Handeln Christi führt zur Frage nach dem Leiden Christi, besonders auf dem Berge Golgotha. Gottes Handeln ist nach Schleiermacher die Liebe, und sie erklärt das Leiden Christi, auch auf Golgotha, da das Leiden nämlich als ein Akt der Liebe verstanden werden muss. Das Leiden Christi ist also ein Akt der Liebe Gottes, so wie seine Kreuzigung eine Bekundung der Liebe Gottes ist.[14]

Wenn man die Christologie Schleiermachers nun mittels der chalcedonischen Kategorien *Person* und *Natur* ausdrücken will, so wäre Christus als eine menschliche Person aufzufassen, die das Bewusstsein Gottes in sich hat.

---

12 Ebd., 69 (§ 96,3).
13 Ebd.
14 Ebd., 83–84 (§ 97,3).

3 Versuch einer Kritik

Schleiermacher ersetzte den ontologischen Begriff der *Natur* durch den Begriff des *Gottesbewusstseins*. Dass die Originalität Christi in seinem Bewusstsein liegt, erwies sich als ein Schlüssel zum Verstehen der Christologie Schleiermachers. Das Gottesbewusstsein ist entscheidend für Gottes Dasein in Christus.[15] Diese Christologie Schleiermachers stieß auf Kritik seitens der protestantischen Theologen, von denen einige ihm vorwarfen, er sei in seiner Interpretation zu weit gegangen, andere, er sei nicht weit genug gegangen. Zur ersten Gruppe der Kritiker Schleiermachers kann man David Friedrich Strauß (1808–1874) und zur zweiten Karl Barth (1886–1968) zählen.

Strauß warf Schleiermacher vor, er verbinde den Christus des Glaubens mit dem Jesus der Geschichte, anstatt beide entschieden voneinander zu trennen.[16] Karl Barth hingegen, der sein ganzes Leben als einen Kampf gegen Schleiermacher bezeichnete,[17] sah dessen Christologie als ein destruktives Element der Theologie an. Schleiermacher – so Barth – habe die Christologie als einen Kreis mit einem Mittelpunkt anstatt als eine Ellipse mit zwei Zentren erfasst. Schleiermacher – so Barth – habe als Theologe keine Gemeinsamkeiten mit Luther und Calvin.[18]

Kevin Hector verteidigt Schleiermacher und weist darauf hin, dass sowohl die Anhänger als auch die Kritiker Schleiermachers darin einig seien, dass Schleiermachers Christologie „von unten" käme,[19] insofern er eine Vorstellung Gottes anbietet, dessen Wirken auf die Liebe zurückzuführen sei, und Christus als die historische Wiederholung dieses Wirkens versteht. Für Hector ist dies ein guter Ausgangspunkt für die Konstruktion einer nicht auf der griechischen Metaphysik basierenden Christologie.[20] Auch von Seiten der katholischen Theologen wird Schleiermacher rezipiert und kritisiert, so zum Beispiel von Joseph Ratzinger. Für Ratzinger stellt Schleiermacher Christus als einen Menschen mit dem höchsten und reinsten Gottesbewusstsein dar: Jesus sei also kein Gott, er habe aber das

---

15 Helmut Thielicke 1983 (Anm. 3), 207.
16 David Friedrich Strauß, *Der Christus des Glaubens und der Jesus der Geschichte*, Berlin: Franz Duncker 1865, 105–106.
17 Vgl. Jerzy Szymik 2008 (Anm. 1), 197–198.
18 Vgl. Karl Barth, *Die Protestantische Theologie im 19. Jahrhundert: Ihre Geschichte und ihre Vorgeschichte*, Zürich: Theologischer Verlag Zürich 1946, 382f.
19 Kevin Hector 2006 (Anm. 5), 307.
20 Ebd., 322.

höchste Gottesbewusstsein; das Bewusstsein beziehe sich hier nicht auf das Dasein, sondern umgekehrt; die Stelle des Daseins nehme das Bewusstsein ein.[21]

Schleiermacher sah die Vorwürfe der Kritiker seiner Christologie voraus und distanzierte sich deshalb sowohl vom Doketismus als auch vom Ebionitismus. Lag dem Doketismus die Ansicht der nur scheinbaren Menschlichkeit Jesu zugrunde, so wurde im Ebionitismus angenommen, Christus sei ein bloßer Mensch.[22] Beide – sowohl Doketismus als auch Ebionitismus – bilden für Schleiermacher eine Grenze, die die Christologie nicht überschreiten darf.[23]

Der von Schleiermacher unternommene Versuch einer Neuinterpretation der chalcedonischen Formel hat – trotz gewisser Kritik – eine große Bedeutung für die katholische Christologie, denn auch hier ging es um die Einbettung der chalcedonischen Formel in neue Denkhorizonte. Dem Weg, der von Schleiermacher bereitet wurde, folgte dann auch der katholische Theologe Piet Schoonenberg. Das Dogma von Chalcedon, das die eine göttliche Person in zwei Naturen verkündete, versucht es durch die Lehre von der allgewaltigen Anwesenheit Gottes in der menschlichen Person zu ersetzen. Dieser christologischen Konstruktion, die er als „eine Christologie der erlösenden Anwesenheit Gottes im Menschen Jesus Christus"[24] bezeichnete, wurde vorgeworfen, dass sie von der chalcedonischen Formel abweiche. Wenn man aber die Christologie mittels neuer Kategorien ausdrücken will, so ergibt sich zwangsläufig eine Differenz zur bisherigen Christologie, die mit den Kategorien der griechischen Metaphysik formuliert wurde. Mit Recht sagt also Kevin Hector, dass man diejenigen Konstruktionen als den Ausgangspunkt für eine Christologie ansehen kann, die die zur griechischen Metaphysik gehörenden Begriffe programmatisch vermeiden.[25] Diese neuen christologischen Konstruktionen könnten eine ergänzende Hilfe beim Verstehen des Faktums Jesu Christi sein – sozusagen neben dem Dogma von Chalcedon, das das Vorrecht behalten muss.

Die Formulierungsversuche und neuen christologischen Konstruktionen sind notwendig, auch in Hinblick auf den gegenwärtigen Personalismus. Auf seiner Grundlage entstand eine neue Definition der Person, die die vorcartesische Erfassung der Person mit der neuen, von Descartes inspirierten verbindet. In diesem Sinne erläutert der aus Lublin stammende polnische Theologe Czesław Bartnik die neue Definition der Person am Beispiel der Heiligen Dreifaltigkeit: Demnach

---

21 Joseph Ratzinger/Benedykt XVI., *Glaube und Zukunft*, München: Kösel Verlag 1970, 70–73.
22 Vgl. Anton Ziegenaus, *Jesus Christus. Die Fülle des Heils*, Aachen: MM Verlag 2000, 178–181.
23 Friedrich Schleiermacher, KGA I/13.2 (Anm. 2), 70 (§ 96).
24 Vgl. Alfons Nossol, *Problem Jezusa Chrystusa dzisiaj*, in: Granat/Kopeć 1982 (Anm. 4), 49–52.
25 Kevin Hector 2006 (Anm. 5), 322.

ist die Person primär [...] und die Natur als das Prinzip des Seins und Handelns sekundär. Besser wäre es zu sagen: ‚Gott in der Gestalt von Personen' oder ‚Gott in drei Personen' oder ‚der in mehreren Personen bestehende Gott'. In der gängigen Sprache bedeutet irrtümlich ‚Gott' zuerst die Natur oder das Wesen und erst dann die Personen. Die Sache ist umgekehrt: ‚Gott' bedeutet zuerst die Personen des Vaters, des Sohnes und des Heiligen Geistes oder alle drei und erst dann die Natur. Die Personen rechtfertigen nämlich die Einheit Natur-Gott, von der sie sich real nicht unterscheiden. Primär ist die Person; und ihr Wesen, ihre Natur und ihr Sein sind erst sekundär.[26]

Im Lichte dieser Interpretation der Person sollte man den Versuch einer Neuinterpretation der auf der chalcedonischen Formel konstruierten Christologie unternehmen.

In der Christologie Schleiermachers kann man die Anfänge einer Psychologie Christi sehen, die die Frage nach dem persönlichen *Ich* Christi zu beantworten versucht. Heute akzeptiert die katholische Christologie den Standpunkt des französischen Theologen Paul Galtier, nach dem Jesus – obwohl er keine menschliche Person war – ein *Ich* mit einer Menschenseele besaß, verstanden als einen Mittelpunkt, auf den sich alle menschlichen Aktivitäten beziehen.[27] Der Standpunkt von Galtier, obwohl er mit der chalcedonischen Formel übereinstimmt, kann im Lichte des heute angenommenen subjektiven Verstehens der Person als *das denkende Ich* verständlich werden. Im Lichte von dieser Auffassung der Person ist das Reden über das menschliche *Ich* Christi mit dem Reden über seine menschliche Person gleichbedeutend. Schleiermacher versuchte eben, die Christologie unter Rezeption des modernen Personenbegriffs zu konstruieren.

In einer etwas saloppen, dennoch zutreffenden Formulierung nennt Bartnik Schleiermacher einen „Heiratsvermittler" zwischen Hermeneutik und Anthropologie.[28] Für Schleiermacher muss der Mensch im Lichte Christi definiert werden – und nicht umgekehrt.[29] Diese Ansicht Schleiermachers über die Bestimmung des Menschen im Lichte Christi erscheint auch in der gegenwärtigen katholischen Theologie, insofern sie vor allem in Hinsicht auf die Christologie eine Lehre vom Menschen ist. Sie erscheint auch in den gegenwärtigen Definitionen der Theologie, die eine „Rede über Gott und den Menschen (eines jeden von uns), über ihre ontologische und existenzielle Beziehung"[30] ist.

---

26 Czesław Stanisław Bartnik, *Personalizm*, Lublin: Wydawnictwo KUL 1995, 305.
27 Vgl. Tadeusz Łukaszuk, *Ty jesteś Chrystus, Syn Boga żywego*, Kraków: Wydawnictwo Naukowe Papieskiej Akademii Teologicznej 2000, 428–434.
28 Czesław Stanisław Bartnik, *Misterium człowieka* 2004 (Anm. 26), 82.
29 Vgl. Friedrich Schleiermacher, KGA I/13.2, 31 (§ 89).
30 Jerzy Szymik 2008 (Anm. 1), 13.

Das Interesse an der Christologie Schleiermachers hat daher auch eine zentrale ökumenische Bedeutung und reiht sich ein in die Vorbereitungen auf das 500. Reformationsjubiläum, von dem das Dokument *Vom Konflikt zur Gemeinschaft*[31] – verfasst von der internationalen Lutherisch/Römisch-katholischen Kommission für die Einheit – handelt. Die Anregungen Schleiermachers in der katholischen Christologie können einen Konflikt beilegen und zu einer evangelisch-katholischen Gemeinschaft beitragen.

Übersetzung aus dem Polnischen von Joanna Giel

---

[31] Bericht der Lutherisch/Römisch-katholischen Kommission für die Einheit, *Vom Konflikt zur Gemeinschaft. Gemeinsames lutherisch-katholisches Reformationsgedenken im Jahr 2017*, Leipzig/Paderborn: Evangelische Verlagsanstalt – Bonifatius 2013.

Simon Gerber
Steffens, Schleiermacher und das Altluthertum

> „Ich darf es nicht verheimlichen, die Ansicht, wie die Lehre des Christenthums aufgefaßt werden, wie sie sich geschichtlich entwickeln und gestalten muß, die mir die wahre ist, war nicht die seinige. Aber er war ein Christ."[1]

So sprach Henrich Steffens bei der akademischen Gedächtnisfeier am Sonnabend, den 15. Februar 1834 über seinen verewigten Freund Friedrich Schleiermacher.

In ihrer Zeit als junge Hallenser Professoren hatten die beiden Hand in Hand und die Fakultäten übergreifend für ein neues Paradigma der Wissenschaft gewirkt, Schleiermacher als Ethiker und Theologe, Steffens als Naturphilosoph; sie legten ihren Studenten nahe, die Kollegien des jeweils anderen zu besuchen, unternahmen gemeinsame Wanderungen und geognostische Exkursionen, legten in der prekären Zeit nach der Schließung der Universität Halle durch die Franzosen im Herbst 1806 gar ihre Haushalte zusammen.[2] Einige Jahre darauf, in der Gründungsphase der Berliner Universität, bemühte Schleiermacher sich vergebens, Steffens in Berlin einen philosophischen Lehrstuhl zu verschaffen, nicht bloß aus Freundschaft – Steffens sehnte sich aus dem inzwischen westphälischen Halle fort –, sondern auch als Gegengewicht gegenüber der drohenden Dominanz der Fichteschen Philosophie an der neuen Universität.[3] Steffens konnte dann zum Winter 1811 an die neue Universität in Breslau wechseln.

In den Auseinandersetzungen um die preußische Union und die renitenten Lutheraner, die sich in Breslau um den Diakonus und Professor Johann Gottfried Scheibel sammelten, standen die beiden auf verschiedenen Seiten: Schleiermacher sollte im Mai 1831 nach dem Willen des Kronprinzen (des späteren Königs

---
[1] Henrich Steffens, „Rede in der Aula der Friedrich-Wilhelms-Universität", in: *Drei Reden am Tage der Bestattung des weiland Professors der Theologie und Predigers Herrn Dr. Schleiermacher am 15ten Februar 1834*, Berlin: Reimer 1834, 25–36, hier 33.
[2] Vgl. Sarah Schmidt, „Analogia versus Wechselwirkung – Zur ‚Symphilosophie' zwischen Schleiermacher und Steffens", in: *Friedrich Schleiermacher in Halle 1804–1807*, hg.v. Andreas Arndt, Berlin u. Boston: de Gruyter 2013, 91–114, hier 91–95; Simon Gerber, „„... es scheint wirklich Ernst zu werden. Gott sei Dank.' Politik, Krieg und Zeitdeutung in Schleiermachers Hallenser Briefwechsel 2013", in: ebd., 115–130, hier 122–124; ders., „Die Harzreise (1806)", in: ebd., 131–138.
[3] Vgl. Max Lenz, *Geschichte der königlichen Friedrich-Wilhelms-Universität zu Berlin, Bd. 1*, Halle: Waisenhaus 1910, 201f. 392f.

Friedrich Wilhelm IV.) im Auftrag der Regierung nach Schlesien reisen, um die Renitenten zu beschwichtigen und in den unierten Gemeinden der preußischen Landeskirche zu halten, während Steffens für den wachsenden Kreis um Scheibel und in ihrem Namen Eingaben beim König verfasste und um ihre Anerkennung als eigene lutherische Gemeinde bat.

1 Die Union von 1817

Die Union der Lutheraner und Reformierten war schon seit dem 17. Jahrhundert ein Anliegen der Hohenzollern, die als Anhänger einer milden Form des Calvinismus eine Bevölkerung regierten, die zum großen Teil dem Luthertum anhing und zu der neben schlesischen, polnischen und preußischen und dann auch rheinischen Katholiken und der kleinen deutsch-reformierten Gemeinde, der sog. Hofkirche, auch die einflussreiche Minderheit der französisch-reformierten Hugenotten gehörte. König Friedrich Wilhelm III. ließ am 27. September 1817 an die Konsistorien, Synoden und Superintendenten den Aufruf ausgehen, das anstehende Reformationsjubiläum zum Anlass zu nehmen, beide Konfessionen zu vereinigen, nicht als Unterordnung der einen unter die andere, auch nicht aus Indifferentismus, sondern in der Überzeugung, dass in allen ein gemeinsamer evangelisch-christlicher Geist wirke. Dieser Aufruf gilt als das Gründungsdokument der preußischen Union. Die Union in Preußen und anderen deutschen Staaten ist zugleich Teil eines anderen Prozesses: Nachdem der Wiener Kongress auch innerhalb Deutschlands neue Grenzen gezogen und neue Länder konstituiert hatte, begannen die Länder, die auf ihrem Territorium befindlichen evangelischen Gemeinden und Gemeindeverbände, bislang staatlich beaufsichtigt, aber von Behörden aus Geistlichen geleitet, unter mancherlei Rechtsbräuchen und Patronaten stehend und konfessionell und liturgisch verschieden geprägt, zu einheitlichen, staatlich verwalteten Landeskirchen mit gemeinsamen konsistorialen und synodalen Instanzen umzuschaffen.[4]

---

4 Vgl. dazu Erich Foerster, *Die Entstehung der Preußischen Landeskirche unter der Regierung König Friedrich Wilhelms des Dritten*, Bd. 1, Tübingen: Mohr Siebeck 1905; Bd. 2, Tübingen: Mohr Siebeck 1907 (eine immer noch nicht überholte Gesamtdarstellung); Horst Stephan / Hans Leube, *Die Neuzeit*, Handbuch der Kirchengeschichte 4, Tübingen: Mohr Siebeck 1931, 328–335. Auch Schleiermacher hat das so beschrieben, vgl. Friedrich Schleiermacher [1827], Kirchliche Statistik, 62.–63. Stunde, KGA II/16, Berlin / New York: de Gruyter 2005, 420–425; Protestantische Kirche 38; 50, KGA II/16, 140. 144 f. Vgl. Simon Gerber, *Schleiermachers Kirchengeschichte*, Beiträge zur historischen Theologie 177, Tübingen: Mohr Siebeck 2015, 410–415.

Der Wunsch nach einer Union kam aber auch aus der Mitte der Gemeinden selbst. Pietismus und Aufklärung hatten das Sonderbewusstsein der protestantischen Konfessionen geschwächt, für die nach 1800 dominierenden theologischen Richtungen des Rationalismus und Supranaturalismus spielte der konfessionelle Gegensatz keine große Rolle, und praktisch-kirchliche Erfahrungen überkonfessioneller Zusammenarbeit und christlicher Geschwisterlichkeit ließen die Konfessionsschranken vollends fragwürdig erscheinen. Noch bevor der königliche Aufruf zur Union am 9. Oktober publiziert worden war, beschloss die neue, überkonfessionell konstituierte Berliner Kreissynode unter dem Vorsitz Schleiermachers eine gemeinsame Abendmahlsfeier der lutherischen und reformierten Geistlichen am Reformationsjubiläum.[5]

2 Schleiermacher und die Union und Agende

Friedrich Schleiermacher, seit 1796 Prediger an verschiedenen Gemeinden der kleinen deutsch-reformierten Kirche und in Halle reformierter Theologieprofessor an einer lutherischen Fakultät, befürwortete die Union vor allem aus dem Gesichtspunkt der Praxis. Er hatte schon 1799 als Prediger an der Berliner Charité zusammen mit seinem lutherischen Kollegen einen Unionsvorschlag zur besseren Organisation der Krankenseelsorge unterbreitet;[6] die Erfahrungen als Prediger einer zerstreuten reformierten Minderheitsgemeinde in Hinterpommern bestärkten ihn dann in dem Anliegen.[7]

Union heißt für Schleiermacher nicht, dass die verschiedenen Ausprägungen des Protestantismus von oben her vereinheitlicht würden oder dass eine neue Konfession gestiftet würde;[8] den klassischen Unterscheidungslehren seiner

---

5 Vgl. Foerster 1905, 278f. (Anm. 4); KGA I/9, Berlin / New York: de Gruyter 2000, LV–LXII.
6 Brief 686 (2.9.1799) an das Armendirektorium, KGA V/3, Berlin / New York: de Gruyter 1992, 169–175; Brief 735 (27.11.1799) vom Armendirektorium, KGA V/3, 266–269; [Friedrich Schleiermacher,] Zwei unvorgreifliche Gutachten in Sachen des protestantischen Kirchenwesens zunächst in Beziehung auf den Preußischen Staat, Berlin: Realschulbuchhandlung 1804, 72f., KGA I/4, Berlin / New York: de Gruyter 2002, 403f. Vgl. Simon Gerber, „Seelsorge ganz unten – Schleiermacher, der Charité-Prediger", in: *Wissenschaft und Gesellgkeit. Friedrich Schleiermacher in Berlin 1796–1802*, hg.v. Andreas Arndt, Berlin / New York: de Gruyter 2009, 15–41, hier 33–35.
7 [Schleiermacher] 1804, 29–36 (Anm. 6), KGA I/4, 382–386. Zum ersten Gutachten als Konzept einer Union vgl. Martin Stiewe, *Das Unionsverständnis Friedrich Schleiermachers*, Unio et confessio 4, Witten: Luther-Verlag 1969, 17–22.
8 [Schleiermacher] 1804, 2–5. 40–43. 69 (Anm. 6), KGA I/4, 369–371. 388–390. 402; ders. [1808], Vorschlag zu einer neuen Verfaßung der protestantischen Kirche für den preußischen Staat, KGA I/9, 4f.; [ders.,] *Glückwünschungsschreiben an die Hochwürdigen Mitglieder der von Sr. Majestät*

Konfession, der Prädestinationslehre und der calvinistischen Auffassung vom Abendmahl, ist Schleiermacher immer treu geblieben. Union bedeutet vielmehr dass die protestantischen Kirchen die Unterschiede in Bekenntnis und Kultus nicht mehr als Grund zur Kirchentrennung nehmen, sondern im Bewusstsein des gemeinsamen Geistes zu voller (auch sakramentaler) Gemeinschaft zusammenwachsen und dass sie, wenn sie sich auf demselben Territorium befinden, also insbesondere innerhalb desselben Staates, und auch eine gemeinsame Sprache haben, auch ihre Kirchenorganisationen miteinander vereinigen.[9] Einst in der Reformationszeit hatten sich aus den protestantischen Prinzipien heraus – dem allgemeinen Priestertum und der freien Forschung, der Rechtfertigung allein aus dem Glauben, dem geistigen, am Wort orientierten Gottesdienst und der alleinigen Autorität der Schrift – an verschiedenen Orten mehr oder weniger unabhängig voneinander Kirchen gebildet, die noch nicht zu voller Gemeinschaft zusammenwuchsen, teils wegen dogmatischer Unterschiede, teils aufgrund von Unterschieden im Gottesdienst, teils auch aus politischen Gründen.[10] Im Wesen des Protestantismus liegt es aber, dass solche Trennung nicht für immer bleibt:[11] Die Einsicht, dass die Einheit der protestantischen Kirche nicht in einerlei Bekenntnis und Lehrbegriff besteht, Unterschiede und verschiedene Ausprägungen hier

---

dem König von Preußen zur Aufstellung neuer liturgischer Formen ernannten Commission, Berlin: Realschulbuchhandlung 1814, 42–45, KGA I/9, 73–75; ders., *Ueber die für die protestantische Kirche des preußischen Staats einzurichtende Synodalverfassung,* Berlin: Reimer 1817, 8, KGA I/9, 115; ders., *An Herrn Oberhofprediger D. Ammon über seine Prüfung der Harmsischen Säze,* Berlin: Realschulbuchhandlung 1818, 72–77, KGA I/10, Berlin / New York: de Gruyter, 1990, 77–81. Vgl. Martin Ohst, *Schleiermacher und die Bekenntnisschriften,* Beiträge zur historischen Theologie 77, Tübingen: Mohr Siebeck 1989, 175–180.
9 [Schleiermacher] 1804, 5f. (Anm. 6), KGA I/4, 371; ders. [1833/34], Kirchliche Statistik, 40.–41. Stunde, KGA II/16, 501.
10 [Schleiermacher] 1804, 4. 12f. 15f. 40. 71 (Anm. 6), KGA I/4, 370. 375f. 388. 403; ders. 1818, 84–87 (Anm. 8), KGA I/10, 86–88; ders. [1821/22], Kirchengeschichte, 92.–93. Stunde, KGA II/6 (Berlin / New York: de Gruyter, 2006), 629–632; Kollektaneen 874; 884; 886–888; 909; 915, KGA II/6, 365–368. 372–374; ders. [1822], Predigt 62 (31.3.) über Phil 2,1–4, KGA III/7, Berlin / Boston: de Gruyter 2012, 90–92; ders. [1822/23], Christliche Sitte, SW I/12, Berlin: Reimer 1843, 541; ders. [1826/27], Christliche Sitte, SW I/12, 65–67; ders. [1827], Kirchliche Statistik, 53.–54. 62., 63. und 67. Stunde, KGA II/16, 383. 385f. 418. 423. 441f.; ders., *Der christliche Glaube nach den Grundsäzen der evangelischen Kirche im Zusammenhange dargestellt, 2. Aufl., Bd. 1,* Berlin: Reimer 1830, § 24, Zusatz, KGA I/13,1, Berlin / New York: de Gruyter 2003, 168f.; ders. [1831/32], *Theologische Enzyklopädie,* § 160, hg.v. Walter Sachs, Schleiermacher-Archiv 4, Berlin-West / New York: de Gruyter 1987, 153f.; ders. [1833/34] Kirchliche Statistik, 40.–41. Stunde, KGA II/16, 499f.
11 Schleiermacher 1817, 7 (Anm. 8), KGA I/9, 114.

vielmehr durchaus möglich sind, muss sich allmählich durchsetzen;[12] in kultischen Fragen ist der Protestantismus sowieso flexibel und kompromissbereit.[13] Geistige Gemeinschaft und Austausch gibt es auch längst über alle Grenzen, ebenso wechselseitigen Besuch der Gottesdienste.[14]

Schleiermachers Vorstellung von der Union als organisatorischem Zusammenwachsen dessen, was schon immer zusammengehört hat, ohne dass dazu dogmatische oder symbolische Bestimmungen aneinander angeglichen oder sonst angetastet werden müssten, deckte sich bis hierher mit den Zielen des Königs. War Schleiermachers Berliner Dreifaltigkeitskirche bis dato eine lutherisch-reformierte Simultankirche, so vereinigten sich beide Gemeinden am Palmsonntag 1822 zu einer evangelischen Gemeinde. Das Einvernehmen mit dem König endete, als der um diese Zeit seiner Landeskirche auch eine gemeinsame Liturgie verordnete in Gestalt einer Agende, die er anhand älterer Vorbilder wie der liturgischen Schriften Martin Luthers und schwedischer und anglikanischer Rituale selber ausgearbeitet hatte. In vielen Provinzen, besonders Schlesien, erregte die Agende Widerstand; der König reagierte mit allerhöchstem Missfallen. Schleiermacher war einer der Wortführer der Opposition. Er schrieb, noch vor wenigen Jahren sei der Kirche eine Verfassung mit synodaler und gemeindlicher Mitbestimmung versprochen worden; bekommen habe sie bloß die Agende. Der König habe aber gar nicht die Befugnis, der Kirche ihre Liturgie vorzuschreiben, und was da vorgelegt worden sei, entspreche nicht der Entwicklung des protestantischen Gottesdienstes zu immer freieren Formen, bedeute vielmehr einen Rückfall ins vorreformatorische Mittelalter. Als der König seit 1829 Anhänge zur Agende gestattete, die den regionalen liturgischen Traditionen entgegenkamen und größere Freiheit in der Handhabung einräumten, fügten sich Schleiermacher und die meisten anderen dann aber und nahmen die Agende an.[15]

---

12 [Schleiermacher] 1804, 55 f. (Anm. 6), KGA I/4, 396; ders. 1817, 7 (Anm. 8), KGA I/9, 114 f.; ders. 1830, § 25,1 (Anm. 10), KGA I/13,1, 169 f.; ders., „An die Herren D. D. D. von Cölln und D. Schulz", *Theologische Studien und Kritiken* 4 (1831), 3–39, hier 32 f., KGA I/10, 421.
13 [Schleiermacher] 1804, 43–47. 72–75 (Anm. 6), KGA I/4, 390–392. 403–405; ders. [1822], Predigt 62 (Anm. 10), KGA III/7, 92–95; ders., Protestantische Kirche 49, KGA II/16, 144.
14 Schleiermacher 1818, 12–25. 47–62 (Anm. 8), KGA I/10, 29–39. 57–68; ders. [1827], Kirchliche Statistik, 47., 53.–55. und 57. Stunde, KGA II/16, 360. 383–390. 397; ders. [1833/34], Kirchliche Statistik, 40.–41. Stunde, KGA II/16, 500 f.
15 Vgl. Johann Gottfried Scheibel, *Actenmäßige Geschichte der neuesten Unternehmung einer Union zwischen der reformirten und lutherischen Kirche vorzüglich durch gemeinsame Agende in Deutschland und besonders in dem preußischen Staate*, Bd. 1, Leipzig: Fleischer 1834, 126–210; Foerster 1907, 55–210 (Anm. 4); Stephan / Leube 1931, 332 f. (Anm. 4); Martin Kiunke, *Johann Gottfried Scheibel und sein Ringen um die Kirche der lutherischen Reformation*, Diss. Erlangen (ohne Ort und Verlag) 1941, 167–177; Ingetraut Ludolphy, *Henrich Steffens. Sein Verhältnis zu den*

3 Steffens' Verbindung mit Scheibel

Henrich Steffens hat seine Entwicklung zum Lutheraner selbst beschrieben und begründet, in der Streitschrift *Von der falschen Theologie und dem wahren Glauben* von 1823 (hier verteidigte er seinen Pfarrer und Freund Scheibel gegen rationalistische Angriffe), in der Apologie *Wie ich wieder Lutheraner wurde* von 1831 (hier erklärt er seinen Weg in die nun renitente lutherische Gemeinde) und in seinen Erinnerungen „Was ich erlebte".

Entscheidend war danach, dass Steffens in der Zeit nach den Befreiungskriegen und der Breslauer Turnfehde anfing, sich nach einer festeren religiösen Gemeinschaft zu sehnen, als es die geistig-religiöse Freundschaft des Kreises um Schleiermacher gewesen war, nach einer sichtbaren Kirche.

> Ich hatte bis jetzt kein Bedürfniß gefühlt einer Gemeinde anzugehören, und der Begriff einer Kirche war mir völlig fremd. [...] Wer das Glück gehabt hat, mit Schleiermacher in inniger Verbindung zu leben, wer die durchaus edle, innerlich beruhigende und reinigende Gewalt, die er auf jeden ausübte, der sich ihm hingab, kennen lernte, der wird es begreiflich finden, wie der Begriff einer Kirche ganz von der Freundschaft verschlungen wurde. Leider habe ich es später eingesehen, wie dieses Aufgehen der Kirche in subjectiver Zuneigung immer entschiedener ein allgemeines Zeichen der Zeit ward.[16]
>
> Der Uebergang von dem rein Persönlichen, oder von der durch persönliche Zuneigung und Vertrauen vermittelten Religiosität, bis zur rein wirklichen, ist der wahrhaft entscheidende, und erst nachdem man sich einer Kirche ganz hingegeben hat, so daß man nicht in diese hineinlebt durch das reflectirende Erkennen, sondern geistig und schlechthin aus ihr herauslebt, wie die sinnliche Seele aus ihrem Leibe, darf man sich in vollem Sinne ein Christ nennen [...] nur die Kirche vermag uns einen wahren Frieden zu geben. Die bloß subjectiv durch die Persönlichkeit begründete Ueberzeugung enthält in sich keine reine absolute Sicherheit.[17]

Andere suchten zu der Zeit ihren religiösen Halt in einem keiner organisierten Konfession zugehörigen häuslich-familiären Kreis oder im Schoß der alleinseligmachenden Kirche;[18] Steffens fand das, wonach er sich sehnte, in dem Kreis (modern würde man sagen: der Personalgemeinde) um Johann Gottfried Scheibel, Diakonus an der Elisabeth-Gemeinde und außerordentlicher Professor. Innerhalb

---

Lutheranern und sein Anteil an Entstehung und Schicksal der altlutherischen Gemeinde in Breslau, Theologische Arbeiten 17, Berlin-Ost: Evangelische Verlagsanstalt 1962 80–84; KGA I/9, LXXI–CXII; Kurt Nowak, *Schleiermacher*, Göttingen: Vandenhoeck & Ruprecht 2001, 385–389.
16 Henrich Steffens, *Was ich erlebte*, Bd. 10, Breslau: Max 1844, 50 f., vgl. 60–62.
17 Steffens 1844, 62 (Anm. 16), vgl. auch 67 f. 97 f. 105 f.; ders., *Von der falschen Theologie und dem wahren Glauben. Eine Stimme aus der Gemeinde*, Breslau: Max 1823, III f.
18 Steffens 1844, 97–100. 110–112 (Anm. 16).

der sonst rationalistisch geprägten Breslauer Geistlichkeit war Scheibel ein Außenseiter: Er vertrat die Inspiration der ganzen Schrift, sah in allen Zugeständnissen an die Aufklärung bloß Zersetzung des Glaubens, bekämpfte im Geiste lutherischer Rechtgläubigkeit die Union. Zugleich verstand er es, als Prediger und Seelsorger eine treue Anhängerschaft um sich zu sammeln.[19] Selbst Joachim Christian Gaß, Schleiermachers Freund und theologischer Gesprächspartner, Konsistorialrat und Professor in Breslau, schrieb, so verkehrt Scheibel auch in seinen Schriften sei, auf der Kanzel wisse er, was er wolle; bei den übrigen Breslauer Stadtpredigern sei es kaum auszuhalten.[20]

Steffens kannte Scheibel von einigen Gottesdiensten her, lernte ihn dann näher als den Religionslehrer und Konfirmator seiner Tochter Clara kennen. Er schreibt, zu freiem, spekulativem Denken habe Scheibel weder Ausbildung noch Eignung gehabt; gründlich gelehrt sei er zwar gewesen, aber es sei die Gelehrsamkeit einer vergangenen Epoche gewesen, mit der er versucht habe, der modernen Wissenschaft Paroli zu bieten. Mit seinen dogmatisch-systematischen Ausführungen sei er, Steffens, denn auch oft nicht einverstanden gewesen, habe viele der Scheibelschen Schriften gar abstoßend gefunden. Als religiöser Prediger aber sei Scheibel von seiner Sache fest überzeugt und innerlich ergriffen gewesen und habe seine Glaubensgewissheit dann auch einer Gemeinde, die sich aus ganz verschiedenen Ständen und Kirchspielen zusammensetzte, mitteilen können. Fanatisch und verfolgungssüchtig sei Scheibel nie gewesen, er habe nicht seine subjektiven Überzeugungen absolut gesetzt, sondern sei davon ausgegangen, dass die in Schrift und Bekenntnis niedergelegte lutherische Lehre abgeschlossen und unbedingt zuverlässig sei.[21]

Warum fand Steffens gerade in Scheibels scheinbar aus der Zeit gefallenem Luthertum den Halt und die Gemeinschaft, die er suchte? Zum einen zog ihn etwas an, was er die „Naturobjectivität" der lutherischen Lehre nannte[22] und worin er seine eigene Natur- und Kulturphilosophie wiederfinden konnte; damit meinte er offenbar die Vorstellung, dass eine ideale Welt in der sinnlichen Welt wirkt, die natürliche und geschichtliche Entwicklung bestimmt und in ihr reale Gestalt gewinnt. Verliert sich der Katholizismus an die Erscheinung und wird abergläubisch, so ist die lutherische Kirche die Kirche des Ebenmaßes zwischen der realen

---

19 Vgl. Kiunke 1941, 106–112. 153–160 (Anm. 15).
20 Brief (5. 2.1819) von Gaß, Fr. Schleiermacher's Briefwechsel mit J. Chr. Gaß, hg. v. Wilhelm Gaß, Berlin: Reimer 1852, 169.
21 Henrich Steffens, Was ich erlebte, Bd. 8, Breslau: Max 1843, 420–423; ders. 1844, 70–86. 132 f. (Anm. 16).
22 Steffens 1844, 78. 127 (Anm. 16).

Erscheinung und der Idee.²³ So wie die Naturkräfte den Menschen, wie das Wesen des Staates den Bürger durchdringt und formt, so formt das fleischgewordene Wort die Gläubigen und ihre Gemeinschaft und tritt in den Sakramenten in Erscheinung.

> Daher ist der Geist, als erzeugende Persönlichkeit, real gegenwärtig bei der Taufe, der Heiland im Abendmahl – und dieses ist der Geist der augsburgischen Konfession, die Grundansicht, nicht ein Dogma, an Worte gebunden.²⁴

Gerade das Abendmahl ist das Mysterium, in dem Christus das ganze Dasein der Gemeinschaft durchdringt, nicht nur das geistige, sondern auch das leibliche, kreatürliche Leben.²⁵

Zum anderen schreibt Steffens, dass er bei Scheibel die Religion seiner Kindheit wiederfand, die ihn nie ganz verlassen hatte, das von der Aufklärung noch nicht alterierte Luthertum Dänemarks. Die Apologie *Wie ich wieder Lutheraner wurde* hebt an mit einem langen Kapitel aus den Knabenjahren über kindliche Frömmigkeit und Naturanschauung, schon damals ineinander verschlungen, über den Religionsunterricht und eigene Lektüren, über in einer Roskilder Vorstadt gehörte Predigten, das feierliche Abendmahl im Roskilder Dom, ein gemeinsames Lied auf das Osterwunder, die Frömmigkeit der kränklichen Mutter und ihren Tod.²⁶

> Ich konnte, wie in meiner Kindheit, mich wieder ganz hingeben, und, bis ein unglückliches Ereigniß eine Vereinigung störte, die mir so wichtig, so theuer, ja so heilig geworden war, genoß ich die glücklichen Erinnerungen an jene früheren Jahre ungetrübt.²⁷

Ingetraut Ludolphy hat darauf hingewiesen, dass, unbeschadet aller Analogien in der Hinwendung zur Religion, Steffens sich eben darin von den Konvertiten zum Katholizismus abhob: Er wechselte den Glauben eben nicht, sondern ging den Weg zurück.²⁸ Der Führer auf diesem Weg, Scheibel, nimmt in Steffens' Erinnerungen selbst geradezu kindliche Züge von Unverdorbenheit und Arglosigkeit an.²⁹

---

23 Steffens 1823, 183 f. (Anm. 17); ders., *Wie ich wieder Lutheraner wurde und was mir das Luthertum ist. Eine Confession*, Breslau: Max 1831, 132. 158. 163 f. 175 f.
24 Steffens 1831, 164 (Anm. 23).
25 Steffens 1831, 133–138 (Anm. 23).
26 Steffens 1831, 22–84 (Anm. 23).
27 Steffens 1831, 158 (Anm. 23); vgl. ders. 1844, 67. 112 f. 137 f. 168 (Anm. 16).
28 Ludolphy 1962, 54 (Anm. 15).
29 Vgl. besonders Steffens 1844, 80 (Anm. 16).

4 Beginn des Streites, Steffens' erste Streitschrift

Nachdem Scheibel 1821 auf Bitten seiner Zuhörer eine Predigt hatte drucken lassen, die er am Freitag vor Palmarum über die Bedeutung des Abendmahls gehalten hatte, kam es zu einer heftigen Kontroverse zwischen ihm und seinem Jugendfreund, dem rationalistischen Professor und Konsistorialrat David Schulz. Schulz veröffentlichte in den Neuen theologischen Annalen eine gehässige Rezension, ein Schriftenkrieg entspann sich, in dem Scheibel die reine Lehre vom Abendmahl darlegte, Schulz hingegen Scheibel als Wirrkopf hinstellte, der an heiliger Stätte Unfug treibe und wegen seiner Ablehnung der Union für die Kirche untragbar sei. (Eine Provinzialsynode in Breslau stellte im Oktober 1822 mit der einen Gegenstimme Scheibels fest, dass die dogmatischen Unterscheidungslehren sich durch den Rückgang auf die Schrift relativierten, es also eine gemeinsame evangelische Norm als Basis der Kirchenvereinigung gebe.) Steffens empfand Schulz' Angriffe als unfair, Scheibel sei dessen Dialektik gar nicht gewachsen gewesen.[30] Scheibel wurde für seine Äußerungen vom Breslauer Magistrat und Stadtkonsistorium abgemahnt. Steffens fürchtete die drohende Absetzung des Freundes, schrieb eine Verteidigung und wurde nun seinerseits vom schlesischen Konsistorium bei Staatsminister Karl vom Stein zum Altenstein angezeigt, da er vertrauliche Schreiben publiziert habe. Das Staatsministerium entschied aber im Mai 1824, dass Steffens' Verhalten entschuldbar sei, schlug also die Anzeige des schlesischen Konsistoriums nieder.[31]

In den Streit griff Steffens mit seinem Buch *Von der falschen Theologie und dem rechten Glauben* ein. Sie sollte laut dem Untertitel „eine Stimme aus der Gemeinde" sein, also kein wissenschaftlich-spekulatives Werk, sondern eine Darlegung des Gemeindeglaubens. Gaß schrieb Schleiermacher über die Schrift:

> Ich habe sie noch nicht gelesen, denke aber sehr einfältig darüber, daß wer über die falsche Theologie, woran es freilich nicht fehlt, urtheilen will, doch etwas wissen muß von der rechten, und ich kann mich nicht überzeugen, daß Steffens in diesem Falle sei. Es ist aber nun seine Art, daß er den Mund über Alles aufthun muß, was vorkommt.[32]

---

30 Vgl. Scheibel 1834, 70–78. 120 (Anm. 15); Steffens 1844, 79–81 (Anm. 16); Foerster 1907, 43–45 (Anm. 4); Kiunke 1941, 112–132 (Anm. 15); Ludolphy 1962, 108f. (Anm. 15).
31 Steffens 1844, 86–91 (Anm. 16); Ludolphy 1962, 111–121 (Anm. 15).
32 Brief (1.4.1823) von Gaß, Schleiermacher 1852, 198 (Anm. 20).

(Gaß und Steffens kannten einander nicht erst von Breslau her, sondern hatten schon am 17. Oktober 1806 zusammen mit Schleiermacher und anderen die Schlacht bei Halle und die anschließende Stürmung der Stadt durch die Franzosen erlebt.[33])

Wenig später bekam Schleiermacher die Schrift von Steffens zugeschickt. Begleitend schrieb Steffens:

> Lieber Schleiermacher! Ich übersende Dir getrost diese Schrift, obgleich sie Deine theologische Ansicht bestreitet. Ohne Zweifel hast Du schon lange gewußt, daß meine Ansicht des Christenthums von Deiner abwich. [...] Was Du gegen mich thun wirst, billige ich zum Voraus. In wenig Menschen setze ich ein unumschränkteres Zutrauen, und wie Du über mich urtheilen magst, meine Liebe und Achtung gegen Dich bleibt unveränderlich. Dein treuer Steffens.[34]

Steffens sieht bei der strittigen Frage den entscheidenden Differenzpunkt zunächst darin, dass einige die geschichtlichen Umstände und die Überlieferung des Christentums vom Wesen des Christentums selbst unterscheiden, während andere das als frevelhaft verwerfen. Die erste Ansicht ist die rationalistische; sie geht davon aus, dass das Christentum etwas Geistiges ist, seine Ursprünge aber noch in abergläubischen Denkformen verhaftet seien, die inzwischen überwunden seien und von denen man die Sache trennen müsste.[35] Steffens kommt dann aber noch zu einer weiteren Ansicht, der mythologischen, in der man unschwer seinen alten Freund Schleiermacher wiederfindet. Sie sieht in den biblischen Vorstellungen nicht einfach überholten Volksglauben, sondern eine Bilderwelt, die sich der Verstand schafft, weil er an den eigenen Verstandesbegriffen noch keine Genüge hat. In dieser Bilderwelt kann der Geist Natur und Leben schon als ungeteiltes Ganzes anschauen, sich in sie hineinversenken. Das Gefühl, die unmittelbare Gegenwart des ganzen, ungeteilten, sinnlichen und geistigen Daseins, ist die Quelle aller Religion; dessen höchste Stufe wird von Jesus, dem Urbild der Liebe, Gnade und Seligkeit, vermittelt. Das Gefühl erzeugt sich die innere, mythische Welt immer wieder neu und belebt sich anhand ihrer.[36] (Schleiermacher hat später in der zweiten Auflage seiner Glaubenslehre Steffens' Paraphrase seines Gefühls- und Religionsbegriffs zustimmend zitiert.[37])

---

33 Vgl. Gerber 2013, 122f. (Anm. 2).
34 Brief (7.5.1823) von Steffens, *Aus Schleiermacher's Leben. In Briefen*, Bd. 4, hg.v. Ludwig Jonas / Wilhelm Dilthey, Berlin: Reimer 1863, 308.
35 Steffens 1823, 7–18. 25–33 (Anm. 17).
36 Steffens 1823, 33–73. 99f. (Anm. 17)
37 Schleiermacher 1830, § 3,2 (Anm. 10), KGA I/13,1, 23f. – Notger Slenczka, „‚Von der falschen Theologie und dem wahren Glauben'. Religionsphilosophie und Zeitdiagnose bei Henrich Stef-

Steffens setzt dieser falschen Theologie vor allem ein Argument entgegen: Christlicher Glaube und christliche Kirche bedürfen eines nicht nur aus sich selbst heraus erzeugten oder in sich gefühlten Grundes, sondern eines realen Ursprungs und eines Gegenstandes und Gegenübers außerhalb der menschlichen Subjektivität. Die Mythen, die das Gefühl immer wieder neu beleben sollen, verlören, wenn sie nur in sich selbst beruhten, irgendwann ihre Wirksamkeit; als Symbol der Wahrheit wären sie eben doch nicht die Wahrheit. Und ebenso wie es in der Natur keine stetige Entwicklung der toten Materie hin zum Leben gibt, so wie sich menschliches Bewusstsein und menschlicher Geist nicht aus dem tierischen Bewusstsein ableiten lässt, ebensowenig das Christentum aus der vorchristlichen Menschheit. Sein Ursprung muss eine kreative Neusetzung und fortdauernde Belebung von außen sein, als Offenbarung, als Wunder, als Erleuchtung.[38] Steffens will das Christentum aus den Gesetzmäßigkeiten der natürlichen und geschichtlichen Entwicklung begreiflich machen: Überall sieht er das Göttliche sein schöpferisches Werk vollziehen, überall transzendiert das Göttliche die Entwicklungsmöglichkeiten von Natur und Intelligenz und schafft Neues. Schließlich widerspricht Steffens auch Schleiermachers Ansicht, im mystischen Gefühl der Abhängigkeit und des Einsseins mit dem ungeteilten Ganzen sei schon die ungetrübte Seligkeit gesetzt; im Gefühl des Ganzen sei vielmehr zugleich immer auch ein Mitleiden mit dem Vergehenden, Leidenden, Zerstörten gegeben und ein Leiden an der eigenen noch unerlösten Destruktivität und Sündhaftigkeit.[39]

Bei alledem bleibt aber eben auch die große Gemeinsamkeit zwischen Steffens und Schleiermacher: Für beide lässt sich das Christentum nicht aus der stetigen Entwicklung der Menschheit erklären oder ableiten, es verdankt sich der Erscheinung einer schöpferischen neuen Idee in der Menschheit, die als Geist eine Kirche stiftet und in ihr wohnt;[40] in der Beurteilung der Union sollte sie dann die

---

fens im freundschaftlichen Widerspruch gegen Schleiermacher", in: *Universität – Theologie – Kirche. Deutungsangebote zum Verhältnis von Kultur und Religion im Gespräch mit Schleiermacher*, hg.v. Wilhelm Gräb / Notger Slenczka, Arbeiten zur Systematischen Theologie 4, Leipzig: EVA 2011, 203–223, hier 207, fragt sich, ob Schleiermacher vielleicht gar nicht gemerkt hat, dass Steffens die Auffassung Schleiermachers nicht teilte; das scheint mir aber angesichts von Steffens' Brief an Schleiermacher (vgl. oben) und von Schleiermachers Brief an Gaß (vgl. unten) schlechthin ausgeschlossen.
38 Steffens 1823, 18–24. 73–97. 120–131. 157–160 (Anm. 17); vgl. ders. 1831, 85–96. 115–125 (Anm. 23); ders. 1844, 115–124 (Anm. 16).
39 Steffens 1823, 97–114 (Anm. 17). Vgl. über den Zusammenhang zwischen Steffens' Natur- und Kulturphilosophie und Christentumsdeutung auch Slenczka 2011, 210–223 (Anm. 37).
40 Z.B. [Schleiermacher,] *Über die Religion*, Berlin: Unger 1799, 99f. 242–244. 282, KGA I/2, Berlin-West / New York: de Gruyter 1984, 232f. 296f. 313; ders., *Der christliche Glaube nach den Grundsäzen der evangelischen Kirche im Zusammenhange dargestellt*, Bd. 1, Berlin: Reimer 1821,

Frage trennen, ob Luthertum und Reformiertentum letztlich zwei Erscheinungsformen derselben Idee sind, so der reformierte Unionist Schleiermacher (vgl. oben Abschnitt 2), oder ob es sich um zwei zu unterscheidende Individualitäten handelt, so Steffens (vgl. unten Abschnitt 6). An Gaß schrieb Schleiermacher übrigens am Ende des Jahres, er habe Steffens' „falsche Theologie und wahren Glauben" erst im Herbst während seiner Reise nach Sachsen und Böhmen gelesen und Steffens daheim (wohl brieflich) freundlich und ehrlich seine Meinung dazu gesagt;[41] was er gesagt bzw. geschrieben hat, ist aber nicht erhalten.

5 Die Separation

Wie Schleiermacher widersetzte sich Scheibel der königlichen Agende und machte sich dadurch missliebig. Beide lehnten die staatliche Regierung der Kirche ab. Während aber für Schleiermacher die Agende zu sehr katholisierte (vgl. oben Abschnitt 2), war sie für Scheibel eine unnötige Verschlimmbesserung der Wittenberger Agende ab, die insbesondere das lutherische Verständnis des Abendmahls verwässerte.[42]

Das Jubiläum der *Confessio Augustana* am 25. Juni 1830 sollte nach dem Willen des Königs und des Ministers Altenstein das Werk der Union weiter voranbringen, wobei die königliche Agende das Bindeglied sein sollte.[43] Schleiermacher kam in seiner berühmten Predigtreihe zum Jubiläum nur kurz auf die Union zu sprechen: Die Spaltung sei ja nun aufgehoben, freilich habe der jetzige Zustand der Sache noch Fehler, die würden aber verschwinden, wenn die Evangelischen nur treu an Christus festhielten.[44] Der Breslauer Superintendent Samuel Gottlob Tscheggey ließ zwei Wochen vorher ein Schreiben ausgehen, am Jubiläum

---

§ 20,2, KGA I/7,1, Berlin-West / New York: de Gruyter 1980, 79–81; ders. [1821/22], Kirchengeschichte, 2. Stunde, KGA II/6, 22. 473f.; ders., *Der christliche Glaube nach den Grundsäzen der evangelischen Kirche im Zusammenhange dargestellt, 2. Aufl., Bd. 2,* Berlin: Reimer 1831, § 116,1.3; 122, KGA I/13,2, Berlin / New York: de Gruyter 2003, 241–244. 283–287; Steffens 1831, 132f. (Anm. 23); ders. 1844, 123f. (Anm. 16).

41 Brief (20.12.1823) an Gaß, Schleiermacher 1863, 318 (Anm. 34).
42 Vgl. Scheibel 1834, 87–117 (Anm. 15); Kiunke 1941, 177–191 (Anm. 15).
43 Johann Gottfried Scheibel, *Actenmäßige Geschichte der neuesten Unternehmung einer Union zwischen der reformirten und lutherischen Kirche vorzüglich durch gemeinsame Agende in Deutschland und besonders in dem preußischen Staate, Bd. 2,* Leipzig: Fleischer 1834, 35. 260–265; Foerster 1907, 238. 240. 478–484 (Anm. 4); Ludolphy 1962, 80–82 (Anm. 15).
44 Friedrich Schleiermacher [1830], Predigt 152 (25.6.) über 1 Petr 3,15, Friedrich Schleiermacher, *Predigten in Bezug auf die Feier der Uebergabe der Augsburgischen Confession,* Predigten 6, Berlin: Reimer 1831, 34, KGA III/2, Berlin / Boston: de Gruyter 2015, 302.

die Vereinigung beider Konfessionen zur evangelischen Kirche als ein Werk brüderlicher Liebe zu vollziehen. Scheibel verweigerte mit zwei anderen Geistlichen die Unterschrift und übergab dem König eine Bittschrift, der lutherischen Gemeinde für den Gottesdienst nach der Wittenberger Agende Toleranz zu gewähren, wie sie die Herrnhuter, Mennoniten und Juden für ihren stillen Gottesdienst genössen. Der schlesische Generalsuperintendent Johann Gottfried Bobertag beschied Scheibel, die Agende müsse auf jeden Fall angenommen werden; zum Beitritt zur Union werde niemand gezwungen, aber die Beibehaltung der alten Wittenberger Agende wäre eine Sektenstiftung. Auf Antrag des schlesischen Oberpräsidenten Friedrich Theodor von Merkel wurde Scheibel vorsorglich für die Tage des Jubiläums vom Dienst suspendiert, zunächst auf vierzehn Tage, dann auf unbestimmte Zeit; aber einen Tag, bevor die Union in Breslau tatsächlich mit einer gemeinsamen Abendmahlsfeier vollzogen wurde, am 24. Juni, begann sich der Kreis um Scheibel wieder zu sammeln, zuerst in Scheibels Wohnung; er registrierte seine Mitglieder – es waren zunächst etwa 200 Familien – und schickte Eingaben an den König mit der Bitte um Anerkennung als eigenständige Personalgemeinde, die einfach mit den alten Bekenntnissen und der alten Gottesdienstform fortbestehen darf. Damit begann die sog. Separation der Altlutheraner.[45]

Erich Foerster, der vor einem guten Jahrhundert die bis heute maßgebliche Darstellung verfasste, wie die unierte preußische Landeskirche entstand, meinte, der Widerstand der schlesischen Lutheraner gegen Union und Agende erkläre sich nicht so sehr aus Konfessionalismus, sei vielmehr das geradezu zwangsläufige des Zusammenstoßes einer Staatsbehörde, die die Kirchenregierung beanspruchte, mit einem kirchlichen Leben wie dem in Schlesien, dem ein landesherrliches Regiment bis dahin nahezu unbekannt war und in dem das pietistische Konventikelwesen große Bedeutung hatte.[46] Im Verlaufe des Streits offenbarte das sonst für seine religiöse Toleranz bekannte Preußen seine hässliche Seite als obrigkeitlicher Zwangsstaat, der keinen Protestantismus neben seiner Landeskirche zulassen konnte und der mit Polizei- und Militärgewalt Versammlungen sprengen und Kirchen aufbrechen ließ.[47]

---

45 Vgl. Scheibel 1834, 211–233 (Anm. 15); ders. 1834, 36–45. 51–66. 77–82 (Anm. 43); Steffens 1844, 133–140 (Anm. 16); Kiunke 1941, 278–288. 297–307 (Anm. 15); Ludolphy 1962, 84–86 (Anm. 15); Wichmann von Meding, „Schleiermacher und die Schlesische Separation. Unbekannte Dokumente in ihrem Zusammenhang", *Kerygma und Dogma 39* (1993), 166–201, hier 170–174.
46 Foerster 1907, 251–260. 280 f. Anm. 4).
47 Vgl. Steffens 1831, 13 f. (Anm. 23); Scheibel 1834, 254–285 (Anm. 15); Steffens 1844, 170–175. 219–230 (Anm. 16); Foerster 1907, 260–303. 505–527 (Anm. 4); Martin Ohst, „Die Preußische Union und ihre politische Bedeutung", in: *Christentum – Staat – Kultur. Akten des Kongresses der*

Steffens, damals Rektor der Universität, gehörte zusammen mit dem Juristen Philipp Eduard Huschke zu den Prominenten und Wortführern der Gemeinde. Zwei der vier Eingaben, die zwischen Juni und November 1830 an den König abgingen, hat er verfasst. Er bat um Aufhebung der Suspension Scheibels, schilderte die Not der kirchlich nicht versorgten Gemeinde und die Unmöglichkeit, am unierten Gottesdienst teilzunehmen, wobei sie den Unierten selbst die brüderliche Liebe nicht versagen wollten, berief sich auf die gesetzlich verbriefte Glaubens- und Gewissensfreiheit, beschwor die im Essen und Trinken am rechten Tisch des Herrn vollzogene Gemeinschaft des unverweslichen Leibes Christi.[48]

In seinen Erinnerungen beschreibt es Steffens indessen so, dass er sich einerseits Scheibel und der Gemeinde herzlich verbunden und zur Loyalität verpflichtet gefühlt habe, mit vielem aber je länger desto mehr gefremdet habe. Lutheraner zu sein, bedeute für ihn eben nicht, am Buchstaben des 16. Jahrhunderts knechtisch festzuhalten, sondern – entsprechend dem Gesetz aller natürlichen und geschichtlichen Entwicklung – als Gemeinschaft im Geist der *Confessio Augustana* fortzuschreiten. Das Recht und die historische Bedeutung der Renitenz sieht er vor allem im Widerstand gegen das Behördenkirchentum: Man muss Gott mehr gehorchen als den Menschen (Apg 5,29).[49] Der unierten Kirche will er sich zwar nicht anschließen, aber er polemisiert auch in keiner seiner Schriften gegen die Union, ebenso wenig gegen die Reformierten (ganz im Gegensatz zu Scheibels Idiosynkrasie gegen die reformierte Lehre[50]). Als Ehe zweier Partner, die verschieden sind und das auch bleiben, wäre die Union sogar gut gewesen; das sei wohl auch die eigentliche Idee des Königs gewesen, die die Behörden dann zu einer Einheitskirche verdorben hätten.[51] (In der Schrift von 1823 stellt Steffens die Union geradezu als Mittel gegen den Indifferentismus dar: Durch sie wird das erloschene Bewusstsein für die geschichtlich gewachsene Individualität beider Konfessionen wieder neu geweckt samt der Einsicht, dass eine wahre Gemeinde in keine den Glauben nivellierende Union eintreten könne.[52]) Schließlich kann Steffens auch Scheibels Widerstand gegen die Agende nicht mehr recht begreifen: Hätte man die Agende angenommen, die ja gar nicht

---

Internationalen Schleiermacher-Gesellschaft in Berlin, März 2006, hg.v. Andreas Arndt / Ulrich Barth / Wilhelm Gräb, Schleiermacher-Archiv 22, Berlin / New York: de Gruyter 2008, 165–180, hier 175.
48 Scheibel 1834, 78–87. 126–131 (Anm. 43); Steffens 1844, 142–144. 148–150. 175f. 183–196 (Anm. 16); Ludolphy 1962, 122–126 (Anm. 15).
49 Steffens 1844, 132f. 141–143. 158f. 168f. 175–177. 190f. 206–209 (Anm. 16).
50 Vgl. Kiunke 1941, 231–237 (Anm. 15).
51 Steffens 1844, 106–112. 127–131. 166f. 177–183 (Anm. 16).
52 Steffens 1823, 178f. 237–246 (Anm. 17); vgl. Steffens 1831, 1–11 (Anm. 23).

so schlecht gewesen sei, sondern ziemlich nah an Luther, dann hätte man mit umso größerem Nachdruck und unter Berufung auf den westfälischen Frieden die Beibehaltung des alten Bekenntnisstandes einfordern können.[53]

Galten die Anhänger Scheibels schon lange als beschränkte Sonderlinge und Frömmler, so empfand Steffens seine Stellung in Breslau als immer prekärer. Er reichte ein Gesuch um Versetzung aus Breslau ein. Nach einem Gespräch mit dem Kronprinzen zu Pfingsten 1831 konnte er nach Berlin wechseln; auch Altenstein förderte seine Entfernung aus Breslau.[54] Seine guten Verbindungen zum Kronprinzen nutzte er weiterhin zugunsten der schlesischen Lutheraner.

6 Schleiermachers schlesische Mission

Schleiermacher berichtete im Februar 1831 in einem Brief an Gaß in Breslau, auf dem Berliner Schloss von Steffens' Abschiedsgesuch gehört zu haben.[55] Wenige Tage vorher hatte der Hofbischof Rulemann Eylert Schleiermacher unterrichtet, der Kronprinz wünsche ihn, Schleiermacher, an die Stelle des jüngst verstorbenen schlesischen Generalsuperintendenten Bobertag; dann könne Schleiermacher auch dem „Unwesen der Scheibelianer und Steffensianer zu Breslau", wie Eylert es nannte, ein Ende machen. Eylert riet Schleiermacher freilich davon ab, die Sache zu übernehmen.[56] Schleiermacher antwortete dem Bischof, schlesischer Generalsuperintendent wolle er wirklich nicht werden, wolle sich aber durchaus um die Beilegung des Breslauer Streites bemühen.[57]

Das Problem einer kirchlichen Separation und des Umgangs mit ihr hatte Schleiermacher schon 1826 in einer Vorlesung zur Praktischen Theologie erörtert: Eine Neigung, sich von der bestehenden, verfassten Gemeinde abzusondern, entsteht dann, wenn deren Gottesdienst einen Teil der Gläubigen religiös nicht mehr befriedigt (symbolische und dogmatische Differenzen dagegen führen nicht dazu, weil sie für Schleiermacher nur die Theologen angehen, nicht die Gemeinde selbst). Das Kirchenregiment muss sich dann darüber klar werden, ob das, was im

---

53 Steffens 1844, 144–153. 159–166. 169 f. 203–206 (Anm. 16).
54 Vgl. Steffens 1831, 15–19. 142–151 (Anm. 23); Steffens 1844, 68 f. 85 f. 196 f. 209–219. 227–235 (Anm. 16); Ludolphy 1962, 102–107 (Anm. 15).
55 Brief (8. 2. 1831) an Joachim Christian Gaß, Johannes Bauer, „Briefe Schleiermachers an Wilhelmine und Joachim Christian Gaß", *Zeitschrift für Kirchengeschichte 47* (1928), 250–278, hier 274.
56 Brief (29. 1. 1831) von Rulemann Eylert, Schleiermacher 1863, 488 f. (Anm. 34). Vgl. zum ganzen Vorgang Meding 1993, 172–182 (Anm. 45).
57 Brief (30. 1. 1831) an Eylert, Schleiermacher 1863, 489–491 (Anm. 34).

Begriff ist, sich abzusondern, genug innere Kraft hat, um eine dauerhafte eigene Kirchengemeinschaft zu bilden; hat es die und verhält es sich ansonsten loyal zu Staat und Gesellschaft, so soll man es ziehen lassen. Hat es die nicht, dann muss das Kirchenregiment versuchen, die Abweichler zur Rückkehr in die Gemeinschaft zu bewegen, einerseits, indem es korrigierend auf ihre Überzeugungen einwirkt, andererseits, indem es den Gottesdienst so versucht zu gestalten, dass auch die Abweichler darin wieder ihre religiöse Befriedigung finden.[58]

An Gaß schrieb Schleiermacher nun, er ahne, dass man ihn in der schlesischen Sache gebrauchen wolle, und er wüsste von Gaß gern mehr Einzelheiten.[59] Gaß antwortete darauf nicht mehr, er verstarb am 19. Februar. Drei Tage vorher hatte er aber noch einen Bericht an Altenstein geschrieben und davon abgeraten, Scheibel wieder Kanzel und Altar zu öffnen: Scheibel sei ein unbelehrbarer Separatist, berufe sich auf die gesetzliche Anerkennung der lutherischen Kirche in Schlesien, die es aber nie gegeben habe, indem die Kirche stets bloß als evangelisch, protestantisch oder augsburgisch konfessionsverwandt anerkannt gewesen oder unter den Habsburgern gar verfolgt gewesen sei, und wettere wider die Union, bei der es sich in Breslau aber um gar keine Vereinheitlichung des Bekenntnisses, sondern nur um einen gemeinsam vollzogenen Abendmahlsritus handele.[60]

Im März 1831 legte Schleiermacher dem Bischof Gottlieb Neander, der inzwischen mit der Breslauer Angelegenheit betraut war, seinen Vier-Punkte-Plan vor: Die Konstituierung als eigene Gemeinde dürfe den dissentierenden Lutheranern auf keinen Fall gewährt werden. Da die ganze Spaltung nur auf einer missverstandenen Anhänglichkeit an den alten Buchstaben beruhe, so solle man den ängstlichen Gewissen zweitens gestatten, dass an bestimmten Tagen die Sakramente noch nach dem alten Ritus gehalten würden. Diese Erlaubnis solle man, drittens, wo nötig auch anderswo in Schlesien geben. Viertens solle man Scheibel und den anderen Predigern gestatten, wieder in ihr Amt zu treten, wenn sie sich zum Gebrauch der königlichen Agende bequemten oder die Amtshandlungen durch andere nach der Agende verrichten ließen.[61] Später erläuterte Schleiermacher dem Bischof noch, worauf es ihm ankam: Man müsse den Abweichlern so lange entgegenkommen, bis diese selbst einsähen, dass sie ohne Schaden für ihre Gewissen oder Untreue gegen ihr altes Bekenntnis Teil der

---

58 Friedrich Schleiermacher [1826], Praktische Theologie, Nachschrift Bindemann (Berlin-Brandenburgische Akademie der Wissenschaften, Archiv, Schleiermacher-Nachlass 555), fol. 169. 169v.
59 Brief (8. 2.1831) an Gaß, Bauer 1928, 274 (Anm. 55).
60 Kiunke 1941, 337–341 (Anm. 15).
61 Brief (März 1831) an Gottlieb Neander, Meding 1993, 182–184 (Anm. 45).

unierten Kirche mit neuer Agende sein könnten, und sich der Eifer so allmählich abkühle.⁶² – Schleiermacher bleibt also dabei: Die Absonderung fußt auf keiner von der unierten evangelischen Landeskirche verschiedenen religiösen Identität, kann also auch keine eigene Kirche neben der Kirche bilden, sondern besteht nur in dem allerdings verzeihlichen Fehler einer allzu großen, unevangelischen Skrupelhaftigkeit gegenüber dem Buchstaben; reizt man sie nicht durch Härte, erlischt sie über kurz oder lang von selbst.

Schleiermacher ging dann doch nicht im Regierungs- und Kirchenauftrag nach Schlesien, sondern eröffnete noch im April die Vorlesungen des Sommersemesters. Scheibel weilte im April in eigener Sache in Berlin, ohne dass es zu einer Begegnung zwischen ihm und Schleiermacher gekommen wäre.⁶³ Knapp drei Jahre später, kurz vor seinem Tode, kam Schleiermacher in der Vorlesung zur Kirchlichen Statistik noch einmal auf das Problem der Union zu sprechen: Ist die unierte Kirche eine eigene Kirche? Das wäre gegen ihre Absicht, sagt Schleiermacher, denn sie will ja nichts anderes sein als die Gemeinschaft der bestehenden evangelischen Kirchen. Da aber die Union (noch) nicht in allen evangelischen Kirchen besteht, ist sie eben doch etwas Eigenes, und so besteht de facto doch eine Triplizität von Unierten, Reformierten und Lutheranern. Im eigentlichen Preußen (ohne die rheinischen Provinzen), wo es wenig Reformierte gibt, wissen die Lutheraner oft nicht, was eine Union überhaupt soll; sie erscheint ihnen als grundloser Zwang zur Veränderung, und aller Zwang in religiösen Dingen wird zurückgestoßen. Und doch bleibt Schleiermacher dabei: Wenn man der Gewalt der Dinge und Verhältnisse seinen Lauf lässt, dann wird es auf die Länge doch noch zur vollen, ungetrübten Vereinigung kommen.⁶⁴

Überblick der im Artikel genannten kirchenpolitisch bedeutsamen Personen

Altenstein, Karl vom Stein zum (1770–1840), Jurist, 1817–1838 preußischer Kultusminister (Ministerium der geistlichen, Unterrichts- und Medizinalangelegenheiten)

Bobertag, Johann Gottfried (1770–1830), lutherischer Theologe, 1829/30 Generalsuperintendent von Schlesien

---

62 Brief (8.4.1831) an Neander, Meding 1993, 187–189 (Anm. 45).
63 Meding 1993, 181f. (Anm. 45).
64 Schleiermacher [1833/34], Kirchliche Statistik, 40.–41. und 50. Stunde, KGA II/16, 501f. 508f.

Eylert, Rulemann (1770–1852), reformierter Theologe, seit 1806 Hofprediger in Potsdam, 1818–34 zugleich Bischof

Friedrich Wilhelm III. von Preußen (1770–1840), seit 1797 König von Preußen

Friedrich Wilhelm von Preußen (1795–1861), Kronprinz, seit 1840 als Friedrich Wilhelm IV. König von Preußen

Gaß, Joachim Christian (1766–1831), lutherischer Theologe, Freund Schleiermachers, seit 1810 Konsistorialrat und seit 1811 Professor in Breslau

Huschke, Philipp Eduard (1801–1886), Jurist, seit 1827 Professor in Breslau

Merkel, Friedrich Theodor von (1775–1846), Jurist, 1816–1820 und 1825–1845 Oberpräsident der Provinz Schlesien

Neander, Gottlieb (Amadeus) (1775–1869), lutherischer Theologe, 1823–65 Oberkonsistorialrat und Propst in Berlin, Berater des Königs im Agendenstreit, mit Schleiermacher Mitglied der Gesangbuchkommission, 1830–53 auch Generalsuperintendent von Brandenburg und Bischof

Scheibel, Johann Gottfried (1783–1843), lutherischer Theologe, 1811 Pfarrer und Professor in Breslau, 1830 suspendiert

Schleiermacher, Friedrich (1768–1834), reformierter Theologe, Philosoph, 1804–06 Professor in Halle, seit 1809 Pfarrer und seit 1810 Professor in Berlin

Schulz, David (1779–1854), Jugendfreund Scheibels, evangelischer Theologe, seit 1811 Professor und seit 1819 Konsistorialrat in Breslau, 1845 wegen Unterstützung der „Lichtfreunde" aus dem Konsistorium entlassen

Steffens, Henrich (1773–1845), Philosoph und Naturwissenschaftler, 1804–11 Professor in Halle, 1811–32 in Breslau, seit 1832 in Berlin

Tscheggey, Samuel Gottlob (1770–1830), lutherischer Theologe, seit 1822 Superintendent von Breslau

Gunter Scholtz
Religion und Säkularisierung bei Schleiermacher und Steffens

1 Zur Begriffsklärung

Die beiden Freunde aus zwei verschiedenen Fakultäten, der Theologe Friedrich Schleiermacher und der Naturwissenschaftler Henrik Steffens, waren beide auch Philosophen, und beide bemühten sich, Religion und Wissenschaft als vereinbar zu denken und damit die Stellung der Religion in der modernen Gesellschaft zu festigen. Denn durch die Religionskriege und die Aufklärung hatte die Religion an Selbstverständlichkeit in der Kultur eingebüßt, und diese war schon zu einer weitgehend säkularen Kultur geworden. Schleiermachers erstes und berühmtestes Buch setzt 1799 schon mit seinem Titel voraus, dass es jetzt sogar „Verächter" der Religion gab, gerade unter den Gebildeten.[1]

Der Begriff der Säkularisierung wird in sehr verschiedener Weise benutzt.[2] Dient er zur Interpretation historischer Veränderungen in Kultur und Gesellschaft, ist es nützlich, zwei Bedeutungen zu unterscheiden: (1) Ausgehend von der Säkularisierung als Übergang von Besitztümern der Kirche in die Verfügung des Staates, konnte und kann man den Begriff zur Deutung des kulturgeschichtlichen Wandels einsetzen, durch welchen bestimmte Begriffe, Vorstellungen und Verhaltensweisen, die in Religion und Kirche beheimatet waren, ihren religiösen Charakter ganz oder überwiegend abstreiften. (2) Sodann wird mit dem Begriff aber auch schlicht der Veränderungsprozess in der Gesellschaft beschrieben, durch welchen Religion und Kirche ihre große soziale Macht verlieren und auf ein gesellschaftliches Teilsystem eingegrenzt werden. Mit jener ersten Bedeutung meint man einen Verwandlungs- oder Transformationsprozess der religiösen Tradition, mit der zweiten einen Vorgang der Reduktion ihrer gesellschaftlichen Bedeutung im Kontext gesellschaftlicher Differenzierung: Die Religion dient immer weniger als Instrument sozialer Kontrolle.

In beiden Fällen lässt sich der Begriff sowohl kritisch als auch affirmativ verwenden. Man kann wie Franz Overbeck beklagen, dass das gesamte Chris-

---

[1] [Anonym], *Über die Religion. Reden an die Gebildeten unter ihren Verächtern*, Berlin: Unger, 1799, KGA I/2, Berlin / New York: de Gruyter 1984, 187–326.
[2] G. Marramao, „Säkularisierung", in: *Historisches Wörterbuch der Philosophie, Bd. 8*, Basel: Schwabe 1992, 1133–1161. Ulrich Barth, „Säkularisierung (systematisch-theologisch)", in: *Theologische Realenzyklopädie, Bd. 29*, Berlin / New York: de Gruyter 1998, 603–634.

tentum sich fortschreitend säkularisiert und von seinem Ursprung durch Verweltlichung weit entfernt hat. Aber man kann auch in den Spuren Hegels begrüßen und fordern, dass der Gehalt des religiösen Glaubens sich auch in politische und soziale Verhältnisse umsetzte, dass er in die Welt eintrat, weltlich wurde und sich fortschreitend verwirklicht. Ähnlich ist auch der zweite Begriffsgebrauch doppelt verwendbar: Man kann beklagen, dass die Religion immer weiter aus den Sphären des gesellschaftlichen Lebens verschwindet und ihren Einfluss verliert. Aber man kann auch begrüßen, dass sie sich aus den weltlichen Dingen zurückzieht und sich auf ihr eigenes Terrain, auf die Frömmigkeit und die private Daseinsbewältigung, beschränkt. Dass der Begriff so verschieden eingesetzt werden kann, verrät schon, dass Säkularisation einen Wandel bezeichnet, der nicht konfliktlos abläuft. Nicht nur die historischen Interpreten, die das Wort benutzen, nein, schon die geschichtlichen Akteure und Diskutanten verhielten sich zum Wandel der Religion und ihrer Stellung in der Gesellschaft kontrovers.

Im Folgenden versuche ich, einige Grundzüge des Konfliktes zwischen Schleiermacher und Steffens deutlich zu machen. Beide nahmen zum Säkularisierungsprozess Stellung, aber in recht verschiedener Weise, wie sich zeigen wird. Der Theologe Schleiermacher akzeptierte die Tendenzen der modernen Welt weit mehr als der Naturwissenschaftler Steffens. Und Steffens kämpfte für eine Religionsauffassung, die traditioneller war als die seines Freundes Schleiermacher. Da es zu Schleiermacher bereits eine Menge an Literatur gibt, werde ich den Akzent auf die Position von Steffens legen. Dieser erklärte sich am ausführlichsten zur Stellung und Bedeutung der Religion in seiner Religionsphilosophie, die 1839 erschien,[3] also erst nach Schleiermachers Tod. Aber er schreibt darin mit Recht, dass er seine Ansichten schon früher vorgetragen habe, und besonders seine Anthropologie von 1822 bestätigt das auch.

Ursprünglich waren sich die Freunde, die sich aus Halle kannten, so sehr einig, dass Schleiermacher, der unter dem Titel der philosophischen Ethik oder Sittenlehre sich auf eine Theorie der menschlichen Welt konzentrierte, die naturwissenschaftlichen Arbeiten von Steffens als die willkommene und sogar notwendige Ergänzung betrachtete, als Physik im Sinne der antiken Philosophie, als Theorie der Natur. Doch später traten zwischen ihnen sachliche Differenzen zu Tage, die nie mehr überbrückt wurden, und diese Meinungsverschiedenheiten betrafen ihre Auffassung der christlichen Religion.[4]

---

3 Henrik Steffens, *Christliche Religionsphilosophie. Erster Theil: Teleologie. Zweiter Theil: Ethik*, Breslau: Max 1839.
4 Siehe zu den näheren Umständen den Beitrag von Simon Gerber in diesem Band.

Bereits was sie unter Religionsphilosophie verstanden, war grundverschieden. Auch die Ausbildung des Begriffs und der Disziplin der Religionsphilosophie seit dem Ende des 18. Jahrhunderts[5] lässt sich als ein Element des Säkularisierungsprozesses verstehen. Durch die Religionskritik der Aufklärung war die philosophische Reflexion herausgefordert, das Wesen, die Basis und die Bedeutung der Religion klarzustellen, und zwar immer unter der Voraussetzung, dass sie zwar ein Feld des Streites und der Glaubenskämpfe ist, aber noch immer einen eigenen, wirkungsreichen Bereich neben der Politik, der Kunst und der Wissenschaft darstellt.

2 Ziele der Religionsphilosophie

Schleiermacher hat keine Religionsphilosophie eigens ausgeführt. Aber er hatte sehr wohl einen bestimmten Begriff von diesem Unternehmen. In seinem Wissenschaftssystem nennt er die Religionsphilosophie zusammen mit der Ästhetik eine „kritische Disziplin", und er gibt ihr ihren Ort zwischen der philosophischen Ethik, einer Strukturtheorie der menschlich-geschichtlichen Welt, und der Geschichtskunde: Kritische Disziplinen beziehen philosophisches Wissen prüfend auf historische Erscheinungen. Die Aufgabe der Religionsphilosophie ist es, ausgehend von einem allgemeinen Begriff von Religion durch Vergleiche die individuellen Formen der geschichtlich gegebenen Religionen zu bestimmen.[6] Das ist kein theologisches Unternehmen, erst recht kein religiöses, sondern ein rein wissenschaftliches, das auf philosophischen und historischen Kenntnissen aufbaut. Die erarbeiteten Ergebnisse aber sind für die Theologie wichtig, um das Spezifikum der christlichen Religionsgemeinschaft, um das Wesen des Christentums erfassen zu können. In dieser Weise sind in Schleiermachers Denkweise Religion und Wissenschaft getrennt, ohne in Konflikt zu geraten.

Er hat zur Religionsphilosophie nur Grundzüge entworfen, und zwar in seinen *Reden über die Religion* und dann in der Einleitung seiner Glaubenslehre, die in der Zweitauflage allerdings den Umfang eines kleinen Buches, nämlich rund 100 Druckseiten angenommen hat. In dieser Einleitung gelten der Religionsphilosophie, wie Schleiermacher sie verstand, seine Ausführungen über die „Ver-

---

5 Walter Jaeschke, „Religionsphilosophie", in: *Historisches Wörterbuch der Philosophie, Bd. 8*, 748–763 (Anm. 2).
6 Friedrich Schleiermacher, *Kurze Darstellung des theologischen Studiums zum Behufe einleitender Vorlesungen. Zweite umgearbeitete Ausgabe* (1830), §§ 21–23. KGA I/6, Berlin / New York: de Gruyter 1998, 334. Ders., *Entwürfe zu einem System der Sittenlehre*, hg. v. Otto Braun. *Schleiermacher, Werke. Auswahl in vier Bänden. 2. Aufl. Bd. 2*, Leipzig: Meiner 1927, 365f.

schiedenheit der frommen Gemeinschaften überhaupt".[7] Er skizziert sie unter dem Titel „Lehnsätze aus der Religionsphilosophie" und zeigt damit an, dass diese Paragraphen keineswegs das ganze Gebiet dieser Disziplin erschöpfen. Die Interpreten hingegen betrachten zumeist die gesamte Einleitung des Werkes als Religionsphilosophie, also die Bestimmung des Begriffs von Religion und Kirche, den Überblick über die verschiedenen Religionsformen und die Darstellung des Wesens des Christentums. Das bot sich auch deshalb an, da Hegel seine Vorlesungen über Religionsphilosophie ganz ähnlich gegliedert hatte: Der erste Teil gilt dem Religionsbegriff, der zweite den verschiedenen Religionsformen und der dritte dem Christentum. Durch diese Konzeptionen war umrissen, was von einer Religionsphilosophie in den 30er Jahren des 19. Jahrhunderts zu erwarten war: eine allgemeine Begriffsbestimmung von Religion und eine mehr oder weniger ausführliche Berücksichtigung der individuellen Religionsformen, die eine Brücke zur Religionsgeschichte schlägt.[8] Mochte es viele andere Religionsphilosophien geben, so musste doch jeder zu diesen wirkungsreichen Arbeiten Stellung beziehen, der sich in den 30er Jahren des 19. Jahrhunderts dem Thema zuwandte. Henrik Steffens hat das getan, aber in ganz unerwarteter Weise.

Schon der Titel seines einschlägigen Werkes von 1839 erstaunt. Denn er nennt es *Christliche Religionsphilosophie*, und die Untertitel der beiden Bände lauten *Teleologie* und *Ethik*. Ja, näher besehen, ist das Werk sogar befremdlich, denn was bei Schleiermacher die Religionsphilosophie ausmacht, der Vergleich verschiedener Religionsformen, wird nirgends auch nur angedeutet, und nicht einmal vom Judentum ist die Rede, das doch in engstem Zusammenhang mit dem Christentum steht. Das Motiv für diese Beschränkung auf das Christentum liegt in Steffens' ganz anderer Absicht: Er setzte sich mit diesem Werk die „Aussöhnung zwischen dem christlichen und dem Weltbewußtsein" zum Ziel, wie es gleich in der Vorrede heißt,[9] und die Notwendigkeit der Versöhnung wird wie folgt begründet: Da alle Dinge in der menschlichen Welt mehr und mehr wanken und schwanken, sei ein Bedürfnis nach Halt entstanden, und es melde sich in der Gesellschaft ein neues, breites Interesse an der Religion. Diese neue Zuwendung zur Religion gelange aber nicht an ihr Ziel, da das christlich-religiöse Bewusstsein mit dem sinnlich-weltlichen in einen immer größeren Zwiespalt geraten sei. Ihre Dissonanz, die in allen Völkern entstehe, habe inzwischen so viele Zweifel hervorgebracht, dass die Religion den nötigen Halt nicht mehr zu bieten vermöge. Jene Zweifel und die

---

[7] Schleiermacher, *Der christliche Glaube nach den Grundsäzen der evangelischen Kirche im Zusammenhange dargestellt*, 2. Aufl. (1830/1831), §§ 7–10. KGA I/13,1 (2003), 60–93.
[8] Georg Wilhelm Friedrich Hegel, *Vorlesungen über die Philosophie der Religion*, hg. v. Philipp Marheinecke, 2 Bde., Berlin / Leipzig: Duncker und Humblot 1832.
[9] Steffens 1839, Bd. 1, II. (Anm. 3).

vielfältigen Reflexionen haben laut Steffens die christliche Religion schon weitgehend aufgeweicht, da anders als in der Naturwissenschaft das Denken im Bereich der Geschichte und Religion den Gegenstand auch verändere. So sei die Religion – und zwar die christliche Religion – zwar noch immer das Konstante und Unveränderliche im Untergrund des Zeitenwandels, erscheine inzwischen aber selbst als ein unsicheres Gebiet, und das religiöse Bewusstsein spalte sich auf in die verschiedensten Glaubensrichtungen. Deshalb müsse die Religionsphilosophie die Aufgabe übernehmen, den tragenden, festen religiösen Grund, auf den sich alle Glaubensgemeinschaften letztlich beziehen und der auch den entschiedenen Skeptikern nicht ganz verloren gegangen sei, aufzudecken und seine Versöhnung mit dem Weltbewusstsein herbeizuführen.[10]

Damit hat bei Steffens die Religionsphilosophie die Aufgabe übernommen, die bei Schleiermacher die Apologetik, ja sein gesamtes theologisch-philosophisches System hat, da dieses ja ebenfalls die Vereinbarkeit von Christentum und moderner Welt aufzuweisen sich bemühte. Aber für Steffens sind alle Theologien als Reflexionen des Christentums in die Glaubensspaltungen verstrickt, und deshalb will seine Religionsphilosophie einen Standpunkt *über* den Theologien einnehmen und das Grundsätzliche, Tragende und Verbindende ans Licht bringen – ganz ähnlich, wie im Zeitalter der Aufklärung man die Religionsstreitigkeiten dadurch überwinden wollte, dass man mit der „natürlichen Religion" als Sache der Vernunft das wahre Wesen der Religion und damit einen Maßstab für die Beurteilung der positiven Religionen zu zeigen versuchte. Steffens allerdings behauptet ganz anders als alle Aufklärer, die Religionsphilosophie könne prinzipiell nur als *christliche* Religionsphilosophie gelingen, und wer das Wesen des Christentums erfasse wolle, müsse selbst Christ sein. Das war mit den Religionsphilosophien von Schleiermacher und Hegel schwer vereinbar, da diese ja gerade den Blick auf das weite Feld aller Religionen riskiert hatten und nur ein deutliches Bewusstsein verlangt hatten, was unter Religion zu verstehen ist.

Dennoch steht die Auffassung von Steffens in einem engeren Zusammenhang mit jenen berühmteren Religionstheorien, und er spielt in seiner kurzen Begründung offensichtlich auf Hegels Religionsphilosophie auch an: Wenn der Geist die Religion als einen objektiven Gegenstand erkennen wolle, so Steffens, dann müsse „der Geist sich selber objektiv" und „von sich selber strenge geschieden sein", er müsse sich spalten, und zwar in den objektiven Gegenstand und das subjektive Erkennen, da anders er gar keinen Zugang zur Religion gewinnen könne. Steffens fährt fort: „Die neueste Philosophie hat dieses anerkannt, und sie nennt das Christenthum den Standpunkt, auf welchem der Geist sich selber ob-

---

10 Ebd. 1–14.

jektiv geworden sei."[11] Hegel, der die Religion als Manifestation des Geistes interpretierte, hatte in seinen Vorlesungen über Religionsphilosophie das Christentum die „vollendete Religion" genannt, „worin der Begriff es selbst ist, der sich Gegenstand ist".[12] Daran scheint Steffens anzuknüpfen, und er fährt fort: „Wir, da wir eine christliche Religionsphilosophie beabsichtigen, sind berechtigt, diese Ansicht der herrschenden Philosophie anzunehmen, und wir betrachten das Christenthum als die Grundlage aller Philosophie überhaupt."[13]

Die Befremdlichkeit dieser Sätze löst sich ein wenig auf, wenn man die Philosophiegeschichten in Betracht zieht, die im Umkreis der Philosophie des sog. Deutschen Idealismus entstanden. Da man die nach-antike Philosophie durch den Einfluss des Christentums in neue Bahnen gelenkt sah, konnten Schleiermacher, Hegel und auch ihre Schüler die gesamte Philosophie p. Chr. n. auch die christliche Philosophie nennen. Aber während diese Autoren damit nur die *Folgen* der Religion meinten, so dass auch der moderne Empirismus und die neuen Erfahrungswissenschaften nur auf dem Boden und durch Vermittlung des christlichen Verhältnisses zur Welt entstehen konnten, möchte Steffens die Philosophie insgesamt wieder unmittelbar auf jenen religiösen Grund beziehen und dort verankern. Wissenschaft und Religion sollen dadurch nicht nur vereinbar gemacht, sondern eng verknüpft werden, und damit hat er eine Richtung eingeschlagen, die sein früherer Freund Schleiermacher für eine Form veralteter Metaphysik halten musste.

Allerdings hat Steffens seine Auffassung von der christlichen Religion als dem tragenden Grund von Philosophie und Wissenschaft durchaus zu begründen versucht: Der christliche Glaube lehre, die eigene Unzulänglichkeit und Endlichkeit zu akzeptieren und an die Selle der Selbstsucht die Hingabe an die Sache zu bringen. Vor allem sei durch Christus die Einheit des Geistes mit der irdischen Natur offenbart worden, und diese Einheit müsse auch für die Wissenschaft leitend sein.[14] Steffens wendet sich damit kritisch gegen die Philosophien von Kant und Fichte, welche lehrten, dass die Natur von unserem souveränen Ich nur projiziert oder konstruiert, aber in ihrem Innersten als lebendige Natur gar nicht erkannt werde. Hingabe an die Natur statt gewaltsamer Konstruktion sowie Überzeugung von der Einheit des Geistes mit der Natur: das sind die Grundzüge, mit denen die christliche Religion für Steffens das selbstmächtige Denken des subjektiven Idealismus überwinden und zu besseren Einsichten führen kann.

---

11 Ebd. 4.
12 Hegel, 1832, Bd. 2, 187 (Anm. 8).
13 Steffens, 1839, Bd. 1, 4 (Anm. 3).
14 Dazu viele Belege in der materialreichen Arbeit von Friedrich Jung, *Henrik Steffens und das Problem der Einheit von Vernunft und Offenbarung.* Diss. Marburg 1961, z. B. 89 ff.

3 Säkularisierung als Begrenzung

Bezeichnet man mit Säkularisation die Reduktion der religiösen Sphäre auf einen Teilbereich der Gesellschaft, dann liegt es nahe, sie als Ergebnis des spezifisch modernen Differenzierungsprozesses zu interpretieren: Modernisierung heißt Differenzierung, schreibt Hermann Lübbe mit Blick auf die Systemtheorie,[15] und in der Tat lässt sich nachweisen, dass im 18. Jahrhundert z. B. Wissenschaft und Kunst – vormals im Begriff *ars* eng verknüpft – sich ebenso trennten wie bei Kant Recht und Moral, die das ältere Naturrecht noch nicht unterschieden hatte. Die allgemeine Trennung der Bereiche veränderte gerade auch Stellung und Verständnis der Religion. Sie wurde jetzt von der Moral und der Wissenschaft unterschieden, und es war Schleiermacher, der sowohl mit seinem Religionsdenken als besonders auch mit seiner philosophischen Ethik diese kulturelle Differenzierung als Fortschritt begrüßte und weiter vorantrieb. Es sei nur kurz in Erinnerung gerufen, was schon oft dargestellt wurde.

Wenn er bereits in den *Reden über die Religion* von 1799 der Religion eine „eigne Provinz im Gemüt" zuweist und sie in Gefühl und Anschauung basiert,[16] dann ist das nicht nur eine neue Absicherung und Rechtfertigung der Religiosität, die als ein anthropologisches Universale vorgestellt wird. Sondern Schleiermacher vollzieht damit auch eine gewisse Entmachtung von Religion und Kirche, da diese nun kein Mitspracherecht mehr in allen Fragen der Metaphysik und Moral mehr haben. Die Religion hat deshalb auch keineswegs für „Recht und Ordnung in der Welt" zu sorgen, das ist Aufgabe des Rechts,[17] sondern sie aktualisiert lediglich die spezifisch religiöse Anlage des Menschen, nämlich sein Gefühl für das Unendliche, das sich in verschiedener Weise durch bestimmte Anschauungsgehalte entzünden kann. Diese Abtrennung der Religion von allen wissenschaftlichen und moralischen Streitigkeiten ist Säkularisierung im Sinne der Eingrenzung, die eine Konzentration auf den Kern des Religiösen bedeutet, den sie so neu zur Geltung bringt.

An dieser Ausrichtung hat Schleiermacher im Grundzug auch später festgehalten. Man sieht es schon daran, dass er anders als etwa Schelling der Theologie keinen Platz im Rahmen der philosophisch basierten Wissenschaften zuwies, sondern sie wie Medizin und Jurisprudenz in einem „äußeren Geschäft" basierte, der Kirchenleitung. Das Verhältnis zu Gott kann nicht wie das Verhältnis zu Natur und Geschichte in eine wissenschaftliche Form gebracht werden, denn die

---

15 Hermann Lübbe, *Religion nach der Aufklärung*, Graz / Wien / Köln: Böhlau 1986, 102ff.
16 Schleiermacher, 1799, KGA I/2, 204 (Anm. 1).
17 Ebd. 202f.

Frömmigkeit als Gefühl „absoluter Abhängigkeit" ist ein anderer, ein nicht-wissenschaftlicher Bereich. Und nur durch ihren Bezug zur Frömmigkeit, zur Kirche als einer religiösen d.h. frommen Gemeinschaft, hat die Theologie ihre Rechtfertigung, nicht als selbständige Disziplin wie Physik und Ethik. Mit Ernst Cassirer ausgedrückt: Religion und Wissenschaft sind zwei verschiedene symbolische Formen, in denen sich der Mensch je anders zur Welt und zu sich selbst verhält, und deshalb kann man sie nicht vermischen, aber sie schließen sich auch nicht aus, sie ergänzen sich.

Die Abtrennung der Religion von den anderen Kulturbereichen macht Schleiermacher in besonderer Weise mit seiner philosophischen Ethik deutlich, indem er hier Religion und Kirche nur zu einem von vier sozialen und kulturellen Bereichen erklärt und von Staat und Recht, von Privatsphäre und Familie sowie von Akademie und Wissenschaft abgegrenzt. Diese philosophische Ethik ist deshalb eine frühe Theorie der modernen, differenzierten Kultur, in der weder Staat noch Kirche dominieren, sondern in der die einzelnen Sozial- und Kulturbereiche ein kohärentes Flechtwerk bilden. Diese Differenzierung hat Schleiermacher bekanntlich so weit getrieben, dass er nicht nur theoretische Philosophie und theologische Dogmatik trennte, sondern auch – in der Geschichte der Ethik wohl einmalig – sowohl eine philosophische als auch eine theologische Ethik entwarf. Dabei arbeitete er stets darauf hin, dass die unterschiedenen Felder nicht nur vereinbar bleiben, sondern sich gegenseitig auch fördern.

Diese Zielsetzung hat sein Freund Steffens nicht teilen können. Wenngleich er wie Schleiermacher entschieden für die Freiheit der Wissenschaften eintrat, wollte er Religion und Wissenschaften wieder zusammenschließen. Das wird schon deutlich, wenn er in seiner Religionsphilosophie an Schleiermacher wie folgt anknüpft: Dessen Begriff und Ausgang des „religiösen oder bestimmter christlichen Bewusstseins" habe eine ähnlich „große geschichtliche Bedeutung" erlangt wie die Philosophie Kants. Denn wie Kant die Grenzen und die Bestimmtheit des „sinnlichen Bewusstseins" zeigte (d.h. die durch den Verstand konstituierte Erfahrungswelt), so habe Schleiermacher die Besonderheit des christlichen Bewusstseins im Unterschied zum Weltbewusstsein gezeigt und damit die Aufgabe übernommen, „den zertretenen Grund des Christenthums hervorzuheben und in seiner Eigenthümlichkeit zu bezeichnen."[18] Er habe mit Recht die Religion von der Philosophie abgetrennt und der theologischen Dogmatik einen eigenen, sicheren Boden bereitet. Aber so wie Kants Trennungen von Natur und Freiheit, von Phänomena und Noumena in der Folgezeit auf einem höheren Standpunkt verbunden und vermittelt wurden, so müssten auch das Weltbe-

---

18 Steffens, 1839, Bd. 1, 10 f. (Anm. 3).

wusstsein und das religiöse Bewusstsein und damit auch Philosophie und Religion wieder verbunden werden. Denn einerseits zeige sich die Religion mit der Philosophie verwandt, und andererseits sei ihre Verschiedenheit zum Grund des Zweifels geworden, der die Religiosität der Halt suchenden Menschen bedrohe. Also ähnlich wie Fichte, Schelling und Hegel über Kant hinausgingen und neue philosophische Konzeptionen zur Vereinigung des von Kant Getrennten begründeten, so muss laut Steffens über Schleiermachers Trennung von Religionsgefühl und Philosophie hinausgegangen und ihre Vereinigung gezeigt werden.

Wenn Steffens die Schleiermachersche Trennung von religiösem und sinnlichen Bewusstsein unausgesprochen für ihre Entfremdung und ihren „Kampf" mit verantwortlich macht, dann liegt dem zunächst ein Missverständnis zugrunde. Denn eine wichtige Pointe von Schleiermachers Religionsdenken war es ja, dass nur durch die wachsende Trennung zwischen dem Gefühl der relativen und dem Gefühl der absoluten, schlechthinnigen Abhängigkeit sich sowohl ein Bewusstsein der endlichen Dinge der Welt als auch ein deutliches Bewusstsein von Gott herausbilden konnten, die im Fetischismus und auch noch im Polytheismus vermischt waren.[19] Die Entstehung des Monotheismus wäre demnach für Schleiermacher ohne die Herausbildung des Bewusstsein von einer Welt rein endlicher Dinge gar nicht möglich gewesen. Religiöses und weltliches Bewusstsein verhalten sich bei ihm wie zwei Pole, die in der Religionsgeschichte sich erst wachsend trennten und dadurch ihre spezifische Kontur bekamen. Eine Vereinigung, wie sie Steffens anstrebte, konnte deshalb gar nicht in Schleiermachers Sinne sein. Dass aber aus ihrer Trennung keine Entfremdung und keine Feindschaft würde, war schon dadurch garantiert, dass das Religionsgefühl nie isoliert auftritt, sondern immer das sinnliche Bewusstsein mit einschließt, es umgreift, und zwar so sehr, dass die Kritiker die Möglichkeit eines reinen Religionsgefühls im Kontext seines Denkens sogar bezweifeln konnten. Schließlich war es das Ziel von Schleiermachers gesamtem philosophisch-theologischen Denken, Religion und säkulare Kultur als vereinbar zu denken. Allerdings hat Steffens Recht, wenn er den Gehalt des christlichen Bewusstseins mit seinem steten Bezug zu Jesus Christus als den Erlöser vom sinnlichen Bewusstsein bei Schleiermacher getrennt sieht.

Steffens' kritische Einschätzungen der Situation seiner Zeit hätte dagegen Schleiermacher vermutlich in vielen Fällen geteilt. Denn Steffens deutet an, der Konflikt seiner Zeit habe sich dadurch verschärft, dass sich das sinnliche oder Weltbewusstsein inzwischen einen „absoluten" Charakter gebe,[20] und wir werden

---

19 Schleiermacher, 1830/1831, § 8,2. KGA I/13,1, 62–64 (Anm. 7).
20 Steffens, 1839, Bd. 1, 7 f. (Anm. 3).

sehen, dass er damit sicherlich besonders den neuen Positivismus meint. Die säkulare Welt hält ihre Säkularität nicht aus und besetzt die Stelle der Religion deshalb in verschiedener Weise selbst neu. Auch lässt sich Steffens' Behauptung verständlich machen, durch den Konflikt sei das „sinnliche Element" in die Religion eingedrungen, denn aller Bilderdienst und alle weltliche Machtausübung der Kirche vermischen die Bereiche und bringen die Religion in Misskredit. Überzeugend und ganz im Sinne Schleiermachers ist ebenfalls seine Kritik an der völligen Isolierung der Religion gegenüber der säkularen Kultur: Der Religiöse gerate in einen Zwiespalt, „wenn er Natur und Geschichte, Wissenschaft und Kunst als ein der Religion fremdes Element von sich ausscheidet". Das „halsstarrige, beschränkte Abschließen" der Religion gegenüber den säkularen Bereichen der Kultur arbeite nur der radikalen Religionskritik in die Hände, die in der „christlichen Lehre selbst eine unerträgliche, nicht länger zu duldende Beschränktheit zu erkennen glaubt".[21] Die Unterscheidung des religiösen vom sinnlichen Bewusstsein darf die Religion also nicht in einen Widerspruch zur säkularen Kultur bringen. Dem hätte Schleiermacher zugestimmt. Aber während Schleiermacher die Differenz zwischen Religion und Philosophie dennoch rechtfertigen und gegen die Tendenzen der Zeit die Vereinbarkeit des Unterschiedenen zeigen wollte, möchte Steffens den Unterschied möglichst weit auflösen.

Ein gutes Beispiel für ihr verschiedenes Bemühen, Religion und Wissenschaft zu verbinden und die Religion auch in der modernen Welt zur Geltung zu bringen, bietet ihre Stellungnahme zur biblischen Schöpfungslehre. Schleiermachers Ausführungen in seiner Dogmatik konzentrieren sich auf das, was an dem Bericht der Genesis für die Frömmigkeit Relevanz hat, nämlich dass Gott der Schöpfer und Erhalter der Welt ist, seine Tätigkeit aber nicht wie die eines Menschen gedacht werden darf. Der genaue Hergang des Entstehens der Dinge aber sei für die Frömmigkeit und damit auch für die Theologie ohne zentrale Bedeutung. Der wesentliche Gehalt der Bibel besteht für Schleiermacher eben in der Religiosität und nicht in einer Naturkunde, und diese Sphären möchte er unterschieden wissen.

> Es gehört daher zur gänzlichen Trennung beider, daß wir diese Sache [der allmählichen Weltentstehung] den rückwärtsgehenden Forschungen der Naturwissenschaft übergeben, ob sie uns bis zu den die Weltkörper bildenden Kräften und Massen oder noch weiter hinaufführen kann.[22]

---

21 Steffens, 1839, Bd. 1, 9. 14 (Anm. 3).
22 Schleiermacher, 1830/31, § 40, 1 (Anm. 7).

Die Religion wird in dieser Weise auf das für sie einzig Wesentliche begrenzt, und dadurch wird zugleich einer freien Naturforschung Raum gegeben, deren Resultate der Fromme „ruhig abwarten" könne. Religion und Wissenschaft sind verschieden und gerade dadurch vereinbar.

Aber mit dieser Lösung hat sich Steffens nicht zufrieden gegeben. Er möchte Religion und Wissenschaft wieder auf dieselbe Ebene bringen und dort enger verbinden. Den Hebel dazu sieht er in der Naturphilosophie. Sie ist es, die ihm das religiöse und das wissenschaftliche Bewusstsein zu verknüpfen erlaubt. Das zeigt schon sein Gedanke der nötigen Vermittlung zwischen der Religiosität und dem Weltbewusstsein: Das religiöse Bewusstsein dürfe die sinnliche Welt nicht verdrängen und ausschließen, sondern müsse „das durch die falsche Trennung von ihm geschiedene Wesen als sein eignes in ihr anerkennen und in sich aufnehmen". Das gelinge, indem die Sinnlichkeit als eine „Entwickelungsstufe" der Religion und als „geschlossene Knospe" der religiösen Wahrheit betrachtet werde.[23] Das heißt im Kontext von Steffens' Denken, dass der menschliche Geist und mit ihm das sinnliche Bewusstsein zunächst noch in der Natur eingehüllt war und später die Natur als eine göttliche Offenbarung verstehen lernt: Das Gefühl für die Natur – so lesen wir verschiedentlich – gehe leicht in das Religionsgefühl über, und die Religiosität „verkläre" die Ergebnisse der Naturwissenschaft.

Schon in seiner *Anthropologie* von 1822 hat er das ausgeführt. Das zweibändige Werk bietet viel mehr als der Titel erwarten lässt, denn es enthält eine umfassende Entwicklungslehre, welche ausgehend von der anorganischen Natur den Menschen als den bisherigen Zielpunkt der Evolution vor Augen stellt und dann sogar seine Zukunft beleuchtet. Die damaligen Kenntnisse aus Chemie und Biologie werden mit den Begriffen der Schellingschen Naturphilosophie neu durchdacht und verbunden, und zugleich wird die philosophisch-wissenschaftliche Naturbetrachtung mit den Aussagen der Bibel harmonisiert: Steffens interpretiert die sieben Schöpfungstage der Genesis-Erzählung als „Epochen der Entwicklungsgeschichte der Erde".[24] Empirische Wissenschaft, Naturphilosophie und Religion sind hier – ganz anders als bei Schleiermacher – verschmolzen und dadurch die Kultursphären wieder zusammengefügt. Steffens sucht eine neue Einheit zu erarbeiten, analog zum Ursprung der Menschheitsentwicklung, in welchem die Religion noch alles verbunden habe. Nicht nur die philosophische Spekulation steht bei Steffens im Dienst dieser Versöhnung, sondern sichtlich auch die poetische Einbildungskraft, der Autor war schließlich auch literarisch intensiv tätig.

---

23 Steffens, 1839, Bd. 1, 8f (Anm. 3).
24 Henrich Steffens, *Anthropologie*, 2 Bde., Breslau: Max, 1822, Bd. 1, 203 ff.

4 Säkularisierung als Umformung

Durch Schleiermachers Begrenzung der Religion auf das für die Frömmigkeit einzig Relevante ergaben sich anders als bei Steffens zwei verschiedene Perspektiven auf die Weltentstehung, die religiöse und die wissenschaftliche. Dadurch fiel aber z. B. der Bericht der Genesis über das Siebentagewerk weitgehend aus der Betrachtung heraus, war er doch weder für die Religion noch für die Wissenschaft wichtig und konnte allenfalls Gottes Schöpfermacht sinnfällig machen. Schleiermachers Begrenzung der Religion war also durchaus auch eine Umformung. Diese verstand er zwar als eine nötige Reinigung, durch welche das bloß Mythische zugunsten des wirklich Religiösen abgestreift wurde. Man konnte aber in dieser neuen Darstellung der Dogmatik auch einen bedenklichen Schwund an theologischer Substanz entdecken. Gleich die erste umfängliche Kritik an Schleiermachers Glaubenslehre schlug diese Richtung ein. Sie war vermutlich durch die Breslauer Diskussionen um die Kirchen-Union angeregt worden, die von Schleiermacher befürwortet und von Steffens bekämpft wurde.

1824 erschien von dem Steffens-Schüler Christlieb Julius Braniß das Buch *Ueber Schleiermachers Glaubenslehre; ein kritischer Versuch*, das zu dem Ergebnis kommt, im Hintergrund von Schleiermachers Werk stehe vermutlich eine Philosophie, denn der genuin theologische Gehalt sei zu schmal.[25] Braniß konzentrierte sich nicht auf die Schöpfungslehre, sondern auf den Gefühlsbegriff und auf die Christologie, und er entdeckte dort Widersprüche zwischen dem theologischen Anspruch und den Resultaten. Aus dem Gefühl absoluter Abhängigkeit ließe sich kein Gottesbegriff ableiten, und die geschichtliche Neuheit könne kein hinreichendes Kennzeichen der göttlichen Offenbarung in Jesus Christus sein. Braniß erwartet von der Theologie einen orthodoxeren Gottes- und Offenbarungsbegriff. Man kann seine Kritik als Vorwurf gegenüber Schleiermacher bezeichnen, Religion und Theologie in einem bedenklichen Maß säkularisiert zu haben, indem er sie in eine Philosophie umschmolz. Die berühmteren Kritiker wie D. F. Strauß äußerten sich bald ähnlich. Da Braniß das Verhältnis von Religion und Philosophie so bestimmen wollte, dass beide ein größeres Eigenrecht bekamen, verfasste er bald ein weiteres Buch, in welchem er die allmähliche Verbindung von Vernunft und Glaube, von Philosophie und Religion, zu einer weltgeschichtliche Aufgabe erklärte, die schon die Kirchenväter in Angriff nahmen und welche die ganze christliche Geschichte durchziehe: Der christliche Glaube werde auf diesem Weg

---

25 Christlieb Julius Braniß, *Ueber Schleiermachers Glaubenslehre; ein kritischer Versuch*, Berlin: Duncker und Humblot 1824. Siehe dazu vom Verf.: *„Historismus" als spekulative Geschichtsphilosophie: Christlieb Julius Braniß (1792–1873)*, Frankfurt/Main: Klostermann 1973, 22–41.

allmählich vernunftgemäßer und die Vernunft christlicher, bis sie sich vollständig durchdringen – ein Vorgang, der sowohl eine Form der Säkularisierung als zugleich eine Spiritualisierung bedeutet.[26] Braniß konnte sich für diese Sichtweise sowohl Gedanken von Schleiermacher als von Steffens zunutze machen.

Steffens hat Braniß' Kritik an Schleiermacher vermutlich weitgehend geteilt, zumal beide dem Altlutheraner Scheibel nahe standen, und auch Steffens sah in der Versöhnung von religiösem und Weltbewusstsein eine geschichtliche Aufgabe. Aber Steffens war ungeduldiger als sein Schüler und traute sich zu, die geforderte Aufgabe weitgehend lösen zu können. Während Braniß geschrieben hatte, der christliche Glaube passe sich erst allmählich der Vernunft an, behauptete Steffens, die Religion sei „durchaus rational", seine Religionsphilosophie werde das beweisen.[27] Braniß ging von zwei verschiedenen Instanzen aus, von der Vernunft und dem christlichem Glauben, für Steffens aber gründen Philosophie und Wissenschaft letztlich beide auf der Religion, die so von vornherein die gemeinsame Basis bildet. Schon das berechtigt ihn zu seinen kühnen Verknüpfungen von Naturphilosophie und Theologie. Aber mit diesem Zusammenschluss vollzieht auch er nolens volens Umdeutungen der religiösen Tradition, so dass er an dem Säkularisierungsprozess selbst teilhat. Im Gegensatz zum wörtlichen Bericht des Alten Testaments erklärt Steffens ähnlich wie Schleiermacher, man dürfe sich das göttliche Schaffen keineswegs wie ein menschliches Herstellen denken, und er verwandelt die Schöpfungsakte des Siebentagewerks in eine lange Entwicklungsgeschichte von Erdepochen, in die er alles naturkundliche Wissen seiner Zeit und auch die Informationen durch Fossilienfunde einfügt – für alle fundamentalistischen Theologen eine Form der Häresie. Während Steffens die biblischen Aussagen naturphilosophisch interpretiert, taucht er die wissenschaftlichen Einsichten in ein religiöses Licht, indem er sie in religiöser Sprache zum Ausdruck bringt – und dabei diese Begriffe eben auch wieder umdeutet. Das wird besonders am Offenbarungsbegriff deutlich, den man bei Schleiermacher kritisierte.

Seit dem 18. Jahrhundert wurde in der Philosophie der Begriff der Offenbarung mehr und mehr in einem sehr weiten Sinne eingesetzt, als Manifestation Gottes in Natur und Geschichte, so dass damit keineswegs mehr etwas über die menschliche Vernunft Hinausgreifendes gemeint war, sondern die denkende Vernunft diesen Begriff als wichtiges Werkzeug einsetzte, um die Welt zu begreifen. Das war ein schon weitgehend säkularisierter Begriff von Offenbarung,

---

26 Braniß, *De notione Philosophiae Christianae*, Vratislaviae: Impensis Grassii 1825. Siehe dazu vom Verf. 1973, 41–54, bes. 45 ff (Anm. 25).
27 Steffens 1839, Bd. 1, 9 f (Anm. 3).

der sich von allen Vorstellungen vom plötzlichen Einbruch der Transzendenz in den natürlichen Zusammenhang der Dinge und von der Verbalinspiration der biblischen Schriftsteller vollständig gelöst hatte. Im Kontext dieser neuen Denkweise musste an die Offenbarungsinhalte nicht mehr geglaubt werden, sie waren in Natur und Geschichte gegeben – die gesamte erfahrbare Wirklichkeit wurde als Offenbarung gedacht und gewusst. Schleiermacher hatte sich bemüht, diesen ausgeuferten Begriff wieder zu begrenzen, aber Steffens setzt ihn gern und oft in sehr weitem Sinne ein. Zuweilen hat man den Eindruck, er dient nur der poetischen Darstellung. Nicht nur die Natur insgesamt ist für ihn neben der Bibel eine Offenbarung Gottes, und zwar die „reale Seite aller göttlichen Offenbarung",[28] sondern auch sehr spezielle Naturphänomene werden als Offenbarungen gedeutet: Wir lesen z. B., die „Wärmeerscheinungen" seien eine „unmittelbare Offenbarung der Einheit aller Gegensätze", „das Leben der Erde [sei] die unmittelbare Offenbarung der Thätigkeit der Sonne" und „das Nervensystem" eine „Offenbarung der inneren Einheit aller Thiere untereinander".[29] Für das christliche Bewusstsein ist aber laut Steffens auch die menschliche Geschichte „ebensowohl eine Offenbarung Gottes, wie die Natur".[30] Deshalb fallen auch die paganen Mythen in den Bereich der Offenbarung: Die Erzählungen des Alten Testaments seien nur der Teil davon, „den wir vorzugsweise als Offenbarung verehren".[31] Da alle Phänomene der Welt als Offenbarungen gekennzeichnet werden können, muss Steffens dann Stufen der Offenbarung unterscheiden, um die biblischen Schriften von den vielen anderen Offenbarungen abheben zu können.

Also auch Steffens' teleologische Entwicklungslehre sprengt die Grenzen der traditionellen Dogmatik und verknüpft die Begriffe Schöpfung, Erhaltung und Offenbarung zu einer neuen Einheit: Die Welt erscheint als großer „Totalorganismus", der fortschreitend in der Geschichte der Natur und des Menschen den Willen und die Liebe Gottes offenbart. Steffens tut das in seiner Religionsphilosophie von 1839 mit großem Nachdruck, um der Tendenz der neuen Zeit entgegenzutreten. Und hier sieht man, dass er in einer etwas veränderten Lage schreibt, die Schleiermacher so deutlich noch nicht vor Augen hatte: Alles werde immer mehr den mathematischen Naturwissenschaften und ihren Gesetzen unterworfen, nicht nur die Natur werde mit diesem Instrument beherrscht, sondern auch die Gesellschaft und der einzelne Mensch, ja sogar das erkennende Subjekt

---

28 Ebd. 335.
29 Steffens, 1822, Bd. 1, 34. 58 (Anm. 24). Ders., 1839, Bd. 1, 188 (Anm. 3).
30 Steffens, 1839, Bd. 1, 422 (Anm. 3).
31 Steffens, 1822, Bd. 1, 179 (Anm. 24).

würden zu Objekten dieser Denkweise.[32] Steffens kämpft hier sichtlich gegen den sich ausbreitenden Positivismus des 19. Jahrhunderts. Denn wenn wir bei ihm lesen, die zur Herrschaft gelangte Denkweise bringe nur Abstraktionen hervor und interessiere sich nicht für das Wesen der Dinge, sondern nur für ihre Verhältnisse, dann trifft das auf den Positivismus von August Comtes zu, dessen umfänglicher *Cours de philosophie positive* seit 1830 im Erscheinen begriffen war.[33] Dazu passt auch, dass Steffens die Repräsentanten dieser neuen Gesetzeswissenschaften „Priester einer Religion" nennt, welche die größte Macht haben und das gesamte Leben zu beherrschen beginnen, obwohl niemand ihre Resultate kennt. Comte hatte sich später selbst zum „Hohen Priester der Menschheit" erklärt.[34] Er sah das tradierte religiöse und staatliche System im Absterben begriffen und zugleich ein neues Ordnungssystem heraufziehen, dem er zum Durchbruch verhelfen wollte. So trat sein Positivismus mit dem Gestus einer Heilslehre auf und nahm schließlich selbst einen religiösen Charakter an, sollte seine Lehre doch den Katholizismus ersetzen. Besonders vor diesem Hintergrund wird Steffens' Abgrenzung von Schleiermacher verständlich: Wenn das neue wissenschaftliche Denken die individuelle Freiheit tilgt, wenn es keine wirkliche Ethik kennt und die Religion zur Kindheitsstufe des menschlichen Geistes erklärt, dann darf man nicht wie Schleiermacher die Naturbetrachtung von der Theologie abgrenzen und den Wissenschaften überlassen, sondern man muss die Geltung der Religion dadurch retten, dass man eine andere, bessere Naturwissenschaft begründet und verteidigt, eine Wissenschaft, die mit der Religion kompatibel ist.

Diese versucht Steffens mit seiner Naturphilosophie zu begründen, die deshalb auch in seiner Religionsphilosophie recht breit ausgeführt wird, und er sieht von der Zoologie, der Physiologie und der Anatomie die von ihm geforderte Richtung auch schon eingeschlagen: Es sei eine „Umkehrung aller Naturbetrachtung" angebahnt, die auf das „Leben" ausgerichtet sei und welche die „mechanische Physik" in ihren Dienst nehme.[35] Eine dem Leben zugewendete

---

32 Steffens, 1839, Bd. 1, 170 ff (Anm. 3).
33 August Comte, *Cours de philosophie positive*, vol. 1–6, Paris: Bachelier 1830–1842. Steffens könnte für seine Religionsphilosophie die ersten drei oder sogar vier Bände zur Kenntnis genommen haben (Bd.1: 1830, Bd. 2: 1835, Bd. 3: 1838, Bd. 4: 1839). Sein Programm hatte Comte bereits 1822 veröffentlicht: „Prospectus des travaux nécessaires pour réorganiser sociéte". Deutsche Seperatausgabe: *Plan der wissenschaftlichen Arbeiten, die für eine Reform der Gesellschaft notwendig sind. Einleitung von Dieter Prokop*, München: Hanser 1973.
34 Jürgen von Kempski, „Einleitung" zu: August Comte, *Die Soziologie. Die positive Philosophie im Auszug*, hg. v. Friedrich Blaschke. 2. Aufl., Stuttgart: Kröner 1974, IX–XXXVII, hier XVIII.
35 Steffens, 1839, Bd. 1, 176 f. 188 (Anm. 3).

teleologische Betrachtungsweise setze stets die gesamte Natur als „Totalorganismus" voraus und erkenne, dass alle beobachteten Einzelerscheinungen über sich hinweg auf ihr Ziel und ihren Zusammenhang verweisen. Was für die nur mathematisch arbeitenden Wissenschaften tote Objekte seien, zeige sich in dieser teleologischen Perspektive als ein lebendiger Organismus und komme der religiösen Weltauffassung durchaus entgegen. Da Steffens die *generatio aequivoca*, d. h. den Gedanken einer spontanen Verwandlung von anorganischen Substanzen in lebende Organismen, ablehnt – und er wurde in der Tat bald endgültig von Louis Pasteur als falsch bewiesen –, bietet es sich für ihn an, das jeweils Neue in der Entwicklung als Schöpfungsakt und Offenbarung Gottes zu interpretieren. In dieser Weise wird abgewehrt, die Natur als einen dem Menschen äußeren und fremden Bereich toter, determinierter Objekte zu betrachten.

Diese Abwehr war schon immer ein wichtiges Ziel seiner Naturphilosophie. Deshalb berief sich Steffens in seiner Anthropologie von 1822 auch auf das Gefühl, was vermutlich nicht erst uns heute in Erstaunen versetzt. Kants Auffassung zurückweisend, von der Natur seien uns nur Erscheinungen zugänglich, die der Verstand konstituierte, nennt Steffens eine Gegeninstanz: „jenes Gefühl, welches uns in die Fülle der Natur versenkt, jenes heilige, reine Frühlingsgefühl, welches das quellende Leben der Natur, als das eigene, uns gibt, und alle Reichthümer, als unsere, ist das Fundament der Anthropologie."[36] Das Gefühl überzeuge uns unmittelbar von der „erhabenen Intelligenz" in der Natur, die für die Verstandesphilosophie Kants unerreichbar sei und die erst recht für den Positivismus nicht existierte. Steffens möchte den Naturwissenschaftler aus der Position des immer nur distanzierten Beobachters herauslösen und ihn in die Teilnehmerrolle zurückholen, er soll seinem Gefühl vertrauen, dass ihn als Teil eingebettet in den Zusammenhang des Ganzen zeigt und ihn die Wirklichkeit der unendlich reichen, erhabenen Natur innewerden lässt. Gegründet auf dieses Naturgefühl und geleitet von der Idee des Totalorganismus, könne die Spezialforschung dann wachsend die Einzelphänomene in ihrer Eigenart genauer erfassen.

Es wäre zu kurz gegriffen, diese Gedanken von Steffens nur zu belächeln und dafür Schleiermacher zu loben, der die Theologie von den Naturwissenschaften deutlich trennte und damit den tatsächlichen Gang der Wissenschaften rechtfertigte. Denn wenn Schleiermacher in der Dogmatik die Frage nach der Weltentstehung den Wissenschaften übergab, dann dachte auch er nicht an den Positivismus, sondern an eine philosophisch geleitete Naturwissenschaft, wie sie in der Schellingschule und gerade auch von Steffens betrieben wurde. Auch Schleiermacher lehrte in seiner Dogmatik, das religiöse Gefühl der Abhängigkeit

---

[36] Steffens, 1822, Bd. 1, 14 (Anm. 24).

schließe das Bewusstsein ein, „daß wir in einen allgemeinen Naturzusammenhang gestellt sind", der kein Bereich blinder Zufälle und auch kein „toter Mechanismus" sei, und er konnte deshalb dieses Gefühl auch ein „frommes Naturgefühl" nennen.[37] Auch er wollte in seiner Theologie Schöpfung und Erhaltung nicht getrennt wissen,[38] so dass auch für ihn die Schöpfung keineswegs beendet ist. Schließlich sind seine philosophischen Überlegungen zum Verhältnis von Vernunft und Natur, wie wir sie in seiner Dialektik und in seiner Ethik finden, ebenfalls beherrscht von dem leitenden Gedanken einer Zusammenstimmung von Natur und Geist und keineswegs im Sinne von Kant oder Comte gedacht, und deshalb sind sie auch leichter mit der Religion vereinbar. So sind die Differenzen zwischen den Freunden in dieser Beziehung letztlich weniger groß, als es zunächst zu sein scheint.

5 Stellungnahmen zur kulturellen Differenzierung

Schleiermacher und Steffens lebten und dachten in einer Zeit von Revolutionen, die sich auf mehreren Gebieten vollzogen, in Politik, Gesellschaft, Wissenschaft und Industrie. Diese Umbrüche intensivierten den Prozess der Säkularisierung, da man sich in allen Bereichen nicht auf einen religiösen Glauben, sondern auf die Vernunft berief. Schleiermacher und Steffens nahmen trotz ihrer Freundschaft und vieler gemeinsamer Gedanken zu diesem Wandel der menschlichen Welt in sehr verschiedener Weise Stellung.

Schleiermacher begrenzte die Religion auf ihren Kernbereich, auf die Frömmigkeit, die Religiosität, und begründete seine Aussagen über die Kultur insgesamt nicht in der Sprache der Religion, sondern mit Denkweisen und Argumenten der Philosophie und der Vernunft. Er vollzog damit das, was Hegel als Ergebnis der Reformation behauptet hatte: Das Ewige werde nun von der Subjektivität „durch das reine Herz" aufgefasst – aber „das Weltliche will weltlich gerichtet werden; der Richter ist der denkende Verstand."[39] Diese Trennung wie die gesamte Differenzierung der modernen Kultur versteht auch Schleiermacher als ein Ergebnis des Christentums. Es ist demnach die christliche Religion, welche den Säkularisierungsprozess der Moderne möglich gemacht hat, während ein solcher Vorgang in der griechischen und römischen Antike mit ihren Nationalgottheiten

---

37 Schleiermacher, 1830/31, § 34, 3. KGA I/13,1, 183 (Anm. 7).
38 Ebd. § 38.
39 G. W. F. Hegel, *Vorlesungen über die Geschichte der Philosophie III. Werke in 20 Bänden*, Frankfurt/Main: Suhrkamp 1971, Bd. 20, 63. Ders., *Vorlesungen über die Philosophie der Geschichte*. Werke, Bd. 12, Frankfurt/Main: Suhrkamp 1986, bes. 496 f.

und Gottkaisern noch nicht entstehen konnte. Wissenschaft und Religion müssen in der Moderne beide frei sein und dürfen sich nicht beherrschen wollen. Dennoch können sie sich laut Schleiermacher nicht ganz loslassen. Die Religion benötigt für ihr Dasein in der Gesellschaft die Theologie und damit auch Kenntnisse der Wissenschaft. Die Wissenschaft aber braucht auch ein gewisses Maß an Religion, und das liegt an einer Schwäche des menschlichen Vernunftvermögens: Ganz und ausschließlich auf den Verstand gegründet, gelangt die Wissenschaft über Konstruktionen nicht hinaus zu einem wahren Wissen, das die Sache selbst, die Wirklichkeit erreicht, sondern muss bei den Kantischen Erscheinungen stehen bleiben. Deshalb setzt die Wissenschaft, wenn sie an der Idee des Wissens im strengen Sinne festhält, eine Instanz für die Übereinstimmung des Gedachten mit dem Sein voraus. So wie die ältere Metaphysik das Sein und Denken in einem göttlichen Grund verankerten, so gründet auch bei Schleiermacher – der sich in diesem Punkt vor allem an Platon orientierte – alles Denken und Wissen in einem Grund, der nicht gewusst, aber im Gefühl absoluter Abhängigkeit gegeben ist. Das religiöse Gefühl übernimmt damit bei Schleiermacher die Rolle der cartesischen Gottesbeweise.[40] Das Wissen ist stets auf etwas bezogen, was vorausgesetzt werden muss, selbst aber nicht gewusst werden kann.

Das aber war für Steffens offensichtlich zu wenig und deshalb für die Religion auch gefährlich. Man könnte seine Position durchaus an die seines Freundes anschließen: Wenn Schleiermacher schon in seinen *Reden über die Religion* sagte, man solle alles *mit* Religion und nicht *aus* Religion tun, dann hatte er die permanente Gegenwart des Religionsgefühls zugegeben, das alles umgreift und trägt, und dieses Gefühl konnte unter der Voraussetzung der christlich geprägten Geschichte nicht nur ein vages, unbestimmtes Gefühl, sondern es konnte nur die spezifisch christliche Religiosität sein. Deshalb fand es Steffens folgerichtig, über Schleiermacher hinausgehend die Gehalte des christlichen Glaubens zu retten, die ihm im subjektiven Religionsgefühl vernachlässigt zu werden schienen. Und die Naturphilosophie hielt er für die fähigste Grundlage, um die Inhalte der christlichen Religion in seiner Zeit neu zur Geltung zu bringen. Die Rettung schien ihm sicherlich um so dringlicher zu sein, als in seiner Gegenwart August Comte auf den mathematischen Naturwissenschaften eine positivistische Weltanschauung errichtete, welche die bisherige Religion für überwunden erklärte und sie

---

40 Schleiermacher erklärt in seiner Dogmatik, das schlechthinnige Abhängigkeitsgefühl, welches „die Endlichkeit des Seins" vertrete, ersetze als „ein allgemeines Lebenselement" in der Glaubenslehre „alle sogenannten Beweise für das Dasein Gottes". Schleiermacher, 1830/1831, § 33, KGA I/13,1, 174 f. (Anm. 7). In seiner Dialektik heißt es, im Religionsgefühl sei der „Urgrund" des Seins und Denkens präsent. Schleiermacher, *Vorlesungen über Dialektik*. KGA II/10,1 (2002), 267.

durch seine Soziologie ersetzte. In dieser Situation baute Steffens seine Naturphilosophie zu einer Gegenposition, zu einer christlichen Weltanschauung aus. Während Comte in seiner Soziologie sich nur für allgemeine Gesetzmäßigkeiten und für die Entwicklung der Gesellschaft interessierte, sah Steffens auf der Basis seiner Naturphilosophie die gesamte Weltentwicklung auf die individuelle Personalität des Menschen und ihr unergründliches Gottesverhältnis zulaufen. Weder Comte noch Steffens hielten eine friedliche Bereichstrennung zwischen Religion und Wissenschaft für sinnvoll und möglich, und so akzeptierten beide auch keine konsequente Säkularisierung: Comte erklärte seinen Positivismus zum einzig berechtigten Weltzugang und erhob ihn später sogar in den Rang einer neuen Religion, einer „Religion der Humanität".[41] Steffens hingegen band die Wissenschaft wieder an die christliche Religion zurück und wollte ihr einen religiösen Wert verleihen. Wie Comte die wissenschaftlichen Begriffe so umgeformt wissen wollte, dass sie zugleich ästhetischen, praktischen und religiösen Interessen dienlich waren, so verknüpfte Steffens in seiner Religionsphilosophie bewusst Religion, Wissenschaft, Ethik und Ästhetik. Beide hoben von entgegengesetzter Seite die von der Wissenschaft verlangte Weltanschauungsneutralität auf und zielten auf ein geschlossenes Weltbild ab – es begannen die Weltanschauungskämpfe, die sich im 19. Jahrhundert dann dramatisch verstärkten.[42]

Deshalb hat sich Schleiermachers Trennung des religiösen und des wissenschaftlichen Weltverhaltens weitgehend durchgesetzt, während Steffens' Verbindung von Wissenschaft und Offenbarung heute in der Regel weder in der Theologie noch in der Naturwissenschaft rezipiert wird. In der säkularen Welt stellen die selbständig gewordenen Wissenschaften Anspruch auf Allgemeingültigkeit, nicht auf Kompatibilität mit einer bestimmten Religion. Aber Steffens' Plädoyer für eine teleologische Naturbetrachtung ist keineswegs ganz veraltet, es wird sogar von Naturwissenschaftlern wie dem Zoologen Gerhard Neuweiler wiederholt, wenngleich die Naturteleologie aus den Lehrbüchern verbannt wurde.[43] Auch die Steffens antreibende Frage nach der Vereinbarkeit von moderner Wissenschaft und Religion ist nicht zur Ruhe gekommen, und es entstanden neue Harmonisierungsversuche zwischen der Evolutionslehre und der biblischen Re-

---

[41] Michel Bourdeau, „Auguste Comte et la religion positiviste", in: *Revue des sciences philosophiques et théologiques*, 87/1, Paris: Vrin 2003, 5–21. Mary Pickering, *August Comte. An Intellectual Biography, vol. II*, Cambridge: University Press 2009, 453–515.
[42] Das spiegelt sich auch in dem Begriff der Weltanschauung, der in der Mitte des 19. Jahrhunderts immer beliebter und auch zum Gegenstand der Kritik wurde. Siehe vom Verf., „Weltanschauung", in: *Schlüsselbegriffe der Philosophie des 19. Jahrhunderts*, hg.v. Annika Hand / Christan Bermes / Ulrich Dierse, Hamburg: Meiner 2013, 435–463.
[43] Gerhard Neuweiler, *Und wir sind es doch – die Krone der Evolution*, Berlin: Wagenbach 2009.

ligion. Das bekannteste Beispiel dafür dürften noch immer die Arbeiten zur Entwicklungslehre des Jesuiten Teilhard de Chardin sein,[44] der ähnlich wie Steffens weder von der Kirche noch von der Wissenschaft großen Beifall bekam, aber anders als Steffens eine große Wirkung erzielte. Das beweist, wie sehr die Spannung zwischen Naturwissenschaft und Religion noch immer als Belastung erfahren werden kann und das Nachdenken provoziert. Steffens' Versuch, den Standpunkt des bloßen Beobachters der Natur auch zu verlassen, wird durch die moderne Physik zumindest als nicht gänzlich sinnlos erwiesen. Max Planck erklärte, dass der Physiker als bloßer Zuschauer stets und unausweichlich die Natur auch immer verändere, sie also nicht bloß im Sinne Kants in seine Begriffe bringe, sondern sie wirklich umforme.[45] Natürlich rechtfertigt niemand mehr in diesem Kontext das Naturgefühl, sehr wohl aber wird das philosophische Denken auf den Plan gerufen. Wo man auf Seiten der Philosophie den hochspezialisierten Naturwissenschaften skeptisch gegenübersteht und im Sinne eines „Holismus" die Natur wieder als ein Ganzes berücksichtigen möchte, findet auch Steffens Interesse, und zwar nicht nur in der Anthroposophie, welche 1922 seine Anthropologie neu herausgab.[46] Auch der Naturphilosoph Meyer-Abich ergriff noch 1999 für ihn Partei. Die neue „bloß geisteswissenschaftliche Theologie" habe zu ihrer Krise selbst beigetragen, indem sie die Natur verdrängte, „könnte aber nach dem Vorbild von Henrik Steffens auf bessere Wege kommen."[47]

---

[44] Pierre Teilhard de Chardin, *Le Phénomène Humain*, Paris: du Seuil 1955. Deutsch: *Der Mensch im Kosmos*, München: Beck 1959. Ders., *La Place de l'Homme dans la Nature. Le Groupe Zoologique Humain*, Paris: Albin Michel 1956. Deutsch: *Die Entstehung des Menschen*, München: Beck 1961.
[45] Max Planck, „Religion und Naturwissenschaft". In: *Physik und Transzendenz*, hg. v. Hans-Peter Dürr, Bern, München, Wien: Scherz 1986, 21–39.
[46] Henrik Steffens, *Anthropologie. Goetheanum-Bücherei*, Stuttgart: Der kommende Tag 1922.
[47] Klaus-Michael Meyer-Abich, „Naturphilosophische Anthropologie auf den Spuren von Henrik Steffens", in: *Henrik Steffens. Vermittler zwischen Natur und Geist*, hg. v. Otto Lorenz / Bernd Hennigsen, Berlin: Berlin Verlag 1999, 113–125, hier 119.

5. Anhang

Anhang 1
Chronologische Liste der Korrespondenz zwischen Henrich Steffens und Friedrich Schleiermacher

Zusammengestellt von Holden Kelm

Diese Liste enthält den bis dato nachweisbaren Briefwechsel zwischen Friedrich Schleiermacher und Henrich Steffens.[1] In einigen Fällen sind weitere Personen wie Johanna Steffens, Henriette oder Anne (Nanny) Schleiermacher in den Briefwechsel involviert; die dezidierten Briefwechsel zwischen diesen Personen (z. B. zwischen Friedrich Schleiermacher und Johanna Steffens) werden in dieser Liste nicht berücksichtigt.

Absender	Datum	Signatur/Bestand	Druck[2]
1. Steffens, Henrich und Johanna	Ende Dezember 1806	SN[3] 396, Bl. 42	KGA V/9, 2380, S. 299
2. *Schleiermacher[4], Friedrich	vor dem 02.01.1807		KGA V/9, 2383, S. 300
3. *Schleiermacher, Friedrich	vor dem 16.01.1807		KGA V/9, 2395, S. 312
4. Steffens, Henrich	16.01.1807	SN 396, Bl. 1	KGA V/9, 2396, S. 312 f.

---

1 Da Henrich Steffens im Jahr 1832 von der Breslauer an die Berliner Universität wechselte, schließt sich ein Briefwechsel mit Schleiermacher in den Jahren 1832 bis 1834 nahezu aus. Wie einige Einträge in den Tageskalendern Schleiermachers dieser Jahre belegen, pflegte er mit den Steffens persönlichen Kontakt (vgl. URL: http://schleiermacher-in-berlin.bbaw.de/index.xql, zuletzt aufgerufen am 10.). Für diese Auflistung der Briefe im Zeitraum 1806 bis 1831 sind die bereits edierten und erschlossenen Briefwechsel von Schleiermacher und Steffens grundlegend sowie die mir von Sarah Schmidt und Simon Gerber zur Verfügung gestellten Vorarbeiten zu den letzten Jahren der kritischen Gesamtausgabe des Briefwechsels. Weil die kritische Ausgabe der Briefwechsel Schleiermachers noch nicht abgeschlossen ist, ist es durchaus möglich, dass im Verlauf der Editionsarbeit weitere Briefe erschlossen werden.
2 Soweit die Briefe historisch-kritisch ediert sind, wird hier die KGA (= *Kritische Schleiermacher-Gesamtausgabe*; der Briefwechsel erscheint in der Abteilung V) angegeben, ansonsten verweise ich auf den Erstdruck.
3 SN = Schleiermacher-Nachlass im Archiv der Berlin-Brandenburgischen Akademie der Wissenschaften. Sämtliche Briefe von Steffens an Schleiermacher sind hier archiviert.
4 Das * vor dem Namen bezeichnet erschlossene Briefe.

Fortsetzung

Absender	Datum	Signatur/Bestand	Druck[2]
5. Steffens, Henrich	03.03.1807	SN 396, Bl. 101 f.	KGA V/9, 2424, S. 357 f.
6. *Steffens, Henrich	vor dem 07.03.1807		KGA V/9, 2429, S. 368
7. *Schleiermacher, Friedrich	vor dem 07.04.1807		KGA V/9, 2450, S. 400
8. Steffens, Henrich	07.04.1807	SN 396, Bl. 103 f. (Dilthey[5] 109)	KGA V/9, 2451, S. 401 f.
9. *Schleiermacher, Friedrich	vor dem 17.04.1807		KGA V/9, 2461, S. 414
10. Steffens, Henrich	21.04.1807	Dilthey 109; SN 396, Bl. 105 f.	KGA V/9, 2464, S. 415 f.
11. *Schleiermacher, Friedrich	27.04.1807		KGA V/9, 2470, S. 422
12. Steffens, Henrich	08.05.1807	SN 396, Bl. 107	KGA V/9, 2477, S. 433 f.
13. Steffens, Henrich und Johanna	22.06.1807	SN 396, Bl. 2	KGA V/9, 2499, S. 468 f.
14. Steffens, Henrich und Johanna	09.07.1807	SN 396, Bl. 109	KGA V/9, 2506, S. 483 f.
15. Steffens, Henrich und Johanna	09.08.1807	SN 396, Bl. 4 f.	KGA V/9, 2522, S. 505 f.
16. *Schleiermacher, Friedrich	vor dem 12.08.1807		KGA V/9, 2525, S. 509
17. Steffens, Henrich und Johanna	13.08.1807	SN 396, Bl. 6 f.	KGA V/9, 2526, S. 509 f.
18. *Schleiermacher, Friedrich	15.08.1807		KGA V/9, 2530, S. 513
19. Steffens, Henrich	31.08.1807	SN 396, Bl. 8 f.	KGA V/9, 2538, S. 522 f.
20. *Schleiermacher, Friedrich	08.09.1807		KGA V/9, 2542, S. 529
21. Steffens, Henrich	16.09.1807	SN 396, Bl. 10 f.	KGA V/9, 2546, S. 535 f.
22. Steffens, Henrich	26.10.–02.11.1807	SN 396, Bl. 12 f.	KGA V/9, 2562, S. 564 f.
23. *Schleiermacher, Friedrich	vor dem 23.11.1807		KGA V/9, 2581, S. 590
24. Steffens, Henrich	23.11.1807	SN 396, Bl. 14 f.	KGA V/9, 2584, S. 592 f.

---

5 Dilthey = Nachlass Wilhelm Dilthey im Archiv der Berlin-Brandenburgischen Akademie der Wissenschaften.

Fortsetzung

Absender	Datum	Signatur/Bestand	Druck[2]
25. Steffens, Henrich	22.12.1807	SN 396, Bl. 35 f.	KGA V/9, 2594, S. 610 f.
26. *Schleiermacher, Friedrich	12.01.1808		KGA V/10, 2608, S. 19
27. Steffens, Henrich	16.01.1808	SN 396, Bl. 16 f.	KGA V/10, 2610, S. 19 f.
28. *Schleiermacher, Friedrich	23.01.1808		KGA V/10, 2615, S. 29
29. Steffens, Henrich	03.02.1808	SN 396, Bl. 18–20	KGA V/10, 2625, S. 39 f.
30. *Schleiermacher, Friedrich	09.02.1808		KGA V/10, 2629, S. 43
31. *Steffens, Henrich	vor dem 20.02.1808		KGA V/10, 2638, S. 56
32. *Schleiermacher, Friedrich	23.02.1808		KGA V/10, 2645, S. 58
33. Steffens, Henrich	vor dem 18.03.1808	SN 396, Bl. 21 f.	KGA V/10, 2662, S. 79 f.
34. Steffens, Henrich	18.03.1808	SN 396, Bl. 23	KGA V/10, 2664, S. 82 f.
35. *Schleiermacher, Friedrich	30.03.1808		KGA V/10, 2673, S. 94
36. Steffens, Henrich	vor dem 10.04.1808	SN 396, Bl. 25–28	KGA V/10, 2682, S. 101 f.
37. *Steffens, Henrich	vor dem 13.04.1808		KGA V/10, 2685, S. 106
38. *Schleiermacher, Friedrich	13.04.1808		KGA V/10, 2686, S. 106
39. *Schleiermacher, Friedrich	23.04.1808		KGA V/10, 2689, S. 106
40. *Steffens, Henrich	vor dem 27.04.1808		KGA V/10, 2693, S. 110
41. Steffens, Henrich	28.04.1808	SN 396, Bl. 29 f.	KGA V/10, 2697, S. 112 f.
42. *Schleiermacher, Friedrich	11.06.1808		KGA V/10, 2735, S. 149
43. *Schleiermacher, Friedrich	17.08.1808		KGA V/10, 2788, S. 188
44. Steffens, Henrich	18.08.1808	SN 396, Bl. 31	KGA V/10, 2792, S. 193 f.
45. Steffens, Henrich	21.11.1808	SN 396, Bl. 33 f.	KGA V/10, 2935, S. 404 f.
46. *Schleiermacher, Friedrich	26.11.1808		KGA V/10, 2951, S. 430

Fortsetzung

Absender	Datum	Signatur/Bestand	Druck[2]
47. *Steffens, Henrich	vor dem 12.12.1808		KGA V/10, 2978, S. 467
48. Steffens, Henrich	vor dem 12.12.1808	SN 761/8, Bl. 1	KGA V/10, 2979, S. 467
49. *Schleiermacher, Friedrich	24.12.1808		KGA V/10, 3005, S. 500
50. *Schleiermacher, Friedrich	07.01.1809		KGA V/11, 3031, S. 13
51. Steffens, Henrich	07.02.1809	SN 396, Bl. 37 f.	KGA V/11, 3069, S. 76 f.
52. *Schleiermacher, Friedrich	14.02.1809		KGA V/11, 3082, S. 91
53. Steffens, Henrich	13.03.1809	SN 396, Bl. 41	KGA V/11, 3141, S. 156
54. *Schleiermacher, Friedrich	25.03.1809		KGA V/11, 3170, S. 191
55. Steffens, Henrich	vor dem 11.04.1809	SN 396, Bl. 39 f.	KGA V/11, 3205, S. 237 f.
56. *Schleiermacher, Friedrich	26.04.1809		KGA V/11, 3226, S. 257
57. *Schleiermacher, Friedrich	12.08.1809		KGA V/11, 3315, S. 304
58. Steffens, Henrich und Johanna	vor dem 09.01.1810	SN 396, Bl. 43 f.	KGA V/11, 3386, S. 356 f.
59. *Schleiermacher, Friedrich	07.02.1810		KGA V/11, 3394, S. 366
60. Steffens, Henrich	16.02.1810	SN 396, Bl. 45 f.	KGA V/11, 3396, S. 368 f.
61. Steffens, Henrich und Frau	17.03.1810	SN 396, Bl. 47 f.	KGA V/11, 3405, S. 376 f.
62. Steffens, Henrich	28.03.1810	SN 396, Bl. 49	KGA V/11, 3411, S. 379
63. *Schleiermacher, Friedrich	31.03.1810		KGA V/11, 3414, S. 382
64. Steffens, Henrich	Ende März/Anfang April 1810	SN 396, Bl. 50	KGA V/11, 3416, S. 383
65. Steffens, Henrich	06.04.1810	SN 396, Bl. 52	KGA V/11, 3419, S. 387

Fortsetzung

Absender	Datum	Signatur/Bestand	Druck[2]
66. Steffens, Henrich	Juni 1810	Was ich erlebte 6[6], S. 150	erscheint als Nachtrag in KGA V/12
67. Steffens, Henrich	25.06.1810	SN 396, Bl. 53 f.	KGA V/11, 3454, S. 424 f.
68. Steffens, Henrich	05.08.1810	SN 396, Bl. 55	KGA V/11, 3482, S. 458 f.
69. *Schleiermacher, Friedrich	wohl Mitte August 1810		KGA V/11, 3493, S. 468
70. Steffens, Henrich	wohl Mitte oder Ende August 1810	SN 396, Bl. 51	KGA V/11, 3501, S. 473 f.
71. *Schleiermacher, Friedrich	Ende Dezember 1810		KGA V/11, 3560, S. 538
72. Steffens, Henrich	08.01.1811	SN 396, Bl. 57 f.	
73. Steffens, Henrich	01.06.1811	SN 396, Bl. 59	
74. Steffens, Henrich	09.08.1811	SN 396, Bl. 61	Br 4[7], S. 183
75. Steffens, Henrich	25.08.1811	SN 396, Bl. 111	
76. Steffens, Heinrich und Johanna	vor dem 10.12.1811	SN 396, Bl. 63 f.	
77. Steffens, Henrich	Dezember 1811	SN 396, Bl. 65	
78. Steffens, Henrich	01.03.–02.03.1812	SN 396, Bl. 66–68	
79. Steffens, Henrich	18.06.1814	SN 396, Bl. 69 f.	Br 4, S. 199
80. Steffens, Henrich	07.08.1815	SN 396, Bl. 71	
81. *Schleiermacher, Friedrich	vor dem 29.11.1815	erschlossen aus dem Brief Nr. 82	
82. Steffens, Henrich	29.11.1815	SN 396, Bl. 72–75	
83. Steffens, Henrich	07.02.1816	SN 648/50	
84. Steffens, Henrich	18.05.1817	SN 396, Bl. 76 f.	Br 4, S. 215
85. Steffens, Henrich	15.10.1817	SN 396, Bl. 78–85	Br 4, S. 225
86. Steffens, Henrich	29.11.1818	Dilthey 116	
87. Steffens, Henrich	vor dem 08.05.1819	SN 396, Bl. 86	Br 4, S. 247
88. Steffens, Henrich	08.05.1819	SN 396, Bl. 88	Br 4, S. 248
89. Steffens, Henrich	27. oder 28.06.1819	SN 396, Bl. 90–98	Br 4, S. 249
90. Steffens, Henrich	07.05.1823	SN 396, Bl. 99	Br 4, S. 308
91. Steffens, Henrich	30.09.1823	SN 396, Bl. 100	
92. *Schleiermacher, Friedrich	05.02.1831	Tageskalender 1831 (SN 451, S. 16)	

---

6 Henrich Steffens, *Was ich erlebte. Aus der Erinnerung niedergeschrieben*. Band 3, Neudruck des fünften und sechsten Bandes der Erstausgabe Breslau 1842, Stuttgart – Bad Cannstatt 1995.
7 *Aus Schleiermachers Leben. In Briefen*. 4. Bd. Vorbereitet von Ludwig Jonas, herausgegeben von Wilhelm Dilthey, Berlin 1863 (Photomechanischer Nachdruck Berlin, 1974).

Anhang 2
Martin Brodersen Ankunft im Himmel. Seinem Freunde Fr v T.[1] gewidmet u zu treuen Händen empfohlen vom Verfasser

Transkribiert und kommentiert von Simon Gerber

Es wird mehr Freude seyn im Himmel über einen Sünder der Buße thut, denn über neun u neunzig Gerechte die der Busse nicht bedürfen Christus[2]

    Brodersen tritt in den Vorsaal des Himmels; eine Menge Abgeschiedenen sind hier Versammelt u warten auf den Einlaß[.] Im Himmel hört man eine Angenehme Musick

    Brodersen
    Welch einen schönen Musicka
    der Doktor sein Harmonica
    gab so ein Vorgeschmak davon
    doch den hier pfeift ein andern Ton.
    Und wie viel leutgens seh hick hier
    Sie drangen nach der Himmels Thür.
    Macht Platz! ick muß zuerst hinein
    Ick bin schon segsig jahr lang sein.

    Petrus
    Halt lieber Freund! zurück mit dir!
    Sie alle waren vor dir hier,
    Auf Erden wohl gilt Rang u. Standt
    hier frägt man nicht nach solchen Tand.

    Brodersen
    Was Rang noch Stand! Ick bitte dick
    mein selgen Peter melde mick
    ick kom direckt von Hernhuth her,
    u. bin ein alter Missionär, |
    Einst hab ick da sein Volck gelehrt
    wo man statt Ihm den Brama ehrt
    nachher besorgt ick fern u. nah
    mit Segen den Diaspora.

---

[1] Vielleicht ein Mitglied der Familie von Tschirschky
[2] Lukas 15,7

Ick war su Christian Davids[3] Seit
skon su ein Acoluth geweiht,
u. trug beym Pedilavium[4]
seit 50 Jahr mein Faß mit rum.
Als ick su der Gemeine kam
verließ ick alles um den Lamm,
ick legte ab was nur den Welt
nicht aber seinen Volck gefällt.
Ick damals noch ein jungen Blut
trug mein bordirten Modehut
mein Peitschperuck, mein Seidenkleid
mein Schoßchens bald 2 Ellen breit.
Mein Moden West ging bis ans Knie
den kurzer trug ick ihn doch nie
auf einem Tasche war gestickt
wie Eva durch den Schlang berückt
im Paradies den Sünd begeht
[So wie den in der Bibel steht;][5]
u. auf den andern sahe man,
wie der Versucher su ihm kam |
Und diesen Eitelkeit der Welt
mein Peter kam mir hübsches Geld
ohn Golden gürtgens um die Knie
erschien mein Brodersen sonst nie.
Ohn Seiden Strumpf u. Busen Krauß
ging Er kein Schridt weit aus dem Haus.
Als ick nun zur Gemeine kam
nahm ick mein ganzer Mode kram
u. trug ihn su Jens Gerner[6] hin
mit ganz zerknirschter Herz u Sin
Hier Gerner rief ick liegt der Welt
hinweg mit dem, was ihr gefällt
rief ick u. spieh der Plunder an
u. ick swur su den Streiter Fahn
Den Hut smiß ick ins Petersbach
den andern Weltseug aber – ach
verkauft ick an ein Bruder – der
von der Gemeine deserter!!!
Drauf krickt ick mein Perucken vor
die musten all sum Nutz der Chor

---

3 Christian David (1692–1751), Mitbegründer von Herrnhut, später Missionar in Grönland und Pennsylvanien
4 Fußwaschung am Gründonnerstag
5 fehlt in der Handschrift, ergänzt nach dem Druck
6 Druck merkt an: Name des damaligen Brüder-Pflegers

marschieren in das Schoten Feld
u. wird als Popanz aufgestelt.
Mein lieben Peter sag mir an
wen unter diesen hat gethan
den allen, was ick jetzt ersählt
wen! ging den Weg den ick erwählt

Petrus
Den Einlaß in dies Heiligthum
bewirckt kein Pedilavium
Acoluthie, Hernhutherey,
das ist im Himmel einerley.

Brodersen
Schä lieber Peter wie mir scheint
bist du ein rechten bittern Feind
den Brüdern, die doch ganz apart
die Seligkeit hier oben wart
ist das hier oben einerley
wen Bruder oder keinen sey?
Den wär ein Wunderlichen Kram
geh mir u. meld mir drinnen an.

Petrus
Faß deine Seele in Geduld
u. glaube mir die ganze Schuld
daß dir noch nicht die Gnadenthür
geöffnet wird liegt bloß bey dir.

Brodersen
Bey mir? nein lieber Peter nein
ick bitte dick geh nur hinein
u. sag es sey ein Bruder hier
u. warte hausen an den thür
ein Bruder der in diesen Seit
mit der Gemeine Freud u Leid
getragen der in Tranquebar
viel Jahr lang Missionar war |
den jeden Zeit auch vor der Welt
ein ächten Bruder vorgestelt
dem einst als bald da er erfuhr
das die Gesellschaft der Natur
in London ihn beehren wolt
u. er sein Nam einschreiben solt
ins Buch da jedem ine steht
den Mitglied die Societät
der ihnen da zur Antwort gab
wen er nur den Gewißheit hab
daß in den Lam sein Lebens Buch

sein Nam steh,⁷ habe er genug
Den bey sein Chorfest Liebesmal
durch Psalm austheilen auf den Saal
den Schwesterchor viel Jahr erfreut
den immer war zum Dienst bereit;
den niemals hat ein Weib berührt
den nie den Sünde hat verführt
den nie versäumt ein Abendmal
den ersten immer auf den Saal
den die Gemeine recrutirt
ihr vielen Fremden zugeführt
Den kein Gelegenheit verlor
fand er nur je ein Offen Ohr
es mochte wo es wollte seyn
ihm anzupreißen den Gemein
Den selbst auch durch sein Cabinet⁸
schon manche Seele hat geredt⁹
den durch die Wunder der Natur!
so manchen half auf rechten Spur, |
Den selbst bey sein Conchilien¹⁰ kram
den Chor Plan zu sein Richtschnur nahm
den die Geschlechter separirt
wobey Ihm auf kein Leske¹¹ hört¹²
Den alles that um unsre Sach
nicht Ehre achtete noch Schmach
den selbst ein freien Herzogin
den Graden Weg su Ihm führt hin
den was noch nie ein Bruder that
ein Licht da angezündet hat
wo Aberglaub u. Finsterniß
bisher noch war den Hinderniß.
Neapolis da war den Ort
wohin ein Brodersen den Wort
ein Bischof hat recommandert
u ihm den Weg des Heils gelehrt
Den Er selbst gerne hätt besahlt
würd Er mit auf den Bild gemahlt

---

7 Vgl. Offenbarung 13,8; 21,27
8 Gemeint ist laut Druck ein Naturalienkabinett.
9 gerettet
10 Schneckenhäuser und Muschelschalen
11 Nathanael Gottfried Leske (1751–1786), Naturforscher und Geologe
12 Druck: stört

wo allen Erstlinge su sehn[13]
den[n] den verdiente drauf su stehn
Den in Ostindien einst ein Schlang
von secks u secksig Ellen lang
u. auck 2 Tyger hat erlegt
so wie man einen Maus erschlägt
Den als der Schif worauf er war
in Augenscheinliger Gefahr
zu Scheidern an [den][14] Kayen lief
der Capitain zu Hülfe rief!
Den dießen Schif, obgleich er nie |
ein Schif regiert mit wenig Müh
allein durch sein geschicklichkeit
von seinem Untergang befreyt
Den als er einst den Gouverneur
im Brüder Garten den Honneur
von Seiten der Gemeine macht
von diesen wird zum Lob gesagt
Mein lieber Herr ick sehe schon
es gibt nur einen Broderson
Den durch Sein grosse Redekunst
vom Gouverneur erhielt den Gunst
daß er u wer[15] in Tranquebar
ein Mitglied der Regierung war
Ihr Peitschparucken kriegten her
u. schleiderten sie in der Meer.
Den sonst noch manchen grossen Herrn
so wohl von nähe als von fern
den Brüdersach recommandert
u. sich dabey nach nichs gekehrt
den einst den Sünde sezten su
durch ein paar alte Weiber Schuh
den aber gleich zu Pfleger ging
u. Absolution empfing.
Den nie den Chor Plan überschrit[16]
den lieber Durst u. Hunger litt
eh er mit einen Schwester Sprach
den niemals seinen Chorbund brach

---

13 Laut Druck ein Bild in Herrnhut, auf dem die Erstlinge aller Völker zu sehen sind (abgebildet in: *Der Luthereffekt. 500 Jahre Protestantismus in der Welt*, hg. vom Deutschen Historischen Museum, Berlin: Hirmer 2017, 394 f.).
14 ergänzt nach Druck
15 so Druck, Handschrift liest: wir
16 D. h. nie mit Frauen der Gemeine unerlaubten Umgang pflegte

[Den Bruder, sag nur, wollt jetzt gern][17]
dafür von seinen lieben Herrn |
sein Lohn empfangen, u. gewiß
nun finden Du kein Hinderniß

Petrus
Faß deine Seele in Geduld
u. glaube mir die ganze Schuld
daß auch noch jetzt die Gnaden Thür
für dich nicht auf ist liegt bey dir

Brodersen
Mein lieber Freund, nun sey du still
Du weist nun einmal was ick will
laß mir jetzt hier nickt länger stehn
ick muß die Heimgegangnen sehn
Mein alten Gottlob, Gerner Gneus
mein Christian David, mein Graf Reusz
den Jünger[18] u. Sein Schwiegersohn
Johannes[19] Christel[20] Dyppel John
Swenlund[21] mein Baerup Meppersen[22]
mein Tollersen[23] u Schwepersen[24]
mein Layritz[25] mein Matz Jansen Klein
u. wen sonst noch in den Gemein
mir lieb u werth war will ick sehn
vor allen andern aber den
den ick gedient so viele Jahr
den hier mein ein u. alles war
den soll mick jetzt dafür zum Lohn
auszeichnen durch ein Ehrenkron

Petrus
Sey Ruhig Freund noch ists nicht Zeit |
den glaube mir, du bist noch weit

---

17 fehlt in der Handschrift, ergänzt nach Druck
18 Nikolaus Ludwig Graf von Zinzendorf
19 Johannes Baron von Watteville (1718–88), Zinzendorfs Schwiegersohn, Bischof der Herrnhuter
20 Christian Renatus Graf von Zinzendorf (Zinzendorfs Sohn, 1727–1752), genannt Bruder Christel
21 Lesung unsicher, Druck liest: Schwenn Lund
22 Druck liest: Bärep-Bläpperchen
23 Druck liest: Tellersen
24 Druck liest: Schwepperchen
25 Paul Eugen Layritz (1707–88), Bischof der Herrnhuter

entfernt von schauen deines Herrn
dein Einlaß Freund, scheint noch sehr fern

Brodersen vor sich
Der ist ein höchst fatalen Man
durch den kom ick wohl niemals an
der ist ein rechten wahren Feind
wer hätte das von Ihn gemeint
Es scheint dem Man ganz gleick zu seyn
sey secksick Jahr bey der Gemein
sey allenfals auch nicht dabey
das gilt dem Peter einerley

Petrus zu einer Gruppe Seelen.
Ihr Seelen dort wie stets um euch
Verdient den ihr das Himmelreich?

Chor der Seelen
Christi Blut u. Gerechtigkeit pp[26]

Petrus öfnet die Himmelsthür
Komt lieben! die Barmherzigkeit
auf die ihr traut, erfreu euch heut
komt schaut das Antlitz Gottes an
Euch ist der Himmel aufgethan

Die Seelen gehen im Himmel
Brodersen vor sich
Ein seh ick schleigt sick mit hinein
den fortgeschickt von der Gemein
das wär doch ein Curiose Ding
wenn der den Seligkeit empfing |
Läßt man die abgegangnen ein,
wen wär denn da bestimmt zu sein[27]?
— —

Wenn ich nur einmal drinnen bin
so geh ich gleich zu Hld. [Heiland] hin
u sag Ihm meine Pflicht getreu
was dieser vor ein Zeisich sey.
Ich sag warum er fort geschickt
u wie die Sünd ihn hat umstrickt
kurz, bin ich drin, so muß er raus

---

26 Beginn eines Liedes (Leipzig 1638): „Christi Blut und Gerechtigkeit, das ist mein Schmuck und Ehrenkleid; damit will ich vor Gott bestehn, wenn ich zum Himmel werd eingehn." Die herrnhutischen Dichter Nikolaus Ludwig Graf von Zinzendorf und Christian Gregor fügten später weitere Strophen hinzu.
27 Druck liest: zum Pein

von hier wie aus dem Brüderhaus.
—

Und auch den Peter soll denn sehn
wie ihm wird bey der Lamm ergehn
Sein Tolleranz soll ihm gereun
mit samt sein Feindschaft der Gemein.
Ick schlag den Herrn, am Himmelsthor
zum Pförtner Bruder Gerner vor,
dann giebts hier mehr Anathema
vielleicht als drinn Hallelujah.
—

Man wird ganz irr am ganzen Kram
den Brodersen, den um den Lamm
zu dienen nun bey Achtzick Jahr
ein selgen keuschen Jüngling war,
den Gneus, selbst Christel einst der Chor
als ein Exempel stellen vor.
Dem bald, solang den Chor besteht, |
ein stunde täglich im Gebet,
ihm wie's ein Stundenbeter[28] pflegt
sein Sach u Volck ans Herz gelegt,
muß wie ein dummer Jung hier stehn
u selbst mit seinen Augen sehn,
wie's Leutchens die man fortgeschickt
mit samt ihr Sünden Elend glückt
Man läßt sie, mir nichts dir nichts, ein,
nein, das kann nicht sein Wille seyn.
—

Sieh da kommt Bruder X X[29] her
vielleicht krieg ich Entre durch der.
Auch Bruder X X siehe doch
Auch Dir spannt er heut aus der Joch.

Bruder X X.
Ja Lieber Bruder u auch du
Wilst, wie ich seh zur Ewgen Ruh.

Brodersen
Ja wie du siehst, doch scheint es mir
den (Petrus) war kein Freund der Brr [Brüder] hier,

---

28 Druck merkt an: „Alle Stunden des Tages und der Nacht sind zum Beten an Einzelne vertheilt, die deshalb Stundenbeter heißen."
29 Druck liest: „Bruder Gregor", und merkt an: „Ein vor Zeiten verstorbener Bischof." Gemeint ist Christian Gregor (1723–1801).

ick hab den Mann mein Lauf erzehlt,
von da an als er mir erwählt.
Ick sag ihm wer ick war und bin,
doch davor hat er gar kein Sinn.
Kurz Bruder, ick bin ganz Confus;
statt Freude, hab ick hier Verdruß.
Den Wort Legidimation |
ist ihm ein unbekanter Ton;
u. unter uns, u. im Vertraun,
den Peter läßt uns nicht zum schauen.
So eben ließ er Ein mit ein
den vor zwey Jahren die Gemein
aus ihrer Mitte fortgeschickt
weil ihn den Fleischeslust berückt,
u. ick muß wie ein Narr hier stehn,
ick möchte vor Wehmuth fast vergehn.
Du kennst mir viele Jahre schon
weiß mein Legitimation
weißt meinen ganzen Gnaden Gang
den Du einmal sogar besang.
Nun kann Du denken wie michs kränkt,
daß Peter gar nicht daran denkt
was mir als Broder vor Verdruß
sein lauer Gang erwecken muß;
kurz, es ist hier im Himmelszelt
ein Wirthschaft, den mir nicht gefällt.

Bruder X X.
Aus dem was Du mir jetzt erzählt
mein Bruder seh ich wo dirs fehlt.
Sieh, ich werd wenn ich zu Ihm komm,
nicht denken mehr an gut noch fromm,
sondern, da kommt ein Sünder her
der gern um Gnade selig wär. |

Brodersen
In Liturgien steht, Lösegeld
den Gnade schmeckt so nach die Welt.

Petrus zum Br. X X.
Komm Lieber! Geh zu Jesu ein
Du sollst dich seiner Gnade freun.
(Er geht im Himmel)

Petrus zu einer Gruppe Seelen.
Nun, lieben Seelen kommts an Euch
verdient denn ihr das Himmelreich?

Chor der Seelen
Ach uns sind unsre Sünden leid,
wir flehen nur Barmherzigkeit.

Petrus
Kommt tretet in den Himmel ein
sie sollen euch vergeben seyn
(Sie gehen im Himmel.)

Brodersen im Kampf mit sich mit selbst.
Du siehst wie mick mein Hochmuth quält,
mein Hld. hilf, wo mirs noch fehlt;
nim alles was dir misfällt hin
auch meinen alten Eigensinn[30]
war je was guts am Leben mein
so dank ichs deiner Gnad allein |
und blos um Dein Barmherzigkeit
erbitt ick nun mein Seligkeit.

Petrus
Und nun mein Freund, wie stehts um dich
Ich hoffe nun verstehst Du mich.

Brodersen;
Schie[31] Peter ick zieh aus dem Kleid
den eigenen Gerechtigkeit,
u. komm als armer Sünder her
der gern ums Lösegeld selig wär.

Petrus
So Freund laß ich auch Dich zum HErrn
so sieht Er dich gewiß auch gern.

Broderson geht so wie er auf Erden ging, von einer Seite zur andern wankend, u. die Arme vom Leibe weghaltend, in dem Himmel ein, u. sagt: –
Hett ick den Vers nur gleich gebracht
er hät mir früher aufgemacht,
mein eigene Gerechtigkeit
bracht mich bald um mein Seligkeit

---

30 Druck liest: „Nimm, was noch ist vom eignen Sinn, Nimm alles, was Dir mißfällt, hin."
31 Druck liest: Sieh

Zu den Autorinnen und Autoren

Andreas Arndt, Prof. (Seniorprofessor) für Philosophie am Institut für Systematische Theologie der Humboldt Universität zu Berlin, Projekt- und Arbeitsstellenleiter des Akademienvorhabens „Schleiermacher in Berlin" an der BBAW, Hg. der KGA Schleiermacher. Forschungsschwerpunkte: klassische deutsche Philosophie, Hegel, Schleiermacher, Schlegel, Marx und kritische Theorie; letzte Buchveröffentlichungen: (Hg.) Friedrich Schleiermacher: *Vorlesungen über die Dialektik – KGA II/10* (2002) ; *Unmittelbarkeit* (2004); *Friedrich Schleiermacher als Philosoph* (2013); *Geschichte und Freiheitsbewusstsein. Zur Dialektik der Freiheit bei Hegel und Marx* (2015).

Bogdan Ferdek, Direktor des Institutes für Systematische Theologie und Leiter des Lehrstuhls für Dogmatische Theologie an der Päpstlichen Theologischen Fakultät Wrocław. Forschungsschwerpunkte: dogmatische Theologie, ökumenische Theologie, Ekklesiologie. Publikationen (Auswahl): *Der Geist Gottes über den Wassern des Rheins. Reflexionen zur rheinischen Pneumatologie* (2010); (Mhg. zus. mit L. Miodoński), *Fehlerstatus in der Philosophie und Theologie* (2014); (Mhg. zus. mit L. Miodoński), *Zwischen Transzendenz und Immanenz – Schlesische Mystik* (2015).

Simon Gerber, PD Dr. theol., Berlin-Brandenburgische Akademie der Wissenschaften, Schleiermacherforschungsstelle; HU Berlin, Theologische Fakultät. Forschungsschwerpunkte: alte Kirchengeschichte und Kirchengeschichte des 19. Jahrhunderts. Publikationen (Auswahl): *Theodor von Mopsuestia und das Nicänum*, Supplements to Vigiliae Christianae 51 (2000); „Calixt von Rom und der monarchianische Streit", *Zeitschrift für Antikes Christentum* 5 (2001); „Heinrich von Lettland – ein Theologe des Friedens", *Zeitschrift für Kirchengeschichte* 115 (2004); *Schleiermachers Kirchengeschichte* (2015).

Joanna Giel, wiss. Mitarbeiterin an der Forschungsstelle für Schlesische Philosophie im Institut für Philosophie der Universität Wrocław. Forschungsschwerpunkte: Wechselbeziehungen zwischen Österreich und Schlesien, Musikästhetik im 19. Jahrhundert, schlesische Philosophie. Publikationen (Auswahl): *Das literarische Werk Paul Weidmanns zwischen Josephinismus und deutscher Aufklärung* (2013); (Hg.), *Ernst Cassirer. Zwischen Mythos und Wissenschaft* (2015); (Kommentar und Übersetzung), Eduard Hanslick, *O pięknie muzycznym* (2017); Mitherausgeberin der Zeitschrift der evangelischen Gemeinde deutscher Sprache in Breslau und Niederschlesien *Christophoribote*.

Walter Jaeschke, Prof. em. für Philosophie an der Ruhr-Universität Bochum, Direktor des Hegel-Archivs und Leiter der Editionen *Hegel: Gesammelte Werke*, *Friedrich Heinrich Jacobi: Werke. Gesamtausgabe* und *Friedrich Heinrich Jacobi: Briefwechsel*. Letzte Buchveröffentlichungen: (mit Andreas Arndt) *Die Klassische Deutsche Philosophie nach Kant* (2012); *Hegel-Handbuch. Leben-Werk-Schule* (3. Auflage 2016).

Holden Kelm, wiss. Mitarbeiter an der Schleiermacher-Forschungsstelle der BBAW, Drittmittelprojekt bei der DFG zur Edition von „Schleiermachers Vorlesungen über die Ästhetik". Forschungsschwerpunkte: Klassische deutsche Philosophie (Kant, Hegel), Frühromantik (Schlegel, Schleiermacher), Ästhetik, französische Postmoderne (Foucault, Derrida), Geschichte insb. der biologischen Wissenschaften. Publikationen (Auswahl): *Hegel und Fou-*

cault: Die Geschichtlichkeit des Wissens als Entwicklung und Transformation (2015); „Nisus formativus – Blumenbachs Theorie des Bildungstriebes und die Konzeption des organischen Lebens bei Kant und Hegel", in: *Hegel-Jahrbuch* 2017 (vorauss. 2018).

Ursula Klein arbeitet am Max-Planck-Institute für Wissenschaftsgeschichte in Berlin und ist außerplanmäßige Professorin für Philosophie an der Universität Konstanz. Arbeitsschwerpunkt ist die Geschichte und Philosophie der Labor- und der Technikwissenschaften. Veröffentlichungen: *Verbindung und Affinität. Die Grundlegung der neuzeitlichen Chemie an der Wende vom 17. zum 18. Jahrhundert* (1994); *Experiments, Models, Paper Tools. Cultures of Organic Chemistry in the Nineteenth Century* (2003); (mit Wolfgang Lefèvre) *Materials in Eighteenth-Century Science. A Historical Ontology* (2007); *Humboldts Preußen, Wissenschaft und Technik im Aufbruch* (2015); *Nützliches Wissen: die Erfindung der Technikwissenschaften* (2016).

Leszek Kleszcz, Leiter des Lehrstuhls für Gegenwartsphilosophie am Institut für Philosophie der Universität Wrocław. Forschungsschwerpunkte: Hermeneutik, Kulturphilosophie, Methodologie der Geisteswissenschaften. Publikationen (Auswahl): *Philosophie und Utopie. Platon Bibel, Nietzsche* (1997); *Die Nebenwege. Zur Genealogie der hermeneutischen Philosophie* (2004); *Der hermeneutische Durchbruch in der deutschen Philosophie* (2007).

Leon Miodoński, Leiter des Lehrstuhls für Deutsche Philosophie und Leiter der Forschungsstelle für Schlesische Philosophie am Institut für Philosophie der Universität Wrocław. Forschungsschwerpunkte: Deutscher Idealismus, Rezeption der deutschen Philosophie in Polen, Philosophie in Schlesien. Publikationen (Auswahl): (Hg.), *Philosophie in Breslau. Geschichte, Personen Probleme*, Bd. 1 (2013); (Mhg. mit B. Ferdek) *Fehlerstatus in der Philosophie und Theologie* (2014); (Mhg. mit B. Ferdek), *Zwischen Transzendenz und Immanenz – Schlesische Mystik* (2015).

Jan Rohls, Prof. em. für Systematische Theologie mit besonderer Berücksichtigung der Philosophie an der Evangelisch-theologischen Fakultät der LMU München; Forschungsschwerpunkte: Ideengeschichte des Christentums, Philosophie und Theologie, Kunst und Religion. Publikationen (Auswahl): *Protestantische Theologie der Neuzeit*, 2 Bde (1997), *Philosophie und Theologie in Geschichte und Gegenwart* (2002), *Ideengeschichte des Christentums*, 4 Bde (2012–2014).

Sarah Schmidt, wiss. Mitarbeiterin an der Schleiermacher-Forschungsstelle der BBAW und Vorstandsmitglied der Schleiermacher-Gesellschaft, Mitherausgeberin des Briefwechsels Schleiermachers (KGA); Forschungsschwerpunkte: Philosophie der Frühromantik und klassische deutsche Philosophie, Wechselwirkung von Philosophie und Literatur, materiale Kultur und Wissenssammlung; Publikationen (Auswahl): *Die Konstruktion des Endlichen. Schleiermachers Philosophie der Wechselwirkung* (2005); (Mhg.): *Wissen in Bewegung – Theoriebildung unter dem Fokus von Entgrenzung und Grenzziehung* (2014); (Hg.) *Sprachen des Sammelns* (2016).

Gunter Scholtz, Prof. em. der Ruhr-Universität Bochum für Geschichte und Theorie der Geisteswissenschaften, Arbeitsschwerpunkte: Theorie der Geisteswissenschaften sowie der Geschichts-, Religions- und Kunstphilosophie sowie Begriffsgeschichte. Publikationen (Auswahl): *Die Philosophie Schleiermachers* (1984); *Zwischen Wissenschaftsanspruch und Orientierungsbedürfnis. Zu Grundlage und Wandel der Geisteswissenschaften* (1991); *Ethik und Hermeneutik. Schleiermachers Grundlegung der Geisteswissenschaften* (1995); *Philosophie des Meeres* (2016).